一战前英国武官对德国的情报战

SPIES
IN UNIFORM

BRITISH MILITARY AND NAVAL INTELLIGENCE
ON THE EVE OF THE FIRST WORLD WAR

〔英〕马修·塞利格曼
Matthew S. Seligmann

著

胡 杰

译

社会科学文献出版社
SOCIAL SCIENCES ACADEMIC PRESS (CHINA)

本书谨献给我的家人
玛娅（Maja）和戴维·塞利格曼（David Seligmann）、
张芯芯（Cherry Chang），
以及张力（Alex Li Seligmann）和张蜜（Jumi Seligmann）

致 谢

　　在撰写本书的过程中，我得到了多位友人和机构的帮助，在此请允许我对他们的辛勤付出表示由衷的感谢。约翰·洛尔、戴维·史蒂文森、罗宾·海厄姆和托尼·莫里斯等教授给予了我莫大的鼓励和有益的建议，让我万分感激。我还要多谢以下诸位不厌其烦地为我答疑解惑并提供帮助，他们是：大英图书馆的威廉·弗雷姆、英国海军部图书馆的珍妮·赖特和伊恩·麦肯齐、皇家海军博物馆的马修·谢尔顿、英国海军史料部的凯特·蒂尔兹利、皇家海军潜艇博物馆的乔治·马尔科姆森、美国国家档案馆的米切尔·约克尔森、国际新闻档案馆的尼克·梅斯，以及皇家档案馆的帕梅拉·克拉克。兰厄姆的门罗勋爵非常慷慨地同意我阅览约翰·斯宾塞·尤尔特爵士的私人文件；约翰·罗素和莫林·罗素向我提供了尚未出版的亚历山大·"阿利克"·罗素的自传；萝丝·威利斯给我寄来了亚历山大·罗素在南非的日志的复印件；帝国战争博物馆的各位理事们允许我查阅亨利·威尔逊、弗农·凯尔、巴滕堡的路易亲王和菲利普·迪马等人的私人档案，上述宝贵的支持让我受益匪浅。蒂姆·迪马先生同意我出版菲利普·迪马海军上将的日记摘录；帕姆·阿诺德－福斯特夫人接受了我关于引用休·奥克利·阿诺德－福斯特日记的请求；弗吉尼亚·诺尔斯夫人授权我可引用她的祖父沃尔福德·塞尔比爵士的若干信件，我对此深表谢意。承蒙伊丽莎白二世女王陛下的圣眷，我得以复印从英国皇家档案馆获取的资料；牛津大学新学院院长和各位董事也同意我使用米尔纳文件的相关摘录；得益于英国国家海事博物馆的热情襄助，我可以方便地使用斯莱德、奥利弗、多姆维尔和里奇蒙德文件的节选部分；剑桥大学图书馆的管理员们同意我复印彭斯赫斯特的哈丁勋爵的书信。我还要对现任黑格伯爵和苏格兰国家图书馆的各位理事致以谢忱，他们允许我从陆军元帅、第一代黑格伯爵的文件中摘引部分资料。我同样也要向伦敦国王学院利德尔·哈特军事档案中心的各位理事深表敬意，他们慷慨地让我使用詹姆斯·埃德蒙兹的文件。衷心感谢女王陛下文书局保管人的授权，使我得以复印从英国国家档案馆和其他地方获取的皇家版权所有的资料。本书使用的所有原始资料都竭尽所能地获得了版权许可，但百密难免一疏，作者无法同部分版权持有人取得联系。欢迎其来函告知，出版社将非常高兴地在后续修订版中诚致谢意。

　　本书获得英国艺术与人文科学研究学会的资助，特此说明。

马修·塞利格曼

　　我非常高兴地看到《戎装间谍——一战前英国武官对德国的情报战》一书的中文版问世。在此我想向该书的译者和我的同事胡杰博士表示衷心的感谢，在他的倡议和努力之下，该书的中文版终于同读者见面了。该书自2006年首次出版以来，它所涉及的研究领域——情报研究、海军史和军备竞赛问题——都呈现出蓬勃兴旺之势，发展日新月异。之所以会出现这种繁荣景象，部分是因为更多的档案文献不断涌现，以及众多学者孜孜不倦地致力于发掘新材料。这种现象也表明，现代地缘政治有时可以通过历史回溯得到最佳的理解和阐释，这一点较以往已更为深入人心。没有人希望第一次世界大战的梦魇再现，洞悉1914年8月的战火是如何燃烧起来的，将确保我们不会重蹈历史覆辙。

　　在该书出版后的十余年间，我又在一些意想不到的地方（如英国水文局）获得了多份幸存下来的英国武官报告。这些报告以不同的方式加深了我们对英国驻柏林陆海军武官活动的认识。幸运的是，这些报告所描绘的内容和阐述的观点仍然在拙著所建立的解释框架范围内，它们进一步证实了我的分析结论。同样地，我相信我在 2006 年得出的结论依然经得起推敲和检验。武官是 1914 年前英国主要的情报来源，他们的评估结论确实在英国政府对德国威胁的总体感知分析中起到了举足轻重的作用。因此，当时（同现在一样）情报搜集和分析的重要性再度得到证实。

一如既往，这也提出了一个问题，即现代国务活动家、政治家和决策者们可以从过往人们的经历中吸取什么样的经验教训。谢天谢地，当今世界不存在 1914 年前那样剑拔弩张、波及甚广的公开地缘政治对抗，也祈望这样的和平局面能永续长存。如果人们对此有任何疑问的话，那么第一次世界大战前的英德对抗就提供了一个实实在在的教训。德国政府的意图是掩盖其政治抱负并有意模糊其军备建设的目的。然而，正如我的研究所指出的那样，这两大目的都落空了。事实上，德国注定是要失败的。导致这一结果的因素有很多，其中尤为重要的一个是英国政府卓越的情报工作能力，它掌握了德国方面的举动并深知其意欲何为。英国陆海军武官在情报搜集上可谓明察秋毫、洞见深刻，而且其工作显然是通过完全合法和正当的途径来开展的，这一点无可置疑。虽然存在诸多不便，但他们仍然能提供关于德国陆海军军力建设的详细报告，并就德国武装力量对英国及其盟国构成的威胁作出有根有据（且已证实很准确）的分析判断。诚然，当今世界各国仍在相互派驻陆海军武官，但现在武官们的工作得到了一系列情报搜集机构的鼎力相助，这些机构要远比 1914 年时的机构复杂。

德国对英国地位的挑战最终还是以失败告终。认清德国陆海军建设的目的是什么——这是由英国陆海军武官所提供的情报佐证的——英国政府才可以坚定地应对这种挑战。正因如此，作为挑战者的德国才始终无法超越英国这个占据优势的主导性强国。德国尽管在军备竞赛中处于下风，但它仍然义无反顾地追求着自己的目标，为此不惜穷兵黩武，甚至是不断升级仇恨，最终将自己无谓地推向了毁灭的边缘。如果说我们应该从这一历史悲剧中吸取什么教训的话，那就是 1914 年前的德国强权政治模式是不可效仿的。

　　当然，军事机构也可通过更为和平的方式来为国家意志服务。出入德皇宫廷的英国陆海军武官们曾试图利用个人交往和武官职位的礼仪性功能来增进英德之间的友谊。此举虽不足以弥合两国的分歧，但仍颇有作用。不过，对于那些没有根本性政治分歧的国家而言，盛大的陆海军活动对发展两国关系的作用应得到充分肯定。例如，2017 年 10 月中国舰队对伦敦的访问带来的就不再是百年前英德海军对彼此那种威胁和危险的感知，而是借助礼仪活动和友好交流促进中英两国海军的相互了解。中英关系源远流长，在历史上，英国造船厂曾为清政府海军建造过军舰，并在当时中国海军的现代化进程中扮演过重要角色。在一个多世纪后，伦敦码头又迎来了中国自主设计和建造的新锐战舰，这一盛大访问将中英两国海军的交往推上了新的高峰，它所代表的和平交流的价值观无疑指明了人类正确的前进方向。

马修·塞利格曼

2019 年 5 月 9 日于英国莱斯特

目录

外交和战略背景：重估英国外交、防务和情报政策

20世纪伊始，英国颇为激进地大幅调整了其外交政策，尽管对这一调整具体何时开始以及为什么要调整还存在不少争议。在此前的20年中，英国政治家们还将法国和俄国视为英国最危险的全球竞争对手，并将德国看作遏制法国和俄国威胁的一大合作伙伴，而后英国却把德国确定为危险之源，进而先后转向寻求法国和俄国的帮助来应对德国的威胁。

对于威胁新的认知促成了英国防务政策的转变。在此之前，英国海军作战计划的主要内容是研究如何击败法俄联合舰队，而此后对抗德国海军成为英国海军最关心的问题。据此，英国舰队的部署也进行了调整。首先，将遍布全球的英国海军力量撤回本土，部署在北海及其周边地区。这一调整虽然步履缓慢，但势头已现，不可逆转。与此同时，英国已在酝酿同德国可能爆发海上冲突时的作战计划。无独有偶，英国陆军此前的作战构想是将军队部署在印度西北边境以抵御俄国人的进犯，其后则改为在必要时紧急部署到欧洲大陆，同法军并肩作战。毫无疑问，英国假想

中的敌人正是德国。①

　　防务政策的大幅转向进一步促成英国重新评估其情报需求。当潜在的敌人是法国和俄国的时候，英国情报工作的首要任务当然是搜集这两个国家的作战能力和战争意图等方面的信息。既然德国已经被英国认定为未来最可能的敌人，那么关于德国的详尽情报自然就成为迫切需求。相应地，英军总参谋部（General Staff）希望获得关于德国陆军组织体系、军事战略性质、作战方式背后的战术规范、士兵的训练体系、军事装备的规格和性能分级，以及其他敏感问题的相关情报。英国海军部（Admiralty）则希望掌握关于德国海军政策目标、海军计划制订者的战略思想、海军官兵战术训练、军舰设计和建造细节及技术发展等方面的情报。不论英军总参谋部还是海军部，都想尽可能多地获取关于德国领导层对发动战争，特别是对同英国的战争的诉求、准备情况和实际能力等方面的情报。

　　当然，渴望获得情报和实际掌握情报是两码事。为了获取上述详细和敏感的信息，英国陆军部（War Office）和海军部都寻求在德意志帝国内部开辟一系列优质情报源。那么英国又有哪些获取德国情报的渠道呢？

陆军情报来源

　　当时英国陆军部收到的原始情报材料留存至今的寥寥无几，甚至相关资料都难觅踪影。然而，历史学家们仍然能弄清楚英国是如何获取陆军情报的，这多亏了 1907~1909 年为一批未来的总参谋部军官所开设的课程，一些高级军官在课程组织过程中将英国陆军情报的获取方式和来源等大致记录了下来。② 此外，陆军部

---

① John Gooch, *The Plans of War*: *The General Staff and British Military Strategy c. 1900 – 1916*（London, 1974）, pp. 180 – 181.

② 例如，由埃德蒙兹中校（Lieutenant – Colonel James E. Edmonds）撰写的《欧洲战争情报》（"Intelligence in European Warfare"），1908 年 1 月，见 WO 106/6149。

在 1907 年印制下发了一份题为《和平时期关于情报搜集工作的纪要》(*Notes with Regard to the Collection of Intelligence in Peace Time*) 的备忘录。该备忘录正如其标题所示，大致概括并部分详述了建议搜集情报的方式。① 所幸这份备忘录和上述参谋课程记录的副本仍存于世，它们共同揭示了当时英国陆军所掌握的四大情报来源。

第一个情报来源是旅居海外的英国军官们的报告。英国陆军鼓励其军官关注全球范围内的最新军事发展动态，这无疑是情理之中的事。因此，英国陆军定期派遣观察员参与外国的军事演习，为受训中的参谋军官提供参访著名战役遗址的机会，资助那些正在学习外语的军官在外国短期居住以提高他们的语言能力。同时，这些身处海外的军官也借机搜集所在国的各种信息并将其详细报告给陆军情报部门。这方面的一个典型例子就是时任英国陆军作战部 (Directorate of Military Operations, DMO) 特别任务部门主管的詹姆斯·埃德蒙兹中校 (Lieutenant-Colonel James E. Edmonds)，他曾受邀参加 1908 年在科布伦茨 (Coblenz) 附近举行的德国军事演习。根据他的记录，当时他仅仅通过与德军汉斯·冯·贝塞勒将军 (General Hans von Beseler) 的礼节性交谈就获得了若干重要问题的答案。② 2

第二个重要的陆军情报来源宝库是可供研究的公开资料，如公报、报纸、杂志等。理论上，关于德国陆军的大量情报都可以通过公开出版物获得。其中部分情报的取得有赖于高质量的德国陆军书面材料，但也有很多可从对德国军事史和军事理论的大量相关描述中窥一斑而知全豹。例如，一些德国报社聘用了多位退休军官作为专职军事通讯员，而他们的文章通常包含了彼时颇有

① 此备忘录的若干副本中有两份存于英国国家档案馆 (National Archives)，卷号 WO 279/503 和 WO 106/6337，一份存于情报部队博物馆 (Intelligence Corps Museum)，卷号 acc. no. 2082。

② 这一说法来自埃德蒙兹未出版的回忆录，ch. 20, pp. 19 – 21, LHCMA: Edmonds Papers, III/5。

价值的关于德国军事发展情况的只言片语。德国也有众多一流的军事刊物，包括世界知名的《军事周报》（*Militärwochenblatt*）和《德国军队报》（*Deutsche Heereszeitung*）等。仔细品读这些刊物的文章，你会从字里行间体会到最新的德国军事思想。在所有公开出版物中最有价值的，是一些德国军方高层人士为赢得公众更多关注和支持而偶尔为之的著述。这方面最为突出的一个例子，是德国退役将军和著名军事作家弗雷德里希·冯·伯恩哈迪（Friedrich von Bernhardi）所著的《德国与下一次战争》（*Deutschland und der nächste Krieg*）。这本书出版于 1912 年，恰逢第二次摩洛哥危机风波后不久，从中我们可以窥见当时盛行于德意志帝国最高军事层圈子中的心理动态。毫无疑问，英国情报部门获得了该书并对其一探究竟。①

第三个情报来源是政府其他部门发给陆军部的报告。大英帝国在世界各地都派驻有代表。这些外交官、领事和殖民地官员经常撰写同军事问题相关的报告，这些报告无一例外地与陆军部共享。例如，当德国强占中国青岛港的时候，陆军情报部门收到的大量关于中国事态发展的信息，都来自柏林（Berlin）的英国驻德大使发回的急件。②

最后一个情报来源渠道就是间谍活动。英国陆军已被证实有时从事"秘密工作"，相关证据包括 1903 年呈递给哈德威克勋爵（Lord Hardwicke）主持的旨在研究陆军情报局（Military Intelligence Division）未来规划的委员会的信息。时任动员和情报事务总监（Director General of Mobilization and Intelligence）的陆军中将威廉·尼克尔森爵士（Lieutenant-General Sir William Nicholson）已承认这一委员会的存在，他强调："我们有必要这么做，而且已经

---

① 'Extracts from *Germany and the Next War* Regarding the Strength of the British Army', WO 106/45/E2/28.

② 时任英国驻德大使拉塞尔斯（Lascelles）和柏林大使馆一等秘书高夫（Gough）的报告副本见 WO 106/17。

做了，按照这种方式雇用官员和平民为我们服务。"① 由于缺乏相关记录，尼克尔森所描述的这种努力取得了什么效果现已不得而知。我们目前所知的是英国陆军部有一个特别任务部门专门负责协调此类行动，该部门在 1908 年的主要任务是确保在德国境内的英国特工顺利开展活动。② 此外，随着 1909 年 10 月秘密情报局（Secret Service Bureau）的建立，开始有一个专门的间谍组织负责在欧洲大陆开展秘密行动。由于关于秘密情报行动的档案尚未解密，这个新间谍组织的具体成效仍旧是个谜。尽管如此，有一部著作的作者曾获特许查阅秘密情报局首任局长曼斯菲尔德·卡明爵士（Sir Mansfield Cumming）的私人文件，这就使某些事实可以得到确认。其中之一是到 1910 年 1 月，新的秘密情报局已掌握了大量关于德国军备生产的情报，特别是关于克虏伯公司正在生产"能发射 300 公斤炮弹的 29.3 厘米口径超大型榴弹炮"的情报。③虽然尚不清楚这一情报的取得是不是秘密情报局本身的功劳，但可以确信相当多的陆军情报已通过秘密渠道为军方所获得。

　　除了上述四个情报收集渠道外，有证据显示陆军情报机构还从其他两个渠道获取情报。其中首要的渠道是英国商人。为了追逐利润，英国主要大企业一直密切关注它们在欧洲大陆的竞争者的所作所为，因此，它们在搜集商业情报的同时往往也获得了不少有军事价值的情报。这些情报通常都汇总到了陆军部下属的相关机构。例如，考文垂军械厂（Coventry Ordnance Works）经理 H. H. 马林纳（H. H. Mulliner）在 1906 年致信英国陆军炮兵总监（Director of Artillery）哈登将军（General Hadden），让其知晓他最近对克虏伯公司（Krupp）在埃森（Essen）的工厂的发现，即克虏伯

---

① Report of the Hardwicke Committee, p. 22, T 1/10966.
② Nicholas P. Hiley, 'The Failure of British Espionage against Germany, 1907–1914', *Historical Journal*, 26 (1983), pp. 872–873.
③ Alan Judd, *The Quest for C*: *Mansfield Cumming and the Founding of the Secret Service* (London, 1999), p. 136.

已投资 300 万英镑建设一个生产重炮装备的新工厂。①

　　英国的协约国伙伴法国是另一个至关重要的情报来源，但无论是英国参谋课程还是成文的备忘录对此都小心翼翼地保持沉默，而这恰恰反映出法国的重要性。法国陆军情报机构在窃取德国陆军机密文件方面成绩斐然。例如，1903 年末至 1904 年初，法国人弄到了代号为"复仇者"（Vengeur）的系列文件。按照表面价值看，该文件是德国作战计划的副本，曝光了德国通过比利时进攻法国的作战计划背后的某些细节和战术设想。"复仇者"并非法国特工能刺探到的唯——份德国文件。在数年之中，一大批价值不逊于"复仇者"的德国机密文件悉数落入法国人之手。当然，法国并不是将每一份它所获得的情报都同英国分享，它只是将其掌握的部分情报的评估报告发给了英军总参谋部。②

　　简言之，英国陆军部可通过六大渠道掌握关于德国的情报。由于现存档案资料不足，我们很难对上述六大来源的重要程度作出判定，但可以肯定，它们都对英国陆军作战部绘制出较为完整的德国情报全图贡献甚多。

海军情报来源

　　很不幸，不像英国陆军情报机构，英国海军情报局（Naval Intelligence Division，NID）没有提出任何成文的备忘录或课程以详述其情报搜集方式。不过，他们令人意外地保留了大量相关档案，包括相当一部分记载了原始情报信息的文献资料。历史学家们可以由点成线，由线成面，合理地绘制出关于英国海军情报机构如何运作的全景图。英国海军情报局的情报来源在很多方面同英国陆军的情报来源大同小异。

---

① Mulliner to Hadden, 11 May 1906, ADM 116/3340.
② Samuel R. Williamson, Jr., *The Politics of Grand Strategy*: *Britain and France Prepare for War*, *1904 – 1914* (London, 1990), p. 53.

身处海外的英国海军军官的报告是海军情报局的一大重要情报来源。英国海军定期派遣舰艇游弋于世界各地，其目的包括彰显英国对海洋的统治地位、访问偏远的海军基地，以及使现役官兵熟悉外国水域情况等。一些英国舰艇也驶入德国港口，它们同德国军舰不期而遇或招待德国军官和显贵们，这些活动都为撰写有价值的报告奠定了基础。例如，沃伦德将军（Admiral Warrender）曾率领英国第二战列舰中队访问德国的基尔港，以参加庆祝拓宽威廉皇帝运河（Kaiser Wilhelm Canal）工程竣工的庆典。沃伦德此行就催生了大量技术情报方面的报告，主题涵盖了从德国舰炮装备到德国军舰桅杆高度的方方面面。①

海军情报局的军官们也从德意志帝国境内的大量公开出版物中抽丝剥茧，获取了众多有用的信息。例如，德国国内有若干个公开发行的非常重要的专业海军刊物，其中《水兵》（*Nauticus*）和《海军评论》（*Marine Rundschau*）最为人们所熟知。这些期刊经常刊登德国高级军官和战术思想家的文章，通过仔细阅读这些期刊，可以发现足以把握德国海军内部新思潮的有价值线索。同样地，通过分析刊登在诸如《造船》（*Schiffbau*）这样德国造船和海洋工程界顶级刊物上的文章，就有可能搜集到关于德国航运业最新技术发展情况的数据。最后，从众多德国发行的日报中也可以挖掘到有价值的资料。不少德国报纸对海军事务颇有兴趣，甚至聘用了专门的海军通讯员。不过，海军情报局不可能订阅全部的上百份德国报纸。1909 年的备忘录显示，他们只是订阅了在德国主要的海军港口城市发行的主流报纸。②

英国政府的其他部门，尤其是外交部，是海军情报局的另一大情报来源。正如前文所述，英国政府建立了一个庞大的外交网络，尤其是在德国投入了大量外交资源。英国政府不仅在德意志 5

---

① X3001，5 Aug. 1914，'Intelligence Information obtained at Kiel'，ADM 137/1013.

② X1554/09，'Appointment of Intelligence Officers to Home Fleet'，ADM 1/8042.

帝国首都柏林有大使馆，而且在帝国主要邦国都派驻了公使馆。慕尼黑（Munich）、斯图加特（Stuttgart）、达姆施塔特（Darmstadt）、卡尔斯鲁厄（Carlsruhe）、德累斯顿（Dresden）、科堡（Coburg）等地的常驻公使或代办分别负责维护英国在巴伐利亚（Bavaria）、维滕堡（Württemberg）、黑森（Hesse）、巴登（Baden）、萨克森（Saxony）、萨克森-科堡（Saxe-Coburg）等德意志邦国和地区的利益。相当一部分常驻德国、具有丰富经验的英国外交官肩负着为英国海军部刺探情报的重任。这些英国外交官通常会提交一系列关于海军问题的报告，如德国公众舆论对海军军备竞赛的看法等。这些信息自然会被转发给英国海军部，后者将对其进行仔细剖析。例如，英国驻柏林大使爱德华·戈申爵士（Sir Edward Goschen）在 1909 年 8 月发回的一份急件中断言，英国维护其海军优势的坚定决心正在促使德国冷静下来。英国海军部将这一观点记录在案。戈申认为，"最新型的战列舰不断攀升的巨大开支……已经开始引起德国纳税人的强烈不安"①。英国海军情报局对戈申的这一论断颇感兴趣。

　　更有用的情报获取渠道是英国外交部的领事官员。他们的主要任务之一是维护英国在德国的商业利益，因此，许多英国领事官员常驻德国主要的贸易港口，以便监控英德贸易往来。不过，由于许多德国贸易港同时也是海军军港，英国驻港领事官员们也可趁机刺探关于德国海军部署的情报。因此，英国海军部也要求这些领事官员有针对性地搜集关于船舶建造、港口设施、军舰活动等方面的情报。1912 年 12 月，驻埃姆登（Emden）的英国副领事卢卡斯-沙德维尔先生（Mr. Lucas-Shadwell）发来的报告就是一份典型的汇报最新德国海军情报的报告。卢卡斯-沙德维尔在报告中提出，他注意到德国海军"阿科纳"号（SMS *Arkona*）小

---

① Goschen to Grey, 25 Aug. 1909. Arthur J. Marder, *From the Dreadnought to Scapa Flow* (Oxford, 1961), i. 182. 以下简称为 FDSF。

型防护巡洋舰驶入港口，这是"第一次有军舰部署在埃姆登港，并且似乎是迎合了埃姆登镇的民意……随着正在进行中的港湾扩建工程的完工，还会有更多的军舰部署在该港"。① 后来发生的第一次世界大战证明，这一预测在当时是相当精准的。

英国商人是另一大重要的情报来源。在商业领域，德国也是英国最强劲的竞争对手之一，在尽可能地剖析德国的问题上，英国各大企业的渴求程度丝毫不逊于英国海军部。因此，英国商人们一直十分关注德国的商业和工业发展情况，包括德国造船和军工企业的动向。一旦掌握相关情报，他们通常很乐意同海军部分享。1906 年，壳牌运输与贸易公司（Shell Transport and Trading Co.）致信海军部，称其刚刚收到一项来自德国海军当局的商业提议：

6

> 我们刚刚通过我们的汉堡（Hamburg）办事处收到了一份来自德国海军的申请，他们希望同我们签订一份商业合同：一旦他们开始进行动员，由我们向其提供液体燃料。我们觉得英国海军可能会对此感兴趣，因此随信附上德国原件的译本。②

这封信附上了德国人提出的合同副本，从中我们可以发现，德国海军希望在动员开始后的 90 天内获得 1.34 万吨液体燃料。恰好英国海军部正在发愁如何获取关于德国海军燃料消耗的统计数据，这份情报可谓解了燃眉之急。

间谍活动无疑也是获取情报的重要手段。当然，英国在德国的隐蔽行动所获得的信息是非常有限的，不过诸多迹象显示，英国海军部仍然通过间谍行动窃取了一定数量的德国海军的详细情报。其中一部分情报来自一名代号为"WK"的特工，他受英国

---

① Hearn to Grey, 3 Dec. 1912, in 'German Naval Vessels（Large）I', NHB：T20812.

② The Shell Transport and Trading Co. Ltd. to the Secretary to the Admiralty, 26 July 1906, in 'Miscellaneous I', NHB：T20898.

秘密情报局指派在德国境内活动。很明显，WK 有渠道进入德国海军设施。1910 年 1 月，他提交了一份报告，内容包括德国在赫尔戈兰岛（Heligoland）建设一个新港湾、正在威廉港（Wilhelms-haven）的帝国造船厂（Imperial Dockyard）内进行的工程、德国最新型号战列舰的速度，以及德国潜艇项目的情况等。① 上述情报涉及的都是敏感问题，只可能通过内部情报源获得，无疑正中英国海军部下怀。

WK 恐怕不是英国海军部唯一的秘密情报来源。有证据显示，海军还有多名密探，其中可能包括一些"独行侠"。1911 年，海军情报局局长向第一海务大臣和海军部秘书提交了一份长达 19 页的报告，这份报告的内容包括德国海军造舰图表，以及德国海军战列舰"图林根"号（*Thüringen*）和"海姆达尔"号（*Heimdall*）［下水后更名为"腓特烈大帝"号（*Friedrich der Grosse*）］的设计和布局方案的全部细节。此外，报告还介绍了"布雷斯瑙"（Breslau）级巡洋舰的详细参数，并对德国 1911 年的战列舰计划作出了推断。1919 年，文森特·巴德利爵士（Sir Vincent Baddeley）在这份报告的摘要上标注了"非常重要"的字眼。不过很可惜，这份报告并未公布资料提供者的任何具体信息。我们只是被告知，"这份报告是基于从可信来源获得的情报撰写的"②。尽管如此，我们仍旧可以推断，上述情报只能从德国造船厂获得，而潜伏在德国内部的一名特工是唯一可能的情报来源。

主要陆海军情报来源的局限性

正如前文所述，英国陆军和海军情报机构建立了一系列极有

---

① 'WK's Report for December 1909', submitted 12 Jan. 1910. Judd, *The Quest for C*, pp. 137 – 139.

② Admiralty 8 February 1911, 'Germany Report on Ships under Construction', in 'Design, Construction and Fittings of German Warships', NHB: T20896.

价值的情报来源渠道，包括旅居海外的官员的报告、公开出版物、其他政府部门的报告、商人和企业家提供的信息，当然还有通过间谍活动获取的情报等。就陆军而言，他们还可以获得法国这样的协约国伙伴提供的情报资料。正因为信息来源渠道丰富多样，我们才有理由相信英国得以掌握大量情报。然而，这些情报源所能提供的情报仍然存在相当大的局限性。

仅就派往德国的英国官员而言，他们在情报搜集工作中所能发挥的作用就受到不少明显的限制，那些通过官方渠道派驻德国的官员尤为如此。德国政府自然对他们的存在保持警觉，进而采取各种措施以确保这些"客人们"只能看到自己想让他们看到的东西。例如，约翰·杰利科爵士（Admiral Sir John Jellicoe）曾在1910年夏天访问基尔港，并顺理成章地出席了德国最负盛名的基尔帆船赛（Kieler Woche）。不过，对德国海军来说，杰利科将军出席基尔帆船赛在情理之中的说法并非无可置疑。驻伦敦的德国海军武官威廉·威登曼上校（Captain Wilhelm Widenmann）就认为，杰利科出席基尔帆船赛其实是另有目的的，他强调，"既然杰利科爵士不是一个帆船赛选手，而且甚至没有一艘自己的帆船，那就说明他到基尔来并非出于纯粹的体育竞技兴趣。我更相信他此举是为了掩人耳目，其真实目的是窥探最新型的德国舰艇"①。威登曼的直觉是对的。杰利科在他未出版的自传中披露："我迫不及待地想看到德国海军，我知道它在帆船赛期间会盛大亮相。"②有鉴于此，特别是考虑到其他英国军官也有可能出现，威登曼建议将最新型的舰艇从基尔的德国舰队中调出。但德皇驳回了这一提议。究其原因，他认为这么做不仅对这些新型舰艇上的官兵们不公平，而且也毫无必要。至于保密问题，可以采取其他变通的办法。德皇在威登曼的报告上批示："我们的安全人员时刻紧盯着

---

① Widenmann to Tirpitz, 14 Apr. 1910, NHB: GFM 26/92.
② A. Temple Patterson, *The Jellicoe Papers* (London, 1966), i. 15.

这些英国军官。他们夜以继日，从不让英国人的一举一动离开自己的视线，可随时向基地汇报其动向。"因此，在德皇看来，在如此严密的安全措施下，不会出现泄密的情况。①

是的，既然德国当局可以轻易地阻止英国官方派驻到德国的官员的情报搜集行动，那么"非官方"的访客尝试刺探机密的举动则同样非常危险。两名英国军官——皇家海军上尉维维安·布兰登（Lieutenant Vivian Brandon）和皇家海军陆战队轻步兵团的伯纳德·弗雷德里克·特兰奇上尉（Captain Bernard Frederic Trench）——让这个严重的问题暴露出来。1909 年夏，他们随皇家海军"康沃尔"号（HMS *Cornwall*）训练巡洋舰前往德国。在德国，他们可以看到大量海军设施，由此撰写了以"布伦斯比特尔（Brunsbüttel）、滕宁（Tonning）和威廉皇帝运河"及"基尔海岸防御"等为主题的一系列报告。② 或许基于这一成功经验，他们在 1910 年重返德国，以旅客的身份前往弗里西亚群岛（Friesian Islands），以期搜集到更多情报。很不幸，这一次他们失败了。他们尝试进入博尔库姆岛（Borkum）的军事禁区的举动引起德方怀疑，随后被逮捕并拘留。两人被判间谍罪入狱，直到 1913 年才获释。整件事让英国政府极为尴尬。尽管英国海军部虚伪地公开否认同特兰奇和布兰登的行为有任何关联，但第一海务大臣仍然感到应从这一事件中吸取教训。他在特兰奇获释返回英国后沉痛地对其坦言："这一悲剧告诉我们，我们不应再派官员前往海外执行此类任务。"③

确实如此，即便没有来自德国当局保密举措的阻碍，那些被派往德国的官员个人在所能获取的情报上也存在诸多限制。一名被派往海外执行短期特别任务的军人只能对德国匆匆一瞥。尽管

---

① The Kaiser's marginal comment on Widenmann to Tirpitz, 14 Apr. 1910, NHB: GFM 26/92.

② Digest entry for Cap H157, 30 Aug. 1909, ADM 12/1466. 报告原件已被销毁。

③ Donald F. Bittner, ' Royal Marine Spy 1910 – 1913: Captain Bernard Frederic Trench, Royal Marines Light Infantry ', in Royal Marines Historical Society, *Royal Marine Spies of the World War One Era* (Portsmouth, 1993), p. 45.

这种浮光掠影般的观察也是有用的，但伦敦的陆军和海军部门真正想要的是对德国的系统考察，而这势必要延长外派官员在德国驻留的时间。只有熟悉德国和德国军队的常驻军官才能对德国军力和意图的稳步发展作出合理的评判。公正地说，只有这样的军官才能敏锐地意识到德国社会氛围或政府路线的急剧变化。偶尔访德的陆军士兵或海军水兵可以为这一情报源提供有益的补充，但不能取而代之。

同样地，使用公开出版物也存在隐患。主要问题是德国政府有好几种方法管制媒体，由此控制可以公开的信息。其中最具有强制力的，是德国颁行的极为严格的关于出版的国家保密法。法律规定，那些泄露敏感机密信息者将被处以至少监禁两年的惩罚。鉴于任何违法者都将面临多种处罚，报纸编辑们自然小心翼翼，倾向于不刊登任何未经政府授权的关于陆军或海军的报道，以免触犯法律。在这种自我审查制度下，那些通过新闻媒体搜集情报的英国情报人员所看到的，实际上是已经通过审查的材料。尽管不排除一些有用信息成为漏网之鱼，但公开出版物基本上只能提供德国政府希望外界所知晓的信息。

德国政府还通过扶植新闻媒体来管控公开出版物的内容。很多政府机构采用雇用媒体的方式来将其触角伸向公共领域。这方面特别成功的一个例子是德国海军部新闻局（Nachrichtenbüro），这个机构被形容为"一个在约瑟夫·戈培尔（Joseph Goebbels）的纳粹宣传机构诞生近35年前就已存在的，未有其名却有其实的宣传机构"①。德国海军部新闻局由德国海军部的军官负责管理，是一个充斥着公共信息和假消息的专职机构，其主要任务是传播有利于德国海军发展的新闻故事。这些故事通常伴随着德国国内政治议题而被散播出去。海军部新闻局特别活跃，比如它曾制造

---

① Holger Herwig, *The Politics of Frustration: The United States in German Naval Planning, 1889–1941* (Boston, 1976), p. 41.

舆论来鼓动帝国议会投票通过更为庞大的海军预算案。更有甚者，海军部新闻局扮演了外交部新闻局的角色，它对媒体施加影响以向外国读者传播经精心设计过的故事。有证据显示，它经常这么干。① 这些出现在公开出版物中的假消息表明，英国情报人员在利用公开出版物作为情报来源之前必须对其出处和可靠性进行仔细的审查。

由英国政府其他部门提供给陆军部和海军部的情报也存在不少问题。最经常和最稳定地提供此类情报资料的政府部门是外交部，它经常将英国外交官和领事官员的报告转发给军方。这些报告虽然有用，但只能满足军方一小部分的情报需求。在某种程度上，这是专业性导致的问题。外交官是专注而职业的观察者，他们提供给上级的报告通常是自己对驻在国某一时期的政治、社会和经济情况的印象，这些情报可谓无价之宝。然而，他们毕竟对军事业务知之甚少。因此，当需要面对一些技术性问题，如德国陆海军官兵的表现、武器质量、训练发展情况，以及其他专业问题时，外交官们往往力不从心，无法提供有用的信息。

很多领事官员在提供情报方面也面临同样的障碍，导致他们的努力徒劳无功，这种障碍即缺乏专业知识，难以应对复杂精密的陆军和海军议题。此外，还有两大因素削弱了他们作为个体情报搜集者的价值。首先，领事馆并不是一个完全专业化的机构。很大程度上是出于节省经费的考虑，外交部在坚持"职业领事"原则的同时，却雇用了大批当地人担任英国领事和副领事官员，这些人只是为了微薄的酬劳而选择在领事馆兼职。当然，这些"贸易领事"在搜集贸易统计数据、帮助海外英国人，以及完成其他作为领事的常规工作方面的表现依然是十分出色的。只不过，他们不太可能愿意去搜集那些本国的敏感信息，并将其报告给一

---

① Paul M. Kennedy, *The Rise of Anglo - German Antagonism*, *1860 - 1914* (London, 1980), p. 257.

个潜在的未来敌人。

从情报搜集的角度来看，解决办法显然是应在那些英国希望获得敏感或机密情报的地区派驻全职的、由英国人担任的领事官员。遗憾的是，仓促间任命大批领事官员或全面推行"职业领事"制度势必要耗费巨资。而且，即便德国人同意这么做，也会识破英国此举是为了搜集情报。德国政府对那些可能被英国人盯上的情报来源地一清二楚，他们不会同意英国在这些地方派驻"领事间谍"。正如劳氏船级社海洋保险市场干事爱德华·英格尔菲尔德（Edward Inglefield）对英国海军部所言："德国人做事非常严谨。我的理解是，他们不会允许在其兵工厂所在地或其他重要地区由一个英国人执掌英国领事馆。"① 事实上，这番话已经说明所谓的解决办法是行不通的。

第二个影响英国领事官员作为情报来源价值的因素，是英国外交部并不希望其雇员从事情报搜集活动，他们认为此举可能会损害外交部诚实正派的声誉。因此，当 1909 年海军部致信外交部，建议创立一个常设且正规的机构，以通过驻德领事馆来搜集秘密情报时，外交部表示强烈反对。他们并不排斥领事们在其辖区内完成本职工作之余眼观六路、耳听八方，但坚决拒绝任何"得寸进尺"的提议。② 令人诧异的是，根据一名高级海军情报官员的描述，当时海军部内存在这样一种观点，即认为"外交部厌恶让他们的领事官员帮我们的忙"③。

从英国商人那里获取情报也受制于某些现实问题。其中之一，是尽管许多对陆海军情报机构颇有价值的情报是从商人圈子里获得的，但仍然有许多资料是他们无法轻易接触到的。作为伦敦劳氏船级社干事的爱德华·英格尔菲尔德曾向英国海军部指出，虽然他很乐意帮英国政府获取关于德国舰队行动的早期预警情报，

① Inglefield to Baddeley, 19 Oct. 1909, ADM 116/940B.

② Hiley, 'Failure of British Espionage', pp. 875 – 876.

③ 'Recollections of Rear Adm. R. D. Oliver', NHM: OLV/12.

但"无论在运河哪端",德国人都不会轻易地同意让他"雇用一名英国人担任劳氏船级社在当地的代理商"。① 甚至当企业家们向政府提供相关数据时,这些数据的可信度往往都被认为值得怀疑。作为此类情报的提供者,考文垂军械厂经理马林纳就是这方面的一个典型例子。1906～1909 年,马林纳多次向陆军部和海军部介绍关于德国提高军火生产能力的基本情况。不过,他对这一问题更早的警告却无人理会。而他稍晚一点的告诫虽然被认真对待了,但也只是在得到其他情报源的佐证之后才被接受的。与此同时,第一海务大臣费希尔海军上将(Admiral Fisher)斥责马林纳是一个"可疑的公司推销员",并且马林纳身上的疑点颇多——也许此言并不公平——他宣称德国的备战工作正在紧锣密鼓地展开,在很大程度上是为了替他陷入苦苦挣扎之中的公司赢得订单,一如他的爱国心。尽管这一论断也许有失公允,但确实很多企业家并非军备竞赛的旁观者,他们对此有金钱上的直接兴趣。正因如此,这些被劳合·乔治(Lloyd George)称为"承包人的死党"的企业家经常遭受质疑。

在通过间谍活动刺探情报方面也存在诸多困难。例如,威廉·尼克尔森爵士声称,在战前大多数时候,英国甚至都未建立起最初级的秘密情报搜集系统。这在某种程度上是因为许多军官回避这一工作。用埃德蒙兹中校的话说,他们甚至将建立秘密情报搜集系统视为"耍阴谋诡计",是"损害英国品质的令人厌恶之举"。② 因此,在 20 世纪的最初几年里,无论是英国陆军还是英国海军都拒绝向特工们购买秘密情报。③ 虽然这一行为无疑是高尚的,但从情报搜集的角度而言它却并非成功之举。

虽然心有不安,但近年来的经历还是让军方更为严肃地看待

---

① Inglefield to Baddeley, 19 Oct. 1909, ADM 116/940B.

② John Ferris, 'Before "Room 40": The British Empire and Signals Intelligence 1891 – 1914', *JSS* 12 (1989), p. 431.

③ Hiley, 'Failure of British Espionage', pp. 868 and 873.

秘密行动的价值。在这方面，布尔战争（Boer War）的经验教训更是意义重大。失败的情报工作造成了灾难性的和尴尬的后果，而良好的情报工作则显示出对最后的成功具有无与伦比的价值，两者形成了鲜明的对比。而其后果，是促成英国将情报工作指南汇编成册，最终形成了诸如陆军部的《战场情报责任规定》（Regulations for Intelligence Duties in the Field）这样的手册，并开始散发下去。① 作为情报工作文字化的一部分，上述文件也寻求将间谍活动系统化。戴维·亨德森（David Henderson）关于战场情报的著作包含了一个题为"获取信息——秘密行动"的章节，就是这方面的一个例子。②

　　遗憾的是，这些工作都需要时间。因此，1908 年 2 月，英国陆军部欧洲处处长格莱钦上校（Colonel Gleichen）在帝国防务委员会（Committee of Imperial Defence，CID）面前被迫承认"从德国获取秘密情报的安排"远不能令人满意：

　　　　实际上可以这么说，直到上个月为止，我们还没有任何一个秘密情报特工成功潜入德国，因而一无所获。但是我们有一名特工正在打入德国内部，我希望在接下来的三到四个月内，我们能有更多特工潜伏进德国。③

斯莱德上校（Captain Slade）的日记证实，英国海军也没有多少特工可供差遣。1908 年 1 月，一名被派往德国的军官发回了关于英国间谍行动能力的第一手报告，报告强调"目前还一事无成"。斯莱德对此则乐观地补充道："但我希望不久后我们就能在那里安插一名特工。"④ 有鉴于此，我们很难指望间谍活动能提供多少情报。

12

---

① War Office, *Regulations for Intelligence Duties in the Field* (London, 1904).
② David Henderson, *Field Intelligence*: *Its Principles and Practices* (London, 1904).
③ Minutes of the Fifth Meeting of Invasion – Sub – Committee of the CID, 4 Feb. 1908, CAB 16/3A, fos. 133 – 134.
④ Slade Diary, 25 Jan. 1908, NMM: MRF/39/3.

　　直到 1909 年 10 月秘密情报局成立,英国在建立专业的间谍行动组织的道路上才迈出了真正的一大步。不过,在新机构真正作出成绩之前,有必要为真正的情报人才——可靠且已安插到位的特工——创建一个足以维持其生存和活动的机制。这么说也许不太公正,但确实是一直到 1914 年战争爆发,英国在对特工的保障方面都毫无进展。和平的希望最终破灭,情报体系的建设却依旧长路漫漫。事实上,英国参与间谍游戏太晚,无法充分利用这个游戏在战争爆发前实现和平。

　　英国在间谍行动上的努力也受到另一大因素的阻碍。1909 年规定了秘密情报局的职责和任务的条令,明确了英国派驻海外的种类繁多的机构的职责,这些海外机构中的一部分可以统称为英国外交使团。当新生的情报机构建立起来以搜寻真实信息时,它被严禁涉足政治报告,因为这是外交使团的事。因此,秘密情报局可以搜寻关于德国武器的细节和特征的信息,但研究德国使用武器的意图则不在其职权范围内。严禁分析德国的意图无疑削弱了间谍活动的价值。①

　　最后,关于从法国人那里得到的情报,也存在一个可靠性的问题。虽然法国情报二局(Deuxième Bureau)在攫取最重要的德国机密文件上取得的成绩让人大为叹服,但英军总参谋部评估这些情报源后得出的结论却并不总是那么乐观的。法国陆军将其对德国行为"先入为主的观念"渗透到其间谍行动的惊人发现之中,他们对原始情报的评估通常包含了强烈的主观意识,即将他们想要看到的情况凌驾于数据所显示的真实情况之上。②因此,这些转发过来的情报摘要可能会误导英国。有时候,这些伪情报并非无心之举。例如,1909 年,法国人交给英国一份据称是德国入侵英伦三岛的作战计划的文件。但事实上,德国

---

① Judd, *The Quest for C*, pp. 104 – 111 and 225 – 226.

② Douglas Porch, *The French Secret Services*: *From the Dreyfus Affairs to the Gulf War* (Basingstoke, 1995), pp. 58 – 59.

人并没有此类计划，这份文件也是伪造的。法国人将这份假情报发给英国人，是希望促使英国政府"在英法参谋会谈中更加积极主动"。①

13

驻外武官

前文所述的情报工作的种种局限性，降低了英国陆军和海军情报机构的工作效率。一本关于未来的军情五处（MI5）处长弗农·凯尔（Vernon Kell）未出版的传记提到，凯尔曾在1902年以上尉身份在陆军部德国处（German Section of the War Office）工作过，亲眼见证了德国处在20世纪初有多么的沉沦，他们得到的情报平庸无奇。正如传记作者凯尔夫人所哀叹的那样："虽然他在德国处的工作同情报工作有关，但那段时间的经历毫无乐趣可言。"② 同海军情报局打交道的海军军官们对此也是感同身受。"海军情报局只想要糟糕的改革"，巴里·多姆维尔中校（Commander Barry Domville）感叹道，"整个体系混乱无比——你干多干少都随你便，所有的工作都是放任自流。"③ 后来成为英国最杰出的海军史专家之一的赫伯特·里奇蒙德上校（Captain Herbert Richmond）的评价则更为尖刻：

> 情报部门完全是一盘散沙：比如，指挥官们坐镇驻外机构，把时间都花在摘录外国报纸的剪报上，或用蓝色铅笔圈出他们想象中有兴趣的文章段落，或加上海军预算的内容——诸如此类，好吧，这完全是文书的工作。④

---

① Douglas Porch, *The French Secret Services: From the Dreyfus Affairs to the Gulf War*, p. 532.
② 弗农·凯尔未出版的传记，由其夫人撰写，收藏于帝国战争博物馆（Imperial War Museum），见 PP/MCR/120。
③ Domville Diary, 23 Jan. 1912, NMM: DOM/19.
④ Richmond Diary, 6 Apr. 1907, NMM: RIC/1/7.

不过，这些情报机构的不足暴露出一个必须正视的问题。随着英国越来越清楚地认识到德国的威胁，掌握关于德国武装力量的高级、准确、可信的情报就显得越发重要。因此，各军种都意识到需要在上述情报来源之外建立更多获取情报的渠道。

对总参谋部来说，幸运的是，他们不用大费周章寻找关于德国陆军的替代情报源。从 1860 年起，英国就向柏林派驻了陆军武官，他们肩负着对德国军事事务进行专业性观察的重任。由于德国是欧洲大陆的主要军事强国之一，因此这一职位一直非常重要。作为负责同世界最强陆军沟通的联络官，英国陆军武官被期待能洞察这个身为各国陆军典范的军事机器是如何运作和发展的。在 19 世纪的大多数时间里，英国与德国关系良好，因此这一任务并不急迫。更为重要的任务，是搜集德国方面关于评估俄国和法国军事能力的情报。英国政府担心有一天英国将与法、俄两国为敌，而德国则对这两国颇有研究，并掌握了大量优质且详细的情报。因此，获取德方关于法、俄两国军事能力的情报，是 19 世纪驻柏林的英国陆军武官联络工作的首要任务。然而，进入 20 世纪后，情况发生逆转。英国陆军对英国战略优先目标的重新评估，决定了对德国情报的需求大增。在这种情况下，武官作为英国派往其最有可能的未来敌人的心脏地带的常驻职位就显得至关重要了。正如陆军部备忘录所强调的那样，所有情报来源中"最有价值的"是"一个身处一线的情报员，他研究和报告其所关注的各种各样的问题，可以根据实际需要提供可信的、源源不断的情报"。① 作为常驻德国首都的现役军官，驻柏林的陆军武官所扮演的就是这样一个角色。

英国陆军已经在柏林派驻武官多年，但英国海军在这方面还是一片空白。到 1897 年，柏林还是没有常驻英国海军武官。这一

---

① General Staff, 'Notes with Regard to the Collection of Intelligence in Peace Time', p. 5.

空缺反映出海军想要按照自己的方式设置驻外代表。同陆军部一样，海军部从 19 世纪中期开始向欧洲派驻军官，第一位英国海军武官于 1860 年被派往巴黎。在那之后，两大军种就分道扬镳，它们的做法大相径庭。英国陆军任命多名武官常驻各国首都，逐渐编织起了一张覆盖全欧洲的军官网。相比之下，海军则奇怪地另辟蹊径。1871 年，在英国外交部的建议下，英国海军撤销了作为其唯一的常驻外交官职位的驻巴黎海军武官，取而代之的是被称为"流动武官"的新职位。① 倡导这一变革的原始备忘录解释称："不同于以往常驻一个国家的军官，担任新职务的军官的职责是遍访所有拥有海军力量的欧洲国家。"② 这一制度设置了两名流动武官分担这一职责，该制度一直到 25 年后还在运行。其后果是，在英德对抗开始时，英国海军发现自己在德国首都并无一名常驻代表。显然，这个问题必须得到纠正。

1897 年 7 月，即蒂尔皮茨（Tirpitz）被任命为改为德国海军部国务秘书（State Secretary of the Imperial Naval Office）的次月，英国海军部开始重新审视任用海军武官的做法。这是一次草率的评估。尽管承认在现有机制下，对德国海洋设施的审查频率仅仅只是"每 18 个月一次"，但海军情报局局长（Director of Naval Intelligence，DNI）博蒙特上校（Captain Beaumont）和作为海军部高层人士的理查兹海军上将（Admiral Richards）却公开声称他们很满意当前的安排。海军大臣对此则没有那么乐观。"久居方能同当地人打成一片"，他在一份颇有见地的备忘录中写道，"这才是提炼有用信息的有效方式。现有体制并不允许海军武官在法国、俄国、德国等国家搜集大量原始情报。"尽管如此，面对来自职业

① M Branch to the Marquis of Dufferin and Ava, n. d. ［but May or June 1907］, ADM 1/7966.

② Treasury 10 October 1871, 'Abolition of the Post of Naval Attaché at Paris and Appointment of Captain Goodenough R. N. as Travelling Attaché to Maritime Courts of Europe', ADM 1/6209.

军人顾问的异议，他选择暂时搁置讨论改革的问题。①

　　这个问题提出了，但是解决它被短暂推迟了。1899 年 8 月，新任海军情报局局长卡斯坦斯（Reginald Custance）认识到，随着美国和日本成为新兴海军强国，有必要密切关注它们的崛起势头。既然现有的两名海军武官不可能真正将刺探美、日情报置于优先地位，那么显然需要设置第三名武官来专门负责对美、日的情报工作。这一任命被证明是促成更大幅度改革的催化剂。刚开始，新制度赋予一名武官在其两个工作对象国特别且专属的职责，随后又在武官们中间重建了按照地理位置划分职责的原则。卡斯坦斯对这一更能体现合理的任务指令的原则感到满意，他建议现有两名武官的工作职责也要根据相似原则进行划分。现有的两名流动武官可能被派往任何需要他们的地方。为改变这种情况，卡斯坦斯建议"一名武官从属于英国驻法国、意大利、西班牙、奥地利和荷兰大使馆，另一名武官则对驻俄国、德国、瑞典、挪威、丹麦和土耳其大使馆负责"②。从此以后，"流动武官"的时代成为历史。随着德国海军的重要性不断凸显，迟早会出现一个专门负责德国的海军武官。

　　顺应这一改革趋势而迈出的第一步出现在 1900 年 6 月。恰好是在帝国议会通过第二个德国海军法案的当月，英国海军部申请并获得财政部（Treasury）批准设置第四名海军武官。这个职位的创立使海军在重新分配每名武官所负责的国家时能做到游刃有余。因此，当威廉姆斯上校（Captain Williams）在 1900 年 10 月结束作为"大体上驻海洋国家宫廷的海军武官"的任期时，海军抓住机会向其继任者阿瑟·尤尔特中校（Commander Arthur Ewart）提出新的更具体的指令要求，他被告知"前往德国，让这个国家成

---

① Admiralty 23 July 1897, 'Practice of Appointing Naval Attaché to Embassies at Maritime Courts of Europe instead of to Particular Embassies', ADM 1/7552B.

② Foreign Office 15 August 1899, 'Naval Attachés—Redistribution of Duties…', ADM 1/7424.

为他的总部"。① 随着尤尔特在 1900 年 11 月抵达柏林，英国海军终于在德国第一线有了常驻人员。

从情报搜集角度来看，英国常驻柏林的陆军和海军武官是一笔巨大的财富。仅就其中一点来说，他们几乎不受困扰政府的其他情报搜集渠道所面临的那些制约因素的影响。不同于流动武官，他们长期生活在德国，因而可以观察到德国军事力量与时俱进的发展，并且向国内报告德国那些渐进式变革的情况，这是那些偶尔到访的客人所不易察觉到的。不像英国外交官，武官们掌握的必要专业知识使他们能对专业或技术问题给出有说服力的答案。而且，同英国商人形成鲜明对比的，是不用怀疑他们在工作时有什么不可告人的目的或金钱上的不良动机。最后，不同于秘密情报局的情报源，由现役军人担任的武官是大使馆的一员，可以编撰政治议题方面的报告。他们可将对德国武器技术参数的关注解释为处理军事问题的需要，由此赋予了其工作时的合法性。

这种情况的出现说明，两大军种都充分认识到了武官的重要性。陆军方面，这种认识转变的表现首先出现在 1901 年。当时，新任陆军大臣圣约翰·布罗德里克（St. John Broderick）要求陆军部对所有陆军武官的任命情况做一个全面的评估。讽刺的是，他本人曾质疑设置陆军武官职位的意义。② 由于相关档案已不复存在，这份报告的具体内容是建立在推测基础上的。不过，从陆军部随后采取的行动来看，报告的结论无疑是明确的。陆军武官制度并非一成不变，这一制度在 1902 年得到加强。是年，陆军部首次向拟派出的武官发出具体指令，特别是向他们强调了所需情报的类型。③ 1903 年，陆军高级军官得到机会向哈德威克勋爵领导

16

---

① Foreign Office, 6 Oct. 1900, 'Appointment of Commander A. W. Ewart to Succeed Captain Williams as Naval Attaché to the Courts of the Maritime Powers Generally', ADM 1/7474.

② Summary of War Office File 6708/Brussels/22, OBS 1/1432/1.

③ See File 6708/1053 in WO 32/6408.

的委员会陈述自己对陆军武官所扮演的角色及其价值的看法，这个委员会的宗旨是评估陆军情报机构的现状和组织情况。他们得出的结论充分肯定了陆军武官对情报工作的重要性。未来的陆军元帅，时任陆军部外事处（Foreign Section of the War Office）处长的威廉·罗伯逊中校（Lieutenant-Colonel William Robertson）对此言简意赅地概括道：

> 一名优秀的陆军武官对情报部门而言可谓无价之宝……他们的价值不仅仅体现在偶尔发现的机密情报上，实际上更表现为他们在所处岗位上可以获得驻在国的信任，因而能一直接触到这些国家的军事思想，同其军队和军事组织保持交往。即便是研究军事刊物或其他材料，也无法从中获得武官们所掌握的情况。①

其他的见证者也用类似的措辞重申了这一观点，他们同总参谋部的意见一致，即陆军武官是一笔重要的情报资产。新任英国陆军大臣（Secretary of State）休·奥克利·阿诺德-福斯特（Hugh Oakeley Arnold-Forster）也持相同意见，他告诉财政部："武官们为情报部门完成的工作与日俱增，这非常重要，我们与他们保持定期联络。武官报告对负责应对武官驻在国的部门提高其工作效率至关重要。"② 在回复财政部的问询时，陆军部在 1908 年重申："陆军委员会（Army Council）坚信陆军武官是不可或缺的……我们认为保留现有的全部武官职位是合理的，他们取得的成绩也充分证明了这一点。"③

毫无疑问，海军武官提供给海军情报局的情报同样意义重大。我们从诸多方面都可以找到证明海军武官重要性的证据，尤其是

---

① Report of Lord Hardwicke's Committee（Mar. 1903），39，T 1/10966.
② Marzials to the Secretary of the Treasury，14 Oct. 1903，T 1/10966.
③ Brade to the Secretary of the Treasury，26 May 1908，T 1/10966.

来自财政部的证据。1903 年，海军部提出，鉴于 "其他强国不断增多的海军活动以及通过媒体或其他渠道获取情报困难重重"，应增加海军武官的数量。[①] 英国财政部以与生俱来的吝啬闻名于世，拨款一向很抠门，这次却几乎是热心地同意了海军部特别申请的额外开支。备忘录显示，财政部这次之所以如此积极爽快，是因为该部内部有一批对海军武官抱有崇高敬意的人。罗伯特·查尔默斯（Robert Chalmers）是财政部的主要审批官员之一，他最近作为哈德威克委员会（Hardwicke Committee）成员受命潜心研究情报工作，推动了这次备受好评的拨款："大多数海军数据和关于外国的海军情报都出自海军武官之手，他们的工作极有价值。"[②] 让人无法想象的是，这一更加明确的关于海军武官价值的证言竟来自此前让人心里没底的部门。

不用惊奇，海军部的文武官员也认为海军武官在情报搜集工作中居于中心地位。这一观点最清晰的体现来自 1912 年一份重组海军部的文件。1911 年底，温斯顿·丘吉尔（Winston Churchill）被任命为海军大臣（First Lord of the Admiralty），他提出创立海军参谋部（Naval War Staff）。作为这一备受争议改革的准备工作的一部分，丘吉尔及其下属起草了一份概述海军部内不同部门职责的备忘录，其中对海军情报局职责的描述体现了武官工作的重大意义：

> 搜集驻外海军武官……以及通过其他一切可能手段掌握的关于其他海洋强国的海军资源的完整、准确的情报，包括它们的战争准备工作、它们打一场海上战争的能力、它们海军政策的发展走向以及公众对海军事务的看法等。[③]

---

① Macgregor to the Secretary of the Treasury, 13 May 1903, T 1/9993B.

② Undated minutes on docket to Treasury file 8804, Macgregor to the Secretary of the Treasury, 13 May 1903, T 1/9993B.

③ Memorandum, 'Duties of Branches' [n. d., probably Jan. 1912], CAB 1/31, fo. 327.

我们可以看到，上述列举的情报源并不在海军情报局的职责范围内，除了特别提到的"驻外海军武官"，其他的情报源则未被明确定义。如果将某一对象单列出来足以体现其无与伦比的价值的话，那么这份备忘录无疑清楚地证明了海军武官对海军情报局工作的持久重要性。

武官、档案和历史学家

虽然已经有充分证据证明武官对两大军种搜集情报的重要性，但令人意外的是对其活动却鲜有记述，只有两名历史学家曾尝试对其工作进行深入分析。首先是洛塔尔·希尔伯特（Lothar Hilbert），他的博士论文《英德军队中的陆海军武官，特别是驻柏林和伦敦的武官所扮演的角色及其对英德关系的影响，1871 ~ 1914》，完成于 1954 年。[①] 希尔伯特的论文毫无疑问是学术成果，但他的研究却未能体现出他的文章标题所展现的那样的深度，尽管这并不是他的错。他在撰写博士论文时，1902 年后的未刊官方文件尚未公开，他别无选择，只能将研究集中在 1902 年之前。因此，他对自 1903 年起至关重要的十年的研究只能基于少量已公布的档案和出版的回忆录，这些材料太过简略且有很大的局限性。阿尔弗雷德·瓦茨（Alfred Vagts）的著作《武官》同样由于缺乏材料，而在很大程度上未能对英国驻柏林武官的活动予以公正评价。瓦茨雄心勃勃地想要撰写一部武官活动的通史，涵盖从武官在若干国家首次亮相到他进行写作的年代的广阔时间段。这样的目标在赋予该书宽广的视野和丰富的内容的同时，也使它对某些年份英国武官作用的描述太过简单。例如，这本书仅仅用 20 页来

---

① Lothar Hilbert, 'The Role of Military and Naval Attaché in the British and German Service with Particular Reference to Those in Berlin and London and Their Effect on Anglo - German Relations, 1871 - 1914' (Ph. D dissertation, Cambridge Univ. , 1954）.

介绍"威廉二世和外国武官"。① 由于写作内容太过粗略，瓦茨对这一问题的研究无疑存在很大局限性。

然而，即便希尔伯特和瓦茨对一战爆发前英国驻柏林武官作用的研究并不充分，却也没有人对这个问题有更深入的探讨。确实，许多涉足这一领域的历史学家所做的，无非是对武官的工作加以粉饰而已。② 大多数研究甚至根本都没有提及武官。之所以会出现这一情况，还是关键档案材料的缺失所致。英国陆军和海军档案中很难找到武官的报告，这使得相关研究开展起来困难重重。不太夸张地说，现存于英国陆军部和海军部档案中的这一时期的武官报告寥寥无几，以至于不常去英国国家档案馆的读者很容易忘记这些武官实际上在官方记录中并不存在。那些脱离档案材料的作品需要向我们作出解释，它们究竟是如何对武官进行天马行空般描绘的。

希望找到更多有关法国或德国武官报告的研究者相对比较幸运。尽管获取相关资料也存在一些困难——主要是随后在二战中盟军的轰炸造成了档案的损毁——但这些报告大体上由相关部门保存完好，它们留存至今并一直得到整理。相反，英国类似的档案却早已不见踪影。追根溯源，这一切都是英国海军和陆军档案部门的档案保管制度造成的。在法国，海军档案的保管可圈可点，一位历史学家曾欣喜地称，法国人"一张纸片都不会丢弃"。相比之下，英国军方则倾向于销毁全部档案。③ 有证据显示，英国海军部仅在1951年就"处理"了120吨不要的文件。④

19

---

① Alfred Vagts, *The Military Attaché* (Princeton, 1967), pp. 300 – 319.

② 在一篇文章中，保罗·肯尼迪在行文不久后就批评这些历史学家的著述非常"乏味"且"肤浅"。Paul M. Kennedy, ' Great Britain before 1914 ', in Ernest R. May (ed.), *Knowing One's Enemies: Intelligence Assessment Before the Two World Wars* (Princeton, 1984), pp. 179 – 180.

③ Paul G. Halpern, *The Mediterranean Naval Situation, 1908 – 1914* (Cambridge, Mass. , 1971), pp. 381 – 384.

④ ' Record Office: Report of an Inspection by CEI Inspection Team ', 13 Aug. 1952, ADM 1/23325.

　　大规模销毁文件的主要原因在于，这些文件中的某些卷宗是由军种部出台的。据 1902 年的估计，海军部仅在 1901 年就印发了 19.5 万份登记在案的文件。这还不算那些"召回或未登记的不重要文件"，并且不包括"一般不予登记的海军部最高等级和涉及机密工作"的文件，因此每年累积的文件恐怕是浩如烟海。[1]无独有偶，1902 年的一份陆军部评估报告指出，他们的登记处每周平均收到超过 2 万份登记或未登记的文件。一年累积下来的文件超过 100 万份！[2]

　　当然，如果一个部门一年出台 20 万份文件，而另一个部门的文件数量超过 100 万份，那么无论如何都不可能将所有军方文件都存档。仅高额的保管费用就让这些部门不堪重负，而将文件卖作废纸每吨还能给政府带来 30 英镑的收益。财政部没有注意到上述情况，它提出了一个减少存档的政府文件数量的更为巧妙的方案。例如，财政部在 1935 年建议海军部这样处理他们坚持保存的档案：

> 　　现在看来，对挑选出来加以永久保存的官方文件的数量进行严格限制的做法是正确的……它可以避免大量文献资料难以管理。有必要牢记，迄今为止保存在公共档案馆的文件主要是 19 世纪及更早时期的。本世纪政府活动显著增加，相关文件如果保存在公共档案馆会有一定风险，即便不考虑相关费用，它们卷帙浩繁，使用不便，不利于研究。[3]

　　尽管这种呼吁控制档案数量的意见无疑是错的——研究者总是希望看到更多而不是更少的资料——而且恐怕也不真诚，但其出发点依然是可以理解的。只言片语都要保存下来显然毫无可能。

　　如果存在这种共识的话，那么确实不可能保存每份政府文件，

---

① Admiralty 30 August 1902, ' Official Documents: Care of, in Admiralty', ADM 1/7599.

② Danreuther to Assistant Under - Secretary, 29 Sept. 1902, WO 32/15892.

③ Treasury to Admiralty, 22 Oct. 1935, ADM 1/11359.

其中一些不可避免地要被销毁，但也必须承认，为方便历史学家开展研究或基于其他原因考虑，重要的文件留存后世是至关重要的。因此，关于确保只有"无价值"的文件被销毁的规定应运而生。根据多项公共档案馆法案，所有的政府机关都必须向议会提交清单，报告它们打算如何处理其档案，列明哪些文件要存档、哪些可以清理掉。军方列出的清单对历史记录异常关注。例如，海军部在其第六份清单中阐明了考虑存档的文件的全部类型，包括：

> 关于重大政策问题的先例或决定的文件，海军部委员会的决定，法律顾问的观点和财政部规定，关于修正或补充王室条令的文件，那些同可能具有历史、外交或法律价值的文件相关的文件，都应被挑选出来以永久保存……

除此之外，在评审中还建立了多项保护措施以防止文件被错误销毁。由此，不会有文件在未经过"海军部档案局专家仔细审查"的情况下被清理掉。[1] 首先是海军部的内部规定特别强调要保管好文件。"要尽可能的仔细"，一份备忘录指出，"保存好所有具有历史、外交或法律价值的文件……对那些价值存疑的文件宁可先保存下来也不要销毁"。[2] 陆军部同样在其部门报告中列明了严格的文件处理制度，其内部的"文件清理人员操作指南"同样也是正确处理文件的绝对典范。原始文件"往往是不可替代的"，这一特性要求文件清理人员熟练掌握"判断和区分应销毁和应保存文件的知识技能"。总之，它强调："面对价值存疑的文件时，最好是先保存下来而不是销毁。"[3]

这只是理论上的安排，实际操作起来则是另外一回事。随着

21

---

[1]　PRO 17/15.

[2]　ADM 7/1003, p. 73.

[3]　War Office, 'Instructions to Weeding Staff'（received Jan. 1932）, WO 32/17606, emphasis in the original.

1950 年海军部档案局局长露面，我们得以了解到真实的档案处理情况。按照正常的档案管理程序，海军部销毁了 93% 的 15 年前印发的文件，用 25 年时间审查了剩下的 7% 的文件。如此一来，通常留存下来的文件减少到仅为原有文件总数的 2%。① 研究者可以在公共档案馆中查阅到这批残缺不全的档案文件。

　　如此大规模的销毁部门文件说明，虽然海军档案的保护政策看起来很美好，但实际上大批具有重大历史价值的文献还是灰飞烟灭了。简单来讲，如此之多的文件都不复存在了，说明"所有具有历史、法律或外交价值的资料"都应得到保存的说法在字面上就是不成立的。实事求是地说，这么多档案文件被付之一炬说明政客们一再宣称的"尽可能保存文件"只是一句空话。更有可能的实际情况是如果对文件是否值得保存有疑虑，那么这些文件的下场往往是被销毁。

　　悲哀的是，这已成为事实。20 世纪 50 年代末，海军部档案局官员审查留存下来的一战前的文件，其结果是大量重要且无可替代的文件被轻易地丢弃了。在这种情况下，几乎无法避免某些海军武官的报告被当作无用的废弃文件处理掉。现在只能寄希望于那些关键的情报资料能够幸免于难。遗憾的是，事实上海军武官发回的函件，以及大体上关于德国的报告，几乎都在 20 世纪 50 年代末的应"清理"文件之列。阿瑟·马德教授（Professor Arthur Marder）的著作证实了这一点。这位来自美国的著名的海军史学家曾获准查阅英国海军部档案局收藏的文件，他在 1938 年 8 月和 1956 年 7 月两次查档过程中发现了海军武官报告的损毁问题，这两次经历均在一战前的英国海军文件被最终分类归档之前。尽管马德看到的许多档案文件至今仍保存完好，但也有相当数量的资料已难觅踪影。令人深思的是，在这批遗失的档案中，关于德国的档案占比是如此之大。之所以会出现这种情况，人们猜

---

①　Telephone Conversation with H. Ellmers, 6 Feb. 1950, PRO 17/15.

测是因为这些幸存下来的档案——包括作战计划、领事信件，当然也有海军武官报告——应该在 20 世纪 50 年代末被专门挑出来销毁，却因为种种原因侥幸逃过一劫。然而，自马德看过它们之后再无人一睹其真颜，不可不谓一大憾事，这更加凸显了海军部政策的悲哀。1956 年，相关档案引起了包括马德教授在内的多位历史学家的兴趣，马德本人更是兴致勃勃地想要查阅这些档案，这些档案本应作为无可置疑的具有历史研究价值的文件而得到保存，但它们在 60 年代早期却作为无用文件被销毁了。这一结果导致在今天留存下来的海军部档案中实在难觅海军武官报告的踪影。

陆军档案的类似情况也值得一提。尽管陆军部的档案政策和实际操作情况并未像海军部那样有详细记载，但陆军在档案保管方面并不比海军做得更好。20 世纪 20 年代，陆军部内部不乏对其文件销毁制度的抱怨之声。例如，负责组织英王乔治五世加冕典礼的一名官员发现，本应小心保存以流传后世的相关档案有 90% 都被销毁了，为此他在 1934 年 7 月草拟了一份语带讥讽的备忘录，对此提出严厉批评。他说道："我不想因为我们糟糕的档案管理情况而背上骂名。"随后他总结："如果这是文件处理人员常干的事，我只能称其为庸碌无能且漠视规章制度的可悲典型。"① 可惜这一真知灼见来得太晚。另一份备忘录指出，到 1934 年为止，79% 的一战前和战时的档案文件已被销毁。② 此后还会有更多档案被销毁。以陆军部和海军部为例，整理爱德华时代的文件就意味着大量关于军事情报和作战计划的档案文献会被付之一炬。

将一战前的陆军和海军档案转移到公共档案馆的工作完成后，我们会发现幸存下来的档案中几乎没有陆军和海军武官的报告。这对致力于分析英国在德国的情报网的历史学家来说可谓晴天霹

①　Minute by H. G. C., 31 July 1934, WO 32/17606.
②　Minute by Widdows, 16 Aug. 1934, Ibid.

雾，正所谓巧妇也难为无米之炊。一位注意到资料缺失问题的杰出历史学家对此感叹道："我们对 1914 年前的德国军事情报依旧一无所知。"[1] 正是由于陆军部和海军部的主要档案残缺不全，因此我们只能将主要精力放在尽可能还原史实上，而不应执着于品头论足。

现存证据

不过，故事还没有结束。尽管无论是陆军还是海军档案也许都在档案管理的名义下损毁严重，但幸运的是，研究英国陆军和海军情报问题的历史学家们并不完全依赖陆军部和海军部档案。事实上，不少对德国问题感兴趣的其他政府部门多年来也积累了大量涉及英德关系方方面面的内部信函。在这个过程当中，关于德国的情报经常在相关政府部门之间分享，这一点意义重大。由此，我们可以通过检索其他政府机构的档案文件来寻找遗失的海军部或陆军部档案的副本，这一办法对于搜寻英国陆军和海军武官的报告尤为管用。在这方面，过分烦琐复杂的官僚主义程序反倒使大量武官报告得以保存下来。为了说明为什么这一思路是正确的，我们不妨简单了解一下武官报告发出、送达和分发的流程，这将有助于我们的理解。

由于身份特殊，陆军或海军武官是驻大使馆的身负重任的现役军官，由他们起草的发回英国的报告都有极为详尽的书面记录。根据指令，武官们起初被要求将其所有正式报告都呈交给他们所属大使馆或公使馆的领导人——大使、公使或代办。他会阅读报告，然后附上个人意见并转发给白厅（Whitehall）的外交部（Foreign Office）。外交部收到报告后，会将其列入一个官方待批目录中，将其登记在册。报告随后会在相关人员和部门之间传递，并留下

---

[1]　Niall Ferguson, *The Pity of War* (London, 1998), p. 75.

批示和回复。只有当这一流程走完，每个需要审阅报告的人看过之后，报告才会最终发给陆军部或海军部。

不用感到意外，从武官到军种部这样迂回的路线使文件需要数周才能送达其最终目的地。因此，武官们接到指示要求将其报告的"优先副本"直接发给陆军或海军情报机构的相关部门。这一安排的结果是所有陆军和海军武官的报告实际上会送达陆军部和海军部两次，虽然是通过不同渠道分别送达的。与此同时，这些报告也经过多人之手。它们由武官撰写，武官们自己自然会有备份副本。报告交由大使过目，他可能也会复印一份作为工作档案保存。报告在外交部传递时，任何看过报告的官员都可以留存一份副本。还有一个更复杂的情况，就是报告有时会发给外交部之外的更多政府部门。例如，贸易部（Board of Trade）时常会收到关于商业方面的武官报告；关于德属非洲领地的函件经常会发到殖民部（Colonial Office）；而那些事关更宽泛的安全问题的信件和备忘录则往往会转发给帝国防务委员会。除此之外，外交部还定期将包括武官报告在内的重要文件列入机密文件序列，并转发给其他大使馆甚至内阁（Cabinet）。无独有偶，海军部也不时挑选一些武官报告加以散发。

既然武官报告在多个政府机构之间流转，那么一份报告可能会有至少五份副本存在。而那些被挑出来印发的报告，其副本数量会更多。海军部通常会印发超过 25 份报告副本，传阅范围更广的外交部机密文件恐怕会有更多副本。尽管销毁原始报告本身是一个巨大损失，但复制的文件如此之多，散发的范围如此之广，陆军部或海军部收到的陆军或海军武官的原始报告即便大多被销毁，也并不意味着报告内容本身就再也不见天日了。我们往往会发现，报告副本被发给军种部以外的一个或多个政府机构。而较之陆军部或海军部，这些政府机构在档案保管方面要做得好得多，它们收到的复印件仍旧保存至今。特别是陆军和海军武官的报告可以在外交部政治档案、柏林大使馆的记录、殖民部文件、帝国

24

防务委员会档案、空军部（Air Ministry）和航空历史档案馆（Air Historical Branch）的文件中找到。因此，通过查阅上述政府机构的档案文件，大量搜集武官报告并非不可能。确实，在一战爆发前多年间，官僚主义程序在陆军部和海军部销毁原始报告之前，推动产生了大量报告的副本。无须多言，这些副本包含了大量关于武官作用和所报告内容的信息。

即便保存下来的陆军和海军武官报告比之前想象的要多得多，它们也不是现存于世的足以佐证武官工作真实情况的唯一材料。更重要但鲜为人知的材料是武官的日记。遗憾的是，只有少数派驻柏林的武官将其个人活动记录了下来，这对历史学家来说绝对是巨大的损失。有时候当事者本人回想起来也对此后悔不已。例如，1910~1914 年的驻柏林陆军武官阿利克·罗素（Alick Russell）在其回忆录中对此有详细描述：“我在德国和瑞典担任陆军武官期间从未写日记，这实在是太愚蠢了，理应遭到谴责。虽然此后我写了多年日记，但不再有人对此感兴趣。”[1] 他并非孤例。1903~1906 年常驻柏林的格莱钦上校在布尔战争期间有写日记的习惯，但他随后承认这一好习惯“很快就烟消云散了”，并为此痛心不已。[2]

不过，至少有两名英国武官一直不辞辛劳地坚持写日记。其中一名是 1903~1906 年驻柏林海军武官雷金纳德·艾伦比上校（Captain Reginald Allenby）。艾伦比的日记非常有用，从中我们可以发现他旅行活动的全部内容，以及他工作的若干细节。可惜，作者在记录其饮食和介绍柏林的餐厅方面着墨太多，以至于在描述人物和对话方面过于简略，这使其日记的价值大打折扣。不过，作为一本私人日记，我们不应对其在工作记录上惜墨如金予以苛责，尽管艾伦比的日记无法同另一名爱写日记的武官，其继任者菲利普·迪马（Philip Dumas）的日记相提并论。无论以何种标

---

① Russell Manuscript, p. 61.

② Lord Edward Gleichen, *A Guardsman's Memories: A Book of Recollections*（Edinburgh, 1932）, p. v.

准而言，迪马都是一个极为认真的日记作者。他的日记涵盖了日常生活的方方面面，包括事无巨细地记录其工作的情况。更有甚者，迪马显然无比享受可在日记中自由率直地评价人和事，因而使其日记充斥着对柏林生活的各种惊世骇俗、狂放不羁的个人好恶情绪。对细节的详尽记叙和格外的坦率结合起来，赋予了迪马日记别具一格的价值。从中我们可以对英国大使馆、外交部、海军情报局、柏林武官生活的详细情况一探究竟，上述信息在其他地方则连只言片语也难得一见。

除此之外，目前所知没有其他武官写过日记，其中个别人曾写过回忆录。其中之一是沃特斯上校（Colonel Waters），他于1900～1903年在柏林工作，退役后撰写了多部回忆录。从1926年开始，他陆续出版了三本讲述其陆军武官工作经历的回忆录。① 由于沃特斯的私人文件没有保存下来，这些尽管并非最原始材料但仍然客观公正的回忆录，就成为我们了解沃特斯在德国工作情况的无价之宝。同样地，沃特斯的继任者格莱钦伯爵也没有留下私人文件，但其回忆录同样有用。格莱钦未留下私人文件是深思熟虑之举。他对此解释称，对于收到的信件，他采取的做法是"尽快体面地将其扔进废纸篓"。② 因此，格莱钦的回忆录是对官方档案的重要补充，除此之外我们难以通过其他途径洞悉他在柏林的工作和生活情况。

阿利克·罗素上校的两部回忆录同样富有启发性。第一部回忆录是1924年刊登在军事杂志《战斗部队》（The Fighting Forces）上的一篇文章。③ 这篇文章虽然简短却很有意义，包含了诸多他在柏林生活的内容。但更重要的是罗素在二战后撰写的自传，虽然

---

① W. H. H. Waters, *Secret and Confidential: The Experiences of a Military Attaché* (London, 1926); idem, *Private and Personal: Further Experiences of a Military Attaché* (London, 1928); idem, *Potsdam and Doorn* (London, 1935).

② Gleichen, A Guardsman's Memories, p. vi.

③ A. V. F. V. Russell, 'Reminiscences of the German Court', *The Fighting Forces*, 1 (1924).

这本自传从未出版过。自传中有大量罗素的个人记述和故事，而这些从未在他的正式报告中披露过。自传详细讲述了他在此前的文章中提到过的故事，向我们全景展现了英国陆军武官的世界。①

陆海军武官报告的意义

总的来说，现存的武官报告、日记，以及已出版和未出版的回忆录共同构成了理解武官角色和职责的论证资料，而此前有观点认为武官这一职位并不存在。重新发现那些此前被认为已遗失的文献资料，从历史传承的角度而言无疑是一个令人鼓舞的进步，但更大的问题也许仍然会被问起：为什么说研究这个课题有着重大的历史意义。

答案很直接。如果恰如现有证据指出的那样，武官是英国政府掌握关于德国军队的专业情报的主要来源之一，这些报告的存在将有助于我们审视英国陆海军情报系统，而这在以前被认为是不可能的。其意义不可谓不深远。狭义上讲，我们可以确切掌握英国政府及其军方顾问收到了哪些关于他们预期的未来敌人的材料。此外，我们可以借此评估英国掌握的德国陆海军情报的准确性和完整性。这并非无足轻重。以本世纪爆发的针对伊拉克的第二次海湾战争为例，关于敌军作战能力的情报事关政策制定。而在伊拉克战争这个案例中，相关情报最后被证明是错误的。第一次世界大战前，英国在处理同德国的关系时，它所面临的情况是一样的吗？答案显然是肯定的，即情报在当时同现在一样重要。因此，关于英国政府是否对德国真正的军事能力知之甚少或被误导，或者说它是否深入了解其最终对手的问题就显得意义重大了。历史学家们也可以探寻英国政府在制定政策过程中是否存在盲目

① 这份尚未命名的回忆录手稿由罗素家族所有，感谢约翰·罗素和莫林·罗素允许我查阅该手稿。

和猜疑的情况，或者说评判他们是否是在掌握可信和可靠情报的基础上作出了理性的和有根据的反应。

回答这些问题势必会带来更多问题，特别是它涉及情报能否促使政府作出参战决定的问题。关于这个话题的核心问题，我们同样也可用伊拉克战争的例子来生动地予以解释。2003 年的伊拉克战争证明，情报信息是如何促成和维持受威胁感的，以及这种受威胁感在引发冲突和为动武辩护方面发挥了多么巨大的作用。2003 年的例子是否也能解释 1914 年的情况？英国政府真地相信来自德国的威胁并因此而采取了有根据的反应吗？如果是这样的话，作出这一决定在多大程度上是受到了来自作为主要情报源的武官提供的情报的影响呢？

1998 年，尼尔·弗格森（Niall Ferguson）在其内容丰富且发人深省的著作《战争的悲悯》一书中坚定地认为，第一次世界大战前英国对德国的政策不是基于回应纷至沓来的关于德国威胁的情报，而实际上是通过反向理解现有情报作出的决定。"这是一个令人震惊的事实，"他写道，"关于德国具有'拿破仑式'野心的说法纯属杞人忧天，它与从德国发回的情报描述的事实格格不入。"弗格森对这一点深信不疑，他质问道："为什么格雷（Grey）、大多数外交部高级官员及总参谋部刻意妖魔化德国，将其描绘成一个拿破仑式的强权，视其为英国的一大威胁？"他对此的解释是，"即便不是刻意编造德国的威胁，他们也是夸大其词了……"在结论部分，如我们已看到的那样，弗格森在未考虑陆军情报机构反馈的信息的情况下，就认定"我们不可能对其作出评价"。[1] 然而，这些信息现在已经可以获得并且能对其作出评价。那么现在来看，弗格森的论断会建立在深入剖析武官报告内容的基础之上吗？武官报告会证明关于"拿破仑德国"入侵威胁的情报正源源不断地摆到英国政府的案头吗？既然关于武官的

---

[1] Ferguson, *The Pity of War*, p. 75.

文献资料已重见天日，那么上述问题现在也可以提出来了。

综上所述，关于武官的新资料的涌现引发了若干重要问题。这些问题集中在防务政策中威胁感知的作用，以及情报在产生和维持这种威胁感知中所扮演的角色等方面。如果英国武官确实提供了大量德国陆海军的情报，那么这些情报是否准确？武官证明了德国是一大威胁吗？如果答案是肯定的，那么这是否解释了为什么英国政府会坚持对德政策不动摇？简言之，我们需要弄清楚到底是什么样的德国情报被汇报给了英国政府？这些情报是否准确？它们是否影响了英国对德国的政策？这是否解释了英国在1914年参战的原因？

研究计划

为了探究上述问题，以及其他关于武官的角色、作用和表现的问题，本书将分为五章。第一章将大致描述武官的角色。他们的"岗位职责"涵盖从礼节性地出席宫廷活动到刺探机密情报方方面面。要弄清楚并描绘出武官工作的全貌，就必须考虑武官要完成从礼仪性的到实质性的各种任务、满足胜任这一职位的资格条件、每个受命者的性格特点，以及他们所接受的训练和指示等。

搞清楚了武官做什么和去哪里搜集情报，第二章将分析武官如何为其上级搜集情报。武官搜集情报的渠道——其中许多我们只能通过阅读日记和私人文件来得知——将被一一揭晓，当然我们也可以从中发现这些情报来源的局限性和在德国搜集情报所面临的各种陷阱。

第三章将通过探讨从柏林发回的有关德国军队技术进步的情报报告，进一步思考武官所提供情报的作用问题。讨论的重点将放在武官所发现的德国军备发展的相关细节上，如飞机、汽车和潜艇等，武官在报告中配有相关插图说明。我们还将分析武官所汇报的德国领导人的性格和决策特征等，进而探讨武官们获得的关于这些敏感问题的材料，以及他们所掌握情报的准确性问题。

　　第四章将继续深挖情报搜集问题，但分析重点将从较窄层面的技术细节转向关于德国意图的政治和战略情报等更宽泛的问题。特别是，我们将考察英国武官是否对德国究竟是一个爱好和平的还是野心勃勃的国家作出了判断？他们是否相信一场由德国发动的战争已经迫在眉睫？他们是否认为德国会在这场战争中计划入侵英伦三岛？一言概之，在英国认定德国是英国安全威胁的过程中，英国派驻柏林的陆海军观察员们有没有起到作用？

　　最后一章将考察武官能对英国决策者产生的影响。研究重点将放在当武官报告送达伦敦后所发生的情况，包括哪些人阅读了报告以及采取了哪些行动等。

　　至此，有些事实已经清晰明了。首先，驻柏林武官是英国获取德国军队情报的重要来源。他们所提供的关于德国武器、战术、观点和领导人的详细情报，通过其他渠道是不可能轻易获得的。其次，武官提供了关于德国领导层的战略意图、战争倾向和其他方面的军事—政治情报，而这些构成了弥漫在英国外交部、陆军部和海军部中的德国威胁论的源头。最后，武官在所有层面上都对伦敦的决策者有着重要影响力。简言之，武官在塑造英国外交和战略行动上发挥了积极却往往被忽视的作用，这在某些方面解释了在1914年8月的战争浩劫到来之前，英德关系究竟是如何发展的，以及为什么要按照我们所看到的那样的主线发展。

第一章

"双面人"：英国武官的两副面孔

　　1903～1906 年，英国驻柏林海军武官雷金纳德·艾伦比上校在日记中简明扼要地勾勒了许多同时代人习以为常的武官日常工作。他在"宫廷舞会"中写道，"……我同德皇长谈了一番。"① 尽管这样的场合充满了陈词滥调，参加这种上流社会无聊造作的社交活动却无疑是武官重要的工作之一。但问题在于，社交在武官的工作中到底占多大分量？这些活动的目的是什么？武官其他的工作是什么？这些问题都事关武官的工作内容，它们构成了本章讨论的主题。我们将看到，武官是一个特殊群体。自那时延续至今的问题是，武官到底主要是军人还是外交官？他们到底是装饰性的花瓶还是有用之材？带着这些问题，让我们开始探究武官的作用。

外交官和军官的双重身份

　　在某一层面上，武官的职位和设置武官的目的是同一个问题。19 世纪以来，随着战争变得日益复杂，技术含量不断上升，文职

---

① Allenby Diary, 15 Feb. 1905.

外交官缺乏必要的专业知识，难以就其所在国家的军事发展情况提交可靠报告的问题也愈益突出。为了解决这个问题，陆海军中的现役军官就被派往海外，以为英国驻外代表处理复杂的陆海军事务提供专业意见。因此，从出发点和实际作用来看，陆海军武官都只是扮演了各类英国外交使团的专业顾问的角色。从某种意义上说，他们同外交系统中的其他专业顾问大同小异。例如，商贸专员就受命协助大使和公使处理复杂的国际贸易和商业事务，因此武官也是在军事和战争领域提供专业意见。

不过，武官同商贸专员这样的专业技术外交人员有一点显著区别，那就是后者通常由大使馆或领事馆真正的职业外交官担任，他们熟悉外交惯例和国际事务。与之相反，陆海军武官本质上并非外交系统中的一员。他们是从陆军和海军军官队伍中挑选出来的，天生习惯于令行禁止的军队生活，对外交工作或大使馆的运作非常陌生。尽管如此，武官们在任职期间必须超然于其熟悉的军队角色，并适应完全不同的外交工作环境。这一转变意义重大，而适应这种转变绝非易事。正如一位新上任的海军武官所感叹的那样："最大的困难是我身在外交系统，但我却又不是其中的一员，然而又必须笨手笨脚地遵从外交工作的套路。"①

这个问题并不只是适应全新的国外工作环境那么简单。另一大问题是武官在英国政府行政层级中应如何定位。理论上，在任职期间，陆军和海军武官应是其所属大使馆的外交官队伍中的一员，对文职大使负责，暂时听命于他。这一设定在新任命武官时是明确的。一封外交部任命信简洁而明确地指出："在你身处到访国家时……你要服从当地英国使节的指令。"②

这种同文职使节之间的上下级关系，实际操作起来形式多种

①　Dumas Diary, 8 Feb. 1906.

②　引自任命迪马为海军武官的任命书：'Letter of Appointment as Naval Attaché', 21 Jan. 1906, FO 371/75。陆军武官的任命书的标题与之十分相似，如给特兰奇的任命书：'Letter of Appointment as Military Attaché', Feb. 1906, Ibid.

多样。刚开始，武官们被要求向相应部门报告其活动。因此，在国外时，武官必须向大使汇报"他的出行情况和下一个目的地"。同理，当武官返回英国后，他首先"要到外交部报到"。①

这样安排的话就出现了一个武官通信的问题。迄今为止，武官作为英国外交官队伍中的一员，按照外交部的要求，"涉及和用于外交谈判的重要通信"都必须通过别的渠道而非经由自己之手传递，而这一规定同武官工作的特殊性存在矛盾。② 据此，外交部认为完全掌控武官同伦敦的通信以及他同德国相关部门的外交关系至关重要。因此，外交部在所有给武官的指示中都明确地表达了他们的要求。在这方面，外交部无疑是成功的。一份海军部指导备忘录一针见血地指出，海军武官被要求"在国外工作时……通过英国外交使节呈递报告"。③ 类似的指示也发给了陆军武官。"所有正式报告，"武官们被告知，"要交给他们所在外交使团首脑过目。"④

正如我们所看到的那样，武官的正式身份已经由若干份备忘录和指示言明了。他们由大使领导，任何时候要开展活动都必须获得批准，还要通过大使馆将其报告提交给外交部。在某种程度上，这些规定的限制再加上长期受大使馆生活的耳濡目染，武官们可能会慢慢淡忘自己现役军官的身份，而越来越像一个职业外交官，而这并不是武官们所期望的。"当一名武官赴某个大使馆上任时，他必须自然而然地作为大使馆外交官队伍中的一员而融入其中，"海军上将弗雷德里克·理查兹爵士（Admiral Sir Frederick Richards）写道，"但我们想要的是一名可以称作'海军部眼线'的军官。"⑤ 真正危险的正是这种对武官角色错误的定位。迪马上

---

① File on the Appointment of Watson, June 1910, FO 371/1036.

② Minute by Crowe, 12 Sep. 1910, FO 371/901.

③ Admiralty Memorandum, 25 May 1908, ' Naval Attachés. Position in Connection with Admiralty—Mode of Communication with, & c. ', ADM 7/1003.

④ ' Memorandum for Guidance of Military Attachés ', FO 371/75.

⑤ Minute by Richards, 24 July 1897, on Admiralty 23 July 1897, ADM 1/7337.

校（Captain Dumas）花了近 10 个月的时间才慢慢适应武官的工作。他的日记显示，有些人在武官岗位上却能很快融入外交官的圈子之中：

> 我们的驻美大使德拉蒙德（Drummond）出人意料地回国了，所有人都在兴奋地猜测他的继任者会是谁……令人诧异的是，我已经开始对这些外交事务感兴趣了，感觉这几乎是我个人的私事，而且认为关于高层人事变动的议论应只限于在外交使团内部进行。①

不过，大使馆生活只是理解武官角色的烟幕弹，虽然出台了一系列指导武官工作的说明和规定，但武官的真实身份在许多方面仍然是朦胧模糊的。

这一问题在武官的管理体系归属上体现得淋漓尽致。导致问题产生的原因之一，是武官虽然由外交部正式任命且暂时归大使领导，其任职期间的年度工作评估也由大使出具，但他们毕竟是军方挑选出来并聘用的。例如，海军武官的薪酬在海军情报局的预算中列支；陆军武官的薪酬开支则被列入陆军拨款的杂项类。不仅如此，决定武官们的前途和分配其未来工作的权力仍旧紧紧地攥在陆军部和海军部手中。因此，不可避免地，对武官而言最重要的并不是同外交部搞好关系，而是让其所在的军种部满意，这一铁的事实自然对其活动影响甚深。比如，武官们虽然将报告交给他们外交使团首脑并通过外交部转发给其他政府部门，但他们主要是为自己所在的军种部考虑而非为其他强势的政府部门撰写报告，这一点是完全可以理解的。当然，也不会有人对此心存幻想。外交官们普遍认为，"虽然名义上是在外交部领导下工作……但海军武官主要是为海军部服务"。② 同样地，海军上将

---

① Dumas Diary, 15 Nov. 1906.

② Minute by Langley on Dumas, NA 34/08, 30 July 1908, FO 371/461.

约翰·费希尔爵士（Admiral Sir John Fisher）在谈到这个问题时，也很干脆地对帝国防务委员会直言，虽然海军武官报告"给大使过目……但它实际上是呈交给海军部的"。①

武官在法理上归大使领导，实则是对其军种部负责，不管规定如何，这种不协调的情况使武官实际上要同时为两个部门服务，从而引发各种难题。休·沃特森（Hugh Watson）在 1910 年 8 月接任驻柏林海军武官时就对此感触颇深。根据他的描述，新派往德国的武官肩负着海军大臣和海军情报局局长的特别指示，要寻机改善英德两国海军的关系。为此，他同德方就达成一项两国互换海军情报的协议进行了谈判。② 因此，在担任海军武官的第一个月，沃特森会晤了冯·蒂尔皮茨海军上将（Admiral von Tirpitz）、改为德皇威廉二世（Wilhelm II）、冯·穆勒海军上将（Admiral von Müller）、冯·霍尔岑多夫海军上将（Admiral von Holtzendorff）等人。在每次会面中，他都提议英德两国签订一项海军情报协定。此外，他还见缝插针地同德方讨论了改善两国海军关系的其他方式，如安排两国舰队互访等。③

在德国人对这些友好提议反应积极的同时，伦敦的外交部却并不满意沃特森的工作，他们对"沃特森上校在获准同德方接洽之前"没有通知他们感到不满。④ 为此，他们指示大使"通知沃特森上校，告诉他外交大臣爱德华·格雷爵士（Sir Edward Grey）非常不赞成他擅自行动的做法，强烈反对其未经授权就向德国方面提议签订海军协定"。⑤ 与此同时，外交部向海军部提出交涉，

33

---

① Transcript of the Tenth Meeting of the Invasion Sub – Committee of the CID, 26 Mar. 1908, CAB 16/3A.

② Watson, 'Naval Attaché Memo: Not Sent', [n. d., but Oct. 1910], FO 244/746.

③ Foreign Office 7 Sept. 1910, 'Exchange of Naval Information between British and German Governments', ADM 1/8195.

④ Minute by Langley on Watson NA 31/10, 25 Aug. 1910, FO 371/907.

⑤ Minute by Crowe, 17 Oct. 1910, FO 371/901.

而海军部则立刻否认同沃特森的"草率行为"有任何关系。①

关于这一事件的海军部档案并未包括关于沃特森接到的原始指令的任何记录，因此无法判断海军部同沃特森划清界限是否符合事实。简单地说，在海军方面宣称沃特森"并未按任何指令行事"时，② 海军武官往往坚持己见。英国驻德大使爱德华·戈申爵士报告说："沃特森表示他非常抱歉引起了格雷爵士的不快，但他认为海军部对其不公。他辩称自己非常后悔在向德方提出建议之前没有征得格雷爵士的同意，但他这么做是得到了海军大臣的个人指示……"③ 不过，对于我们正在讨论的主题来说，沃特森是否收到了这些指示并不重要，关键是他坚信自己收到了指示并据此开展工作以满足其要求，而这些指示来自海军部。那么现在一切就很清楚了，即沃特森为了取悦海军部而引起了外交部的强烈不满，并且在开罪外交部的同时，还丢掉了海军武官这份工作。武官这份工作除了有些与众不同外，并不是一个让人羡慕的工作。由于一仆事二主，武官往往陷入两难困境。

如果说要接受两个不同部门的双重领导对武官来说是潜在的一大问题的话，那么武官有时发现自己身处两种截然不同的思维之中，这种矛盾处境甚至会让武官服务的对象比武官更加困惑不解。帝国防务委员会备忘录中一份简略的记载清楚地表明，手握国家权柄的领导者们发现，武官职位的细微之处是如此令人困惑：

> 阿斯奎斯先生（Mr. Asquith）［财政大臣］：陆军或海军武官的确切身份是什么？比如，陆军武官到底归陆军部领导还是直接归外交部领导？
>
> 爱德华·格雷爵士［外交大臣］：我认为，武官的报告是送交给外交部的。

---

① McKenna to Grey, 22 Oct. 1910, FO 800/87.

② Greene to the Under - Secretary at the Foreign Office, 30 Sept. 1910, FO 371/901.

③ Goschen to Tyrell, 29 Oct. 1910, FO 800/62.

阿斯奎斯先生：报告先送到你们那里？

爱德华·格雷爵士：是的。

阿斯奎斯先生：然后报告由你们往上报？

爱德华·格雷爵士：是的。

阿斯奎斯先生：这么说武官是你们的下属？

爱德华·格雷爵士：我不太清楚他们是如何被任命的。

威廉·尼克尔森爵士［军需总监］：我认为海军部和陆军部就需要搜集的情报向武官发出指示。

阿斯奎斯先生：我可以想象得到是这样的。①

　　财政大臣、外交大臣和作为陆军最高级军官之一的军需总监，都不能协调好武官在行政关系和管理权归属等方面的众多矛盾，以及对其身份地位作出一个明确的阐释，反倒是浪费大量时间来讨论这个职位事实上是如何不同寻常。当然，大使发给武官的指示不仅读起来含糊不清，实际操作起来也是无章可循。

　　对武官的管理名义上是一回事，实际上又是另外一回事，在文官管理武官通信方面同样如此。在这一问题上，发给武官的指令仍然是不够清晰的：所有正式报告都应经由大使处理。派往柏林的武官基本上都小心翼翼地遵守这一规定，但仍旧存在问题。武官们不只是撰写正式报告，他们也通过其他方式同伦敦的陆军部和海军部联系。撇开私人信件不谈，这些被称为"半官方"通信的主要替代联络手段——海军武官有参考表，陆军武官有备忘录——在程度和频率上都是难以把控的。表面上，采用这种半官方通信手段是为了方便，它减轻了大使批阅堆积如山的例行报告的负担，也可让大使免受时常被难以理解的技术问题所困扰之苦。同时，武官们相信，这些通信绕过大使和外交部可以更快地送达海军部和陆军部。

---

① Transcript of the Third Meeting of the Invasion Sub‑Committee of the CID, 12 Dec. 1907, CAB 16/3A.

外交部对这类半官方通信心知肚明，但他们总的来说还是默许了它的存在。陆军部认为，陆军武官的半官方通信只涉及"情报工作中的一些小问题"。海军方面则强调，海军武官的半官方通信只是用于讨论"仅海军部感兴趣的情报"①。然而，这种默契在实践中却完全是另一回事。外交部与武官在理解这些规定上龃龉不断。涉及希斯上校（Captain Heath）撰写的半官方报告的两件事可做明证。

第一件事发生在 1909 年夏，当时海军情报局直接致信希斯，让他设法从德国海军部（Reichsmarineamt）获取某些他们需要的资料，以修订英国海军内部材料，这些资料具体包括"德国造舰项目中新型舰艇的官方下水日期""'唤醒命令'的意思""德国海军舰长的职责和军衔"等。② 1909 年 7 月 6 日，希斯向德方提出了上述问题。7 月 12 日，他收到德方回复并将其直接转发给了海军部。在希斯看来，这些问题主要是关于日期和概念解释的，外交部对此不会感兴趣的。

不幸的是，情势发展证明希斯错了。8 月初，德国驻伦敦大使保罗·冯·沃尔夫·梅特涅（Paul von Wolff Metternich）在到访英国外交部时，以德方回复希斯问询为例来证明德国政府在海军问题上的坦率和真诚。尴尬不已的英国外交大臣格雷爵士不得不承认，他对此事一无所知。③ 格雷的下属并未对上司的窘态幸灾乐祸。外交部高级秘书艾尔·克劳（Eyre Crowe）在记录此事时写道：

> 这一事件证明，报告按规定送呈外交部是多么重要。如果格雷爵士知晓海军武官报告中的相关内容，他……8 月 4

---

① ' Memorandum for Guidance of Military Attachés ' , FO 371/75. Also, *The NID Notes for Guidance of Naval Attachés*, ADM 1/8204.

② Greene to Hardinge, 16 Sept. 1909, FO 371/675.

③ Note by Grey, 4 Aug. 1909, Ibid.

日在与梅特涅伯爵……讨论相关问题时将会游刃有余得多。[①]

随后，一封抗议信被摆到了武官和海军部的案头。[②]

五个月后，类似情况再次出现。1910 年 2 月，外交部官员们带着极大的怒气在《泰晤士报》（The Times）上读到一篇文章。文章称，冯·蒂尔皮茨海军上将告诉帝国国会（Reichstag）预算委员会，称英国海军部在海军预算上的数据是假的。[③] 对这一报道非常恼火的外交部指示驻柏林大使馆：第一，要求德方对蒂尔皮茨的这番表态予以澄清；第二，就这一问题提交一份报告。第一项指示容易执行，让德国政府就该报道发表一个更正声明，不把责任归咎于英国政府玩弄阴谋诡计即可。第一项指示旨在平息外交部的不满。第二项指示则针对希斯，正是他将向德方征询答案的做法视为技术问题，并直接向海军部报告，从而引起了更多麻烦。英国外交部助理次官沃尔特·兰利（Walter Langley）对此尖锐地批评道：

此前我就曾指出，海军武官在官方议题的通信来往上无视原则规定将造成极大的不便，并且我要求你……告诉他此后必须严格地遵守相关规定，要求他将所有报告都交给大使转呈给外交部。[④]

上述事例证明，大使对武官的权威也受到早已存在的武官同其军种之间纽带关系的挑战，因此外交部对武官通信的管理因为武官同陆军部和海军部半官方联络渠道的存在而遭到削弱。自然，外交官们寻求改变这种情况。1910 年 10 月，外交部在与海军部商得一致后，决定加强对武官活动的管理。"鉴于我们同多任驻柏林

[①] Minute by Crowe, 17 Sept. 1909, FO371/675.

[②] Langley No. 223, 21 Sept. 1909, Ibid.

[③] Cutting from The Times, 12 Feb. 1910, and Minutes on Same by Various Foreign Office Officials, FO 371/901.

[④] Langley to Goschen, 19 Feb. 1910, FO 244/746.

海军武官产生了不愉快"，克劳写道，"有必要利用这次机会更准确地界定海军武官的地位和身份，以及他要胜任这一工作所应具备的资质。"① 据此，他提议对海军武官职务任免的规定进行重大调整，要求其中应包含一项条款，即所有"重大事项……必须由外交使团首脑负责处理"。②

不过，即便修改了规定，其结果也未必会如外交部所愿。1912年11月，外交部再次提出对规定进行大幅修改。这次他们的目标即便不是完全废除半官方通信这一形式，也是要将其内容和主题都限定在最微不足道的事上。而海军部对此则无法接受，他们对外交部的提议多次提出强烈反对。刚开始，只是一些程序上的问题或不重要的事项。随着双方的争执开始集中到核心问题上，外交大臣告诉海军部，"在技术上，几乎无法准确定义什么是小事或无足轻重的问题"。仅定义的问题就足以让外交部的提议不具备可操作性。但除此之外，还有诸多难题亟待解决。正如海军部信函所指出的那样，武官同时是外交部和海军部的雇员："在外交部看来，海军武官是他们所属的大使馆中外交团队的一员……同时，海军武官同海军部的关系也是无可置疑的。"这一说法显然是正确的，海军部进而提出海军武官"直接同海军部进行半官方通信"主要关乎"技术问题"。如果半官方通信渠道不畅的话，"对海军部工作至关重要的部门内部联络……将被削弱"。正是考虑到了这一点，海军部准备就此另外发表声明，即"只要技术问题涉及政策方面，我们很乐意与外交部沟通协商"。③ 外交部没有更好的选择，只能接受这一折中方案，尽管问题只是更清楚地暴露出来而 37
并非得到了解决。

因此，到第一次世界大战前夕，已明确的指导武官工作的相关规定依然存在诸多严重缺陷。武官处于大使的正式领导之下，

---

① Minute by Crowe, 23 Oct. 1910, FO 371/907.

② Revised 'Letter of Appointment for Naval Attachés', Ibid.

③ Greene to Crowe, 28 Nov. 1912, FO 371/1562.

但同军方仍旧"保持联系"。他们被要求通过外交渠道递交正式报告，但又有所保留，即他们有权同其隶属的军种部门直接联系。这一畸形的设计使一些问题较以往更加突出。陆军和海军武官到底是什么职位？他们究竟是军官还是外交官？

从所有已采取的解决这一难题的措施来看，外交部无疑希望问题尽快得到解决，他们视武官首先为外交官。武官或许曾经是军人，并且很有可能在结束武官工作后重新成为现役军人，但在任职期间，外交部希望他们严格地服从大使的领导。然而，正如我们所看到的那样，军方对这种先入为主的定论抱有异议。几乎没有军官将海军武官看作"海军外交部门"① 的代表，而陆军士兵和海军水兵则普遍认为武官主要是为军种服务的。

不可避免地，现实情况是武官的两种角色必须相互妥协。武官无法在军官和外交官之间作出选择，他们必须同时是外交官和军人。颇有讽刺意味的是，身为外交官的克劳最为精辟地概括了武官所面临的现实处境。他在阐释迪马的身份时指出："迪马上校不只是替海军部说话的海军军官，他也是大使馆旗下的海军武官，代表英王和英国政府，而这两个角色无法做到泾渭分明。"② 不过，这种奇怪和无法让人满意的身份定位恰好最准确地道出了武官职位的特点，这一必须得到正视的问题依旧存在。我们也看到，在某种程度上，这一问题也是充满争议的。

武官的社交职责

财政部形容陆军武官在很大程度上只是起到"装饰性"和"礼

① *The Times*, 20 Mar. 1920, p. 8.

② Minute by Crowe, 14 Jan. 1907, on Dumas NA 2/07, 9 Jan. 1907. G. P. Gooch and Harold Temperley, *British Documents on the Origins of the War*, *1898 – 1914*, 11 Vols. （London, 1926 – 38）, vi. 3. 以下简称为 BD。

仪性"的作用，这无疑是极为刺耳的批评。① 财政部作出这一评价
主要是为了解释其不为武官加薪的决定，用词如此尖酸刻薄或许是
出于不可告人的险恶用心。尽管如此，财政部的这番评价仍然道出
了真相。陆军武官在履行其职责时，确实从事了很多礼仪性的工作。

在这些礼仪性工作中，首先是出席德国皇帝的宫廷活动。正
如研究德皇威廉二世的权威学者约翰·洛尔教授（Professor John
Röhl）所总结的那样，威廉二世毫无疑问极为热衷于展示"皇家
风范"，为此营造了精巧、奢靡、浮夸的宫廷生活。数不清的宴
会、舞会、午餐会、庆典、招待会让人应接不暇，这些场合无不
是典礼繁复，盛况空前，以彰显德皇的帝王气派。这种被洛尔称
为"登峰造极的奢华的新专制主义宫廷文化"② 的现象，对派驻
柏林的英国陆军武官影响深远，因为他们被期望能参与其中，共
襄盛举。英国武官身着礼服，胸佩勋章，镶缀绶带，盛装出场。
他们出席这些宫廷活动，被德皇视为他希望绘就的富丽堂皇、蔚
为壮观的宏大场景中的重要一环。因此，武官们总是被邀请出席
德国宫廷举行的各种盛大活动，在一些相对次要的活动上也能看
到他们的身影。这样的活动数不胜数。一名武官记述道：

> 我们在德国受邀参加的阅兵、军方宴会、庆祝会等活动，
> 我相信要远远多过在其他国家宫廷受到的邀请。在几乎所有
> 这些场合，请允许我用一句俗语来形容，到场的外国陆军武
> 官不过是被德国皇帝"大材小用"罢了。③

在这种情况下，英国陆军武官已经习惯了德国宫廷的莺歌燕
舞、纸醉金迷，这并不令人惊讶。不过，他们只是定期出席活动

① See Minutes to Treasury Files 8804 of 14 May 1903 and 17236 of 15 Oct. 1903, T1/9993B and T1/10966.
② John C. G. Röhl, *The Kaiser and His Court* (Cambridge, 1996), p. 70.
③ A. V. F. V. Russell, 'Reminiscences of the German Court', *The Fighting Forces*, 1 (1924), p. 58.

是不够的，他们还要协助德皇营造盛世华章。每个人都心知肚明：如果不能在德皇导演的宫廷大戏中有所贡献将会被视为失礼之举，而且皇帝对此会耿耿于怀。这也解释了为什么那些没有严格遵守宫廷礼仪的武官，会遭到德国王室的排斥。格莱钦上校的教训足以证明这一点。他曾身着不整洁的制服参加一个为康诺特的阿瑟王子（Prince Arthur of Connaught）举行的私人晚宴，并坦言"他遭到了皇帝的可怕冷遇"。[①] 一名格莱钦的继任者对此事描述道：

> 在柏林宫廷圈子和德国陆军中，衣着得体是非常重要的。我的一名对此应该很清楚的前任却曾衣衫邋遢地参加一个重要活动，而他本应盛装出席。德国皇帝为此龙颜大怒，事后告诉我他差点就要把这位英国武官踢出宫廷。[②]

39

可见，武官出席宫廷活动并帮助德皇渲染帝国盛世的恢宏气派的重要性，已经再清楚不过了。

除出席宫廷活动外，陆军武官还有一系列其他礼仪性工作。其中之一是在军事活动中代表英国君主。武官之所以肩负这一职责，是因为尽管大使是官方派驻德意志帝国的英王的唯一使节和全权代表，但身为文官的大使被认为不适合在军事活动中代表君主。因此，在这种情况下，作为来自总参谋部的现役军官，通常由陆军武官取代大使承担这一职责。[③]

英国国王是布吕歇尔侯爵骠骑兵团（Fürst Blücher Hussars）的荣誉上校，而陆军武官则受命代表英王定期检阅该部队。因此，经常参加这样的活动是合情合理的。有时候，这些活动是有惯例可循的。1910 年 4 月，罗素上校到访位于波美拉尼亚（Pomerania）的布吕歇尔侯爵骠骑兵团团部，代表英王向普莱泽尔中尉

---

① Edward Gleichen, *A Guardsman's Memories* (London, 1932), p. 261.
② Russell Manuscript, p. 59.
③ 外交部对此持不同意见，但目前没有见到其明确的官方立场声明。Barrington to Lascelles, 11 Jan. 1904, FO 800/12.

（Oberleutnant Pretzel）授予皇家维多利亚勋章（Royal Victorian Order）。[①] 这些定期访问中最重要也是最盛大的节目，都与英王在该团的上校身份有关。例如，1908 年 2 月，布吕歇尔侯爵骠骑兵团迎来了成立 150 周年，同时也是英国君主担任该团上校 25 周年华诞，为此举行了一系列纪念活动。活动持续了两天，活动内容包括骑兵检阅、教堂礼拜、纪念碑揭幕，以及举行颁奖典礼、宴会、正式舞会、士兵舞会等，无不盛况空前，隆重热烈。英王仍然由陆军武官代表他出席上述活动，当时担任该职务的是特兰奇上校（Colonel Trench）。[②]

陆军武官对代表君主出席军事活动早已习以为常，但在非军事场合，这一角色仍旧由大使扮演。不过，君主在出席活动时应有军事随从，因此当大使代表英王时，身边也应该有军人陪伴。由于武官是大使馆中唯一的军人，这一任务自然就落在了他的头上。因此，陆军武官作为大使的军事随从出席活动，发挥了诸多重要作用。例如，1906 年 9 月初，当英国大使馆需要派代表团出席德国王储之子的洗礼仪式时，特兰奇就身处其中。[③] 基于同样的理由，当月底，英国大使赴科堡参加新诞生的公爵继承人的洗礼仪式，特兰奇也陪同前往。[④]

英国王室成员访问德国时，陆军武官更要陪同出席各种礼仪性活动。在这其中，武官的职责主要有两点：其一，同德方沟通协作，做好接待安排；其二，王室成员抵达德国后，做好护卫工作。因此，当威尔士亲王（Prince of Wales）决定访问科隆并检阅他担任荣誉上校的第八胸甲骑兵团 [冯·盖塞勒胸甲骑兵团（Von Gesseler Cuirassiers）] 时，特兰奇从一开始就肩负重任。他

40

---

① 此行报告见 MA 16/10，29 Apr. 1910。该报告已遗失，但计划详情可见 Russell to Ponsonby，23 Apr. 1910，RA VIC/X 23/31。

② Trench to Knollys，20 Feb. 1908，RA VIC/W53/6.

③ 特兰奇的报告见 MA 14，3 Sept. 1906。该报告已遗失，从留存下来的文件中可找到的内容详情见 FO 371/79。

④ 特兰奇的报告已不复存在，但外交部文件 FO 372/15 记载了报告的详细内容。

于 1908 年 2 月被召回伦敦，在马尔伯勒宫（Marlborough House）同威尔士亲王会面并商讨访德计划。[①] 亲王访德期间，他一直参与其中。1908 年 3 月 25 日晚，威尔士亲王抵达位于德国边境的赫贝斯塔尔（Herbesthal）火车站，特兰奇是亲王会见的第一个人。两天后，亲王启程前往达姆施塔特（Darmstadt），特兰奇仍旧陪伴左右。[②]

正因为陆军武官深度参与了英国王室成员的德国之行，所以他们在其他重要的王室活动中也肩负重任，特别是德国政要显贵对英国的访问。因此，当决定哪些同英王乔治五世（George V）有关联的德国军官应被邀请参加他的加冕典礼时，驻柏林陆军武官罗素上校承担了沟通联络的重任。[③] 同其他英国陆军武官一样，他也"在加冕典礼举行之前被召回，以便侍奉将到访英国的各国贵宾代表"。[④]

同样地，当英国决定邀请德国皇帝出席伦敦林荫道上维多利亚女王纪念碑的揭幕仪式时，罗素再次受命与德国政府就德国代表团来访的细节进行协商。[⑤] 他也再次被召回伦敦，以便"他能被列入由第一龙骑兵卫队组成的迎宾阵容中"。[⑥]

海军武官承担的礼仪性工作在很多方面同陆军武官相似。他们也要出席众多宫廷活动。正如驻柏林海军武官迪马在其日记中记述的那样，这些宫廷活动接踵而至，让人应接不暇：第一天是在宫中参加庆典，几天后也许就要参加一场阅兵式，几周后又是庆祝晚宴，诸此此类。[⑦] 同样地，海军武官也会在一些重大场合代

41

---

① RA, Diary of George, Prince of Wales, 19 Feb. 1908.
② Ibid., 25 and 27 Mar. 1908. 更多信息见访德行程表，RAF&V/R. F/VIS/OV/ 1908/Germany。
③ Russell, MA 6/11, 8 Mar. 1911, MA 11/11, 3 May 1911, and MA 14/11, 22 May 1911, FO 372/323 and FO 372/324.
④ Dawson to Under Secretary of State at the Foreign Office, 6 Mar. 1911, FO 372/321.
⑤ Russell to Ponsonby, 21 Apr. 1911, RA PS/GV/PS 2791/8.
⑥ Bigge to Tyrell, 20 Mar. 1911, RA PS/GV/PS 2476/17.
⑦ Dumas Diary, 31 May, 4 June, and 25 June 1906.

表英国王室。因此，当英国政府决定向 1905 年波罗的海巡航期间英国海峡舰队驻泊地的市长赠送纪念杯时，海军武官艾伦比就为此专程前往波罗的海地区授勋。① 当然，同陆军武官一样，海军武官也经常享受殊荣，承担陪同访德的英国王室成员的任务。康诺特公爵（Duke of Connaught）受邀前往柏林参加德皇长子，亦即德国王储的婚礼时，艾伦比也在随从之列。同样地，海军武官也经常就德国派代表团赴英出席活动等事宜与德国政府沟通联络。因此，当英王乔治五世决定邀请德国海军派代表团出席他的加冕典礼后，海军武官沃特森（Watson）受命与德国海军部（Reichsmarineamt）联系，并作出周密安排。②

最后，由于英德两国君主偏好海上旅行，海军武官还经常要在两国间沟通皇家海上之旅的安排细节。例如，德国皇帝决定在 1907 年访问英国，迪马就承担了沟通联络的重任，他要把德皇旅行计划的详情报告给英国政府。③ 当然这些通常只是例行公事，这样的工作并不如想象中那么多，1906 年英王爱德华七世（King Edward VII）的例子就可以很好地说明这一点。当年 3 月底，英国大使问起爱德华七世前往地中海的夏季旅行计划，迪马遂致信伦敦要求告知相关细节。他于 4 月初收到的回复称："国王陛下说没有地中海之行的计划，因为他不想在地中海被成群结队的德国人包围！"④

因此，财政部将武官的作用描述成很大程度上只是"装饰性"的，这一说法并不完全失实。陆军和海军武官确实从事了大量礼仪性的工作。不过，财政部将这种说法视为对武官的侮辱和对其价值的诋毁，但武官们却不这么看。无论是海军部还是陆军部都非常重视武官所扮演的礼仪性角色，他们积极推动武官

① Allenby, NA 19/05, 11 Dec. 1905, FO 64/1624.

② Watson to the Reichsmarineamt, 7 Mar. 1911, FO 372/322.

③ D641/1907, 'Visit of German Emperor and Empress to England', ADM 1/7925.

④ Dumas Diary, 4 Apr. 1906.

增强从事此类工作的能力，以在万众瞩目之下提高海军部和陆军部的地位。

为实现这一目标，海军部和陆军部在修订武官的着装规定方面迈出了一大步。海军部和陆军部都清楚地认识到，在 19 世纪欧洲的军事氛围下，军服传递出大量军官的个人身份信息。众所皆知，一目了然的铜质勋章和绶带可以提高军官的地位，而没有这些装饰物则会降低他们的身份。在这种背景下，军种部仔细审视着装规定以确保可能的修改有利于武官，就并不令人感到意外了。在这方面，海军率先垂范。1903 年，海军情报局局长巴滕堡的路易亲王（Prince Louis of Battenberg）注意到，海军武官没有资格披挂肩带，彩色肩带是高级军官的副官用来表明自己身份的装饰。他认为，这一规定并不合理：

> 在国外任职的武官比在国内工作的军官发挥了更大作用，这一职位是一种创新。武官是同外国打交道的，他们同最核心的官方圈子中的人密切来往，因此其重要性无须多言。[①]

路易亲王希望将海军武官塑造成重要且广结人脉的军官形象，并建议对着装规定作出修改。这一工作完成后，新规定付诸实施，即"海军部参谋人员可以佩戴蓝色和金色肩带，海军武官在所有应穿制服的场合同样也可类似着装"。[②]

海军允许武官佩戴肩带和陆军对大衣规定的革新所想达到的目的是一样的。根据以往规定，陆军武官作为现役上校，应身穿通用式样的褐色混纺大衣。不过，一名即将上任的陆军武官指出，这只是现役军人着装而并非礼服。身穿这种制服的英国陆军武官会在正式场合看起来太不起眼，即便这种制服还谈不上呆板单调。幸运的是，国王、王室成员中的军人、陆军元帅、陆军委员会中

---

①　Battenberg to Kerr, 24 June 1903, ADM 1/7661.
②　Circular Letter No. 185, 31 Oct. 1903, Ibid.

的军人常穿阿索尔灰的大衣。这种蓝灰色大衣"较之现役陆军上校普通的制式褐色大衣，同其他外国陆军武官的礼服更为协调"，因此，"更适合在外国宫廷穿着"。有鉴于此，相关规定在 1904 年 8 月作出修改。① 同海军武官一样，陆军武官也深感"人靠衣装马靠鞍"，华服盛装是提高自身地位的有效办法。

晋升军衔是保障武官地位的另一个办法。派驻主要欧洲国家首都的陆军武官人选，通常都是已有上校军衔的资深军官或至少是晋升在望的中校，即便是尚未获得正式任命。如此才能与其他驻柏林的外国陆军武官军衔对等，以维护英国陆军武官的尊严。同时，总参谋部的出身，也给予了英国陆军武官莫大的支持。海军武官的情况则要复杂得多。海军部在可考虑的海军上校和中校——等同于陆军上校和中校——中挑选海军武官人选，这种方式是否能赋予英国海军武官足够的身份地位存在疑问，特别是在有些国家在将官中选人担任海军武官的情况下。这就成为海军改变武官任命思路的外部刺激，最起码，中校军官被从海军武官候选人中剔除出去。一名外交官谈到这一变化时说道："关于海军中校的问题……我认为世界最强大的海军不应由一名低级军官作为代表，他们只能代表次等海军强国。"② 因此，海军部倾向于任命上校及以上军衔的军官担任海军武官。虽然尤尔特和迪马在刚刚受命派驻柏林时都还只是海军中校，但 1907 年之后英国就不再派上校军衔以下的军官担任驻德国海军武官，而迪马在当年就被晋升为海军上校。因此，在迪马之后担任英国驻德海军武官的全部是资深海军上校。英国在 1913 年甚至还讨论过派海军将官常驻柏林的可能性。时任英国海军大臣温斯顿·丘吉尔对其内阁同僚爱德华·格雷爵士解释道："我们同德国的海军关系极为重要……为此而破例任命一名将军担任驻德海军武官合情合理。

---

① Bonham to the War Office, 29 June 1904, and Q. M. G. 7 to King Edward VII, 29 July 1904, WO 32/8957.

② Rodd to Battenberg, 3 Aug. 1912, IWM: DS/MISC/20, item 141.

这样一位高级军官的到来，将被柏林方面视为我们对其致敬之举……"① 为此，他建议任命萨默塞特·高夫 – 考尔索普海军少将（Rear-Admiral the Hon. Somerset Gough-Calthorpe）担任驻德海军武官。外交部则对这一建议是否真能带来帮助缺乏信心。格雷反问道，法国和俄国难道不会要求英方表达"同样的敬意"吗？德国会不会要求此后的英国驻德海军武官都必须是将官？② 面对这些反对意见，任命将官担任驻德武官的提议不得不束之高阁。不管怎样，想方设法提高驻柏林武官的地位已是常态。

武官与德国宫廷的交往

海军部和陆军部竭尽全力提高武官的地位，以增强其履行礼仪性职责的能力，那么这又带来一个问题：为什么在他们看来，礼仪性职责如此重要？

形成这一认识的主要原因同德国皇帝的身份和个性特征有关。在德意志帝国的政治结构中，君主扮演了举足轻重的角色。他屹立于宪法顶端，是所有国家大事的最终决策者。帝国的前两任皇帝威廉一世（Wilhelm Ⅰ）和腓特烈三世（Frederick Ⅲ）主要行使统治权，他们将日常事务交给总理处理。然而，继任的威廉二世则喜欢将日常行政事务也抓在手里。因此，他不满足于只做最终裁决人，而是要参与到政策制定和行政运作的每一环之中。威廉二世好大喜功，特别热衷于对自己属意的外交和军队事务发表长篇大论，尽管喜新厌旧的性格和天生的惰性又常常阻止他这么做。

在这种情况下，在君主可以直接施加影响的外交、陆军和海军事务上，洞察并理解德国皇帝的看法自然对包括英国在内的诸

---

① Minute by Churchill, 6 May 1913, CCAC: CHAR 13/22A/63 – 4.

② Grey to Churchill, 16 May 1913, FO 800/87.

多国家巩固同德国的关系非常重要。但如何弄清楚他的想法和观点呢？有很多办法可以揣摩圣意，最可靠的办法之一就是通过武官了解德皇的所思所想。颇为讽刺的是，正是被财政部刻薄挖苦的武官的"装饰性"作用赋予了他们洞悉德皇思想的便利。由于德皇热衷于举行盛大典礼，他本人和武官届时必然都要到场，武官自然有很多机会同他见面并聆听他的演说。一名武官对此解释道，他参加过五花八门的庆典和阅兵，"之后总是当晚或紧接着就举行宴会。最后，皇帝会组织一个'小圈子'聚会，宾客自然会有很多机会同其交谈。"① 武官容易接近德国皇帝也被英国驻柏林外交官注意到。例如，英国驻德国大使弗兰克·拉塞尔斯爵士（Sir Frank Lascelles）很清楚武官经常同德皇会面。他在给陆军武官特兰奇的 1908 年度评估报告中指出："特兰奇上校由于职务之便经常同德国皇帝见面，他将自己同德皇交谈的内容毫无保留地告诉了我，我个人对此非常感谢。"② 接替拉塞尔斯任英国驻德大使的爱德华·戈申爵士同样也意识到，武官比他本人更容易同德皇打交道。他在日记中记述了一段自己同德皇在 1910 年 3 月的大使晚宴上的谈话情况，清楚地阐释了武官的作用："皇帝陛下只同我谈音乐，却不谈政治。但他同（海军武官）希斯却畅所欲言。"③ 同样地，在一封已公开的给外交部次官查尔斯·哈丁爵士（Sir Charles Hardinge）的私人信件中，戈申阐述了在一年的某些时候约见德国皇帝的程序，他认为这一程序妨碍了大使定期同德皇会晤，但却有利于陆军武官同德皇保持联系。"这个季节"，他写道，"不是后者（威廉二世）同大使谈话的时间——但他却和陆军武官谈笑风生，这是他们的季节。这让我深感忧虑。"④ 最

---

① Russell Manuscript, p. 64.

② Lascelles to Grey, 22 Oct. 1908, FO 371/462.

③ Goschen Diary, 4 Mar. 1910, Quoted in Christopher H. D. Howard（ed.）, *The Diary of Edward Goschen*, *1900 – 1914*（London, 1980）, p. 200.

④ Goschen to Hardinge, 4 Sept. 1909, CUL: Hardinge Papers, vol. 15.

45　后，德国外交部的官员们也意识到皇帝更爱同武官交谈。德国外交大臣冯·里希特霍芬男爵（Baron von Richthofen）在英国陆军武官沃特斯上校同德皇的一次长谈几天后对其坦言："我听说我们的皇帝陛下想讨论政治问题，现在他已经把你视为知己了！"①

　　相较于交谈次数，更意味深长的是德皇在这些场合可以在武官面前畅所欲言。多名武官都提到，德皇在与他们谈话时非常坦率。例如，沃特森就注意到威廉二世"喜欢在陆军武官面前滔滔不绝……而他在同大使交谈时……则要非常注意言行后果"。② 沃特斯记得有一次，德皇"形容英国政府是'一包十足的面条'"。③ 沃特斯不是唯一对德皇的这种直爽记忆犹新的人。陆军武官罗素在其未出版的自传中也有类似描述："皇帝陛下……经常在我面前口若悬河。他同我的谈话常常具有重大的政治意义，总是让人叹为观止。他一开始就直入有趣的主题，偶尔言语极为轻率。"④

　　德国皇帝在武官面前这么放得开带来的好处显而易见——不仅仅只是增加了捕捉其真实想法的可能性。不过，有时他太坦率了，以至于给英国外交部带来了很多程序上的麻烦，主要还是一个礼节的问题。虽然武官的正式报告属于机密资料，但它们同时也是政府文件。因此，这些报告一送到外交部就会被编号和分类，并登记在册。在这一过程中，众多高级官员不可避免地会看到这些报告，甚至到最后才决定这些报告不应被广泛传阅。不过，据戈申观察，按照这一流程，那些提到德皇对英国政治家进行粗鲁或侮辱性评价的报告"并不会自然而然地传阅给每一个人"。⑤ 因此，当德皇真地在言语上"放飞自我"时，没有必要将他的一言

---

①　Waters, *Potsdam and Doorn* (London, 1935), pp. 42 – 43.

②　Waters, '*Secret and Confidential*' (London, 1926), pp. 252 – 253.

③　Waters, *Potsdam and Doorn*, p. 37.

④　Russell Manuscript, p. 65.

⑤　Goschen to Nicolson, 11 Oct. 1913, *BD*, x2. 707.

一行都以正式报告的形式发回伦敦，必须寻找一个替代方案。
1913 年 5 月，威廉二世手持海军名册，在他出席的一个场合就众
多议题发表见解。其中之一就是，他对英国海军武官沃特森坦言，
称英国陆军大臣哈尔丹勋爵（Lord Haldane）此前对柏林的访问是
一次"惨败"。他还认为，英国海军大臣丘吉尔是"一个不值得
信任的人"，以及有人并未获邀出席德国陆军演习，却令人讨厌地
不请自来。① 英国大使很难相信："皇帝实在是太奇怪了，一时
兴起就向海军武官发表这样重大的政治见解！特别是其中一些
评论还牵涉到沃特森的上司。如果是一个不了解皇帝为人处世
的人，此举势必会让他瞠目结舌，不敢相信。"② 正因如此，沃
特森将这段谈话记录在自己的私人信件中，而正式报告仅仅提
到"今天我在波茨坦（Potsdam）向皇帝陛下递交了 1913 年英
国海军名册。陛下收到名册后同我进行了交谈……"③ 5 个月后，
威廉二世在接见离职辞行的沃特森时，相似的一幕再次发生。德
皇再次用"骇人听闻"的言辞对英国政府要员评头论足，戈申为
此指示沃特森将其详细记录下来，私下传阅给他。"这已经不只是
推心置腹了"，戈申补充道，"德皇其实应该向沃特森倾诉他的满
肚苦水。"④ 不过，我们看到，他已经这么做了，此举实在是不同
寻常。

　　德皇为什么如此愿意在武官面前畅所欲言是一个争议已久的
问题？⑤ 一个可能的原因是德皇对军事事务众所周知的偏好。当时
一大批见多识广的评论家注意到，德皇无论是在当政期间还是退

⁴⁶

---

① Watson to Goschen, 12 May 1913, *BD*, x2. 699 – 702.

② Goschen to Nicolson, 16 May 1913, FO 800/366.

③ Watson, NA 25/13, 12 May 1913, Admiralty Library：Ca2053.

④ Goschen to Nicolson, 11 Oct. 1913, *BD*, x2. 707 – 708.

⑤ On this issue see Matthew S. Seligmann, ' Military Diplomacy in a Military Monar-chy? Wilhelm II ' s Relations with the British Service Attachés in Berlin, 1903 – 1914 ', in Annika Mombauer and Wilhelm Deist（eds.）, *The Kaiser：New Re-search on Wilhelm II ' s Role in Imperial Germany*（Cambridge, 2003）, pp. 176 – 194.

位之后，在比较武将和文官的优长时，总是偏向于军人。这样的例子数不胜数。例如，德皇经常从陆军和海军中调派人手充任其随从，这显然并非巧合。可以想见，德皇喜欢让军人陪伴左右，这种偏好也影响了他对外国高官政要的言行。简言之，相较于普通外交官，德皇更愿意同陆军和海军武官交往，而且他在武官面前坦率开放，直言不讳，这在面对外交官时是做不到的。

　　然而，我们更应从德皇行为本身而非简单地更钟情于武官作陪中找原因。作为一个军国主义国家的首脑，威廉二世习惯于用军官作为他同文臣和官僚之间沟通的中介人。他将自己处理内政的经验用于应对外交事务，并将英国驻柏林陆军和海军武官视为他向英国政府表达自己观点和立场的可靠传声筒。当然，英国外交部不这么认为。其中，英国外交部秘书克劳就尖锐地批评这种"路人皆知的德国皇帝的癖好和对陆海军人员的偏爱"。[①] 其实两者是一回事。一名陆军武官的传记作者指出，威廉二世将武官看作"他可以借此向英国外交部表达个人意见……的渠道"。[②] 他不太可能仅仅因为英国外文部的反对就改变这一方式。相反，在位数十年，威廉二世都坚持通过武官与英国政府进行外交对话。这种通过武官的沟通可以涵盖几乎所有主题以及英德关系的方方面面，其中有四个方面的问题是威廉二世特别感兴趣的。

　　其中一个是德皇经常向武官提起的英国对欧洲大陆强国的立场问题。这是一个自登基之初就开始困扰德皇的问题。众所周知，他在 1895 年底的两个场合向斯温上校（Colonel Swaine）谈起这个问题。[③] 德皇同斯温的谈话成为外交史上的一件大事，但很少被提及的是，他也在不同时期向别的武官提出了这一问题。比如，1902

---

① Minute by Crowe, 12 Sept. 1910, FO 371/901.

② D. S. Macdiarmid, *The Life of Lieut. General Sir James Moncrieff Grierson* (London, 1923), p. 116.

③ Norman Rich, Friedrich von Holstein, *Politics and Diplomacy in the Era of Bismarck and Wilhelm II*, 2 vols. (Cambridge, 1965), pp. 458, 465, 498–499.

年 5 月，德皇就同英国海军武官沃特斯谈起了英国的孤立问题：

> 皇帝陛下当时说："你们的孤立政策将难以为继；你们不再能在欧洲大陆国家间挑起冲突……欧陆国家将和平相处，你们无法阻止我们这么做。你们将不得不选边站队。"①

如果威廉二世得知英国最终决定不站在德国一边的话，也许他不会频频提起这个问题。不过，英国同法国和俄国联手的事实并未妨碍威廉二世向武官谈起这一问题，但谈话的性质则已大不一样。之前德皇是呼吁英国投入德国怀抱，现在他是希望英国改弦易辙，至少能重新退回到孤立主义之中。因此，他在 1911 年告诉罗素他期盼同英国达成"适当的政治谅解"：

> 谁都知道，法俄同盟完全是针对德国的，现在你们也加入其中。你们在我们和法俄同盟之间选择了后者。英德合作将确保世界和平。我们不想与你们为敌。如果我们鹬蚌相争，谁将渔翁得利？无疑是那些还没有参战的国家。②

同样地，德皇在 1913 年又告诉沃特森：

> 爱德华·格雷爵士反复强调保持"均势"。但实际情况是，当你们把自己同俄国和法国绑在一起时，欧洲的均势就已经被打破了……这些国家之所以能沆瀣一气，是因为有英国给它们撑腰。现在我不得不厉兵秣马，枕戈待旦。如果英国置身事外，则均势将得到恢复，反之则会荡然无存。③

48

威廉二世在武官面前的此类抨击和谴责从未成功过，伦敦的官方立场依旧岿然不动。尽管如此，他仍未放弃努力。

---

① Waters, MA 16/01, 29 May 1901, FO 64/1521.
② Russell, MA 4/11, 3 Mar. 1911, *BD*, vi. 594.
③ Watson to Goschen, 12 May 1913, *BD*, x2. 701.

如果说德皇利用武官作为中间人来推行他的结盟计划的话，他也曾尝试图借他们之力来谋求改变英国的政策方向。这方面的一个典型例子是 1913 年 6 月的"海军假期"（Naval Holiday）方案。当时，德皇听说丘吉尔打算发表一次演说，届时他将再次提出关于英国和德国停建一年战列舰的构想。德皇对这一"海军假期"方案嗤之以鼻。他召见英国海军武官，以"在第一时间私下且平和地表明他大义凛然的立场"，并且先发制人地阻止丘吉尔的演说：

> 　　皇帝陛下继续指出，即便丘吉尔先生确实提出海军假期方案的进一步建议，他也不能替德国决定其立场……（他）评论称，丘吉尔先生似乎在努力阻止德国实施舰队法案（比如，使其作废），这是他绝不能允许的……①

这传递了一个再清楚不过的信息，沃特森也立刻将其转发。

武官的另一个作用，是被德皇当作媒介表达他对英国媒体的不满。威廉二世同英国媒体的关系很糟糕，他经常阅读英国媒体的报道，常常对其报道——特别是涉及他本人的报道——大发雷霆。艾伦比曾报告称，他就听到过一次德皇咒骂"媒体的罪孽"，"皇帝陛下……看来对……让他深受其害的……媒体的罪责极为敏感且深恶痛绝"。② 不过，比起对他本人的攻击，英国报纸对德国军队不时的批评更让德皇烦心不已。只要出现此类批评声音，他总是要对英国陆军武官大动肝火。1901 年 9 月，在帝国军事演习期间，《每日快报》（Daily Express）记者 A. G. 黑尔斯（A. G. Hales）在一篇逻辑严密的文章中指出，在无烟火药和远程步枪大行其道的年代，深蓝色的德国步兵军服已经是危险过时的老古董。这篇文章同其他记者撰写的委婉得多的评论文章排在一起，它尽管很公允，但德皇读过之后不禁勃然大怒。他告诉沃特斯："他们不遗

---

① 　Watson to Goschen, 30 June 1913, FO 800/112.

② 　Allenby, NA 2/06, 29 Jan. 1906, ADM 1/7902.

余力地攻讦、非难（演习），并且侮辱德国军队，还嘲笑我们的军服。我不会允许这么做，如果再有这样的事发生，他们将会被踢出德国。"沃特斯很幸运，这一次他用某些特别乏味的德国媒体关于维多利亚女王（Queen Victoria）的报道成功地转移了德皇的怒火。①

并不是沃特斯所有的继任者都这么幸运。1912 年 5 月，德皇在罗素面前对《泰晤士报》军事记者查尔斯·科特·雷宾顿（Charles à Court Repington）的报道进行了长篇大论的指责：

> 皇帝抓住我的手臂，把我带到一个僻静之处，然后开始愤怒地抨击几乎所有媒体记者，特别是雷宾顿中校。陛下称，《泰晤士报》的军事记者关于德国军队的报道极不友好……皇帝随后继续描述他的军官们的愤慨之情……并补充道："告诉你们的陆军部，我不会容忍这些记者。"②

倒霉的罗素除了不停地宽慰德皇之外实在无话可说，他能做的就是如实向上禀报此事。

最后，德皇可以通过武官向英国政府表达自己的不满，尤其是在关系到陆军和海军的问题上的愤懑之情。"斯莱普纳号事件"（Sleipner Incident）是这方面的一个典型例子。1908 年 5 月 15 日，德国公务船"斯莱普纳"号（SMS *Sleipner*）在没有英国斯皮特黑德湾（Spithead）警卫首先登船或得到许可的情况下，擅自驶入作为英国最重要海军基地的朴次茅斯（Portsmouth）内港。"斯莱普纳"号指挥官冯·帕莱斯克少校（Kapitänleutnant von Paleske）对这一不同寻常事件的解释是，当时船上有一名船员需要紧急医疗救治。英国海军当局对此事的处理是允许"斯莱普纳"号继续在

---

① Waters, *Potsdam and Doorn*, pp. 51 – 65. See also Waters, MA 19/01, 30 Sept. 1901, and MA 25/01, 25 Oct. 1901, FO 64/1522.

② Russell, MA 23/12, 27 May 1912, FO 371/1376.

朴次茅斯停留，提供药品医治患病船员的"轻微喉痛"，并在第二天就这一"破坏国际礼仪"的行为向帕莱斯克提出强烈抗议。①同时，英方也向柏林的德国政府提出了交涉。

德国政府对"斯莱普纳"号行为的回应——它们处心积虑地将之轻描淡写——无比冷淡，这一态度在参加基尔帆船赛的英国海军武官面前更是展露无遗。伴随着一系列摩擦，英德关系开始降温，向德皇和其弟普鲁士的亨利亲王（Prince Henry of Prussia）呈递英国海军名册的仪式也显得颇为冷清。迪马描述仪式上观众态度的正式报告堪称外交辞令的范本。他几乎省去了所有细节，只是简单地记载如下：

> 我向德国皇帝陛下和普鲁士亲王殿下奉上了海军名册的特别装订本。皇帝陛下和亲王殿下都愉快地收下了名册，并请我向海军部委员会转达他们的谢意。②

隐藏在这段客套话背后的是另一个故事。迪马在其日记中透露，他与德皇的这次会面并不愉快：

> 宴会在"霍亨索伦"号（Hohenzollern）上举行，我们需要在宴会开始之前向德皇递上海军名册，正如（法国海军武官）德安德烈泽尔（D'Andrezel）所做的那样。但我们却遭到了德方令人意外的冷遇。德皇只是接过名册，淡淡地说了声谢谢。他表示，希望英国船队在随后对腓特烈港（Friedrichshafen）的访问和在等候皇家游艇的过程中受到礼遇。③

然而，同亨利亲王的态度相比，德皇的冷淡就不算什么了。迪马记述道，当时他和其他外国海军武官一起递交海军名册。"我

---

① Fanshawe to the Secretary of the Admiralty, 16 May 1908, FO 371/460.
② Dumas, NA 29/08, 3 July 1908, FO 372/140.
③ Dumas Diary, 27 June 1908.

们，"他写道，"受到了不同寻常的对待。在轮到我们递交海军名册时却突然接到通知，说亨利亲王可能已经出去参加帆船赛去了。"按照迪马的说法，亨利亲王"以极为反常的方式"，罕见地对英国代表倨傲无礼，甚至还出言不逊，暗中嘲讽英国君主。亨利亲王在回忆最近同爱德华国王的愉快会面时表示"国王陛下看起来很好"，随后他称"你知道，他几乎已经不再沾任何酒精饮料，这就使得一切大不一样了"。亨利亲王不仅暗讽英王酗酒成瘾，还尖酸刻薄地对英国舰队对丹麦的访问指指点点。他对巴黎荣军院大放厥词激怒了法国海军武官，还同样冒犯了俄国人。总而言之，亨利亲王表现出的粗鲁无礼令人震惊，迪马对此总结道："他给人留下的这种无礼印象将持续数年。"①

不过，德皇及其弟的行为都凸显出德方对"斯莱普纳号事件"的愤怒。英国大使馆一等秘书德·萨利斯（de Salis）报告称：

> 迪马刚从基尔回来。他说德皇和亨利亲王对来访的每艘俄国船只，甚至对挪威人……都非常友好……几乎每一名挪威军官都被授勋……但他却被明显怠慢，由此强烈地感受到德方因为"斯莱普纳号事件"而流露出的不悦。②

迪马因为"斯莱普纳号事件"的遭遇并非特例。罗素回忆说，从他得到的待遇就可以看出德国政府对英国态度的变化。"如果皇帝不管出于什么原因对英国政府不满，"他写道，"他的不快几乎会立刻表现出来……"相反，"如果他龙颜大悦，阳光普照，同样也会马上在方方面面展露无遗"。③

总而言之，出现在德皇宫廷中的英国武官也许主要起到"礼仪性"作用，但得益于德皇对军队情有独钟，因此武官也并非无足轻

---

① Dumas Diary, 26 June 1908.

② De Salis to Hardinge, 3 July 1908, CUL: Hardinge Papers, vol. 12. 省略的标记见原件。

③ Russell, 'Reminiscences', p. 58.

重的小角色。正如保罗·肯尼迪（Paul Kennedy）精辟概括的那样，
51 德意志帝国是"一个军国主义强权"。德皇总是身着军服，他的亲
信随从中有很多是陆海军军官，德国陆海军高级将领有权面见皇帝
成为帝国政治中的一大法则。有鉴于此，驻柏林的英国武官获特许
近距离接触德国宫廷的尚武文化，因而可以顺其自然地有机会掌握
重要情报，特别是关于德皇本人的情报。当时英方就意识到了这一
点。陆军中将伊恩·汉密尔顿爵士（Sir Ian Hamilton）告诉哈德威
克委员会，设立这个机构的目的就是研讨陆海军情报机构的未来发
展方向。"在欧洲大陆，社会的军事化色彩是如此浓厚，军人可以
有办法进入任何地方搜集情报。"① 历史学家们也注意到了这一现
象。"众所周知，德皇对任何同军事有关的东西都非常痴迷，"
雷蒙德·琼斯（Raymond Jones）写道，"这就给了驻柏林的英国
武官以天赐良机，他们可以同最高层建立非正式关系。"② 正如
保罗·肯尼迪总结的那样，仅此就赋予了武官"绝不仅仅只是德
国军队事务观察员的重要价值"。③

武官在社交中如鱼得水的自身条件

如上所述，武官的身份定位是一个非常复杂的问题。获委任
的武官希望能协调好复杂多样的职责，特别是在繁杂的宫廷礼仪
任务和大量其他社会工作之间保持平衡。不仅如此，武官还需要
在陌生的他国环境中，同一个不熟悉的文官政府打交道，并履行
好所有职责。确切地说，鉴于这份工作不同寻常且包罗万象，并
不是所有人都适合武官这个职位。那么，什么样的人才能胜任这
份工作呢？现存的有限档案资料显示，基于这一职位的社会属性，

---

① *Report of Lord Hardwicke's Committee*, Mar. 1903, p. 49. T 1/10966.

② Raymond A. Jones, *The British Diplomatic Service 1815 – 1914* (Gerrard's Cross, 1983), pp. 220 – 201.

③ Paul Kennedy, *The Rise of the Anglo – German Antagonism* (London, 1980), p. 136.

海军部、外交部和陆军部为武官人选订立了三个基本条件。

第一个条件是必须具备"社交能力"，这个概念相当虚幻。伊恩·汉密尔顿爵士解释说，在某种层面上，这只是意味着武官要具备足够的"常识、得体举止和社会地位"等素质，[①] 以确保他们懂得如何使自己在欧洲社会如鱼得水，游刃有余。正如陆军部发给陆军武官的秘密指示清楚显示的那样，社交能力之所以如此重要，是因为得体的举止在欧陆国家关系重大。"这关乎态度和生活方式"，陆军部的指示解释道：

> （陆军武官）……应牢记，在英国以外的所有国家，日常生活中的细节包含了大量重要信息，这是与英国不同的。武官对进出外国首都务必谨慎对待，在大多数地方武官应自我介绍，或者最好由他人引荐给当地头面人物，不管他是否感兴趣，此后要经常与之保持联系。[②]

虽然熟知欧洲大陆国家的社会习俗是成为武官的先决条件，但仅仅如此还不够。武官应具备的其他素质还包括能随机应变、有良好修养和精明老练等。正如前武官斯温将军（General Swaine）生动阐述的那样，候选武官必须是"在同外国人打交道时饱经世故的老油条"。[③] 武官也要拥有丰富的社会经验，很适合从事外交工作，也就是说要能做到圆滑世故、八面玲珑。外交部秘书罗纳德·坎贝尔（Ronald Campbell）在谈到海军武官应具备的素质时也说道：

> 在我的想象中，海军武官都是因为其具备的特殊才能而被精挑细选出来的（圆滑老练恐怕是其中最重要的）……由

52

---

① Evidence of Lieutenant – General Hamilton. *Report of Lord Hardwicke's Committee*, Mar. 1903, p. 49. T 1/10966.

② *Instructions for Military Attachés*, WO 279/647.

③ Swaine to Davidson, 21 May 1903, RA VIC/X 1/2.

于外国政府有意保密，海军武官可能无法获取太多情报，其最成功之处不在于此，而是他们能凭借自身的老练成熟和坦诚率直赢得对方的信任，进而趁机搜集到诸多零碎信息。①

因此，对武官最基本的"社交能力"的要求，是强调他应具备举止得体、熟知欧陆社会习俗、处事审慎等品质，这些品质会让他在与其他文武官员相处时感到轻松愉快。难免地，武官需要在许多本职工作以外的地方下功夫。如前文所述，德国是一个军国主义君主制国家，因此武官能否得到德皇及其随从的认可至关重要，即要成为德国人口中的"宫廷宠儿"（hoffähig）。英国政府对此心知肚明。正如陆军少将约翰·阿尔达爵士（Major - General Sir John Ardagh）对哈德威克委员会陈述的那样，武官"首先要成为在大使馆和德国宫廷中都受欢迎的人"。②

既然宫廷工作对武官的要求已经十分明确，那么竭尽所能确保能挑选出最合适的军官担任武官一职就不足为奇了。例如，一些武官来自著名的贵族家庭，这一出身有可能帮助他们适应德国宫廷的贵族气派。沃斯库尔特·希利－哈钦森·沃特斯（Waus-conrt Hely - Hatchinson Waters）是他母亲一方的多诺莫尔伯爵（Earl of Donoughmore）的直系后代。血统上更为显赫的是阿利克·罗素，他是男爵之子和贝德福德公爵（Duke of Bedford）之孙，来自一个数百年间涌现出众多政治家的英国大家族。罗素本人也是维多利亚女王和身为威廉二世父亲的德皇腓特烈三世的教子。因此，他进入柏林王公贵族的社交圈子再适合不过了，以至于威廉二世曾开玩笑地斥责他是"一个该死的朝臣！"③

身份更尊贵的是格莱钦伯爵（Count Gleichen），他是霍亨洛

---

①　Minute by Campbell [n. d., but probably July 1909], FO 371/801.

②　Evidence of Major General Ardagh. *Report of Lord Hardwicke's Committee*, Mar. 1903, p. 55, T 1/10966.

③　Russell Manuscript, p. 66.

赫－朗根堡的维克托亲王（Prince Victor of Hohenlohe-Langenburg）
之孙，不仅拥有纯正的贵族血统，而且严格来说还是德国王室成
员。他也是威廉二世和爱德华七世的表弟，爱德华七世还是他的
教父。因此，格莱钦的宫廷人脉可谓无与伦比。他曾担任过维多
利亚女王和威尔士亲王的侍从武官，因此也具有为宫廷服务的工
作经验。

其他武官虽然没有上述三人如此显赫的家世，但同样来自声
名显赫的古老家族。例如，首任英国驻柏林海军武官阿瑟·瓦藤
斯莱本·尤尔特（Arthur Wartensleben Ewart），是曾参加过克里米
亚战争和镇压印度民族大起义的陆军上将约翰·亚历山大·尤尔
特将军（General Sir John Alexander Ewart）之子，以及参加过抗击
拿破仑的半岛战争（Peninsular War）的约翰·弗雷德里克·尤尔
特中将（Lieutenant-General John Frederick Ewart）之孙。不仅如
此，尤尔特同德国也颇有缘分。他的曾祖父约瑟夫·尤尔特（Jo-
seph Ewart）曾在 18 世纪 80 年代末担任英国驻柏林公使，并迎娶
了出身于普鲁士重要贵族家族的格拉夫·冯·瓦藤斯莱本（Graf
von Wartensleben）的女儿。尤尔特的家族谱系让德皇颇感兴趣，
他自称将尤尔特视为"半个德国人"，并在首次接见他时热烈欢
迎其来到德国宫廷，因为他来自"一个为德意志帝国作出卓越贡
献的家族"。[1] 现存关于尤尔特任职的档案并没有提到他被选中担任
驻德武官的理由。一个可能的原因是尤尔特的德国血统果不其然地
引起了德皇的注意，他对这一巧合颇为中意，赞成由他出任英国武
官。德皇的态度应该在一定程度上对尤尔特的任职起到了推动作用。

虽然英国政府不遗余力地选用那些足以获得德皇信任和友谊，
并且很快能成为"宫廷宠儿"的人担任武官，但并不总是能取得
成功。有一名陆军武官和一名海军武官不仅没能同德皇建立原本
期待的良好工作关系，而且两人还成为德国宫廷不受欢迎的人，

---

① Arthur Ewart to Sir John Alexander Ewart, 9 Dec. 1900, Ewart Papers, folder 29.

从而失败地结束了在德武官经历。

第一个同德皇闹僵的武官是格莱钦。在回忆录中，格莱钦称自己并不明白为什么德皇不喜欢他，他只记得自己"曾两次顶撞德皇，直言不同意他的观点"。[1] 这些事情无疑并不是德皇不喜欢他的真正原因，德皇的愤怒有着更为实在的理由。威廉二世首先认为，格莱钦要对破坏他为改善英德关系而提出的一个倡议负责，其次他认为格莱钦企图削弱他的帝国的凝聚力，这些指控显得非比寻常。

第一个指控的出现非常意外，其所指行为也并不在武官的常规工作范围内。1904 年初，伊丽莎白女王近卫掷弹兵团（Königin Elisabeth Garde-Grenadier Regiment）的一名年轻军官冯·杰克林中尉（Oberleutnant von Jecklin）出版了一本名为《军事口译》（*The Military Interpreter*）的书。[2] 该书不过是为帮助德国军官准备德国陆军的英语考试而设计的翻译习题集。书末附上了军事主题的短篇英文文献，以及标准的德语翻译。麻烦的是，这本书表面上并无大碍，但字里行间却暗含了强烈的仇英情绪，因为其翻译部分有指责英国军队各种令人发指的暴行的文字节选，包括强烈谴责英军在布尔战争期间违禁使用非法弹药，以及屠杀战俘和无辜平民等。不出意料，鉴于这本书的主题，一些名字出现在书中的英国军官极为愤怒。其中一名军官舒特中校（Lieutenant-Colonel Shute）就要求格莱钦正式就此事向杰克林交涉，并要求将其名字从书中删除。[3] 格莱钦这么做了。他还将该书发给了伦敦的英国陆军部，将此作为德国陆军文学的范例，这本是其分内工作。此后，除了陆军大臣将该书呈交给英王爱德华七世以外，没有更多关于该书的消息。而爱德华七世本就是一个喜欢打趣，而非严肃庄重

---

① Gleichen, *A Guardsman's Memories*, pp. 262 – 263.

② Oberleutnant von Jecklin, *The Military Interpreter: Sammlung von englischen Übungsstücken mit Lösungen zur Vorberietung auf die militärische Dolmetscherprufüng* (Berlin, 1904).

③ Gleichen to Jecklin, 20 June 1904, FO 800/11.

的人。他在对德国进行国事访问时带上了这本书，并在基尔将
此书给德皇威廉二世看，还惊呼："这是你的军官出版的一个好
东西——而你却假装你的国家希望同英国友好相处。你实在是太
虚伪了！"① 令人遗憾的是，德皇没有看出来爱德华七世是在开玩
笑。不仅如此，在他看来，这次英王到访本来是改善英德关系的
好机会，而现在全部毁于一旦。德皇在盛怒之下解除了杰克林在
禁卫军中的职务，将他发配到偏远的卫戍部队任职。不过，让德
皇真正感到恼火的是格莱钦，他认为后者将杰克林的书转发到伦
敦，是"故意在英德之间挑拨离间"。② 双方都在竭力平息此事。
英国驻德大使亲自向德国总理解释说，格莱钦将杰克林的书发回
国内的举动"完全得体"，此事之所以发酵主要是德皇看问题的
角度不同。尽管如此，但事实证明，德皇从未原谅格莱钦。

一年后，当格莱钦疏忽大意地卷入另一起同德国政府有关的
风波时，德皇对他的厌恶之情就更加明显了。在格莱钦决定访问
三个保留自己军队的德意志王国巴伐利亚、萨克森和维滕堡时，
问题就开始出现了。格莱钦希望此行不只是简单地作为驻柏林英
国陆军武官在职权范围内开展的访问之旅，他希望能带着一个更
为正式的立场展开其访问。因此，他希望知道作为柏林大使馆的
英国武官，他的工作是否也包括在驻慕尼黑、德累斯顿和斯图加
特的英国外交使团中履职。如果不是，他希望能这么做。③ 英国外
交部同意了他的请求。他们在电文中写道："国王陛下很高兴格莱
钦伯爵能在英国驻巴伐利亚、萨克森和维滕堡的外交使团中工
作。"④ 带着这一决定，格莱钦作为陆军武官履行了其新使命，他
访问了慕尼黑的英国公使馆，并受到了巴伐利亚政府的热烈欢

55

---

① Gleichen, *A Guardsman's Memories*, p. 264.
② Lascelles to Bülow, 30 June 1904, FO 800/11.
③ Lascelles to Lansdowne, 2 June 1905, FO 83/2098.
④ Foreign Office to Lascelles, 5 June 1905, Ibid.

迎。① 然而，格莱钦的新身份引起的反响绝不仅限于此，这很快就显现了出来。第一个迹象是萨克森政府在月底不同意格莱钦到任，其理由是如果批准格莱钦的任职请求无疑会让柏林不快。② 他们的做法是正确的。当德意志帝国政府得知格莱钦寻求在英国驻慕尼黑、德累斯顿和斯图加特的外交使团中任职时，他们立刻通过德国驻伦敦大使梅特涅伯爵向英方提出强烈抗议：

> 梅特涅伯爵表示，鉴于巴伐利亚、德累斯顿和维滕堡陆军是德国陆军不可分割的一部分，任何军官被任命为驻上述邦国的陆军武官都是不合时宜的；据他所知，德国皇帝对类似安排深感恼怒，并视其为对德意志帝国军队的统一和完整的挑衅。

尽管英方竭尽全力劝说德国政府和德皇，希望让其相信并不存在上述他们猜疑的不轨企图，但格莱钦在柏林的地位显然已岌岌可危，德国大使已将这一点明确告知了英国外交大臣。"格莱钦伯爵"，他坦言，"已证明其在各方面都无法让德国政府接受。"同时，他继续评述道，"比洛亲王（Prince Bülow）认为，格莱钦伯爵的狡诈圆滑已显露无遗，建议由其他不会在各种场合制造麻烦的军官取代他担任英国驻德陆军武官。"这一表态实际上是要求英国召回格莱钦。

德国的抗议让爱德华国王勃然大怒。他批示道："比洛亲王的评价极为不公。"③ 然而，不管德方的态度是否公正，很明显，格莱钦已无法继续在柏林工作。不久之后，德国人被告知，格莱钦将被调任他职。④ 1906 年 1 月，他被派往华盛顿。

---

① Tower to Lansdowne, 10 June 1905, FO83/2098.

② Gough to Lansdowne, 27 June 1905, Ibid.

③ Lansdowne to Whitehead, 5 July 1905, Ibid.

④ Metternich to Bülow, 22 July 1905. J. Lepsius et al., *Die Grosse Politik der Europä-ischen Kabinette, 1871 - 1914*, 40 Vols. (Berlin, 1922 - 7), xx2, pp. 646 - 647. Hereafter *GP*.

另一个同德国政府关系闹僵的武官是希斯上校，他从 1908 年 8 月开始接替迪马担任驻柏林海军武官。这本是一个非常令人期待的人事调整。希斯是一名曾担任海军情报局助理局长的高级军官，有着丰富的从事海军情报工作的经验。尽管不乏对希斯的"诋毁者"，赫伯特·里奇蒙德就批评他"无能""无知"，"肩膀上扛的是一个南瓜"而不是脑袋，[①] 但他却被公认为"明日之星"，是未来的第二海务大臣（Second Sea Lord）的不二人选。不仅如此，按照迪马的说法，希斯八面玲珑，左右逢源，无疑会很好地融入德国海军圈子和柏林的社交圈子。[②]

不幸的是，希斯抵达德国时正值所谓"加速危机"（acceleration scare）爆发之际，这场 1909 年的外交摩擦的根源，是英国担心德国密谋加快其战列舰建造速度，欲暗中超越英国海军。关于这一不成体统的海军恐慌，我们将在下一章中详加介绍。现在我们要谈的是，鉴于已公开的德国海军造舰方案，到 1912 年秋，德国海军将会有 12 艘"无畏"舰入役，而担心德国"加速"推进其造舰方案的人声称，即便没有估算的 21 艘战列舰那么多，德国海军届时实际上也会有多达 17 艘战列舰入役。英国媒体和议会为此对德国大加指责，但德方却强烈否认这一点。负责海军造舰工作的德方官员定期私下致信其英国同行，强调德国法律不允许任何秘密造舰方案的存在，所有支出都必须得到帝国国会的批准。因此，即便德国想要加快造舰速度——德国人坚决否认有这种想法——也是不可能的。蒂尔皮茨在帝国国会上也公开澄清了这一点。德国人所做的一切对于消除英国的恐慌情绪都无济于事。英国政府认为，"重要的……不是德国人宣称其在造舰上做了什么或他们想做什么，而是当有需要时

---

① Arthur Marder, *Portrait of an Admiral*: *The Life and Papers of Sir Herbert Richmond* (London, 1952), pp. 316, 340 and 362.

② Dumas Diary, 8 Aug. 1908.

他们能做什么"。① 由于德国有能力加快其造舰速度，英国海军不得不假定，到 1912 年德国海军可能会有 17 艘甚至更多的战列舰。因此，英国在制订海军计划时要考虑到这一潜在威胁，相关情况也报告给了英国议会。

　　尽管德国政府多次发表声明欲澄清误解，但英国拒不相信其表面所见，这让柏林方面很不高兴，英国政府也深知这一点。"德国皇帝"，英国外交大臣写道，"因为对我们不接受德国政府关于德国到 1912 年底会拥有的战舰总数的保证而深受打击。"② 英国驻柏林大使也报告说，"蒂尔皮茨海军上将对英国议会不相信其澄清德国加快造舰传闻的言论非常愤怒。"③ 如果说英国对德国人的怨愤心知肚明的话，那么德国政府想弄清楚的是伦敦会如何表达他们对德国的不信任。因此，希斯就倒霉地成为了焦点。就德皇而言，他认为整个"加速危机"事件是英国海军武官模棱两可和搬弄是非的报告造成的。威廉二世在报告上批示道："希斯造谣生事，谎话连篇，有意激怒（德国）。"④ 蒂尔皮茨和德国海军部的官员们同样也这么认为。他们谴责希斯向英国海军部发去关于德国造舰计划的错误情报，尽管德方定期向其提供详细资料。⑤ 很快，英国"因为希斯上校提供的错误情报，而不相信帝国政府在海军建设问题上的担保"⑥ 的说法，在柏林成为不言而喻的真相。

　　德方对希斯形成这一印象的结果，是他首先被德国海军部，然后被德皇的宫廷逐渐排斥。德国海军部对希斯的封杀是一步步

---

① Minute by Spicer, 29 Mar. 1910, FO 371/901.

② Grey to Goschen, 9 June 1909, FO 800/61.

③ Telegram from Goschen to the Foreign Office, 29 Mar. 1909, FO 371/670.

④ Marginal comment by Wilhelm II on Widenmann to Tirpitz, 29 Apr. 1910, *GP*, xxviii, p. 317.

⑤ Widenmann, *Marine – Attaché*, pp. 167, 173; Goschen to Grey, 8 Aug. 1910, FO 371/906.

⑥ Goschen to Nicolson, 28 May 1910, FO 371/900.

完成的。蒂尔皮茨首先限制希斯进入德国海军设施，然后指示不再向希斯提供任何关于德国造舰计划的详细资料。其后，蒂尔皮茨拒绝同希斯会面或最多进行简短交谈。最后，他下令禁止向希斯提供任何情报资料，即便是最微不足道的资料也不要给他。希斯遭到排挤，无疑同其在"加速危机"中给德国政府留下的坏印象有关，而且德方对此也直言不讳。因此，当德方拒绝向希斯提供有关德国造舰计划的详细资料时，他被告知这是因为之前向他提供过资料，但他却未能对英国政府产生积极影响。不会有新资料提供给他，"因为我们担心迄今为止沟通和曲解立场产生的误会，会由于资料的更新而没完没了"。[1] 同样地，德国海军部国务秘书蒂尔皮茨对同希斯的会面也是敷衍了事，不过是"早上好，还有很多人等着见我"，就把他打发走了。希斯从蒂尔皮茨的副官们那里得知，蒂尔皮茨对他有意怠慢是因为其对英国宣称德国"拿骚"（Nassau）级战列舰已提前完工的说法"非常生气"。[2] 最后，当所有德国官方消息都对希斯关上大门时，希斯被明确告知这是拜"加速危机"事件所赐。英国大使对此报告说：

> 前几天，希斯在德国海军部向德方询问一些无关痛痒的问题时得知，德方已经下令禁止向他提供任何资料，不管涉 58 及什么问题。蒂尔皮茨的不满之一，是麦肯纳先生（Mr. McKenna）[3] 声称《北德意志日报》（*Norddeutsche Allgemeine Zeitung*）上刊登的日期不能被视为官方日期。希斯被告知，他应该知道出现在该报上的消息都是官方发布的。[4]

德方的上述种种反应让希斯极为尴尬。按照德国驻伦敦海军武官威廉·威登曼上校（Captain Wilhelm Widenmann）回忆录的

---

[1] Rheinbaben to Heath, 7 Oct. 1910, *BD*, vi. 293.

[2] Heath, NA 11/10, 22 Mar. 1910, FO 371/901.

[3] 时任英国海军大臣。——译者注

[4] Goschen to Hardinge, 14 Apr. 1910, FO 371/900.

说法，蒂尔皮茨这么做就是希望英国能召回希斯。[1] 威登曼坚持认为此事最后成功了，不过没有相关英国档案资料证明伦敦想提前让希斯回国。不过，到 1910 年初，德国海军部的公开敌意已经让希斯身心俱疲。与其在蒂尔皮茨及其下属的冷言冷语中再煎熬一年，还不如提早离开柏林。因此，他通过英国大使戈申爵士提出请求，希望能重新回到舰队司令部任职，以为晋升为将军积累足够多的海上工作经验。外交部虽然理解他的处境，但并不想看到他走。"今早我收到了你关于海军武官的信件"，外交部次官查尔斯·哈丁爵士回复称：

> 我会将你的意见转发给海军部。在我看来，两年时间对海军武官真正掌握像柏林这样的地方的情况实在是不够的。不过，如果他是一个有望晋升的军官，或脱离海上一线工作太久了，我是很能理解他对目前境况的厌恶之情的。[2]

这封信有力地驳斥了威登曼称希斯是在德方的坚持之下才被召回的说法，虽然相较于调任舰队司令部的诱惑，希斯更有可能是因为不堪忍受德国海军部的粗鲁对待和百般刁难才有意辞去驻德海军武官一职。不管怎样，希斯已经无法继续在武官岗位上发挥作用了。与其作为一名毫无用武之地的观察员在德国再待一年，无法看到想看的东西，无法同需要会面的人会面，他更可能选择离去。如果这是他的判断，那么他离开的方式和他离开时德皇对他的侮辱，无疑都证明他回国的决定是正确的。

由上所见，在希斯被边缘化的过程中，相较于蒂尔皮茨海军上将，德皇更是导致希斯因"加速危机"而备受指责的主要推手。在希斯即将离任之际，德皇的态度再次证明了这一点。按照

---

① Widenmann, *Marine - Attaché*, pp. 167，173 - 174.

② Hardinge to Goschen, 2 Mar. 1910, CUL: Hardinge Papers, vol. 21. 哈丁提到的戈申的来信找不到出处。

惯例，调离的武官将向德皇辞行，并得到皇帝的接见。因此，格莱钦在 7 月 23 日致信德国政府"希望皇帝陛下能愉快地同意卸任英国大使馆海军武官希斯上校面见辞行"。[1] 两周后，英方收到了德方的回复。回复称，德皇"今天已离开柏林，非常遗憾……由于公务繁忙、分身乏术，他无法在英国海军武官希斯上校离开德国前接见他"。[2] 这样的托词可谓前所未闻，即使在最好的情况下也是很失礼的，这样的说法让人极难接受，因为它明显只是借口。其中一点正如英国外交部助理次官沃尔特·兰利所言，"大使馆足足提前了三周向德方通告希斯上校将要卸任回国。"[3] 此外，英国大使戈申爵士也愤怒地写道："在我递交申请和收到回复之间的时间里，皇帝有好几天都在柏林并接见了众多访客（包括中国人）。"[4] 显然，如果德皇愿意，他完全可以接见希斯，但正如戈申在日记中所指出的那样，德皇拒绝这么做完全是出于"先入为主的偏见"。[5] 在给外交大臣格雷爵士的私人秘书威廉·蒂雷尔爵士（Sir William Tyrell）的信中，戈申更为直截了当。他写道，德皇"毒害"了希斯，而后者"被德国人认为应该对阿斯奎斯先生[6]和海军大臣在德国海军建设问题上的错误说法负责"，而德皇处心积虑地将"虚张声势"的敌视态度用"微不足道"的借口搪塞过去。[7] 这一观点在伦敦的英国外交部官员中颇为盛行，他们中很多人都表达了对德皇行为的愤慨。一份备忘录记述道："德皇拒绝了希斯的辞行求见，这是有意怠慢。"[8] 海军部毫无保留地认同这一点。海军大臣指出，希斯所遭受的是"毫无先例的

59

---

① Goschen to Grey, 6 Aug. 1910, FO 371/906.

② Kiderlen‑Wächter to Goschen, 5 Aug. 1910. Enclosed FO 371/906.

③ Minute by Langley, [n. d, but Aug. 1910], FO 371/906.

④ Goschen to Tyrell, 10 Aug. 1910, Ibid.

⑤ Goschen Diary, 6 Aug. 1910. Howard, *Diary of Edward Goschen*, p. 216.

⑥ 时任英国首相。——译者注

⑦ Goschen to Tyrell, 10 Aug. 1910, FO 371/906.

⑧ Minute by Drummond (?), 15 Aug. 1910, Ibid.

粗鲁对待"。① 德国方面这么做仅仅只是为了强调，希斯在德皇宫廷中已是不受欢迎的人，蒂尔皮茨对他的言行早已证明了这一点。尽管德方为了缓和关系而在希斯离开柏林后又邀请他同德皇会面，但英方对德国政府的真实目的非常清楚，因而对这一象征性姿态反应冷淡。不过，有一点是毫无疑问的，那就是蒂尔皮茨在时隔许久之后仍然对希斯耿耿于怀，继续不遗余力地贬低他。例如，1911 年 1 月，在希斯离开德国 8 个月后，英国驻柏林大使在大使馆举行了一场晚宴，"在晚宴上蒂尔皮茨与戈申夫人比邻而坐……他在大部分时间里都在诅咒麦肯纳和希斯上校"。②

60

　　格莱钦和希斯的经历在伦敦产生了两种反应。第一种反应很清楚，那就是英国政府对深陷风波且备受德皇及其臣属刁难的官员没有任何批评之意。格莱钦被授予三等巴斯勋章，他将其视为"我在德国的工作……没有被英国认为是完全失败的"的象征。③希斯获得了类似的对待。他受邀前往巴尔莫勒尔堡觐见英王，并获得了担任英王的侍从武官的荣誉。④

　　尽管如此，更重要的是英国政府能从格莱钦和希斯的经历中吸取教训，特别是武官要发挥作用就必须同德皇和德国政府建立良好关系。愤然离开柏林的武官用他们的亲身经历，生动地诠释了武官在整个任期内都务必使自己成为受欢迎的人的重要性。海军部和陆军部在考虑格莱钦和希斯的继任者时充分认识到了这一点。因此，希斯的继任者休·沃特森在前往柏林时，决心"促进两国海军的互敬互谅"，并避免"重蹈希斯的覆辙"。⑤ 在这两个

----

① Minute by the First Lord of the Admiralty, 18 Aug. 1910, Ibid.

② Nicolson to Hardinge, 2 Mar. 1911, FO 800/347.

③ Gleichen, *A Guardsman's Memories*, p. 281.

④ 提名希斯担任英王侍从武官的信件副本收录在同英王的通信集中，藏于英国海军史料部。关于英王同意对希斯的任命的文件见麦肯纳文件中的海军部文件目录，CCAC：MCKN 3/1。

⑤ Watson, NA 31/10, 25 Aug. 1910, *BD*, vi. 515 – 518. Watson to Goschen, 30 June 1913, FO 800/112.

方面，他都非常成功。沃特森性格温和，"相处起来无拘无束，让人轻松愉悦"，因此他同德国官方关系密切，相处融洽。[1]

陆军部在考虑格莱钦的接替人选时思路有所不同。他们新任命的陆军武官弗雷德里克·特兰奇（Frederic Trench）是德皇中意的人选，肯定会成为受德国宫廷欢迎的人。德皇可能是 1903 年在直布罗陀第一次见到特兰奇，当时他正在地中海巡游，而特兰奇则在那里获颁优异服务勋章。[2] 特兰奇显然给德皇留下了深刻印象，因为 1904 年德皇邀请他观摩德国陆军演习。1905 年，伦敦的陆军委员会（Army Council）请求德国政府允许英国派一名军官随德军参加针对西南非洲的赫雷罗人（Herero）的军事行动，德皇在得知人选是特兰奇后欣然同意。[3] 最后，特兰奇来到了柏林。现存档案对任命特兰奇为驻德陆军武官的原因语焉不详，但 1908 年外交部次官查尔斯·哈丁爵士的一封信提到，这一决定是在德皇威廉二世的要求下作出的。"特兰奇抵达柏林时"，哈丁写道，"他是一个亲德派并且是皇帝的朋友——事实上，（由他担任英国驻德陆军武官）是皇帝自己的选择。"[4] 倘若果真如此，那么不用诧异为何特兰奇在德皇宫廷中如此受欢迎。英国政府在外国君主的要求下任命某人担任重要的海外职务，这实在是太不同寻常了。另外，这一现象也凸显出相关人选要具备成为"宫廷宠儿"的"社会资质"，或者说外国宫廷对他的认可是何等重要。除此之外，驻柏林武官想要顺利地开展工作别无他法。有了格莱钦被召回的前车之鉴，显然任何有助于重建陆军武官地位的办法都值得一试。

对武官的另一项重要要求是掌握一定程度的外语。此前，这

[1] Goschen to Nicolson, 11 Oct. 1913, *BD*, x2. 707 – 708.

[2] Metternich to Bülow, 22 July 1905, *GP*, xx2. 647; O'Moore Creagh and Edith M. Humphris, *The V. C. and D. S. O.*, 3 vols. (London, 1921), ii. 261.

[3] Unknown Official to Lansdowne, 29 Mar. 1905, FO 64/1646.

[4] Hardinge to Goschen, 7 Dec. 1908, CUL: Hardinge Papers, Vol. 13.

个对陆军武官来说显然并不是必然要求。根据威廉·罗伯逊中校
(Lieutenant-Colonel William Robertson) 的回忆录记载，他在 1901
年 10 月被任命为陆军情报局外国和印度分处 (Foreign and Indian
Subdivision of the Intelligeace Division) 主管，其一到任就决心提出
"一个选任武官的更好方案"。特别是，他希望不再选用那些 "对
派驻国语言一窍不通，或完全不懂任何一门外语" 的军官担任陆
军武官。[①] 这是一个怎样普遍存在的问题，罗伯逊并未言明。不
过，这对驻柏林武官来说并不是个问题。沃特斯就是一个人尽其
才的军官，他曾在柏林上学，德语非常好。不管是否是罗伯逊努
力的结果，事实就是沃特斯的继任者们也都能讲流利的德语。
1903 年接替沃特斯担任陆军武官的格莱钦是身为德国王室家族之
一的霍亨洛赫 – 朗根堡 (Hohenlohe-Langenburg) 家族的直系后
裔，而且他年轻时就在欧洲大陆广泛游历，极为精通德语。格莱
钦的后任特兰奇有着相似经历，他曾在日内瓦大学就读，其去世时
的讣告就称其 "有着非比寻常的语言学造诣"。[②] 最后是阿利克·
罗素，他是英国驻德大使奥多·罗素勋爵 (Lord Odo Russell) 的
第四个儿子，在柏林长大，孩提时代就开始接触和学习德语。他
不仅德语非常流利，而且还在 1905 年 4 月获得了德语翻译资格。[③]
一言概之，仅就语言能力而言，这段时期的英国驻柏林陆军武官
都是高素质人才。

　　罗伯逊认为具备语言能力是任用驻海外武官至关重要的先决
条件，海军部对此也深有同感。丘吉尔在 1913 年观察到，在柏林
工作有 "两个条件……是不可或缺的"，其中之一就是 "掌握德
语"。[④] 好像是为了证明这一点，此后他很快选中威尔弗雷德·亨
德森 (Wilfred Henderson) 担任驻柏林海军武官，此人精通法语、

---

① William Robertson, *From Private to Field – Marshal* (London, 1921), pp. 130 – 131.
② See Trench's Obituary, *The Times*, 15 Apr. 1942, p. 7.
③ War Office, *The Official Army List*.
④ Minute by Churchill, 6 May 1913, CCAC：CHAR 13/22A/63 – 4.

意大利语和德语。① 不过，这一要求是在 1913 年才提出的，此前海军部并未明文规定候选武官要懂德语，只是他们愿意去学德语。因此，尽管首任英国驻柏林海军武官尤尔特确实德语很好，但从他的继任者艾伦比和迪马的日记中我们可以发现，这两人在担任武官之前德语都并不流利，因此不得不在赴柏林任职前抓紧时间恶补。当然，学习语言和掌握语言是两码事。艾伦比承认，"每天早餐前学习 45 分钟德语"② 让他颇为受益。精通法语和西班牙语的迪马却发现德语更难掌握，他坦言，尽管"可怕的小家伙格雷戈尔小姐（Fräulein Gregor）每天上午来陪我读德语一小时"，但其上任后仍旧哀叹了一年德语太难了。③ 迪马报告的读者也对他的外语水平颇多抱怨。一名外交部官员在收到迪马对蒂尔皮茨演讲的译文后批注道："这些纸面上的东西换一种说法更容易理解：这个'翻译'太差了。"④ 为解决这个问题，迪马明智地聘用了一名上了年纪的英国妇女格雷太太（Mrs. Gray）担任他的助手。她帮迪马读报纸，翻译有关海军问题的文章。迪马的继任者希斯"也不'精通'德语"，继续留用格雷太太。⑤ 且不论丘吉尔的意见如何，1910 年到任的沃特森是尤尔特之后第一个"熟练掌握德语"⑥ 的英国海军武官。令人讽刺的是，沃特森不是因为他的德语水平而是因为他糟糕的英语水平而被那些阅读他报告的官员抱怨。外交部的备忘录中充斥着对沃特森用母语写作报告的能力的批评。"我很惊讶海军部竟然能容忍其军官发回这样毫无章法、文理不通的报告"，外交部首席秘书克劳在 1910 年 9 月的这番评论就是一

---

① See Henderson's Service Record, ADM 196/43.
② Allenby Diary, 6 Apr. 1903.
③ Dumas Diary, 2 Mar. 1906, 9 July 1906, 27 Feb. 1907.
④ Minute of 12 Mar. 1906 on Dumas NA 11/06, 9 Mar. 1906, FO 371/75.
⑤ 对希斯德语水平的评价出自 Grant to Greene, 8 Feb. 1909, ADM 137/3859。关于希斯聘用格雷太太的内容，见 Dumas Diary, 26 Oct. 1908。
⑥ Admiralty to Foreign Office, 30 June 1910, FO 371/1036.

个典型例子，他的不悦之情跃然纸上。① 从 1911 年年中开始，这样尖酸刻薄的评价便层出不穷："沃特森上校某些令人费解的阐释几乎比得上晦涩难懂的德国海军法案本身。"② 1912 年初，一份附在 11 页报告后面的备忘录的措辞同样尖刻："如果沃特森上校写作时能做到简明扼要，那他或许用一页纸就能把要说的说清楚了。"③ 其他一些评论则更为委婉。"如果他能发回一些有价值的情报，"外交部助理次官沃尔特·兰利评述道，"海军部根本不会关心他的报告中有多少语法错误。"④ 英国驻柏林大使戈申也深有同感。"尽管他的报告烦琐冗长，且不乏滑稽之处，但他的工作依然算得上出色……"⑤ 无疑，沃特森精通德语对其工作帮助甚大，这也使他为人所诟病的糟糕英语不过是白璧微瑕罢了。

　　另一个对驻柏林武官来说至关重要的条件是他们要有可观的个人收入。有两个原因可以解释这一点。第一个原因是武官的工作花费不菲。曾供职于德皇宫廷的海军情报局局长斯莱德上校（Captain Slade）就指出，武官"务必要做社会人"。⑥ 这意味着武官不仅要承担定期款待德国军政要员的高额开支，还要有一所适合举行招待会和晚会的宅邸。这可不是小事。海军部也承认："武馆官邸必须坐落于高档社区，以方便代表英国海军最得体地回请那些曾热情款待过他的宾客……"⑦ 这样的住宅自然不会便宜。为了方便居住并举行社交活动，希斯和沃特森都住在班德勒大街——同样住在那里的阿利克·罗素形容它是"柏林的花园大道"——迪马则住在环境也相当不错的摄政大街宽敞的公寓里。"这个地

---

① Minute by Crowe, 12 Sept. 1910, on Watson, NA 34/10, 9 Sept. 1910, FO 371/901.

② Minute by Crowe, 12 June 1911, on Watson, NA 21/11, 3 June 1911, FO371/1123.

③ Minute by Crowe, 26 Feb. 1912, on Watson, NA 6/12, 21 Feb. 1912, FO 371/1372.

④ Minute by Langley [n. d.] on Watson NA 3/11, 15 Feb. 1911, FO 371/1124.

⑤ Goschen to Nicolson, 11 Oct. 1913, *BD*, x2. 707 – 708.

⑥ Minute by Slade, 2 Mar. 1909, ADM 1/8204.

⑦ Minute by Bethell, 19 Aug. 1909, Ibid.

方"，他后来回忆道，"非常好"，但也很贵。① 他在收到第一笔账单时这样写道："房租……对任何担任我这个职位的人来说都太贵了，我几乎为能付得起房租而感到骄傲。"②

武官开销巨大，但薪水很有限，也没有额外的补贴来支持其工作。后来的海军情报局局长们对此心如明镜。例如，贝瑟尔将军（Admiral Bethell）就坚持认为"海军武官目前的收入不足以应付工作必要的开支"。③ 陆军方面同样也这么认为。陆军上将亨利·布拉肯伯里爵士（General Sir Henry Brackenbury）告诉哈德威克委员会，陆军武官"既要组织社交活动又要招待外国军官。现在的收入让他们很难开展目前的工作……"④

武官的职责与其薪水不成正比产生了一个不可避免的后果。用丘吉尔的话说，在收入上有"私人渠道"成为担任驻柏林海军武官必不可少的条件。陆军大臣在这一点上再次与海军方面达成共识。陆军部只能从"那些私人收入丰厚，足以承受在外国首都 64 生活的高额成本和支付履行特殊使命所需花费的人"⑤ 中间挑选陆军武官。

只有那些有获取可观收入的"私人渠道"的人才能被考虑委任为武官，这让陆军部和海军部都深感不安，他们意识到这一限制会阻碍那些缺少个人财产但合适的候选人成为武官。1903 年 5 月就有这样一个生动的例子。当时陆军部考虑任命爱德华·阿加少校（Major Edward Agar）担任驻柏林陆军武官。阿加是一名来自皇家工程兵部队的军官，他毕业于参谋学院并从事过陆军情报工作，在各个方面，无论是基于何种理由，都是驻柏林陆军武官的合适人选。除了卓越的军事成就外，他还是"一个快乐的小伙

---

① Dumas Autobiography, p. 31, IWM: 65/23/1.
② Dumas Diary, 3 Apr. 1906.
③ Minute by Bethell, 14 Feb. 1910, ADM 1/8204.
④ *Report of Lord Hardwicke's Committee*, Mar. 1903, pp. 44 - 45, T 1/10966.
⑤ Marzials to the Secretary of the Treasury, 6 Aug. 1903, Ibid.

子"，举止"文雅得体"，能够"随机应变且处事稳重谨慎"，很
适合武官这一敏感职位。可惜的是，他的财政状况未能满足要求。
斯温少将（Major General Swaine）报告说：

> 我唯一对阿加少校不放心的是他缺钱。柏林不是一个生
> 活成本低廉的城市，阿尔弗雷德·霍斯福德爵士（Sir Alfred
> Horsford）（总参谋长的陆军秘书）提醒我不要忘了我在圣
> 彼得堡的第一次任职经历："还记得当年殿下不同意他的陆
> 军武官住酒店，使得他只能蜗居在贫民窟。"我想应该直言
> 不讳地问阿加少校他是否能负担得起在柏林工作和生活的
> 费用。他是一个非常优秀的人，却被放到了一个错误的位
> 置上。①

显然，阿加没有额外收入，关于他的任命就这样不了了之了。
当年晚些时候，面对这一问题，陆军大臣在其日记中写道："如果
我们能给武官加薪那就再好不过了。但到目前为止，没有哪个军
官可以胜任武官职位，除非他很有钱。这一事实极大地缩小了我
们的选择余地。"②
　　陆军和海军都尝试改变这种情况。陆军部从 1903 年 6 月起开
始要求增加陆军武官的工资。实事求是地说，③ 陆军部"多次提
出，目前武官的固定收入（800 英镑）太低"，陆军部财务秘书向
财政部指出，这样微薄的收入"严重限制了武官人选的范围"。
因此，他要求每天额外向陆军武官发放 1 英镑的日常生活津贴。④
不过，财政部却不为所动。尽管陆军部一再要求给武官加薪，
但财政部仅在 1903 年就三次——在 8 月、10 月和 12 月——坚

---

① Swaine to Davidson, 8 May 1903, RA VIC/X 1/1.

② Arnold - Forster Diary, 28 Dec. 1903, BL: Add. 50355.

③ 驻柏林陆军武官沃特斯在 1900 年 8 月对此抱怨不已，见 Waters to Lascelles,
23 Aug. 1900, FO 64/1494。

④ Marzials to the Secretary of the Treasury, 3 June 1903, T 1/10966.

决地予以拒绝。财政部之所以态度如此坚定，根本上还是因为其 65
看低了陆军武官的价值。一名财政部高官在私人内部备忘录中道
出了这一点：

> （陆军武官）是一个装饰性的（当然有必要）的附属职
> 位。在哈德威克勋爵主持的委员会会议上，我提出（尽管没
> 有成功）陆军武官的薪酬待遇应提高到每年1200英镑，但有
> 一个前提条件，那就是他的作用大到能取代伦敦同事的工作，
> 并写一部关于其驻在国的情报著作。照目前情况看来，我不
> 认为有任何理由可以给他们多发一分钱。①

上述观点在当时颇为盛行。有鉴于此，陆军部无法再继续呼
吁给武官加薪，无奈地暂时搁置这一问题。

1908年4月，给武官加薪的问题再次提上了议事日程，陆军
部为此采取了新的思路。当然，他们反复强调这个问题。"目前的
薪酬标准……已多年未变"，陆军部常务次官雷金纳德·布雷德
（Reginald Brade）写道，"武官人选不得不局限在那些准备好为公
共事务而奉献出大量私人资源的人的范围内，这严重阻碍了武官
的遴选工作。"② 不过，除了重新提出这个此前几次已经证明无法
说服财政部的要求外，陆军部也提出了削减其预算中别的项目开
支以满足给武官加薪条件的设想。当然，这一方案引起了财政部
的注意。随着备忘录的解密，我们可以确定，陆军部的新方案使
得问题迎刃而解。"这封信的关键之处"，一名财政部官员批注
道，"是倒数第二段提到的陆军部承诺削减超过3000英镑的陆军
作战部的预算……以负担给拟任职武官发放每天1英镑额外补贴
的开支（3285英镑）。"③ 在这种情况下，并与陆军部就后续细节

---

① Minute by Chalmers, n. d［but Oct. 1903］, T1/10966.
② Brade to the Secretary of the Treasury, 22 Apr. 1908, Ibid.
③ Undated Treasury Minute, Ibid.

商得一致后,财政部最终在 1909 年 1 月 20 日同意了这一方案。

陆军部的成功被海军部看在眼里。海军武官对薪水过低难以开展工作的抱怨也让他们困扰不已,武官们最近一次提出加薪要求是在 1909 年 1 月 15 日。[①] 因此,他们必须有所动作。"已经有一段时间了",海军情报局局长斯莱德写道:

> 海军部考虑就海军武官反映的薪水过低的问题提交报告。我们已提出……海军武官的薪酬津贴远远不能满足其应付工作必要的开支,这使得他们不得不大量动用个人财产来填补亏空。[②]

由此,斯莱德建议海军部也为海军武官争取加薪。因此,一封致财政部的信写道:"有充分证据显示,海军武官的薪酬待遇太过微薄。因此,海军部在经过深思熟虑后相信,海军武官同其兄弟军种的同行一样获得加薪待遇的时机已经成熟。"[③] 财政部拒绝了海军部的首次加薪要求,如同他们当初拒绝陆军部一样。尽管财政部此前承认要遵行"应尽可能地给予海军和陆军职位以同等待遇"的原则,但是直到 1913 年 11 月他们实际上才将这一原则付诸实践。[④] 至此,在第一次世界大战爆发前 10 个月,陆军和海军武官最终获得了 1165 英镑的年薪,此外还有津贴。

因此,实际上是分别到 1909 年 1 月和 1913 年 11 月,陆军和海军武官的薪酬才同其实际工作花费相符。其结果是,在陆军部和海军部考虑要求给武官加薪并与财政部交涉期间,无论是陆军武官还是海军武官,拥有丰厚的个人财产是其能顺利开展工作必不可少的重要条件。关于驻柏林武官个人经济状况的记录难免不完整,但我们至少知道驻柏林的陆海军武官都有某些工资之外的个人收入。迪马是迪马和怀利公司的合伙人和股东,每年在公司

66

---

① Smith, Russia NA 1/09, 15 Jan. 1909, ADM 1/8204.

② Minute by Slade, 2 Mar. 1909, Ibid.

③ Admiralty to the Secretary to the Treasury, 5 July 1909, Ibid.

④ Bradbury to the Secretary to the Admiralty, 20 Nov. 1913, T 5/40.

可获得超过 300 英镑的分红。① 不过，后来他估计他在公司的职位
"每年在收入之外还要花费他 750 英镑"。② 这份固定收入显然是不
够的。相比之下，作为迪马继任者之一的沃特森有更好的生财之道。
沃特森娶了实业家和石油大亨考德雷勋爵（Lord Cowdray）的妹妹
珍妮·阿米娜·皮尔森（Janie Amina Pearson），用海军部的话说，
他因此"富得流油"。③ 正如我们所见，一个人要想成为驻柏林海军
武官，这样大笔的个人财富正是他所需要的。

总之，要想胜任宫廷社交职责，候选武官必须具备合格的
"社交能力"，精通德语，并且财力雄厚。不过，对陆海军武官的
要求并不只是这些，因为在履行好宫廷社交职责的同时，还有其
他重要的任务在等着他们。

武官的情报搜集职责

虽然武官们在德皇宫廷中很好地发挥了"装饰性"作用，但
这并不是他们作为武官唯一的职责，更不是主要职责。正如陆军
部在同财政部沟通时所说的那样，尽管"武官被赋予礼仪性职责，
但在他们看来，有机会在驻在国宫廷内站稳脚跟并不会使他们将 67
自己的主要职责抛诸脑后"。④ 这意味着陆海军武官被派到柏林，
是为了维护并代表英国陆海军在德国的利益。

在某种程度上，武官平时的工作相当乏味。例如，当有英国
军官为履行官方职责希望参加德国陆军演习时，陆军武官就要负
责做好相应安排。同样地，当英德两国交换武器弹药的样品时，
同德国政府进行沟通协商也是陆军武官的工作。⑤ 海军武官也有类

① Dumas Diary, 6 Oct. 1905.
② Dumas Diary, 3 Jan. 1912.
③ Admiralty to the Foreign Office, 30 June 1910, FO 371/1036.
④ Manzials to the Secretary of the Treasury, 7 Dec. 1903, T 1/10966.
⑤ Russell MA 22/10, 29 June 1910, FO 371/1035.

似的职责。例如，海军部通过迪马获得了德国水兵配给的饼干的样品。①

　　不过，在这些常规工作之外，作为英国陆军和海军的驻德代表，武官们还有更为实质性的使命要完成，即搜集关于德国武装力量的情报。这一要求在外交部任命他们为武官时发给他们的指示中已得到明确说明。例如，陆军武官被告知"要尽可能与驻在国陆军保持密切联系"，并"从军事角度出发，就任何值得关注的情况发回特别报告"。② 这一原则性指示的精神，在陆军武官从陆军部收到的综合性补充指示中得到了更为详尽的阐释。在众多内容之中，陆军部的指示还包含了一份开列了 29 个要点的清单，清单上的要点都是陆军武官"应该特别关注"的。这些要点涵盖了从"可能担任或已经担任高级指挥官或参谋军官职务的将军和其他军官的个人素质"，到"军纪规范；耐力、体力和心理状况；在逆境中解决问题的能力；战斗意志力或战斗意志缺陷"，再到"德方关于英国陆军主流作战思想的情报"，总之是要尽可能地剖析德国陆军。③

　　同理，海军武官也要根据相应指示搜集并汇报情报，包括德国海军政策和海军行政管理，特别是军舰、装备、鱼雷、船坞、工厂、海岸防御等方面的情报，以及"关于外国舰艇或舰队计划部署和调动的最新且最可靠的情报"。④ 简言之，他们也应致力于尽可能地搜集关于德国海军的情报。

武官成为得力情报员的专业素质

　　确保武官能在德皇的宫廷里如鱼得水的那些要求，同样有助

---

①　Dumas Diary, 12 Nov. 1906.

②　'Memorandum for Guidance of Military Attachés', FO 371/75.

③　*Instructions for Military Attachés*, WO 279/647.

④　Memorandum Accompanying the Foreign Office Letter of Appointment for Naval Attachés, FO 371/75.

于武官开展情报工作。不过，仅仅具备那些素质是不够的。既要成为一个得力的情报搜集者，又要成为一个优秀的宫廷侍臣，武官必须同时具备合适的专业素质。那么这些专业素质包括哪些呢？以陆军武官为例，哈德威克勋爵领导的委员会在研究之后建议在陆军部内设立一个统一的动员和情报部门，以讨论陆军武官具体应具备哪些专业素质。布尔战争初期，英国的情报工作非常失败，这推动了哈德威克委员会的成立。哈德威克委员会得出的结论是，情报工作不能再交给外行。因此，情报官员要么应毕业于参谋学院（Staff College），要么曾在参谋部（Headquarters Staff）工作过，在情报局（Intelligence Division）接受过适当的培训。作为同陆军部就改善陆军武官的经济状况进行的谈判的一部分，财政部曾尝试将具备情报工作经验作为对武官任职的硬性要求。陆军部对此表示反对。"作为一项规定，"雷金纳德·布雷德在给财政部的信中写道，"按照阁下们的意愿，要求拟任职的陆军武官应该毕业于参谋学院或曾在情报部门工作过都是可以考虑的，但在某些情况下，一味强调这一规定并不能最大限度地维护国家利益。"[1] 因此，陆军委员会要求并最终获得了挑选最好的军官担任武官的权力，而不用考虑一些官方的任职资格条件。

尽管存在争议，但受命担任英国驻柏林陆军武官的军官都是出类拔萃的，他们有着卓越的服役记录和丰富的情报工作经验，这也是不争的事实。例如，沃特斯在 1900 年底被选中派驻柏林前，在 1887 年毕业于参谋学院，在陆军情报局服务了两个任期，并曾在驻圣彼得堡（St. Petersburg）陆军武官岗位上工作了五年。因此，他既具有从事武官工作的实践经验，又能充分理解伦敦总部的需求。

沃特斯的继任者格莱钦同样非等闲之辈。他同样曾在陆军情报局工作过两个任期，此外还在布尔战争中担任过战场情报军官，

---

[1] Brade to the Secretary to the Treasury, 7 Jan. 1909, T 1/10966.

并在开罗（Cairo）任过情报主管。在卸任武官一职后，他返回伦敦担任陆军作战部欧洲处（European Section of the Directorate of Military Operations at the War Office）处长。

69   如我们所见，虽然格莱钦的继任者特兰奇被选中担任陆军武官，在很大程度上是因为他同德皇私交甚笃，不过他的军事业务素质同样突出，很适合担任武官一职。他不仅符合武官职位对候选人应毕业于参谋学院的正式要求，而且也曾参加过祖鲁战争（Zulu War）和布尔战争，有着优异的服役记录。当然更重要的是，他曾在西南非洲与德军并肩作战。特兰奇不仅有在战场上直接观察德军行动的一线经验，而且在德军中交游广阔，人脉深厚。他还是一位颇有名气的军旅作家。特兰奇发表在《皇家炮兵团杂志》（Royal Artillery Regimental Magazine）第 1892 卷上的关于"射击规范"的文章，可能读的人不多，但他所著的指导如何在战场上起草命令的 71 页《演习命令》（Manoeuvre Orders），前后共出了 11 个版本，在英国陆军中得到广泛应用。① 最后，虽然特兰奇从未在陆军情报局任职过，但他在布尔战争后期曾在陆军总部从事过参谋工作，负责新闻审查，这个职位常常与情报工作有关。

一战爆发前的最后一任英国驻柏林陆军武官是阿利克·罗素。他的父亲奥多·罗素勋爵［后为安普西尔勋爵（Lord Ampthill）］是首任英国驻德大使。部分是出于这个原因，罗素一直期盼"以陆军武官身份重返德国"。② 1903 年初，随着沃特斯卸任武官一职，罗素四处活动，希望能接替沃特斯。然而，虽然他那人脉甚广的母亲安普西尔勋爵夫人替他致信外交部，希望能为儿子谋得驻柏林陆军武官一职，但罗素作为当时英国陆军中最年轻的少校，

① 第一版为 F. Trench, *Manoeuvre Orders*: *Notes on Writing Orders at Field Days*, *Staff Rides*, *War Games and Examinations*（London, 1898）。

② Russell, 'Reminiscences of the German Court', p. 58.

还是被认为经验太浅尚不足以担当这一重任。① 不过，这并不意味着罗素就此放弃为将来担任武官而做准备。为此，他首先到参谋学院进修，毕业后随即前往陆军情报局德国处任职。罗素在其自传中写道："我被选派到德国处任职的原因，是军方希望我在被派往柏林担任陆军武官之前，尽可能多地学习掌握关于德国陆军和德国军事方面的知识。"② 军方为此利用一切机会将罗素介绍给德国的政要显贵。例如，1907 年德国政府派遣了一个军事代表团来英国参加剑桥公爵（Duke of Cambridge）雕像的揭幕仪式，罗素特地被安排出席了招待德国军官的派对。这名年轻的少校由此获得了同德国陆军元帅及其随行人员相处的机会，而凭他的军衔和地位通常是不可能出席这种场合的。得到这些机会锻炼的结果，是当罗素在 1910 年抵达柏林时，他已经是一名训练有素、擅长同德国人打交道的英国军官了。

　　如我们所见，就专业素养而言，驻柏林英国陆军武官都是出类拔萃的军官。其中一些人曾在参谋学院进修，另一些人要么在战场上要么在总部机关，或同时在两地获得了从事情报工作的丰富经验。因此，他们的能力和所受的训练都是无可挑剔的。海军武官的专业素质同样令人信服。

　　海军与陆军不同。陆军部同财政部长期抗争，以求避免使对陆军武官要么毕业于参谋学院要么是总参谋部的资深军官的要求制度化，而海军实际上有培训其武官候选人的计划。一份海军部备忘录对此解释道：

　　　被选中担任海军武官的军官在接受任命前，将会被短期派到海军情报局锻炼，这样他才会逐渐熟悉海军关注的国家或他将被派往的国家的情况。

---

① Swaine to Davidson, 21 May 1903, RA VIC/X1/2.
② Russell Manuscript, pp. 54 – 55.

　　与此同时，海军部的政策还规定，武官候选人在接受任命之前，要到访本土造船厂、炮术训练学校、鱼雷学校，并选择私营军火公司和造船公司以熟悉最新技术和制造工艺。① 两名海军武官留下了他们的行程记录，这使我们得以重现他们所接受的培训和进行的考察项目的具体内容。1903 年 6 月初，也就是在动身前往柏林之前的那个月，艾伦比到访了阿姆斯特朗公司（Armstrong Works）、约翰·布朗造船厂（John Brown Shipbuilders）、巴罗的维克斯公司工厂（Vickers plant at Barrow）和伍利奇兵工厂（Woolwich Arsenal）。② 同样，迪马在 1906 年 1 月底参观了朴次茅斯造船厂（Portsmouth dockyard）、伍利奇兵工厂、巴罗的工厂、卡梅尔·莱尔德造船厂（Cammel Laird shipyard）和帕森斯涡轮机制造厂（Parsons turbine factory）。他也是少数几个能一睹革命性的全新战舰"无畏"号（HMS *Dreadnought*）的人之一。③ 对在海军情报局的工作经验的硬性要求和参访英国涉海企业的规定，使得没有任何一名海军武官在上任时是毫无准备的。退一万步讲，他们也曾接受了一段时间的基础训练。

　　除了接受培训外，许多海军武官还有从事情报工作的经验。例如，尤尔特在 1899 年 9 月 27 日加入海军情报局，他在赴柏林上任前在海军情报局工作了整整一年。他的继任者艾伦比对海军情报局更为熟悉，艾伦比在被任命为驻柏林海军武官前在海军情报局工作了近两年半的时间。虽然现存档案没有详述艾伦比在海军情报局具体从事什么工作，但阿诺德-福斯特（Arnold-Forster）文件中保存至今的一份备忘录显示，德国海军事务在艾伦比的工作范围内。④ 在很可能对德国问题仔细研究了两年后，艾伦比被调

---

① ADM 7/1003.

② Allenby Diary, 3 – 6 June 1903.

③ Dumas Diary, 22 Jan. 1906.

④ ' German Naval Estimates: Memorandum from Commander R. A. Allenby ', 24 Feb. 1902, BL: Add Mss 50294.

任驻柏林海军武官。艾伦比并非特例。另一名同样具有丰富情报 71
工作经验的海军武官是希斯，希斯在海军情报局工作了三年，其
中有两年担任助理局长和作战处处长。他的专业之一是无线电，
他在这一领域的"渊博知识"使他被选中作为英国代表团的一
员，参加 1903 年在柏林举行的无线电国际大会。① 至此，在担任
海军武官之前，希斯不仅具有丰富的海军情报工作经验，还有参
与国际事务的经验，并熟知柏林的外交工作环境。

尽管其他海军武官没有在海军情报局长期工作的经历，但他
们各自都有足以胜任这一职位的独有专业技能。这方面首推威尔
弗雷德·亨德森。由于第一次世界大战的爆发，他的驻柏林海军
武官的生涯仅仅持续了 10 个月就被迫中断。亨德森为人所熟知的
不幸是作为海军准将奉命指挥一支装备落后、训练不足的海军分
遣队。这支分遣队在 1914 年 10 月初被丘吉尔仓促派往比利时，
以保卫安特卫普。在占据巨大优势的德国炮兵的打击下，安特卫
普很快陷落。亨德森被迫带着 1500 人逃到荷兰后被扣留。尽管此
举称不上英勇，但却是正确的决定，虽然当时很多人不这么看。
不过，亨德森的军人生涯就此结束。然而，在此事发生前，人称
"威尔夫"（Wilf）的亨德森是海军中最有前途的军官之一，特别
是以机智敏锐著称。费希尔形容他是"海军将官以下的人员中脑
袋最棒的五个人之一"。② 亨德森确实名副其实。他是海军部颁行
的《航海手册》（Manual of Seamanship）的作者，担任负责设计
"无畏"号战列舰的委员会的秘书。此后，他曾在皇家海军战争
学院（Royal Navy War College）任教两年，这个学院在 1912 年海
军参谋部成立前实际上是代行后者的职能。作为同时期最能干和
知识最渊博的军官之一，亨德森是承担在柏林代表英国海军这一

① Post Office 13 May 1903, 'International Conference on Wireless Telegraphy at Berlin', ADM 1/7703.

② Fisher to Selborne, 19 Oct. 1904. Quoted in A. J. Marder, *Fear God and Dread Nought* (London, 1952 – 1959), i. 330.

艰巨任务的理想人选。正如英国驻德大使所说的，由他担任驻柏林海军武官是"最明智的选择"。[①]

至少到目前为止，获得推荐担任海军武官的人选中更能体现兼容并蓄原则的，是专业造诣颇深的迪马和沃特森。迪马是一名由海军培养起来的鱼雷专家。这位年轻的海军上尉曾在达文波特鱼雷学校的训练船"反抗"号（HMS *Defiance*）上担任教官；在第一次世界大战的大部分时间里，他都在海军部担任鱼雷局助理局长。不过，在被选中出使柏林前，迪马从未从事过海军情报工作。而且根据其服役记录，他也不是德国问题专家。他未婚，滴酒不沾，这两点显然不利于他开展社交活动，而这对一个成功的武官来说至关重要。尽管如此，迪马在柏林仍然干得风生水起，很快被视为英国在德国的代言人。丘吉尔一直考虑让其在 1912 年重返柏林，这一构想最后未能实现只是因为此时已婚的迪马不再能承受在柏林工作的高昂开销。退而求其次，迪马利用其专业技能向英国海军军官传授关于德国问题的知识。首先，他被调往海军部参与撰写有关德国海军行政管理和人事制度的新版手册。[②] 此后，迪马又在皇家海军战争学院讲授关于德国海权的课程。他的授课影响不可小觑，至少两名后来大放异彩的军官为此写下了大量课堂笔记，他们认为这些笔记记载的内容值得保存下来，流传后世。[③]

沃特森的专业领域也不足以让他脱颖而出成为海军武官的热门人选。沃特森是一个对板球情有独钟的热爱运动的人，他曾在 1905 年受命担任朴次茅斯海军基地的体能训练主管，负责设计一个增强船员体质的新方案。这份工作所必须具备的敏锐意识，意

---

① Goschen to Grey, 31 Aug. 1913, FO 800/62.

② See Dumas's Service Record, ADM 196/42.

③ 'Rise of German Sea Power. Capt. Dumas', CCAC: DRAX 1/43. 'Lecture on Growth of German Navy Given by Captain Dumas R. N. ', RN Submarine Museum: Duff Dunbar Papers.

外地使他成为负责密切关注外国海军动向的观察员的合适人选，其职责是就海外发生的一切状况提交有用的报告。因为工作关系，沃特森经常要访问欧洲大陆以亲自观察其他国家是如何开展体能训练的，他曾就颇有影响的瑞典体育制度撰写过备忘录。① 海军部记录道："在他的倡议下，海军引进了瑞典的操练制度，随后这一制度又在陆军中推广开来，还被教育部采用。"② 沃特森也曾在英国海军中国舰队服役过，并因为在同中国人打交道时"展现出的风度、周到、机智和谨慎"而受到嘉奖。抛开缺少从事情报工作的训练不谈，沃特森在承担观察任务和外交使命过程中体现出的卓越素质使他成为武官的合适人选。③ 事实也确实证明了这一点。英国驻德大使对派他前往柏林工作赞不绝口。④ 海军大臣也对沃特森非常满意，并请外交大臣将他列入获颁三等圣米迦勒及圣乔治勋章（CMG）的推荐名单之中。⑤ 外交大臣格雷在1909年没有同意向特兰奇授勋的类似要求，同样也反对向沃特森授勋，因为这一特别荣誉从未被授予过。⑥ 尽管如此，沃特森的优异表现仍旧获得了认可。1914年1月1日，他被授予三等巴斯勋章（文职）[Companion of the Order of the Bath（civil division）]，以表彰其在柏林工作期间的卓越表现。

　　如我们所见，从专业角度而言，被挑中担任驻柏林海军武官的军官都是不拘一格的人才，他们的专业领域和所取得的成就各不相同。不过，他们也有不少共同点。首先，在出使柏林前，这些军官都接受了基本的情报工作训练。当然，对于其中一些人来说，之前就有的情报工作经历使这种基础训练多此一举。不管怎

73

---

① Watson, 'Notes on a Visit to Stockholm', Feb. 1906, Admiralty Library, p. 647.

② Admiralty to Tyrell, 30 June 1910, FO 371/1306.

③ Admiralty to Tyrell, 30 June 1910, FO 371/1306.

④ Goschen to Grey, 31 Aug. 1913, FO 800/62.

⑤ Churchill to Grey, 21 Oct. 1913. Quoted in Randolph S. Churchill, *Winston S. Churchill Companion Volume*, ii3（London，1969），pp. 1791 – 1792.

⑥ Grey to Knollys, 23 June 1909, RA：W55/34.

样，这种训练使所有人都能熟悉海军情报局的工作流程和情报搜集目标。而最重要的，是所有被选中派驻柏林的军官都有着优异的服役记录，并得到了上级的高度评价。例如，尤尔特被赞为"热情且敏锐"；迪马被描绘为"一个优秀的行政军官"，展现出"巨大的热忱、灵活的手腕和很强的能力"；沃特森则被称为"一流的领导者"，"热情洋溢，目光敏锐，踏实能干，沉稳老练"。①这些武官能有如此成就并不让人感到意外，他们中的很多人在事业上继续勇攀高峰：希斯后来担任了第二海务大臣，沃特森晋升为海军中将，统率后备舰队。所有人在退役时都已是海军上将或中将。简言之，同被派往柏林的陆军武官一样，对被选中的海军武官也没有严格要求他们必须具备专业能力。尽管如此，人们有理由相信，海军武官在卸任时都能称得上功成身退。

　　总之，武官是一个特殊的职位。担任武官的现役军官要暂时听命于文官，并被要求按照外交官的规范行事。虽然武官是英国代表，但他们要在德皇宫廷中供职，并在德国的礼仪生活中扮演重要角色。虽然军官是训练出来的，而外交官的工作是分配的，但身兼两职的武官担负着重要的社交任务，他们被寄予厚望以在德国军方的核心圈子中培植私人关系。当然，如我们所见，他们的上级也希望他们能搜集情报。我们将在下一章中对武官的情报搜集工作进行深入探讨。

74

---

① 　尤尔特和迪马的服役记录见 ADM 196/42；沃特森的服役记录见 ADM 196/43。

第二章

多方打听：戴着镣铐跳舞的英国武官

正如我们在前一章所见，除承担社交职责以外，武官的主要任务是搜集情报。这就引发了一系列问题：武官们如何搜集情报？从哪里搜集情报？对他们而言，什么样的情报来源是可靠的？

不便透露的情报来源

根据驻柏林英国武官反馈的信息来评判情报来源困难重重，因为大多数武官在其报告中不会透露其情报来源，虽然有明确的指示要求他们这么做。例如，《海军情报局关于海军武官指南的说明》（*NID Notes for Guidance of Naval Attachés*）清楚地指出，"除非在特定情况下基于某种原因不便如此行事，否则情报来源……应该被写进报告和参考表中，以便于评估情报的价值"。① 然而，似乎武官们要么总是认为不便在报告中透露其情报来源，要么就是简

---

① *NID Notes for Guidance of Naval Attachés*, ADM 1/8204.

单地将这一指示置之脑后，因为绝大多数报告都未提及情报来源，哪怕只是只言片语。对清楚说明其情报来源的要求，大多数武官无论在何种情况之下都只是简单地含糊其辞，三言两语应付了事。例如，陆军武官罗素上校在向其上级汇报德国"整军备战的迹象"这一绝非微不足道的问题时，也只是寥寥数语提及这一情报出自"高度可信的来源"。① 海军武官在说明情报来源时往往也是如此。例如，沃特森上校转发了一份关于"德国舰队在1911年夏天完成的战术训练"的报告，他在报告中只是简单地表示："我能保证我的情报来源是绝对可靠的。"② 由于报告没有提及名字，读者们只能选择相信沃特森说的话是靠谱的。

　　如果报告的重要性得到准确评估的话，上述缺失的情报来源通常是至关重要的，这让白厅的高官们恼怒不已，他们经常在备忘录中对此予以尖刻抨击，要求看到关于情报来源的合理说明。这方面的一个典型例子是对迪马上校最后一份报告的意见。在这份长篇大论中，迪马上校洋洋洒洒，纵古论今，甚至提到了德国"恐英症"的可能后果，但就是闭口不谈他是从哪里得到相关情报的。在拜读了这份报告后，海军部助理大臣格雷厄姆·格林（Graham Greene）评论道："如果迪马能提及他基于何种理由而产生这种印象的话，这份报告将会更有趣。"③ 类似的批评也出现在对希斯上校报告的观感上，这份报告陈述了"一名据信同海军当局过从甚密的德国军官"的评论。希斯上校的这份报告送抵外交部后，助理秘书杰拉德·斯派塞（Gerald Spicer）对其内容并未太关注，只是嘲讽道："如果我们早就知道茫茫人海中作者的职位，这番评论或许还会有点意思。"④ 显然，希斯忘了提及

---

① Russell, MA 16/12, 19 Apr. 1912, FO 371/1373.

② Watson, NA 38/12, 4 May 1912, FO 371/1375.

③ 很可惜，记述格林意见的记事录已被销毁。幸运的是，阿瑟·马德保存了格林意见的摘要，可参见马德在1956年出版的著作。Marder, *FDSF*, i. 148.

④ Minute by Spicer, 14 Feb. 1910, on Heath, NA 2/10, 7 Feb. 1910, FO 371/901.

这一信息。

尽管饱受批评，武官们的行事风格依然未尝改变。一直到1914 年 8 月驻柏林的英国大使馆撤离，陆海军武官的正式报告在谈及他们的情报来源时始终惜墨如金。幸运的是，虽然这一多年如一日讳莫如深的恶习让人烦恼不已，但仍有少数档案幸存下来，让后人得以将武官们的只言片语拼接起来，以探明他们究竟是从何处搜集到他们的情报的。这些幸存下来的档案资料包括：第一，前武官的回忆录，其中情报来源偶尔会再被提及，有时甚至会有详细说明；第二，私人信件，它们不像正式报告那样严谨慎重；第三，武官们的日记。如前所述，关于讨论情报来源问题尤为重要的资料，是一部详细且常态化记录武官在任期内开展工作情况的文献——迪马日记。从中我们可以知晓武官情报来源的真相，而在别处则难寻其踪影。将所有的档案资料汇总到一起，我们就能绘出一幅描述英国武官如何工作和获取情报资料的全景图。

被禁止的危险的间谍活动

尽管陆海军武官有众多获取情报的方式，但有一种情报搜集方式无疑是出格的，那就是间谍活动。在第一次世界大战爆发前，英国政府已明令禁止武官通过从事诸如间谍、偷窃和贿赂等隐蔽行动来获取情报。[①] 表面上看，这一禁令所提到的内容似乎与武官的形象格格不入。究其原因，还是英国政府担心作为被信赖有加且受到广泛认可的王室代表的武官，如果从事不得体、见不得人甚至是违法活动而被逮个正着会造成的尴尬局面。虽然武官有外交豁免权而能免遭起诉，但他们很可能会被宣布为不受欢迎的人并被羞辱性地驱逐出境，由此产生的丑闻无疑将严重损害英国政

76

---

① David French, 'Failure of Intelligence', in Michael Dockrill and David French (eds.), *Strategy and Intelligence：British Policy during the First World War* (London, 1996), p. 73；T. G. Fergusson, *British Military Intelligence* (London, 1984), p. 212.

府的声誉。外交部对其海外声誉最为看重，自然也对竭力避免出现这一窘况的意愿最为强烈。1902～1905 年担任英国外交大臣的兰斯多恩勋爵（Lord Lansdowne）有一句话让外交官们感同身受，即"我们越少利用陆海军武官充任秘密特工，就越是能皆大欢喜"。外交官们同他一样，担心武官们会"一头栽进专为他们所设的第一道陷阱之中"。① 因此，陆海军武官们经常被警告不要从事间谍活动。"这不是……外交部的意见，"一份 1909 年的通告写道，"应该鼓励或允许海军和陆军武官同其所在大使馆就武官活动的范围商得一致，而大使们充分认可武官的活动这一点是不可或缺的。"② 海军部和陆军部进一步强调了这一点。例如，海军情报局局长指示驻柏林海军武官，要求他在任何时候其行为"都不能引起怀疑"。③ 陆军也是如此。"我们总是制定规则"，陆军作战部欧洲处处长向帝国防务委员会解释道，"陆军武官原则上不应从事任何间谍活动。"④

　　事实证明，小心谨慎是有道理的。首先，大多数英国武官很快意识到德国当局一直在密切监视着他们。德国皇帝甚至对一名武官宣称："我对你的一举一动都了如指掌。"⑤ 迪马的日记显示，德方的监视通常并不莽撞，但也并不总是那么隐蔽。迪马第一次隐约感到有暗探在跟踪他是在 1906 年 9 月，当时他刚从埃姆登回来不久，收到了一封英国驻埃姆登领事寄来的"哀怨的信"。这封信告诉迪马，德国警方正在调查他的埃姆登之行的情况，并在"礼貌寒暄"之后对此毫不隐讳地直接发问。"你一直在做什么？"这是

①　Lansdowne to Selborne, 7 June 1902, BL: Lansdowne Papers.

②　'Memorandum on the Relations between British Consular Officers and the Admiral-ty', 19 May 1909, FO 371/673.

③　Dumas Diary, 5 June 1907.

④　Minutes of the Fifth Meeting, 4 Feb. 1908, of the Invasion Sub‐Committee of the CID, CAB 16/3A.

⑤　Heath, NA 16/09, 1 June 1909, Admiralty Library: Ca2053.

焦虑的英国领事迫切想知道的。① 当时迪马对此不以为然。3 个月后，当他会见来访的美国曼尼将军（Admiral Manney）时，发生的一件事让他开始正视自己一直受到监视这一事态的严重性："当时我们在布里斯托尔（Bristol）共进晚餐……随后一件离奇的间谍事件就发生了。我在菜单背后给他画了一张英国现代战舰指挥塔的草图，然后这张草图很快就不翼而飞了，当时有两名德国人坐在我们隔壁桌。虽然这张草图本身并无多大价值，但这事却让我万分警醒。"② 确实，没有什么教训比这个更令人印象深刻了。不仅仅是因为迪马传递的机密信息可能被人偷听，更是因为此事证实了德国人正在监视英国海军武官，而间谍行为无疑是风险很大的选项。

对于那些鲁莽地盘算着进行秘密行动的英国武官而言，监视远非他们要面对的唯一危险。他们也可能中了德方所设的圈套而被抓现行。格莱钦上校就曾面对这样的考验。在前往柏林赴任前夕，他被一名德国军官警告不要寻求获得任何"通过间谍活动、贿赂或其他方式窃取的情报，因为德军总参谋部肯定会对此一清二楚"。当时这名德国军官没有解释德军总参谋部如何清楚得知英国陆军武官可能从事的秘密情报活动，但当格莱钦抵达柏林时，一切就都真相大白了。他收到了一名德国人寄来的神秘信件，这名德国人在信中向他出售关于各型德国海岸防御工事的建设计划的情报。当然，这是一个"有预谋的圈套"，目的是要弄清格莱钦是否明白他在伦敦所受到的警告的意思，格莱钦当然坚决拒绝了这一交易。③ 格莱钦不是唯一面对这种陷阱考验的英国武官。3 年后，新上任的迪马也接受了同样的考验。他抵达柏林后的某天，一名素不相识的德国预备役军官突然登门拜访。"我打开门，同他握手寒暄"，迪马详细描述了当时的场景，"然后厌恶地发现他是

<hr />

① Dumas Diary, 19 Sept. 1906.

② Dumas Diary, 29 Nov. 1906.

③ Gleichen, *A Guardsman's Memories* (London, 1932), pp. 252－253.

一名间谍，随身带着德国堡垒的建设计划，要向我兜售，于是我把他赶了出去。"① 很明显，兰斯多恩关于武官一头栽进"专为他们所设的第一道陷阱"的格言不仅仅适用于格莱钦和迪马，头脑足够清醒的武官显然都会拒绝主动送上门来的诱人的秘密情报。

利用武官并借助秘密行动来获取情报显然带有极大的危险性，但也由此催生了两大重要成果。首先，就是促成了 1909 年秘密情报局的建立，其公开宣称的宗旨是确保"我们的海军和陆军武官……能从应付间谍活动的烦琐事务中解放出来"。② 然而，甚至在这之前，英国政府内部已经普遍认同武官应通过更为合法的手段来搜集情报。那么他们应该怎么做呢？

向德国政府申请以获取情报

有一种获取情报的方式——从外交角度来看，也确实是最正确的方式——是向德国政府提出申请，由他们向英方提供相关情报。这也是迄今为止德方明确鼓励英国武官获取情报的途径。因此，那位警告格莱钦不要通过间谍方式获取情报的德国军官，同时也建议他向德方提出申请："无论你想得到什么陆军情报，请向德军总参谋部提出要求。如果他们可以向你提供你想要的情报，他们会很乐意这么做；如果他们爱莫能助，他们也会告诉你无法满足你的要求。"③ 在某些情况下，这确实是个好建议，向德国官方申请获取情报也是完全合适的。因此，当英国海军部想知道德国海军中舰长的地位④或护卫舰舰长的职责和军衔时，⑤ 海军武官希斯心安理得地向德国当局索取相关资料。然而，上述要求的共

---

① Dumas Diary, 11 Dec. 1906.

② Phillip Knightley, *The Second Oldest Profession* (London, 1986), p. 24.

③ Gleichen, *A Guardsman's Memories*, p. 252.

④ Heath to Goschen, 3 Dec. 1908, FO 372/111.

⑤ Greene to Hardinge, 16 Sept. 1909, FO 371/675.

同点，是欲获取的情报都是无害且无足轻重的。而想要通过申请的方式得到更加敏感的情报，显然面临着诸多障碍。

最重要的是，很明显英国向德方申请提供的情报不能是涉密的。德国政府对某些领域或英方希望能由德方阐明的领域保持高度警惕，由此德国人可以洞悉英国对德国武装力量究竟了解到何种程度。就此而言，其中有一些情况也是英国人坚决不想暴露的，这就使很多时候通过申请获取情报是不可能的。

另一个突出的问题是由英国武官提出的任何情报要求如果得到德方同意，将使驻伦敦的德国武官也提出相应的要求。这也是英国政府所极力避免的。有鉴于此，驻柏林武官得到指示，除非接到特别指令，否则不要向德国人提出提供情报的要求。实际上，海军部定期给海军武官的指令在这一点上也是明确无误的："必须意识到，通过官方申请途径获取机密情报将很可能导致对方也提出对等要求。因此，除非收到明确指令……要求提出官方申请，否则海军武官应尽力通过非官方渠道搜集情报。"[1]

不仅如此，并不清楚是否英方每次申请提供情报都能获得德方坦率和真诚的对待。实际上，一些英国武官怀疑，虽然德方尚未当面拒绝过英方的要求，但他们有意在申请过程中尽可能地为英方搜集情报制造障碍。他们的手段是：首先，大量增加费时的官僚主义程序步骤，然后有意挑选迟钝且不合作的官员来应付那些坚持到底的外国武官。格莱钦对这些人为设置的障碍记忆犹新：

> 同德军总参谋部的官方联络总是困难重重，尽管我精通德语，但我同他们往来的信函仍不得不是呆板的官样文章。我应该意识到，自腓特烈大帝（Frederick the Great）时代起……一个人就不可能直接被"空投"到总参谋部……并且仅凭几分钟的谈话就能解决复杂的问题。不，个人会面是不受鼓励的，

79

---

[1]　*NID Notes for Guidance of Naval Attachés*, ADM 1/8204.

如果有人坚持的话，他必须提出书面预约；即便能得到当面交谈的机会，其效果也是无法让人满意的，这些同我交谈的德国军官要么是满嘴官方套话，要么就是我从其身上几乎一无所获。①

一名英国海军武官更为直率地谈到了这一问题。在描述处理他的情报申请的德国军官时，迪马沮丧地抱怨道："他就是一个蠢货。他是如此之蠢，正好适合现在这个职位，以打发像我这样想要并且尝试通过他获取情报的人。"②

不过，即便克服这些障碍也不能保证武官能够获得想要的情报。德国政府可以轻易地拒绝提供任何关于还在进行中的项目或尚在讨论中的问题的信息。这是一个曾用在罗素上校身上的战术。当时他试图向德方索要关于飞机试验的详细资料，他听说这些试验在 1910 年 10 月 19～20 日进行。但德国陆军部告诉罗素上校，并不存在他所说的试验，罗素只能无功而返。因此，几天后当他从德国报纸上看到试验完成的消息时颇为不快，这显然是可以理解的。当罗素再次就此询问德国陆军部时，后者的表现同其之前信誓旦旦保证绝无此事的态度大相径庭，他们承认德方确实进行了飞机试验，并对未能告知罗素此事深表遗憾，他们漫不经心的作风给罗素留下了糟糕的印象。满腹狐疑的罗素评论道："我很自然地接受了将军的解释而没有进一步发问，尽管我必须承认，我对陆军部长和陆军部中枢首脑对此事并非毫不知情而深感震惊。"③

最后，如果实在是别无他法，德国政府还可以拒绝那些非分之请。这种情况很常见，特别是当申请者要求提供的是敏感情报时，而武官们大体上对此都见怪不怪了。不过，如果德方对并不

---

① Gleichen, *A Guardsman's Memories*, pp. 259 – 260.

② Dumas Diary, 14 Apr. 1906.

③ Russell, MA 23/10, 21 Oct. 1910, FO 371/907.

那么敏感的情报也守口如瓶的话，将会引起武官们的不满，因为他们将不得不用更为烦琐的方法去获得这些情报。例如，德方拒绝提供新造战列舰下水的时间，而这些完全可以通过造访造船厂来弄清楚。迪马在日记中怒气冲冲地写道："德国人这么做实在是太小题大做了，让人很不爽。我现在不得不出发去一探究竟，而唯一的收获就是让我的国家为此而破费。"①

即便德国当局最终同意提供英方要求的资料，这也并不意味着德方的回答是诚实或准确的。更让英方感到愤怒的是，德方经常利用英方索要资料的机会有意向其提供误导性的情报，甚至直接向他们的英国同行散发假消息。有时，英国武官对此已处变不惊了。比如，他们深知向德方征询诸如研发中的新武器一类敏感问题，是不可能得到直截了当的回答的。因此，当迪马向德国海军部询问他听说正在测试的新型 50 厘米口径鱼雷的详情，却被"惯常的礼貌谎话告知所谓的鱼雷不过是木制模型"时，他绝不会因此而瞠目结舌的。② 不过，即便英方对德国人的城府之深早有心理准备，但 6 个月后德方有意在德国海军预算的公布日期这种敏感度低得多的事情上误导英国武官，则仍然让英方颇为费解。正如迪马所见，即便是这种微不足道的琐碎问题，德国人也不会爽快地作出回答。1907 年 11 月 12 日，迪马向德国海军当局提出正式申请。7 天后，他收到官方回复称预算详情至少在 4 天内都不会公布。事实上，预算详情前一天已经发给了出版社，德国官方的回复竟公然说谎。迪马对此无比震惊。"事实是，德国官方的做法让人难以接受"，他记述道，并随后批评德国海军部的官员"全是骗子，我一刻都不能相信他们。"③ 由此可见，我们完全能理解为什么英国武官对通过官方途径申请获取情报资料只是勉强为之，而同时要寻求借助其他方式来搜集情报。大体而言，官方

①　Dumas Diary, 25 May 1907.

②　Dumas Diary, 17 June 1907.

③　Dumas Diary, 12 and 19 Nov. 1907.

以外的情报收集渠道有三个：人力情报、实地考察和发掘公开资料，最后一个是指对德国出版物进行仔细的审视和剖析。

人力方式获取的情报

当然，最重要的情报搜集方式是人力情报（humint），即加强与身处某一职位，并有意提供情报的人员的联系。据此，武官们需要长期培养有用的人脉。关于这一问题的档案资料不全，但我们仍可以将人力情报来源分成七个不同类型。

第一类是已经受雇于英国政府的一群人，名义上是担任英国领事代表。英国外交部在德国主要贸易港口、商业城市和工业中心建立了庞大的领事代表网络，其肩负的任务是从其所在地积少成多地搜集重要的经济情报。他们也是英国武官潜在的重要情报来源。不仅如此，武官们前往德国各地，定期会晤这些领事官员是再正常不过的事了，武官们可以合情合理地将这些领事官员发展成为稳定的情报来源。

不过，利用领事官员搜集情报也存在一些问题。一方面，外交部坚决反对领事官员直接为海军部工作，因此他们对领事官员充任武官的情报特工也在很大程度上持保留态度。外交部还曾试图限制两者之间可能的合作。1909 年的一份外交部内部通告这样定义领事官员的职责："领事官员在尽力为海军武官提供协助的同时，也要小心约束自己那些被视为合法行为的活动，避免引起怀疑或招致当地政府的抗议。"[1] 虽然这一指示非常明确，但它显然没起到什么效果，因为到 1912 年 4 月，外交部还在抗议让其感到不快的领事官员和武官之间的接触，并且要求驻外各外交使团的首脑加强对这些任性妄为的官员的管理。"有迹象表明"，一份机

---

[1] 'British Consular Officers Respecting Certain Information on Naval Matters', 25 Oct. 1909, ADM 137/4175.

密信函宣称，"……一些海军武官继续无视我们的指令，力劝某些领事官员同他们私下沟通……"这是不可接受的：

> 如果需要通过领事官员来获取海军或陆军情报，则这些领事官员应向其上级汇报，将这些作为其正常工作的一部分来对待，而非对海军或陆军武官负责。海军和陆军武官通过邮政渠道与领事官员进行通信，造成的唯一后果是引起德方不必要的怀疑。[①]

虽然这段文字表述的意思已然非常清楚，但并不意味着在战争爆发前情况会发生实质性改变。虽然存在争议且工作起来束手束脚，但领事官员直到 1914 年都仍然是武官们重要的情报来源。

当然，无论是领事官员成为武官情报来源的事实，还是由此引发的激烈争议，都不能证明领事官员是有效的情报供给方。事实上，至少有一名武官对领事官员提供情报的能力持严重保留态度。这名心存疑惑的武官就是迪马。他在 1906 年下半年遍访了德国海岸的主要港口，通过亲身观察，他无法肯定领事官员对自己是有价值的。在访问中，他发现了领事工作中诸多让其深感不安的东西。

首先是这些领事官员中，包括在德国主要海军港口定居的领事官员中有很多人是德国人而非英国人。因此，在抵达埃姆登后，迪马"拜访了英国驻当地的领事康拉德·佐恩博士（Dr. Conrad Zorn），他是一名担任当地报纸编辑的德国人，其人确实是好人，但不适合在如此重要的一个地方担任英国领事"。[②] 同样地，在访问斯维内明德（Swinemünde）时，迪马遇到了一位资深副领事爱德华·罗斯（Edward Rose）。迪马在日记中写道："他同我们大多数领

---

① Crowe to Granville, 24 Apr. 1912, FO 244/803.
② Dumas Diary, 8 Sept. 1906.

82 事一样是个德国人，所以对我毫无用处。"[1] 在吕贝克（Lübeck）还有一名叫海因里希·里奥·本克（Heinrich Leo Behnke）的副领事，迪马认为他无疑更加派不上用场，因为他不仅是德国人，而且还是"85 岁高龄，老朽过时"。[2]

迪马反对聘请德国人担任英国领事并不是出于荒谬的偏见，而是有着实际考虑，毕竟他需要掌握的是敏感的海军情报。仅从爱国主义情结出发来说，很难相信这些德国出生的先生们愿意将这类机密情报透露给一个外国政府的代表。不过，如果他们不提供情报，而且海军武官无法通过其他渠道获得这些情报的话，英国将会处于非常不利的境地。因此，迪马感到有必要向外交部建议"为了维护英国的安全，应该聘用英国人担任重要海港城市的副领事职位"。[3]

除此之外，迪马还不确定他到底能同这些领事官员袒露心声到何种程度。在理想状态下，当海军武官到访这些领事官员所驻地区时，他希望同他们就海军问题和当地情况交换意见。同英国出生的领事坦率交谈是没什么问题的，但当领事是德国人时，武官们恐怕就很难做到推心置腹了。1907 年发生的一件事证实了迪马的担心：

> 我乘坐蒸汽船溯河而上前往斯维内明德，随后见到了副领事罗斯。他对我应该会留下来吃午餐惴惴不安。罗斯的一系列古怪举动让我极为不快，使我不由得当面驳斥了他。罗斯坚持同我一起走回码头，带着我尽可能远离我特别想看的港湾口。最糟糕的是，我很难向一名德国人解释我想走另一条路去看看海湾。[4]

---

① Dumas Diary, 23 July 1906.

② Dumas Diary, 4 Aug. 1906.

③ Dumas, NA 61/06, 25 Nov. 1906, FO 371/80.

④ Dumas Diary, 8 July 1907.

　　不过，如果迪马主要担心的是大多数领事是德国人的话，那么很难解释他在同少数担任领事职务的英国人交谈时却变得甚至更加谨慎这一点。这些英国人的忠诚无须怀疑，迪马所担心的是他们的能力以及是否适合承担提供情报的工作。他第一次流露出这种质疑是在前往但泽（Danzig）同阿瑟·布鲁克菲尔德上校（Colonel Arthur Brookfield）会面时，后者已担任驻但泽领事达三年之久。这次访问给迪马提供了一次不期而遇的机会，他借此观察到了一些英国领事荒诞不经、非比寻常、离奇古怪的举动，从而得出了一些启发性的结论。

　　领事们的古怪举动很早就能被外界窥得一二。迪马前往但泽之前曾致信布鲁克菲尔德告知他自己即将来访，随后他收到了布鲁克菲尔德的回信，信中称在抵达但泽前"某位副官"将同他在火车站会面。迪马在日记中记录了接下来发生的事：

> 　　在火车上经历了惯常的让人不那么舒服的一晚后，我在6点30分抵达但泽。正当我在火车站四处寻找"某位副官"时，一个大概12岁的长腿小女孩来到我跟前，然后问我"你是迪马上校吗？我是布鲁克菲尔德小宝贝"。出现在我眼前的这个小女孩就是所谓的"副官"，这个漂亮又能干的孩子帮我拿了行李，带着我上了一辆出租车。我们一起驱车五分钟，俨然一对莫逆之交……①

83

　　在接下来的四天里，科妮莉亚·"宝贝"·布鲁克菲尔德〔Cornelia（'Baby'）Brookfield〕一再重申她在领事馆工作中的中心地位，布鲁克菲尔德上校证明他绝非庸碌之辈，但却远不如他的"副官"精明干练。作为骠骑兵团前军官及担任了18年的代表苏塞克斯郡的议会下院议员，布鲁克菲尔德的官运在世纪之交开始走下坡路。他亲口承认，委派他担任领事一职，只是政府的虚

---

① Dumas Diary, 6 July 1906.

张声势之举，为的是确保那些在布尔战争中功勋卓著但又并非达官显贵的人能免受穷困潦倒之苦。遗憾的是，布鲁克菲尔德欠缺经验，视野并不开阔，实际上是不适合担任领事一职的。在同布鲁克菲尔德一家度过了愉快的一天后，"我非常抱歉地向他们辞行"，迪马私下坦言，自己不得不得出了三个结论：第一，"布鲁克菲尔德作为领事是派不上用场的"；第二，"他发过来的任何有趣的新闻都会经由他 12 岁的女儿泄露出去"；第三，"他在心底里不认为自己可以干好这份工作"。①

不过，迪马对英国驻斯德丁（Stettin）领事拉尔夫·伯纳尔（Ralph Bernal）也不宽容。同布鲁克菲尔德一样，伯纳尔也有着辉煌的过去。作为职业领事，伯纳尔早在 19 世纪 90 年代就曾担任过驻南非的重要港口城市洛伦索·马克斯（Lourenço Marques）的领事。可惜的是，他在那里的工作经历却是彻头彻尾失败的。当时英布关系持续恶化，伯纳尔的领事管区在随后而至的战争中很快成为焦点，但就在节骨眼上他却被调离了。最后，他被派往斯德丁担任领事，这一调动据说并非出于其他原因，而是考虑到在那里他能充分发挥自己的德语优势。然而，出乎英国外交部意料的是，伯纳尔在洛伦索·马克斯却以"无能"著称，他的一份报告被批评为"罕见地出自一名领事之手的荒谬信件"，② 而在斯德丁，伯纳尔却似乎如鱼得水。正如在布鲁克菲尔德身上得出的结论那样，迪马发现伯纳尔表面上的成功并非都是看起来那样的：

> 几天前我致信我们在斯德丁的领事伯纳尔，请他安排我参观伏尔铿造船厂（Vulkan Yard）。今天我从伯纳尔夫人那里得知她丈夫不在，但她已经替我安排好了一切……我经常听说伯纳尔是被发配到斯德丁的，但他已证明了自己。我现

---

① Dumas Diary, 6 and 10 July 1906.

② Minute of 16 July 1895 Relating to Bernal's Reports 8 and 9 of 11 and 14 June 1895, FO 63/1297.

在弄清楚了，是伯纳尔的夫人而非他本人胜任这一工作。①

同伯纳尔的会面证实了迪马的这一印象。迪马形容伯纳尔夫人是一个"丰腴、活泼、精明、干练的妇人"，而伯纳尔本人给迪马留下的印象则同其夫人的形象大相径庭，他看起来是一个"阴郁、失意的人，满腹牢骚"。尽管迪马承认，伯纳尔作为驻但泽领事，② 不得不在"大多数反英的德国人包围下从事这份令人厌恶的工作"，但他无法认同伯纳尔无意克服这一困难而完成领事工作，也很难理解伯纳尔不去充分利用他夫人和蔼可亲的风度及其"满世界的朋友"去开展有效的社交活动。③ 事实上，迪马对伯纳尔失望至极，他实际上已经建议外交部免去伯纳尔的领事职务。④

当然，迪马并不是对所有的领事都能通过第一印象就作出判断，坚信这个人属于无能之辈而难堪大任。例如，在同驻汉堡总领事威廉·沃德爵士（Sir William Ward）初次见面时，迪马对他的印象是"一个安全可信的老人，他一无所知而且看起来似乎……丝毫不关心自己作为英国政府的预警者的职责所在，并不留心其管区内的德国军事准备情况"。迪马抱怨道："我递给他一份列有 28 个问题的清单，却得不到任何答复。"⑤ 然而，迪马后来发现威廉爵士并非对其工作漠不关心，只不过是处事沉稳谨慎罢了。在第二次会面中，这位资深的总领事对迪马早先的问题给出了一系列经过深思熟虑的回复。"吃惊"的迪马随即意识到，他显然有必要对沃德重新作出评价。⑥

不仅如此，必须承认也有一些领事官员从一开始就给武官们

---

① Dumas Diary, 14 July 1906.

② 原文如此，应为驻斯德丁领事。——译者注

③ Dumas Diary, 6 July 1907.

④ Dumas Diary, 16 Nov. 1907.

⑤ Dumas Diary, 27 Mar. 1906.

⑥ Dumas Diary, 4 Aug. 1906.

留下了好印象。其中一个就是驻安特卫普（Antwerp）总领事塞西尔·赫茨莱特（Cecil Hertslet）。虽然安特卫普不是一个德国城市，但驻柏林英国海军武官依然对该地的情报颇感兴趣，因为安特卫普位于莱茵河口，战略位置十分重要。在同赫茨莱特进行了一番长谈之后，迪马喜不自禁："终于发现了一位认真观察其所在管区风吹草动的总领事，实在是让人喜出望外。"① 驻法兰克福（Frankfurt）总领事弗朗西斯·奥本海默爵士（Sir Francis Oppenheimer）由于出类拔萃的才能，随后被提拔为大使馆商务专员，他同赫茨莱特相似，其才能也是从一开始就给人留下了深刻的印象。

作为人力情报的来源，领事官员的素质良莠不齐：一些人颇为出色，其他的则难堪大任。无论如何，现存档案资料显示，武官们定期发回由领事官员们提供的情报。因此，尽管迪马对领事官员们的工作颇有微词，但依然直接将驻弗雷德里卡（Frederica）领事提供的情报转发给了海军部，② 并在一份报告中附上了一封驻基尔的德国出生的领事的信。③ 迪马的继任者也萧规曹随。例如，希斯劝说奥本海默将德国主要报纸的政治倾向和总体可靠性情况汇编成摘要，直接发给海军情报局局长。④ 无独有偶，罗素和沃特森也颇为倚重奥本海默，后者同一名熟识的德国军官相谈甚欢，并从中得到了德国飞艇的情报。⑤ 留存至今的 1913 年的一封信可以证明沃特森确实对奥本海默信赖有加，他定期将海军部的问询意见直接发给奥本海默。⑥ 沃特森也善于使用驻杜塞尔多夫（Düsseldorf）总领事弗朗西斯·柯尼格博士（Dr. Francis

85

---

① Dumas Diary, 4 June 1908.

② Information from the Admiralty Digest about Cap D51, 29 June 1907, ADM 12/1442, Cut. 52. 原件已被销毁。

③ Dumas, NA 59/06, 13 Nov. 1906, FO 371/80.

④ Heath, NARS 117/09, 23 Nov. 1909, ADM 137/3868.

⑤ Watson and Russell, NA46/12, MA 20/12, 20 May 1912, AIR 1/2311/221/3.

⑥ Oppenheimer to Goschen, 25 Sept. 1913, FO 244/817.

Koenig)，埃尔哈茨军火公司的主要工厂坐落在他的管区。① 由此可见，尽管外交部明确表示反对，像迪马这样的武官也多有保留，但领事官员仍然是武官不可忽视的重要情报来源。

人力情报的第二个来源是柏林新闻界的记者群体。同武官一样，记者的职业天性就是爱打探消息，并且往往极为神通广大。有时他们也乐意同英国陆海军武官分享其掌握的信息，某些情况下这么做是爱国心使然，但更多时候是记者希望同武官等价交换，互通有无。因此，武官和某些记者时有来往，关系密切。遗憾的是，留存下来的这方面的档案资料并不多。关于这类记载的只言片语随处可见，例如，沃特森偶尔会收到来自《每日邮报》(*Daily Mail*) 驻柏林记者发来的情报，② 但一般来说，这些只言片语只能让我们窥见冰山一角却难以掌握全貌。所幸迪马日记记载了相当长一段时间里武官和记者接触的详情，包括他和多位媒体人士会面的情况。这些媒体人士有《海军》(*Navy*) 驻柏林记者埃尔默·罗伯茨 (Elmer Roberts)；《观众》(*Spectator*) 编辑约翰·圣洛伊·斯特雷奇 (John St Loe Strachey)；路透社 (Reuter) 柏林站前经理、现任《观察家》(*Observer*) 戏剧评论家奥斯汀·哈里森 (Austin Harrison)（这并不妨碍他继续撰写政治或海军主题的评论文章），以及《每日邮报》高薪聘请、善于制造轰动效应的记者弗雷德里克·威廉·怀尔 (Frederic William Wile)。在这些会面中，与会者观点鲜明，偶尔也会交换消息。不过，上述诸位只是偶尔提供情报。迄今为止，在迪马的记者朋友圈中最重要的人是《泰晤士报》的乔治·桑德斯 (George Saunders)，以及《每日电讯报》(*Daily Telegraph*) 前记者、现为多家报纸和杂志供稿的自由撰稿人约翰·莱德利·巴什福德 (John Laidlay Bashford)，他们都同迪马保持了长期而稳定的关系，他们二人用情报同迪马交

---

① See Watson, NA 46/11, 28 Dec. 1911, 其后附有弗朗西斯·柯尼格在 1911 年 11 月 18 日关于埃尔哈茨军火公司的报告，见 FO 371/1370。

② Watson, NA 43/10, 4 Nov. 1910, FO 371/901.

换他的故事。

迪马和桑德斯交流的内容非同小可。比如,迪马很高兴将机密文件交给桑德斯。1908 年 2 月,迪马在日记中写道:"(桑德斯)前来同我讨论了德国舰队法案的深意,以及荷兰和丹麦对此的反应。"为了"省事,我最后把我关于荷兰海军的年度报告交给他看"。[①] 无须讳言,迪马这么做绝不是简单地出于省事。作为交换,迪马希望获得有价值的情报,其中一些情报由桑德斯定期提供。"《泰晤士报》的桑德斯来见我",迪马在 1906 年 7 月 14 日的日记中写道:

> 他告诉我德国鱼雷艇对克雷费尔德(Crefeld)的访问被无限期推迟了。这只能表明,荷兰方面拒绝它们通过莱茵河,由此可见德荷两国关系遇冷,此事非比寻常……我认为我应该为此撰写正式报告。[②]

迪马也确实这么做了。两天后,桑德斯提供的相关情报在编号 34/06 的海军武官报告中得到完整呈现。[③]

迪马和巴什福德同样合作无间。迪马愿意为巴什福德的文章提供素材,例如将 1907 年德国海军预算报告的副本交给他,[④] 以换取后者向其提供有价值的情报。巴什福德也乐意为其效劳。他向迪马透露了德国增强其 11 英寸口径舰炮威力的试验情况,以及德国扩大舰炮口径的计划,并提供了关于德国战列舰下水和开工建造的详情。[⑤] 这些情报同桑德斯提供的消息一道被迪马写进了他

---

① Dumas Diary, 6 Feb. 1908.

② Dumas Diary, 14 July 1906.

③ Dumas, NA 34/06, 16 July 1906, FO 371/78.

④ Dumas Lent Bashford A Copy of NA1/07 of 10 Jan. 1907. Dumas Diary, 10 Jan. 1907.

⑤ Dumas Diary, 10 May 1906, 30 June 1906, and 14 June 1907.

的报告中。①

除此之外，迪马和巴什福德还有另外一层关系，前者有时雇用后者充当其眼线。例如，当迪马听说德方拒绝美国海军武官雷金纳德·贝尔纳普少校（Lieutenant-Commander Reginald Belknap）参加"拿骚"号战列舰的下水仪式后，他推断自己也可能会遭拒，于是让巴什福德以记者身份申请参加下水仪式。② 果不其然，虽然迪马未能获准参加下水仪式，但他通过巴什福德获得了第一手资料。

不用多说，使用记者作为情报来源也存在不少问题，其中一个就是偏见。许多派往柏林的英国记者对英德关系有先入为主的既定结论，而这些先入之见加诸他们获得的情报之上，就会使其呈交给武官们的资料带有一定的倾向性。例如，乔治·桑德斯就以极端仇视威廉二世政府而恶名昭彰。巴什福德则走向了另一个极端。舰队街的恐德主义者们给巴什福德取了个昵称"野兽"，他们几乎将其视为卖国贼，因为他是蒂尔皮茨海军上将的密友，甚至被德国政府授予四等红鹰勋章（Order of the Red Eagle Fourth Class）。在这种情况下，外交部次官哈丁爵士称巴什福德为"德国政府的产物"就毫不奇怪了。③

迪马对他这两位主要情报来源的记者先入为主的偏见心知肚明。私底下，他抱怨桑德斯"带着偏见，将一切都视为德国的错"，因此推测"他一定做了不少有害之举"。④ 同样地，当被问到是否应该让巴什福德接受德方授勋时（作为一名英国公民，他需要征得英王的同意），迪马表示："从个人角度而言，我认为巴什福德是一个地地道道的德国政府代言人，完全有资格获得这枚

87

① See e. g. Dumas, NA 20/06, 10 May 1906, FO 371/77, 它详细阐明了巴什福德在当天提供的情报的内容。
② Dumas Diary, 5 Mar. 1908.
③ Minute by Hardinge on Dumas, NA 28/07, 14 June 1907, FO 371/261.
④ Dumas Diary, 15 Mar. 1906.

勋章，但我不得不指出，一个英国人接受这类勋章确实……"[1]
显然，在评判两位记者提供的情报时，迪马将不得不考虑到他们
的个人偏见造成的负面影响。

另一大潜在的问题是这两位记者提供的情报的质量。他们挖
掘的大多数情报资料基本上都建立在他们的观察力基础上。很多
时候，迪马都想了解他们的观察力到底有多强。例如，在一次特
别令人沮丧的会面之后，迪马形容巴什福德是"一个闻所未闻的
愚蠢之辈"，[2] 他经常让迪马失望至极。迪马曾资助巴什福德参加
一艘德国"无畏"舰的下水仪式，但他哀叹道，巴什福德"真是
我见过的最蠢的人，他居然没对'拿骚'号作出详细描述，他的
报告中值得一看的东西实在是寥寥无几"。[3]

不过，最突出的问题是情报的可靠性问题。记者们提供的情
报是真实准确的吗？大多数时候迪马不会有理由去怀疑这一点，
但他希望能对情报进行核实。"巴什福德前来拜访我"，迪马在
1906 年 10 月 26 日详述道，"他介绍了德国最新型战列舰的细节情
况，但我怀疑他的介绍是否准确"。迪马之所以不相信巴什福德，
是因为他描述的细节同迪马上个月前往埃森的克虏伯工厂参观时
掌握的情况相矛盾。[4]

6 个月后发生的一起更严重的事件，让依赖记者这个情报源
的弊端暴露得更加淋漓尽致。1907 年 5 月 18 日，德国海军部要巴
什福德"写一篇文章以回应《北美评论》（*North American Review*）
的质疑，文章重点是强调迄今为止德国扩建舰队不是为了进攻或
出于挑衅的目的"。当巴什福德告诉迪马德方的要求后，迪马建议
他"要求德方允许他第一个查阅德国造舰计划的官方资料，否则

---

① Dumas Diary, 8 Jan. 1908.

② Dumas Diary, 22 Oct. 1907.

③ Dumas Diary, 8 Mar. 1908.

④ Dumas Diary, 26 Oct. 1906.

这类文章是毫无意义的"。① 巴什福德接受了迪马的建议，并在一个月后将他收到的"官方资料"交到迪马手中：

> 我同蒂尔皮茨海军上将促膝长谈……并问他去年的造舰计划所规定的战列舰的下水日期。蒂尔皮茨告诉我，他会让舍尔（他的海军秘书）告诉我详情。舍尔……随后致信我称，"很不巧，这些战列舰还未下水……（如果下水），要么是在威廉港的帝国造船厂，要么是在不莱梅的威悉河造船厂……"②

这一消息让迪马喜出望外。"我应该上报"，他认为，"上述消息基本上就是我们想得到的关于这一问题的官方情报"。然而，仅仅两天之后，迪马的兴奋之火就被浇灭了，因为巴什福德告诉他，自己担心遭到德国当局的有意蒙骗。接下来一周，迪马遍访了德国各大造船厂，对德国造舰情况进行评估，随即证实了巴什福德的担忧。迪马在他的正式报告实事求是地写道："我亲眼所见证实，德方提供给巴什福德先生的情报，即我在 28/07 号报告中反映的情况并非实情。"③ 在日记中，迪马更为直截了当地记述了这件事：

> 现在已经真相大白了，由蒂尔皮茨的官方秘书舍尔上校签字并交给巴什福德的有关德国造舰计划的官方声明，完全是一个谎言。我对巴什福德深表同情。这类事情很难被发现，但又有必要去发现，而你完全没必要去怀疑这起事件的真伪，但又必须把隐藏其中的骗局找出来，你能想到会出现这种情况吗？④

---

① Dumas, NA 28/07, 14 June 1907, FO 371/261.
② Bashford to Dumas, 8 June 1907, FO 371/261.
③ Dumas, NA 34/07, 29 June 1907, FO 371/361.
④ Dumas Diary, 16 June 1907.

显然，我们必须承认提供给记者的官方情报并不比提供给武官的更可靠，对其同样要慎重对待。这是一个深刻的教训。尽管如此，记者仍然是武官的人力情报的重要来源，虽然这一情报源需要慎重对待并合理怀疑。

英国在德国的社群团体构成了第三个重要的情报来源。英德两国有大量的商业、技术和人员往来，有数千名英国公民长居德国。他们中的大多数人虽然热爱目前生活的德国，但仍然渴望尽己所能去帮助祖国，包括向英国武官传递情报。因此，迪马的日记表明，他同很多英语教师保持联系，希望他们能为他搜集情报，而这些教师是否真的有所动作则并不那么容易看出来。有两个例子可以说明这一点。1906 年 6 月，迪马遇到"一个看起来不那么体面的英国人，他好像在德国教军官们英语。他的高尔夫球打得不错，这就让德国军官们有理由在打球时叫上他，在某些时候他可能会很有用"。[1] 无独有偶，1907 年 6 月的一份记录显示："我同一位名叫穆伦（Mr. Mullen）的英国人一起旅行，他正在不莱梅（Bremen）学习德语，同时在当地教授英语以谋生。他可能给受雇于威悉河造船厂（Weser Yard）的工人上课，并答应如果听到什么趣闻会写信告诉我。"[2] 很遗憾，迪马日记中没有记载这些人是否履行了最初的承诺，并提供了有价值的情报。不过，他在日记中记录了两个足够详细的事例，而且通过别的资料，我们可以对在德国的英国公民对情报工作的作用作出更为完整的评价。

第一个人物是作用有限的"英国老妇人"格雷太太，她最初受雇于迪马，然后是为希斯服务，其主要工作是浏览每天的德国报纸并将有趣的文章翻译成英文。迪马对她赞不绝口，称其是一个"聪明睿智的人，她对包括海军在内的德国社会的方方面面都了然于胸"。[3] 不仅如此，由于已在德国居住了 15 年之久，格雷

---

① Dumas Diary, 23 June 1906.

② Dumas Diary, 28 June 1907.

③ Dumas to Thursfield, 24 Jan. 1907, NIA：TT/NAVAL/JRT/2/67.

太太在当地朋友众多，能毫不费力地融入各种社交圈子，她还能及时上报城镇当下流行的话题。当然，其中许多不过是八卦闲话，但她也能让武官洞察柏林的市民社会的舆论氛围，其中一些内容是身为军官、外交官并身处简单社交圈的迪马所无法轻易看出的。格雷太太对德国流行的"恐英症"的见解自然让人欲先睹为快：

> 同英国的战争在德国各阶层中成了一个完美的时尚话题——"英国一定要变小一点""英国必须臣服于德国""我们的皇帝是合法的继承人""一旦我们拥有了自己的气球舰队，英国就不再是一个岛了"，诸如此类的口号每天都能听到……不管如何，这种现象让我相信，德国人对英国的敌意在持续上升……①

迪马评论道，"上述观点完全同媒体的论调或外交常识截然相反"，这给他留下了极为深刻的印象，促使其将格雷太太的这封信转发给英国外交部。

弗兰克·邓斯比（Frank Dunsby）是另一个向武官提供情报的在德英国侨民。他住在德国海岸小镇纽法尔瓦塞（Neufahrwasser），在那里他经营着一家为水手们提供服务的慈善组织"海员之家"。在初次见面后，迪马称邓斯比是"众多默默无闻、隐姓埋名的英雄中的一员，过着高尚的生活，勤劳工作，静静故去"。这可能是邓斯比除重要事项以外，第一次受到如此高的赞扬。迪马在日记中记载，邓斯比"向我提供了许多有价值的情报"。② 只可惜迪马没有提及到底是什么情报。所幸现存的但泽领事馆档案的

---

① 格雷太太给迪马的信被迪马附于致英国驻柏林大使馆一等秘书德·萨利斯的信后。1 July 1907，FO 371/257. 在给德·萨利斯的信中，迪马只是说附上的这封信来自"我的一个观察敏锐的朋友"，但从其日记中我们可以很明显地看出，这个朋友指的就是格雷太太。Dumas Diary, 2 July 1907.

② Dumas Diary, 8 July 1906.

若干残篇断章能帮助我们弄清当时的情况，以及邓斯比在希斯
（可惜不是迪马）的情报网中究竟扮演了何种角色。在某种程度
上，邓斯比提供的都是相当初级的情报，包括哪些船在港哪些船
离岗的消息、这些船是否得到整修，以及正在进行的某些工程的
详情等。① 不过，他也被要求搜集一些重要的情报，正如他在给布
鲁克菲尔德上校的一封信中所展现的那样："你是否方便"，他在
信中问道：

> 将我给你的回答也转发给希斯上校？因为他向我提出了
> 同样的问题。我曾将 U3 这种最新型潜艇的情报反馈过来，这
> 是希斯提出的第一个问题。但几个月之前，在经过帝国造船
> 厂时我发现德国人正在四个浮动船坞中建造 4 艘这种潜艇。
>
> 在问题二中，我提到潜艇船坞目前看来还未完工。潜艇
> 船坞有两个入口，每个入口由螺纹铸铁制成，上面有工棚，
> 这种场景会让人想到潜艇将会被升起而不会留在船坞里（水
> 中），以免被冻住。
>
> 我将尽力查明这些最新情况。②

很明显，邓斯比已被当作间谍使用，如此安排可谓人尽其才，
他也源源不断地提供有用的情报。

在使用在德英国侨民方面也存在诸多陷阱，其中之一同样是
偏见的问题。很自然地，生活在德国的英国人有可能要么已融入
当地社会并如鱼得水，因而过于习惯从德国的角度看问题，要么
有着过于强烈的英国国民身份意识，对任何流露出敌意的迹象都
极为敏感。我们有理由相信第二种情况同时适用于格雷太太和邓
斯比先生。例如，正如我们所见，格雷太太曾致信迪马，向其说
明德国的极端"恐英症"的情况，她在信中坦承，这么做至少有

---

① Dunsby to Brookfield, 1 July 1908, 2 Jan. 1909, FO 634/10.
② Dunsby to Brookfield, 19 Jan. 1910, FO 674/10.

部分原因是"我感觉有必要做点什么来冷落这些疯子"。① 格雷太太的个人好恶已一目了然。当然，这并不意味着她所汇报的内容是错误的，但在评估其所提供情报的可靠性时，我们显然需要认真考虑这种个人情感所起的作用。

对待弗兰克·邓斯比同样要注意这个问题。布鲁克菲尔德上校认为邓斯比是"一个极为诚实、和蔼可亲、与人为善的人"，尽管他也很不情愿地认同邓斯比有着"过于激进的爱国主义热忱"。② 迪马对此持相同看法。他写道，邓斯比"笃信德国人正在恶意密谋，欲毁灭英国"。这使他成为"一个非常有用之人"，因为这种观念促使其积极提供情报，迪马只是想知道，"如此仇德的邓斯比如何同其可爱、聪明的德国娇妻相处，以及如何面对一直以来对其热情相待的德国民众"。③ 尽管迪马无法解答心中的这个 91 疑问，但他无疑已不再轻信邓斯比在其所提供情报中的判断，为此他曾在信中驳回邓斯比形容德国人已"枕戈待旦"的说法，而认为这一判断只是"杞人忧天"。④ 不过，即便不再严肃地对待邓斯比的战略思想，也没有必要否定他所提供的技术数据的价值。直到 1910 年秋，邓斯比一直向迪马反馈这些情报。⑤

不过，邓斯比很快就变得没用了。1910 年 6 月，或许只是考虑到他的英国公民身份，邓斯比未获准参加在但泽的席肖造船厂（Schichau's Yard）举行的新型"无畏"舰"奥尔登堡"号（Oldenburg）的下水仪式。为此，他愚蠢地在现场大吵大闹。⑥ 我们不确定此举是否引起了德国当局的注意并由此开始密切监视其一举一动，但可以肯定的是，他在 1912 年 6 月遭到了以间谍罪为

① Mrs Gray to Dumas Enclosed in Dumas to de Salis, 1 July 1907, FO 371/257.

② Minute by Brookfield, 16 June 1910, FO 634/14.

③ Dumas Diary, 17 July 1907.

④ Dumas Diary, 14 Aug. 1907.

⑤ 根据沃特森的说法，1910 年秋是他最后一次要求邓斯比提供情报。Granville to Nicolson, 12 July 1912, FO 800/357.

⑥ Dunsby to Carlson, 14 June 1910, FO 634/15.

名的调查。接替布鲁克菲尔德担任英国驻但泽领事的艾伦·麦克莱恩（Allan Maclean）对邓斯比此前的活动一无所知，邓斯比的遭遇让他震惊不已：

> 我无法理解为何邓斯比先生会落得个被怀疑的下场，他在德国居住了 15 年之久，生活坦荡并无任何隐秘可言。他热心为我们的海员和"海员之家"服务……他的妻子是德国人，孩子们上的也是当地学校。很多德国人都认识邓斯比先生，他的人品和成就都不允许他从事任何工作范围以外的情报传递活动。在我看来，他是世界上最后一个你可以对他袒露心声，而丝毫不担心他会将你的隐私泄露出去的人。①

当然，从某种意义上说，邓斯比的这些特性使得他成为搜集情报的理想人选，他从事情报工作简直令人难以置信，因此不太可能被德方察觉。这也解释了为什么虽然邓斯比受到调查，但并未被起诉。② 与此同时，如果新任领事对邓斯比成就的判断是准确的，这也突出了利用在德英国侨民作为情报来源这一工作方式存在的隐患。也许职业背景和生活环境让这些人成为可用之才，但他们的观念、思想倾向和能力却未必那么适合从事情报工作。

其他国家的陆海军武官成为英国武官的人力情报来源的第四个渠道。同在一国首都工作的各国外交官通力合作并不奇怪。毕竟，他们同坐一条船而且要面对同样的障碍，相互扶持必然可以互惠互利，因此这么做很正常。据英国海军部观察，一般来说，驻伦敦的各国武官会结成一个小团体，通过"团队合作"的方式来搜集情报。③ 这一现象在德国首都同样盛行。在柏林，各国武官经常结成"攻守同盟"，以协调一致来获取情报。他们往往还互

92

---

① Maclean to Goschen, 6 July 1912, FO 634/15.
② Goschen to Grey, 25 Nov. 1912, FO 369/475.
③ Thomas to the Under Secretary at the Foreign Office, 23 May 1910, FO 244/746.

通有无，这种做法被英国海军武官称为"抱团取暖"。① 因此，我们发现在两年半的任期交集内，英国陆军武官罗素与他的法国同行莫里斯·佩莱上校（Colonel Maurice Pellé）在情报工作上多有合作。罗素交给佩莱的情报资料五花八门，包括英国陆军作战部部长（Director of Military Operations，DMO）亨利·威尔逊将军（General Sir Henry Wilson）发给他的材料。② 佩莱也投桃报李，向罗素提供了法国方面搜集的德国情报，比如在德国东西部边境已建成和在建的卸货火车站的详情等。③ 罗素在其附信中承认，他在题为《德国在陆军摩托化运输建设上的开支》（*Expenditure in Germany on Military Motor Transport*）的报告中加上了"得到我的法国同事佩莱上校的协助"的字样。④ 同样地，格莱钦也很高兴地认可了他"亲爱的同事们"在情报搜集上提供的帮助。虽然他同多位武官同行关系良好，但对他来说最重要的是同日本陆军武官大井菊太郎大佐（Colonel Kikutaro Oi）的友谊。格莱钦回忆起这段往事时说："当我想要某一方面的情报，如动员和课程等，但又无法从德军总参谋部获得时，大井菊太郎基本上都能告诉我想知道的答案。"⑤ 有意思的是，格莱钦的经历同罗素的感受大相径庭，后者在回忆录中称他发现同"日本同行们"很难相处。他写道："他们常常狡黠而死缠烂打地从我们这里套料，但从不回赠给我们任何情报。"⑥ 鉴于没有其他英国陆军武官留下这方面的记录，因

① Dumas Diary, 27 Aug. 1907.

② Cambon to Poincaré, 9 Feb. 1912, DDF, 3rd Series, ii. 13；Wilson to Russell, 1 Mar. 1911, WO 106/59.

③ "德国西部边境卸货火车站"报告见 Russell，MA 15/12，1 June 1911，该报告已不复存在。不过，它是基于一份由佩莱上校提供给罗素的法军总参谋部文件而撰写。这一情况已由"德国东部边境卸货火车站"报告所证实，因为后者依据的情报来源同前一份报告相似，见 Russell，MA 39/12，22 Nov. 1912，FO 371/1379。

④ Russell，MA 9/11，28 Apr. 1911，FO 371/1125.

⑤ Gleichen，*A Guardsman's Memories*，pp. 257 - 259.

⑥ Russell Manuscript, p. 137.

此很难弄清楚究竟是格莱钦还是罗素的经历是不同寻常的。

　　类似罗素和佩莱、格莱钦和大井菊太郎这样的合作关系，同样也存在于英国海军武官与他们的众多外国同行之间。例如，迪马与他的日本、法国和俄国同行的合作就颇为愉快，这三国海军武官经常与迪马交换情报。通过日本海军武官八代少将（Rear-Admiral Yashiro），迪马有一天得知"1907年德国海军在训练中的舰炮平均命中率达到37%"。① 而法国海军武官德·让奎尔将军（Admiral de Jonquieres）则向迪马提供了德国试验减摇水仓的情报。② 多嘴的俄国海军武官多尔古鲁基亲王（Prince Dolgoruki）不止一次地同迪马分享最新消息，这也让他成为英国海军武官眼中的无价之宝。特别是有一次，多尔古鲁基向迪马透露了皮劳（Pil-lau）的防御设置情报，这帮了大忙。迪马简述道，多尔古鲁基"告诉我皮劳的防御计划，这同我们掌握的情况有很大出入，它提供的这份计划要详尽得多"。③ 多尔古鲁基还向迪马提供了在沙皇访问德国期间，德国舰队在斯维内明德举行的演习的大量情报资料。④ 最后，他还透露了德国正在日耳曼尼亚造船厂（Germania Yard）为俄国建造的潜艇的情况，这一情报非常重要，因为德国潜艇同建造中的俄国潜艇几乎是出自同一设计，这个情况目前还鲜为人知。⑤

　　尽管迪马同日本、法国和俄国海军武官合作愉快，但他在海军武官圈子中最重要的朋友是美国海军武官威廉·L.霍华德少校（Lieutenant-Commander William L. Howard）。霍华德也认为他同英国海军武官互信互敬，并将迪马视为知己。⑥ 迪马同样对霍华德信赖有加，他曾写道："我非常喜欢霍华德；他是一个平易近人、坦

---

① Dumas Diary, 10 Apr. 1908.

② Dumas, NA 9/07, 13 Mar. 1907, FO 371/259.

③ Dumas Diary, 25 Mar. and 10 Apr. 1907.

④ Dumas, NA 66/07, 6 Dec. 1907, FO 371/263.

⑤ Dumas, NA 9/07, 13 Mar. 1907, FO 371/259.

⑥ Howard to Rodgers, 26 Apr. and 14 Sept. 1907, NARA: RG45, M625, roll 4.

率真诚的老海军。"① 因此，他们经常联系，通过通信和面谈交换了大量情报。1907 年 7 月，霍华德在探访了斯德丁的伏尔铿造船厂后，立刻来见迪马，以同他的英国同行分享他发现的德国鱼雷艇和正在建造中的"符滕堡"号（*Ersatz Württemberg*）［后来的"莱茵兰"号（*SMS Rheinland*）］战列舰的情报。② 次年 3 月，霍华德访问了基尔的日耳曼尼亚造船厂。7 月底，他参观了威廉港的威悉河造船厂。这两次造船厂之行后，霍华德也向迪马简要介绍了自己的观感。③ 迪马自然也会对霍华德予以回报。在 8 月访问了埃森的克虏伯工厂后，迪马立刻致信霍华德，大致描述了自己的所见所闻，更重要的收获是他注意到了一些因被拒而未能看到的东西，特别是有迹象显示克虏伯正在生产一些"看起来非常像 12 英寸口径舰炮"的东西!④ 迪马还给霍华德看自己的机密文件。1907 年 12 月，当时霍华德需要德国海军组织方面的资料以完成自己的最后报告，他前去找迪马帮忙，后者借给他自己撰写的 1906 年度的德国海军年度报告的副本。⑤ 1908 年 3 月，霍华德以自己的名义，将这份删减了但基本上遵照原意的副本发给了华盛顿的美国海军情报局（Office of Naval Intelligence），现在我们仍可以在美国国家档案馆看到这份副本。⑥

沃特森也与柏林的其他国家武官建立了密切的联系。同迪马一样，他自然也吸引到了英国盟友国家的武官。因此，1911 年的

94

---

① Dumas Diary, 13 Feb. 1906.

② Dumas, NA 40/07, 24 July 1907, FO 371/261.

③ Dumas NA 11/07, 20 Mar. 1907, FO 371/259; Dumas Diary, 27 July 1907.

④ Dumas to Howard, 10 Aug. 1907, NARA：RG45, M625, roll 4.

⑤ Dumas Diary, 26 Dec. 1907.

⑥ 迪马撰写的 1906 年度报告完成于 1906 年 12 月，英国海军部在 1907 年 1 月以《德意志帝国海军（驻柏林英国海军武官报告）》为题印制了这份报告。由于拉塞尔斯直到 1907 年 5 月底才完成他关于德国的年度报告，因此迪马的报告直到完成 5 个月后才被送到英国外交部。英国海军部的印刷版报告可见费希尔文件，FISR 8/21/4802。迪马的打印稿载于外交部档案，见 FO 244/683。完整版德国年度报告见 FO 371/260。也可见 W. L. 霍华德少校的报告《德国海军》，1908 年 3 月，NARA：RG38, ONI Reports, U–1–e, 08/153。

记录显示，沃特森曾同日本海军武官讨论过按照舰队法，德国计划扩大造舰规模的前景。[1] 同样地，在 1912 年，他也从其法国同行法拉蒙德将军（Admiral Faramond）那里得到了关于德国最新的"皇帝"级（*Kaiser*）战列舰装甲的情报。[2] 除这些常规往来外，沃特森还开辟了一个新的情报来源渠道，即赢得了智利驻柏林海军武官劳塔罗·罗萨斯中校（Commander Lautaro Rosas）的信任，罗萨斯被派到欧洲是为了替智利政府寻找能为之建造两艘"无畏"舰的供应商。沃特森同罗萨斯的友谊让其收获颇丰。1911 年 5 月 24 日，沃特森提交了在他海军武官任内的第一份"秘密"报告。他发回这份报告的目的是图文并茂地完整呈现蒂尔皮茨海军上将对英国深深的敌意。同时，这一观点还能得到诸多事例的佐证，其中居于中心地位的是对蒂尔皮茨和罗萨斯之间谈话的详细描述，蒂尔皮茨在谈话中极力挑拨智利同英国之间的友好关系。显而易见，这段谈话的内容是由沃特森的智利同行秘密交给他的。[3] 1912 年 4 月，罗萨斯又向沃特森提供了另一份极有价值的情报，这次是一份关于德国舰队战术演习的报告。用沃特森的话说，罗萨斯提供的情报"在现有条件下可谓无价之宝"，因为"关于德国舰队在海上活动的情报少得可怜"。鲜为人知的是，沃特森在将这份情报转发给海军部时，还特别提醒后者注意"在过去 15 个月中罗萨斯中校给予我的宝贵帮助"。[4]

当然，英国武官从他们的同行手中得到的情报也存在一些局限性。其中之一便是德国武官同样可从相似的渠道得到他们想要的情报，而且德国方面也知道外国武官们想一起行动。他们将英

---

① Watson, NA 26/11, 27 Sept. 1911, FO 244/770.

② 'Remarks by Captain H. D. R. Watson on the Report of Commander L. Rosas, Chilian Naval Attaché in Berlin on the German Fleet Manoeuvres of September 4th 1911', 19 Apr. 1912, ADM 137/3867.

③ Watson, Germany Secret, 24 May 1911, FO 371/1123.

④ Watson, NA 30/12, 19 Apr. 1912, ADM 137/3867. 虽然沃特森的报告幸存于世，但他直接发给英国海军部的智利武官所提供的资料后来却被销毁了。

国和美国海军武官视为真正的威胁，特别担心他们会互换情报。迪马回忆称，有一次德皇实际上已对他予以暗示："当时我和霍华德正在上楼，德皇在我们身后，他看到我们后突然停了下来，然后微笑着同我们握手说：'哦，两位非常危险的军官聚在一起了。你们正在讨论什么呢？是德国军舰的舰炮口径究竟是 12 英寸还是13.5 英寸的恼人问题吗？'"① 德皇突然这么问，显然说明德方对英美正在大量交换情报已心知肚明，德国人不可避免地要想方设法限制这种行为。继任的美国海军武官们从德国人的言行举止注意到，他们同其英国同行的亲密关系不时受到德国海军部的阻挠。霍华德少校有一次向蒂尔皮茨海军上将指出了这一点。"德国人打算公布他们的新型战列舰的详细数据时，他们戏谑地称美国人已经替他们完成了这个工作"，霍华德写道，蒂尔皮茨对此回答说："是的，那倒不错，但是如果我告诉你这些数据，你会径直前往英国海军武官那里向他道出一切。既然如此，那我就不用让他知道了。"② 无独有偶，一向幽默的贝尔纳普少校在迪马要离开柏林前夕告诉迪马，他很高兴英国武官要走了。他解释称，之所以这么说，是因为"在你走之前"，德国当局"不会告诉我们任何事情，因为他们总是说：'如果我们告诉你，你肯定会将其透露给迪马。'"③ 虽然贝尔纳普说的只是玩笑话，但他的这番描述仍然非常生动准确地道出了实情。

　　另一个在武官之间相互交换情报的潜在突出特征，是这种活动必须建立在他们的集体观念基础之上。这是一个潜在的弱点，因为团队结构的变动会很容易破坏已形成的互惠互利的友好氛围。正因如此，沃特森在 1911 年的报告中不无担心地表示，常驻柏林的各国海军武官越来越多。除了早已在柏林派驻海军武官的英国、法国、俄国和日本外，又新增加了来自巴西、智利和土耳其的海

---

① Dumas Diary，8 Nov. 1907.

② Dumas，NA 9/07，13 Mar. 1907，FO 371/259.

③ Dumas Diary，6 July 1908.

军武官。不仅如此，据称奥地利可能也要向柏林派驻海军武官。
"在这些新的武官到任前，在柏林的海军武官们的感受是，"沃特
森写道，"……这些新武官们可能会成为德国打入海军武官群体中
的楔子，从而给维持之前存在的友好交换德国海军发展情报的活
动制造困难。"① 沃特森对此过于悲观了。毕竟，正如我们所见，
他直接从新来的智利海军武官那里获利颇多。沃特森的继任者亨
德森上校的经历同样也可以说明问题。直到 1914 年 7 月他还在与
美国和法国同行讨论德国潜艇问题，显然之前的情报合作关系并
未受到新来的奥地利、巴西和土耳其海军武官的妨碍。② 另一方
面，来自德国盟友的武官的兴趣无疑与那些德国潜在敌国的武官
的兴趣相去甚远，前者的存在可以改变柏林的氛围。1913 年 9 月，
在意大利也向柏林派驻海军武官后，沃特森报告称：

> 　　根据我在柏林的经验，虽然大多数我的海军武官同行们
> 都准备好支持英国海军武官的工作……而从三国同盟在柏林
> 的海军代表身上……我还没有发现有任何可以期待获取的情
> 报。在奥地利和意大利驻柏林海军武官到任，以及巴西和土
> 耳其海军武官与克虏伯先生建立密切关系之前，柏林的海军
> 武官们在交换关于德国舰队的情报方面形成了一个互惠互利
> 的共同体。这一做法在法国、俄国、日本、美国和英国海军
> 武官之间仍在继续，但现在效果已经没有以前那么好了，无
> 疑这是"掺沙子"造成的。③

96

尽管如此，武官群体仍然是至关重要的人力情报来源渠道。

人力情报的第五个来源，是来自德国以外的第三国，但又对
德国颇为了解的人员，他们对海军武官搜集情报尤为重要。这个

① Watson, NA 13/11, 7 Apr. 1911, FO 244/770.
② Henderson, NA 1/14, 1 Jan. 1914, FO 371/1985. See, also, Henderson, NARS 79/14, 6 July 1914, BL: KEYES 4/5.
③ Watson, NA 40/13, 29 Sept. 1913, FO 371/1653.

问题同海军武官一经任命就要肩负的职责息息相关。在本书所提到的大部分时间里，英国驻德海军武官还要负责考察丹麦和荷兰的海军发展情况。因此，尽管武官常驻柏林，但他即便不是经常去也得定期前往哥本哈根（Copenhagen）和海牙（Hague）同丹麦和荷兰军官交谈，他们当中很多人都掌握了德国海军的情报，这可能会让英国海军部感兴趣。在 1912 年对丹麦的一次访问中，沃特森与哥本哈根海战学校讲师伊普森上尉（Lieutenant Ipsen）有过一次促膝长谈。伊普森认为，一旦同英国开战，德国将会采取"固守本土港口，伺机使用驱逐舰和潜艇袭扰英国舰队"的战略。[①] 在此行中，沃特森还接触到了多名丹麦军官，他们向他提供了关于德国舰炮、火控系统，以及新下水德国战列舰的观测装置布局等方面的技术参数。[②] 这类情报极有价值。当然，它们并不是无偿提供给英国海军武官的。丹麦政府对德国这个不可一世的南方近邻的意图忧心忡忡，因此对英国军官和外交官态度友好，希望借此获得英国对丹麦在遭到德国入侵时向其提供支援的保证。撇开丹麦方面的小心思暂且不谈，他们确实可以很方便地监视德国在波罗的海和松德海峡（Sound）的海军行动，因此也可以成为英国武官的重要情报来源。

不过，对驻柏林的英国陆军武官来说，第三国的情报并不容易获得。造成这种情况的原因同他们的岗位职责有关。虽然在当时，陆军武官同时要负责考察多个国家的军事事务是普遍现象，但驻柏林陆军武官是个例外。他只负责处理德国事务。而陆军部也努力想改变这种情况。1903 年 6 月，作为一系列改革措施的一部分，陆军部建议驻柏林陆军武官同时负责丹麦事务。[③] 虽然拟议的扩大武官职责范围的改革已有前期准备，相关工作也取得了进

---

①　Watson, NA Denmark 6/12, 3 June 1912, FO 371/1377.

②　Watson, NA Denmark 4/12, 30 May 1912, FO 371/1377.

③　Wilson to the Under Secretary at the Foreign Office, 4 June 1903, FO 83/2097.

展，但改革突然在 10 月戛然而止。① 因此，驻柏林陆军武官若想从第三国获得德国的情报，就不得不寻机接触合适的在德外国公民或前往德国的邻国做私人旅行。到 1910 年，这一情况终于得到改变，驻柏林武官的管区扩大到了斯德哥尔摩（Stockholm）。由此可见，在大多数时候，驻柏林陆军武官获得的来自第三国的情报要比他们流动性更强的海军同事们少得多。

武官们与德国文武官员的专业往来构成了人力情报来源的第六种有用形式。虽然在大多数时候，所会晤之人在每日例行交谈时并无意愿提供情报，但某些情报仍有可能在不经意间成为漏网之鱼。这方面的一个典型例子是迪马和德国海军参谋军官多林上校（Captain Döhring）的一次谈话。当时，这位上校正式登门拜访英国海军武官，希望能了解英国海军的军衔和等级制度的详情。迪马承诺向他提供所要的资料。不过，他也将接下来同多林的聊天看作"一个了解德国海军参谋部的机会，顺便也可借机掌握不少我想知道的信息，当然我认为他会意识到自己说的够多了"。②

既然有可能通过同德国官员的往来获得情报，那么幸运的英国武官自然将这一渠道纳入其情报搜集体系之中。在正常的工作往来中，英国陆军武官有理由期待同德皇、德国陆军部长（Minister of War）和总参谋部（Great General Staff）高官的几次年度会面。这些活动部分是出于外交礼仪，在诸如向德国军方不同部门呈递特制的英国陆军名册副本等场合，英国陆军武官需要同德方相应级别的官员面对面交流。这其中最重要的是在演习等多个场合有望见到德国军方领袖。同样地，海军武官也定期同德皇、蒂尔皮茨、德国海军参谋部要员，以及管理各类造船厂和海军海岸设施的官员会晤。在这些会晤中，有可能获得不少有用的情报。

一些英国陆军武官确实通过这种方式获取了情报。其中一例，

---

① Wilson to Barrington, 9 Oct. 1903, FO 83/2098.
② Dumas Diary, 13 Apr. 1908.

就是罗素与德国陆军部长约西亚·冯·海林根上将（General Josias von Heeringen）之间的交往。罗素很期待与海林根将军的会晤，希望借机了解更多关于德国即将公布的陆军提案的情况。不过，基于明显的理由，他不便直接提出这一要求，却可以寻求通过闲谈的方式掌握情报。"我注意到将军阁下无疑正在帝国国会中为陆军预算问题而忙碌"，海林根对此答复道："我的陆军计划……已被推迟，直到常规预算案获得国会通过。"兴高采烈的罗素记述道："将军的最后一句话很有意思，它意味着新的扩充陆军的计划显然已准备就绪，可以说这个方案正揣在陆军部长的口袋里。"①

德国陆军部长"说漏嘴"的情况同样也发生在德军总参谋部身上，总参谋部的人如果能被哄着多说两句，将会成为另一个潜在的情报富矿。英国陆军武官自然也使出了浑身解数，以求让德军总参谋部的军官们知无不言，言无不尽，这招有时很见效。1904 年，格莱钦幸运地与德军总参谋部俄国处处长成为朋友。这个时机确实恰到好处，因为当年爆发了日俄战争。因此，格莱钦同德国的东亚问题专家就日俄战争聊了好几次。从这些谈话中，他洞察到了德国军事决策层看待战争的方式，他们如何评价交战双方的实力和表现，以及他们认为可能影响欧洲均势的因素等。②格莱钦也得到同德军总参谋长阿尔弗雷德·冯·施里芬上将（General Alfred von Schlieffen）交谈的机会。在问到即将到来的德国陆海军联合演习的问题时，格莱钦引诱施里芬发表了一通见解，这使他相信施里芬对此类联合行动并不热衷。③

英国海军武官的经历同他们的陆军同事们相似。同德国海军部国务秘书蒂尔皮茨海军上将的谈话也可成为有用的情报来源。

①　Russell, MA 10/12, 1 Mar. 1912, FO 371/1374.

②　Gleichen, MA 36/04, 26 Oct. 1904, FO 64/1594. Gleichen, MA 24/05, 31 May 1905, FO 64/1617.

③　Gleichen, MA 27/04, 6 July 1904, FO 64/1594.

例如，德国 S. 178 号驱逐舰在一次与"约尔克"号（*Yorck*）巡洋舰的相撞事故中沉没，沃特森事后代表英国海军部前去吊唁，蒂尔皮茨在会见沃特森时出人意料地口头介绍了事故详情。从中可以慢慢推断出有关德国驱逐舰的操作方法，以及它所从事演习类型的详细情报。沃特森自然就此向英国海军部发去了一份完整的报告。①

虽然英国武官们遇到的德国官员们大多数守口如瓶，但在他们之外还是有不少人在与英国武官的官方交往中愿意提供情报，其中一类人就是热切寻求与英国政府建立让他们有利可图的联系的商人。毕竟，要让伦敦的老爷们对他们的商品感兴趣，就不可避免地要向其说明商品的特性，特别是那些足以证明这些商品够新潮、引人入胜并值得拥有的方面。令人遗憾的是，尽管武官们见过各种各样的发明家、公司代表和推销员，但留存下来的相关资料却不多。不过，仍有描述特定事例的资料流传于世，从中我们可以掌握足够多的信息来对这类活动作出评判。这一事例是关于来自杜塞尔多夫的工程师保罗·海塞（Paul Hesse）的。海塞是一名愤世嫉俗的克虏伯公司前合伙人，据信曾被埃森的大财团骗过，他正就出售一种他设计的枪管转动装置同多个国家谈判。②1910 年 2 月，海塞拜访了英国驻柏林陆军武官特兰奇。在特兰奇于次月调离后，他又同继任的罗素建立了联系。作为炮兵军官的特兰奇对海塞的产品自然能提出专业意见。可惜的是，虽然有记录显示他认为海塞是"一个称得上技艺超群的人"，但我们已无法考证他究竟记录了哪些具体内容，因为他关于这一问题的机密备忘录已经遗失了。③ 相反，禁卫军出身的罗素自己承认，"缺乏

---

① Watson, NA 13/13, 8 Mar. 1913, Admiralty Library：Ca2053.

② 海塞同美国陆军武官的往来被记录在 6189 号文件中，见 NARA：RG 165, M1024, reel 59。

③ 这份公函是 Trench, Memorandum No. 888, 23 Feb. 1910。我们通过罗素得知此事，见 Russell, MA 14/10, 19 Apr. 1910, FO 371/904。

必要的专业知识……来对这些发明的价值作出评价"。不过，就搜集情报而言，他相信海塞是一个值得培养的情报源。正如罗素所记载的那样，"考虑到克虏伯的生产能力和正在秘密扩大规模"，这个工程师"如果愿意为我们所用，理应被放在可提供大量情报的位置上"。① 罗素也相信海塞掌握了关于德国计划生产新型自动步枪的有用情报。当他们在 1910 年 4 月初次见面时，海塞就告诉罗素德国的这一计划即将付诸实施，罗素对此颇为好奇。几天前他曾听到谣传说德国打算向中国出售大批步枪。罗素断定，如果德国政府因为即将引进新型步枪而将超出需要的大量老式步枪出售的话，那么这个谣传显然是说得通的。② "海塞先生，"罗素写道，"也许会同意提供关于这个问题的进一步消息。"③ 他也确实这么做了。在随后的报告中，罗素提到海塞再次登门拜访，并告诉他德国政府打算立即开始为军队生产自动步枪。当然，罗素也很清楚海塞告诉他这个消息的原因：

> 他希望取悦我，当然无疑也想让他的发明给我留下深刻印象，海塞先生主动提供了关于自动步枪的情报，并表示他的枪管转动装置应用到了这批新型步枪上。他还暗示，虽然现在身处柏林，但一旦动身前往英国，他能比现在说的更多。

100

因此，罗素并非毫无疑心，特别是他"无法从其他渠道证实这一情报的真实性"。不论如何，既然已确认了情报出处，他感到海塞提供的消息还是"可信的"。④ 当然，如何应对带有商业目的的情报提供者这个难题，在大多数由商人提供的情报个案中都会出现。

最后一种形式的人力情报是武官们同德国文武官员的社交往

---

① Russell, MA 14/10, 19 Apr. 1910, FO 371/904.

② 罗素对此事的报告见 Memorandum No. 927, 15 Apr. 1910, 该报告已遗失。报告内容摘要见 Russell, MA 14/10, 19 Apr. 1910, FO 371/904。

③ Russell, MA 14/10, 19 Apr. 1910, FO 371/904.

④ Russell, MA 8/11, 14 Apr. 1911, FO 371/1125.

来。社交可以为情报搜集工作提供诸多良机，这在情报界早已人所共知。对情报工作略知一二的基姆·菲尔比（Kim Philby）所讲的故事可以很好地说明这一点。在第二次世界大战中，西班牙驻英大使阿尔巴公爵（Duke of Alba）将大量高价值的英国政治情报泄露给了德国人。他向马德里发回了多份高质量的情报，而他在西班牙政府的上级则将这些报告转发给了德国政府。英国安全部门无法阻止这一切，因为阿尔巴公爵并未有任何违法或不正当行为。他的情报并非"来路不正"，不仅如此，菲尔比回忆道："阿尔巴公爵只不过是来到知晓内情的人的身旁并记下他们说的话，然后附上自己敏锐的评论罢了。"[1] 这是上流社会作为最佳情报来源的典型案例。

英国武官们自然不会错过社交这个好机会，以期借此获得尽可能多的高价值情报。实际上，有证据显示他们已获得特别提醒，要注意发挥其社交功能的作用。在抵达柏林前，迪马已就这一问题收到两次提点：一次是来自其前任的经验之谈，他告诉迪马有必要"每个冬天都参加五六次晚宴"；[2] 还有一次是海军情报局局长奥特利（Ottley）的指示，他郑重其事地告诉迪马"社交活动相当重要"。[3] 武官们接受了这一建议。例如，罗素就经常举办各种活动来款待他所能邀请到的德国军官。得益于他迷人的妻子玛乔丽（Marjorie），罗素很轻易地俘获了宾客们的心：

> 玛乔丽在所有的圈子中都广受欢迎……在那些日子里，她尽管年轻，但依然是令人艳美的女主人，甚至同老气横秋、古板乏味的德国军官也能一见如故！玛乔丽精心安排的小型舞会风靡柏林，在舞会上我们为客人提供了便利以供其舒适地休憩。玛乔丽的风趣幽默和"戏谑之词"使年轻的德国军

---

[1]　Kim Philby, *My Silent War* (London, 1973), p. 91.

[2]　Dumas Diary, 29 Aug. 1905.

[3]　Dumas Diary, 2 Feb. 1906.

官们大开眼界，这让她广受好评。[1]

101

罗素并未透露他是否从这些活动中获取了大量情报，但可以肯定的是其他武官从主办招待会之类的活动中得到了大量情报。在极少数留存至今的私人信件中，沃特森向飞艇教官默里·F. 休特（Murray F. Sueter）阐释了他如何为自己搜集情报。情报搜集方法的关键之处就是举办美食招待会，即晚宴，沃特森发现这种方式"在这里总是有用的"。因此，他写道，在宴会上，"招待某些大人物的好处"，就是"他们对你总有用处"。[2] 沃特森相信，要培养优质的德国情报来源，不仅需要打动人的心，更需要打动他们的胃。

英国武官们从举办或参加招待会和晚宴等活动中获得了大量情报。例如，迪马在 1906 年 3 月和 11 月、1907 年 3 月和 4 月及 1908 年 2 月，发回了他在上述场合中记录下来的只言片语的报告。[3] 其中大部分是八卦逸闻，但并不是毫无价值。在一系列琐碎的评论中，还有不少大体上是对某些海军高级军官，特别是很有前途的海军将官的评价。当然，英国海军部对搜集那些关于人员升迁和退休的传言尤为感兴趣。而且，许多专业性话题，比如德国工程师的地位，德国军官们对短期服役征兵制的看法等，正是在这些闲谈之中得到讨论。其中最有趣的话题是对军队政治的议论，以及关于德国海军参谋部与德国海军部之间紧张关系的内部消息。最后，在这些派对中也经常出现以英国和英国海军为主题的交谈，迪马通过参加这类活动可以亲身感受到德国海军内流行的对英国的总体看法。迪马不是唯一提交此类报告的人。他的继

---

① Russell Manuscript, p. 90.

② Watson to Sueter, 9 Dec. 1911, AIR 1/2471.

③ Dumas, NA 12/06, 15 Mar. 1906, Admiralty Library: *Naval Necessities*, Vol. iv; Dumas NA 57/06, 12 Nov. 1906, ADM 116/942; Dumas NA 6/07, 4 Mar. 1907, FO 371/259; Dumas, NA 22/07, 30 Apr. 1907, FO 371/260; Dumas, NA 11/08, 23 Feb. 1908, FO 371/458.

任者希斯也时常"在这些交谈中收获若干零碎情报"①。沃特森也是如此。1912 年 7 月，他以自己参加的基尔帆船赛的几场"小型酒会"的经历为依据，撰写了一份长篇报告。②

概因德国贵族圈和军方内盛行的反犹主义的缘故，英国武官在柏林犹太人社团举办的活动上往往能收获大量情报。正如几位武官不以为然地写到的那样，歧视犹太人是德国社会的普遍现象。罗素回忆道，柏林的禁卫军军官被禁止参加由当地犹太头面人物举办的宴会。他一针见血地指出，出台这一禁令是"德国人的损失"。③ 格莱钦同样在其回忆录中写道："柏林'上流社会'对犹太人深恶痛绝。"他还回忆说，在前往柏林之前，驻伦敦的德国陆军武官警告他"不要同任何犹太人交朋友，不得接受他们的邀请"。④ 驻柏林英国武官们显然将这一警告置之脑后，他们参加了一系列由德国犹太人举办的招待会。其中，开明的社交观念无疑起了很大作用。毫无疑问，在这些场合不仅有美酒佳肴、觥筹交错，英国武官们还能借机获取大量情报，自然不会将德国人那出于盲目偏见的禁令当一回事。在柏林的犹太人社团中，有许多聪明绝伦、知识渊博的人。正因为被德国军方排斥，他们才更渴望向外交官这样的社会名流敞开心扉。由此，英国武官们可以不受拘束地与德国顶尖的企业家和金融家结识及交往。迪马定期在家中与银行家保罗·冯·施瓦巴赫（Paul von Schwabach）会面；罗素经常是航运巨头阿尔伯特·巴林（Albert Ballin）的座上宾；迪马、罗素和格莱钦都是"煤炭大王"弗雷德里希·冯·弗里德兰德-福尔德（Friedrich von Friedländer-Fuld）的密友。同这些犹太头面人物来往对英国武官大有裨益，特别是他们"同德皇关系良好"，弗里德兰德就是一个典型的例子。罗素回忆道：

---

① Heath, NA 8/09, 17 Mar. 1909, FO 371/672.
② Watson, NA 51/12, 1 July 1912, FO 371/1377.
③ Russell Manuscript, p. 90.
④ Gleichen, *A Guardsman's Memories*, p. 276.

据我所知，弗里德兰德深得德皇信任，在战争爆发前形势岌岌可危的那段日子里，我找到他并询问其对前景的看法。他回答说："前景非常糟糕，这是我第一次见到皇帝无心抵制那些欲发动战争的人。"①

正是因为能掌握如此可靠的内部消息，这类社交活动才显得尤为重要。

鉴于英国武官可以从社交活动中收获可观的情报，不可避免地，不少德国陆海军高级军官都无意邀请英国武官参加此类活动。这让柏林的英国武官们深感遗憾。格莱钦哀叹道："虽然我在德国禁卫军中认识不少军官，但事实上却很少被邀请与他们一起吃饭（我记得只有两次），并且他们中大多数人都有意与我保持距离，让我成为孤家寡人。"② 格莱钦并不是唯一感受到这种冷漠的人。由于遭到蒂尔皮茨海军上将和德国海军部官员们的强烈反感，希斯的社交之路同样困难重重。他也注意到德国海军军官们对其显然毫无同行之间的友情可言，正如他在最后的报告中总结的那样："我的感受是德国海军军官们极为正襟危坐，闭口不谈任何海军话题。由此可见，他们无疑接到命令不要与英国海军武官亲近。"③ 甚至在德国如鱼得水的迪马也在致力于同德国海军军官团建立友好关系时遇到困难，这一点在他于 1907 年 4 月举办的一次晚宴派对上显露无遗。那个夜晚相当愉快，却并非如迪马预想的那样。他以为在派对上海军人士和非海军人士会济济一堂，但事实是前来赴宴的主要是迪马的亲朋好友，谈论的也是一些家长里短的话题。"我原想邀请一些德国海军军官参加"，迪马回忆道，"但他们全都婉言谢绝，我认为他们是担心受邀赴会后要回请我，而这

103

---

① Russell Manuscript, pp. 90 – 91.

② Gleichen, *A Guardsman's Memories*, p. 262.

③ Heath, NA 27/10, 6 Aug. 1910, *BD*, vi. 507.

个费用是他们负担不起的。"① 迪马认为德国海军军官婉拒邀请是为了避免回请他，这个推测基本上是正确的，但将其归因于他们担心可能负担不起举办宴会的费用则恐怕不符合事实。更可能的是，德国海军军官们接到指示不要参加英国海军武官举办的社交活动。在柏林的最后几个月里，迪马终于意识到了这一点。他在最后的报告中将"缺少与德国海军军官的社交往来"认定为"永远的遗憾"。② 相较于官方报告的严谨措辞，迪马在面对自己的朋友时则要坦率得多，他向贝尔纳普少校抱怨"我在德国受到的热情款待和以礼相待几乎为零，我无法想象我还能受到比现在更加轻视的怠慢"。③ 很明显，在社交中可能存在内在局限性。当然，与此同时，我们也可从中获益良多。

尽管从人员接触中获取情报的方式存在种种不尽如人意之处，但人力情报依然是驻柏林英国武官重要的，甚至是首屈一指的情报搜集方式。不过，同时还存在其他两个情报来源，即实地考察和发掘公开资料。

实地考察获取的情报

仅次于人力情报的重要情报搜集方式是英国武官们通过亲眼看、亲耳听来获取情报。为履行职责，武官们通常会访问战略要地、参加一系列重要的陆军或海军活动。在开展这些活动时，武官们通常都会有机会看到和听到一些对他们有潜在价值的东西。这种情报搜集方式是建立在亲眼所见④和偶然偷听的基础之上，可以在各种情况下进行。

---

① Dumas Diary, 13 Apr. 1907.

② Dumas, NA 34/08, 30 July 1908, FO 371/461.

③ Dumas Diary, 7 July 1908.

④ 这里的考察被定义为"从事通过亲眼观察或其他侦察办法，以掌握关于敌人或潜在敌人活动及资源的情报的任务"，见英国国防部《联合指导手册》1/02，"情报、监视和侦察"（2002 年 2 月）。

对陆军武官来说，最重要的可身临其境搜集情报的场合是各种类型的德国陆军演习。按照惯例，英国陆军武官总会受邀参加一年一度的德国皇帝军事演习，也经常会参加一些小型的帝国军事演习，以及一些德意志帝国内拥有自己的军事力量的邦国组织的演习等。在这些演习中，德国陆军总参谋部通常会试验他们的战略构想，将他们的战术思路付诸实践，并检验新型装备和武器，所以参加此类活动可以掌握大量情报。因此，发给英国陆军武官的指示尤为重视他们参加的这类军事演习。事实上，《陆军武官指南备忘录》（"Memorandum for Guidance of Military Attachés"）规定的第一要务，就是武官们"应积极出席一切可参加的重要军事演习"，同时附上了八点关于需要掌握的情报的详细补充说明。①

当然，基于同样的理由，德国方面也有意为英国武官在演习等活动中搜集情报设置障碍。英国陆军武官参加德国军事演习的活动受到严格限制。作为德国政府的贵宾，英国武官受到盛情款待，并由德国参谋军官陪同参观。虽然德方始终彬彬有礼，但他们的热情招待不免有些虚伪造作。这类精心布置的美酒佳肴、繁文缛节只是为了消磨时间，好让英国武官无暇分身前往演习场。罗素回忆称，在1912年的一次帝国演习中，各国武官被带着参观一个中世纪古堡，浪费了整整一个上午的时间。② 令人瞩目的是，从历史视角来看，德方此举是为了不暴露德军的真实情况。

无独有偶，陪同外国武官的德国参谋军官的主要任务也不是陪伴并提供导游服务。这些被武官们戏称为"耍熊人"（bear leaders）的军官的真正目的，是及时阻止外国武官看到什么有趣的事或获得有用的情报，他们在这方面做得可谓滴水不漏。据特兰奇对1907年演习的观察，陪伴外国陆军武官的德国军官"很明显对收到的指示的理解是，不能让任何一名外国陆军武官离开他

①　'Memorandum for Guidance of Military Attachés', FO 371/75.

②　Russell, MA 35/12, 31 Oct. 1912, FO 371/1376.

的视线或得到任何有价值的重要情报"。① 外国武官的提问没有任何意义。正如沮丧的特兰奇抱怨的那样:"我们的向导只是偶尔会回答我们的问题,而且在回答问题时都尽可能少地透露信息,这不禁让我们怀疑他们所说的不过是'官方辞令'罢了。"②

语焉不详并非这些"耍熊人"阻挠武官们获取情报的唯一方式。作为"向导",他们竭力让来访的武官们远离那些可能让他们感兴趣的目标。这种小动作同样被武官们所察觉。特兰奇报告称:

> 每天我们都被带到某些中心位置,从这里我们也许能一览整个演习的全局,却离演习场相当远。他们偶尔会带我们到参演军队附近地区,但倘若军队恰好正在进行战术部署,或在演习中用到一些我们可能感兴趣的装备,我们就会被德方坦率地带离,或者如果军队正在路上开进,他们则会被要求小跑避开我们。③

有时,这些小动作走向了极端。在 1911 年的演习中,罗素"突然被带去兜了一圈,以远离正在激烈交战的演习场,我们对此并不感到意外"。④ 尽管罗素向德国人提出质疑,但显然组织者们对临时来一场野鹅追逐游戏早已驾轻就熟。

即便存在诸多障碍,军事演习依然是至关重要的情报来源。例如,罗素通过参加 1911 年的演习就多方观察到了德国陆军的作战方式和战术思路。在其详细的 17 页报告中,他着重介绍了德国人的战争谋略,德国步兵展现出的卓越的作战意志,骑兵同其他兵种的协同,野战电报的类型和可靠性,以及用作侦察的飞机的价值

---

① Trench, MA 67, 24 Sept. 1907, FO 371/262.
② Trench, MA 73, 4 Dec. 1907, FO 371/263.
③ Trench, MA 110, 24 Sept. 1908, FO 371/462.
④ Russell, MA 27/11, 31 Oct. 1911, FO 371/1126.

等。^① 所有这一切对英国政府而言都是极有价值的。

　　可惜的是，对海军武官来说，海军演习并不能像陆军演习一样给他们带来诸多机会以掌握敌方情报。德国舰队的演习在远海举行，更重要的是，英国海军武官往往并未获邀参加演习，这就意味着他们几乎不可能获得第一手情报。英国海军武官只能从新闻报道和演习出席者的即时评论中来了解演习情况。然而，即便德国海军当局扩大受邀者的范围，这也并不意味着为英国海军武官开辟了一条新的情报搜集渠道，因为英国海军部希望将德国人排除在英国海军演习之外，从而严格指示驻柏林海军武官"不要接受参加德国海军演习的邀请，在任何情况下都不得破例"。^② 英国海军部之所以这么做，无非是不想让德国观察员参加英国海军的演习，而德国人自然也不会允许驻柏林英国海军武官参加德国海军的演习，由此给后者的情报搜集工作带来了很大的麻烦。难怪后来一名海军武官报告称"要掌握德国舰队运作的相关情报极为困难"。^③

　　不过，在其他一些方面情况就反过来了。海军武官能得到搜集情报的机会，而陆军武官在同样的场合则难有用武之地。其中最重要的场合就是访问德国军工企业和设施。1905～1907 年有一段时间，英国海军武官可以参观克虏伯公司和埃尔哈茨公司（Erhardts）的工厂，而陆军武官则得不到这样的许可。^④ 鉴于克虏伯是德国海军装甲板的主要生产企业和重炮零配件的唯一供应商，参观它的工厂是海军武官获取重要情报千载难逢的机会。从这样的参观活动中，武官可以推测出工厂的生产能力，正在进行中的工作量，以及产品的技术性能等。或者简单来说，是他们可以制

106

---

①　Russell, MA 27/11, 31 Oct. 1911, FO 371/1126.

②　W. H. – H. Waters, '*Private and Personal*' (London, 1928), p. 110.

③　Watson, NA 30/12, 19 Apr. 1912, ADM 137/3867.

④　根据一份已遗失的报告（MA 17/04, 26 Mar. 1904），陆军武官在 1904 年曾获准参观克虏伯公司，见 FO 64/1593，格莱钦在其备忘录中也提到了这次访问，见 *A Guardsman's Memories*, 268。

造多少门大炮，他们当前正在生产多少门大炮，以及他们能多快造出这些大炮。这些自然会引起英国海军部的极大兴趣。陆军部对此当然也有兴趣，但陆军武官未能获得邀请，他们只能通过海军部来尽可能地获取此类情报。①

德国当局也毫不意外地要竭力掌控整个事态，尽力避免情报泄露。在1907年英国海军武官对埃尔哈茨工厂的访问中，德方声称这个工厂并不为德国海军生产重炮零配件，这样的说法无疑是为了减弱英国海军武官的兴趣。另外，这次访问的一大特色是在美术馆安排了一段冗长的午间插曲，此举显然是为了转移大家的注意力。② 在参观克虏伯公司时，德方更是花样百出。最明显的手段是限制武官们所能看到的东西的范围。虽然艾伦比关于此行的报告已不复存在，但通过其日记的简短记载，我们仍然能感受到他在访问当天所受到的种种限制："在德国人的许可下，我们被带领着参观工厂。"另一方面，他目睹"一大块固体金属铸件（25吨重）在旋转中被压制成5英寸厚的钢板，钢水被倾倒进铸模里，制成17厘米口径的炮管"。③ 可见，对艾伦比的限制看起来还没那么严苛。而到了1907年迪马参观时，各种限制和约束就明显加强了。在参观工厂之前，他"接到（克虏伯公司代表）通知，当天召开了讨论向英国武官开放参观的范围的董事会，他们遗憾地决定……我不能进入重炮生产车间、装甲板工厂或炮弹制造厂"。④ 迪马对此极为不悦："在这种情况下，我真的很想质问他们，为什么你们之前说你们很乐意让我看到工厂日常生产的全貌，现在却硬要让我按照你们的指示去走马观花一番，结果就是我一无所获。"⑤

---

① 根据海军部摘要的记录，艾伦比在关于其1905年7月的克虏伯工厂之行的报告（已被销毁）中提到为陆军方面搜集的情报。ADM 12/1416, Cut 52.
② Dumas Diary, 30 July 1907.
③ Allenby Diary, 15 June 1905.
④ Dumas NA 43/07, 7 Aug. 1907, FO 371/262.
⑤ Dumas Diary, 31 July 1907.

　　尽管对武官所能看的内容的范围施加限制无疑是有效的，但1906 年德方尝试了一个更有创意的方法。在这个方法下，武官们不是饱受诸多不合理的约束之苦，而是不得不"一次尽可能多地记录所见所闻"。① 实际上，将所有信息都事无巨细地记录下来是不可能的："生产在 9 点 15 分开始，然后是我所经历过的最令人困惑的上午，他们向我展示了海量细节信息，希望以此阻止我记住任何事。同时，我不能做笔记，这一切实在是让人受不了。"② 这套把戏表面上是允许武官进入工厂参观，但他们不准带一纸一笔，一切都必须以最快的速度默记于心。尽管如此，迪马依然能择取有用的情报。因此，除非被完全禁止进入工厂，那么前往军工厂参观仍然是海军武官们宝贵的情报来源。

　　另一个实地考察的重要地点是德国造船厂。当英德开始旷日持久的外交谈判后，从 1909 年开始英国武官对造船厂的访问就变得越来越少，而到 1910 年这种活动则完全中止了，而在这之前英国海军武官每年都要造访德国主要造船厂。通过这些访问自然可以掌握大量情报。仅在造船厂走马观花就可以让武官推断出工厂的现代化程度和规模，从中可以估算出这个造船厂可建造舰艇的类型和尺寸，一次可以建造多少艘船，以及他们的造船速度。如果对每个造船厂都能完成这类评估，那么就能弄清楚德国海军的造船能力。因此，英国海军武官在访问德国港湾和造船厂之后完成的报告都将重点放在他们对当地工厂的印象上。

　　当然，武官们造访造船厂的另一个关键原因是为了仔细观察他们正在建造何种舰艇。英德海军竞赛在 1908～1909 年变得越来越有争议，德国并不希望曝光其开始建造战舰的时间。不过，访问造船厂可以让海军武官们评估舰艇的建造进度，推算其开工和完工的时间。这并非小事，它也解释了为什么迪马在其日记中对

107

---

① 　Dumas NA 45/06，14 Sept. 1906，ADM 231/47.

② 　Dumas Diary，7 Sept. 1906.

他在 1907 年 6 月的基尔之行是如此欣喜若狂。迪马写道，虽然
"拥挤不堪的火车"让这趟"漫长而枯燥的旅行"不那么愉快，
但"我花了五分钟得以目睹已准备就绪的'巴登'号（*E&Ersatz
Baden*），这趟旅程简直太值了"。①

在对造船厂的访问中，武官们可以充分观察建造中的军舰，
由此可以了解其技术细节和规格，他们甚至有机会登上战舰近距
离观察其设计和布局。这样的实地考察机会可谓千载难逢，希斯
在访问了基尔的日耳曼尼亚造船厂后发回的报告中证实，在基尔
他"对'波兹南'号（*Posen*）进行了仔细研究"。在几分钟内，
他就澄清了关于德国政府此前已印发了"波兹南"号照片的谣
传。希斯报告说："'波兹南'号下水的照片显示，它从底层甲板
到水线的部分呈水平状，很明显并无安装副炮的计划。这也解释
了为何要拆除临时安装的钢板和天窗。"②

既然武官们能从参观造船厂中收获如此丰富的情报，那么德
国政府对其活动强加限制就不难理解了。最后，希斯倒霉地发现，
最常见的限制访问的措施就是彻底禁止武官参观造船厂。1908 年
8 月，他"无法得到许可造访席肖造船厂在这里（但泽）或埃尔
宾（Elbing）的工厂"。③ 1909 年 5 月，他又被拒绝进入席肖造船
厂在但泽的工厂。④ 到 1910 年 4 月，尽管希斯终于获准参观席肖
造船厂在但泽的工厂，但仍然不能进入埃尔宾的工厂，原因是
"有一些不能让他参观的工程正在进行中"。⑤ 几乎在同一时间，
对他前往汉堡的伏尔锵造船厂访问的邀请也被取消了。⑥

当然，较之彻底禁止武官访问造船厂，也有一些不那么激烈
的限制措施。德国方面通常的做法是允许武官参观造船厂，但不

---

① Dumas Diary, 20 June 1907.
② Heath, NA 18/09, 9 July 1909, FO 371/674.
③ Heath, NA 38/08, 13 Aug. 1908, FO 371/461.
④ Heath, NA 15/09, 24 May 1909, FO 371/674.
⑤ Heath, NA 17/10, 22 Apr. 1910, FO 371/901.
⑥ Heath, NA 18/10, 29 Apr. 1910, FO 244/745.

让他们看到任何为德国政府承建的项目。因此，基尔的日耳曼尼亚造船厂在给希斯上校的访问邀请中规定："但考虑到目前正在建造中的船只大多数是德国海军预订的，因此我们恐怕只能让您参观船厂的一部分区域。"① 他们确实这么做了。虽然希斯遭到特别严格的限制在很大程度上是因为他与德国海军部关系不佳，但他并非唯一一个受制于种种障碍的英国海军武官。例如，艾伦比对其1903 年的威廉港造船厂之行评论道："我能看到的东西寥寥无几。"②

即便在访问造船厂相对没那么多限制时，德国方面依然有办法让武官尽可能少地从访问中获取他们期望的情报。迪马在1906 年 6 月对基尔的访问就是一例："上午我们正在参观帝国造船厂……半路上遇到了冯·乌瑟多姆将军（Admiral von Usedom），他彬彬有礼，并坚持让我看一些我不想看的东西，这给我的参观造成了极大的麻烦。"③ 不用多言，被乌瑟多姆这么一闹腾，留给迪马看他想看的东西的时间已所剩无几。

一年后，当迪马访问威廉港时又碰到了另一套别出心裁的把戏。迪马原打算用两天多的时间慢慢地细心打量造船厂，但当抵达后他的计划就赶不上变化了："由于伍德里格将军（Admiral Wodrig）调离，而新的造船厂厂长布雷辛将军（Admiral Breusing）尚未到任，科赫上校（Captain Koch）临时负责造船厂事宜。在得知我想看的东西后，他为我制订了从上午 9 点到下午 3 点的参观计划，称这样方便我赶上 4 点 30 分的火车。"由此，本来不慌不忙的 48 小时参观计划被缩短为匆匆忙忙的 6 小时走马观花之旅，然后就得马上离开该地。迪马哀叹道："我很难不落入他的圈套。结果就是我看到的东西五花八门，又往往是一扫而过，我几乎不可能按照原来的打算将它们记下来。"④ 无疑，这就是德方希望达

109

---

①　Heath，NA 17/09，21 June 1909，FO 371/674.

②　Allenby Diary，29 Sept. 1903.

③　Dumas Diary，26 June 1906.

④　Dumas NA 51/07，29 Sept. 1907，FO 371/262.

到的效果。

尽管如此，有时到访的武官也能碰上好运。迪马和希斯在访问斯德丁的伏尔锵造船厂时都曾被幸运女神眷顾过。他们偶然发现，伏尔锵造船厂的总经理齐默尔曼先生（Mr. Zimmermann）对英国非常友好。迪马记述道："这位先生在不同时期与维克斯（Vickers）、马克西姆（Maxim）、帕尔默（Palmers）等英国军工企业都打过交道，因此能说很棒的英语。此外，他也同英国人意气相投，因为他看起来想让我看到并告诉我尽可能多的东西。"① 结果就是，迪马从这次访问中收获颇丰。希斯访问伏尔锵造船厂的经历也同迪马相似。在受到邀请时，希斯认为"不会有意外之喜……长期以来形成的规定是不得对任何海军武官开放参观新建项目"，他对这次访问本来不抱希望，但实际情况让他喜出望外：

> 总经理在我访问当天大开方便之门，究竟是他发出了私人指示还是发生了别的什么情况不得而知，不管如何，这次造船厂之行是在一位非常友善的官员导引下进行的，他并没有安排我登上在建或已完工的任何一艘舰艇，但向我详细介绍了战舰的具体位置，以及目前正在进行中的新建项目的情况。②

由此可见，虽然德方想施加种种限制，但对造船厂的访问往往会有各种意外收获。

一年一度的基尔帆船赛（基尔周）也是潜在的搜集技术数据的好机会。正如一名美国海军武官所描述的那样，之所以这么说，不仅是因为外国海军武官会被邀请参加这项赛事，而且他们的出席是德皇所积极鼓励甚至要求的，他将外国武官的到场视为体现这项活动的国际影响力的显著标志。③ 因此，德国方面采取了诸多

---

① Dumas NA 38/06, 28 July 1906, ADM 231/47.

② Heath, NA 13/09, 4 May 1909, FO 371/673.

③ 这名美国海军武官是威廉·比勒少校（Lieutenant-Commander William H. Beehler）。Quoted in Vagts, *The Military Attaché* (Princeton, 1967), p. 305.

非同寻常的举措来营造活动的盛大规模和恢宏场面，其中就包括
安排外国武官参加尽可能多的礼仪庆典等。希斯在参加了 1909 年
的基尔周之后汇报说："按照往常的惯例，所有海军武官都受邀参
加了基尔周。种种迹象还显示，所有海军武官都加入了基尔帆船
俱乐部，这样我们就能参加皇帝陛下举行的年度晚宴。"[1]

110

在基尔帆船赛上，相较于让德皇乐在其中的盛大仪式，武官
们更感兴趣的是如何从这项赛事中搜集情报。他们有很多机会从
事这项工作。其中之一，是在帆船赛举办期间往往会有几艘主力
战舰停泊在港口内，武官们可以趁机在其附近闲逛，他们不仅能
看到战舰的硬件设备，还能了解到水兵的训练方式。这确实是天
赐良机。因此，虽然武官们的报告中不乏对基尔帆船赛的盛大场
面和隆重仪式的描述，但大多数都将重点放在了技术问题上。沃
特森在 1912 年的某些观察可以说明这一点。在基尔，他可以记录
一些战舰的情况，观看潜艇的活动，目睹战列巡洋舰加煤的整个
过程，以及仔细观察德国海军的信号指令等。[2]

当然，虽然德皇一如既往地希望通过外国海军武官的出席来
彰显基尔帆船赛的宏伟气派，但德国海军当局对武官们的情报活
动心知肚明，他们有充分的理由剥夺武官们近距离观察军舰和海
军设施的机会。德方对海军武官的活动并未掉以轻心。希斯谈到
这点时说："海军武官们很不走运地遭到怀疑，我们只是偶尔会被
邀请参加一些在岸上举行的招待活动，而绝不会在舰上举行的招
待会的受邀宾客之列。"[3] 尽管如此，武官们依然能从基尔帆船赛
上获取不少有用情报。

陆海军武官通过实地考察掌握情报的另一大方式，是参观定期

---

① Heath NA 18/09, 9 July 1909, FO 371/674.

② 沃特森的报告（NID 442, 6 July 1912）没有完整版现存于世，但相关内容摘
　 要散见于若干份海军情报局文件中，见 ADM 137/3854，ADM 137/3869，ADM
　 137/3881, and ADM 137/3905。

③ Heath NA 18/09, 9 July 1909, FO 371/674.

在德国举行的各种展览。他们在这些活动上可以搜集大量情报,迪马在 1908 年 7 月出席的一个造船展览会足以证明这一点。他可以在展览会上用一个下午的时间"记录船舶的尺寸、船模的数据,确实搜集了大量有用的情报"。[①] 由于迪马的相关报告已不复存在,我们无法得知他所记录的详情。不过,亨德森随后参加的 1913 年的汉堡海军展的报告依然保存完好。根据亨德森的记载,他不厌其烦地仔细考察了驱逐舰、潜艇、飞机和弹药的模型,从中他可以发现从德国驱逐舰的舰桥布局到德国炮弹外壳厚度的所有信息。[②]

并不是所有的展览都能让武官们满载而归。在上述提及的其他情报搜集渠道的例子当中,德国政府一直警惕避免让太多信息公之于众,并试图阻止外国政府从这些活动中窥探德国军事机密。因此,有一些展览是完全没有情报搜集价值的。例如,1907 年 5 月,特兰奇和迪马前往柏林郊外的弗里德瑙(Friedenau)去参观陆军、海军和殖民地展览。迪马认为此行毫无收获。他写道:"这是一个非常糟糕的展览,让人提不起兴趣,也没什么可看的。"[③] 读过特兰奇报告的英国外交部官员们对此也深表赞同。"将这份(报告)标注上机密字样实在是荒谬",艾尔·克劳在了解到展览的详情后写道。[④]

即便在尚未对展览会的内容进行审查以致其内容乏善可陈的时期,德国当局依然有可能着眼于减少情报流出而控制整个议程。这方面的一个典型例子是特兰奇在 1909 年 9 月参加的法兰克福热气球展。在展览会主大厅有 5 个展位展示的是飞艇,3 个展位展出了飞机,这样规模的航空展览为观察或刺探航空装备情报提供了潜在机会。然而,德方为避免发生这种情况而采取了严格的限制措施。"公众,"特兰奇写道,"不允许接近飞机或进入热气球展位,这些展位的大门一直紧闭,除非展位是空的或航空器将起

---

① Dumas Diary, 10 July 1908.

② Henderson, NARS 76/13, 29 Dec. 1913, NMM: Ships Cover 426.

③ Dumas Diary, 16 May 1907.

④ Minutes on Trench MA 58, 17 May 1907 (the report is missing), FO 371/260.

飞。"不仅如此，齐柏林公司的展位一直是开放的，但"6 名警察守在门口，还有一道绳障将观众与展品隔开，并且展位的光线非常昏暗，到下午 3 点你就什么都看不见了"。在这种情况下，特兰奇最后还是能有点收获完全是因为运气和他善于沟通使然。特兰奇事后愉快地报告说，一个展览公司的经理是"一名老战友"，愿意带他到处转转。①

最后，有时武官能获得情报只是因为他在正确的时间身处正确的地方。1906 年访问但泽造船厂时，迪马在打算返程时错过了渡轮。不过，他却意外地因祸得福，正如他记述的那样："正因为错过了返程的船，我才不得不徒步返回，并在与一个姑娘的闲谈中得知她的恋人是要塞的看守，她告诉了我许多让我感兴趣的要塞情况。"② 同样地，沃特森在受到德皇接见后的回程途中也有意外之喜："当时我正在从波茨坦回来的火车上，无意间听到几名德国将军和奥地利陆军武官在一起交谈。"③ 谈话内容包括飞机在现代战争中的作用、法国的 3 年兵役制及奥地利的征兵制等，都是最有价值的情报。不过，这样的窃听活动的潜在陷阱之一是敌方可能有意散布假消息：沃特森就怀疑其中一段谈话是故意说给他听的。不论如何，没有武官会对这份送上门的大礼吹毛求疵。沃特森尽量翔实地记录了所听到的谈话的全部内容，当然也附上了他的告诫。 112

总之，虽然亲眼所见（及亲耳所闻）的侦察方式也存在诸多局限性，但它依然成为驻柏林英国武官常用的重要情报搜集方式。当然，武官们还有一个情报来源，即公开的资料。

从公开资料获取的情报

英国武官可以广泛阅览德国出版物。所有尚武的德国公民购

---

① Trench, NA 40/09, 22 Sept. 1909, FO 371/676.

② Dumas Diary, 9 July 1906.

③ Watson to Goschen, 12 May 1913, *BD*, x2.701 – 702.

买和阅读的报纸、杂志、宣传册和书籍，也都可能成为英国武官
发掘情报的公开资料。

正如我们所知，有很多有用的情报都可以借助这种方式来获
得。例如，德国报纸会定期公布最新的陆海军人事任命、帝国国会
的立法、陆海军年度预算，以及各种演习和训练的日期和计划等。
除这些日常报道外，它们偶尔也会披露非常吸引眼球的最新武器和
装备的资料。因此，罗素就从《柏林本地新闻》（Berliner Lokal
Anzeiger）上获得了不少西门子－舒科特飞艇（Siemens-Schuckert
airship）的技术参数。[1] 此外，他还通过《柏林午报》（Berliner
Zeitung am Mittag）确认了德国已装备的帕塞伐尔型飞艇（Parseval
airship）的数量。[2] 在此方面最突出的成就，则是通过公开出版物来
敏锐捕捉德国军事思想的动向。其中一例，就是特兰奇在1909年通
过广泛阅读相关新闻报道，对退休的德军总参谋长施里芬的好战言
论进行的分析。[3] 同样地，罗素曾读过一本关于步兵问题的书，在
此基础上，他对广受尊敬的德国军事理论家弗雷德里希·冯·伯
恩哈迪的军事思想发回过两次评论[4]，后来在德国出现了一篇关于
这一主题的文章[5]。最后，通过广泛阅读报纸和杂志可以掌握德国
公众舆论的动向。当公众关心的问题涉及帝国国会批准增加陆军
和海军拨款的意愿等话题时，自然会引起武官们的极大兴趣。

由于相关档案的遗失，我们很难确认武官们到底从公开资料中
掌握了多少情报，但可以从艾尔（Eyre）和斯波蒂斯伍德（Spottis-
wood）两个海军印刷厂的工作量上窥得一些蛛丝马迹。1906年11
月和12月，在费希尔海军上将的指示下，艾尔和斯波蒂斯伍德印刷
厂将迪马从柏林转发来的剪报选印成一系列小册子。首份小册子定

---

① Russell, Memorandum No. 913, 7 Apr. 1910, AIR 2/196.
② Russell, Memorandum No. 1081, 1 May 1911, Ibid.
③ Trench MA 4/09, 14 Jan. 1909, FO 371/671.
④ Russell, MA 13/10, 12 Apr. 1910, FO 371/904.
⑤ Russell, MA 44/13, 11 Dec. 1913, FO 371/1654.

名为《来自德国的海军笔记》（*Naval Notes from Germany*），里面包含了从《马德堡时报》（*Magdeburgische Zeit*）、《威斯特伐利亚水星报》（*Westfalischer Mercur*）、《法兰克福时报》（*Frankfurter Zeit*）、《库克斯港时报》（*Cuxhaven Zeit*）、《库克斯港报》（*Cuxhavener Zeitung*）和《哈雷报》（*Hallesche Zeitung*）上摘抄的短文。① 接踵而至的《来自德国的补充海军笔记》（*Further Naval Notes from Germany*）则包括了对《斯特拉斯堡报》（*Staatsburger Zeitung*）、《库克斯港时报》（*Cuxhaven Zeit*）、《慕尼黑新闻动态》（*Munchener Neueste Nachrichten*）和《法兰克福报》（*Frankfurter Zeitung*）的文章摘录。② 随后就是迪马编号为 NA60/06 的报告。这份报告题为《德国对英国本土舰队的看法》（*German Views of the Home Fleet*），包含了两篇刊登在《每日评论》（*Täglis-che Rundschau*）和《汉堡新闻》（*Hamburger Nachrichten*）上的长文的译文。③ 此外，还有《德国——海军笔记》（*Germany-Naval Notes*）所摘录的《库克斯港时报》（*Cuxhaven Zeit*）、《新斯图加特日报》（*Neues Tageblatt Stuttgard*）、《马德堡时报》（*Magdeburgische Zeit*）、《德意志日报》（*Deutsches Tages Zeitung*）、《沃西时报》（*Vossiche Zeit*）和《柏林日报》（*Berliner Tageblatt*）上的文章。④ 最后，还有一份迪马撰写的小册子《为什么说英国本土舰队是必需品》（*Why the British Home Fleet is a Necessity*），这本小册子是基于名为《我们的汉萨城镇、汉堡和不莱梅正处于危险之中吗?》（*Are Our Hansa Towns, Hamburg and Bremen , in Danger?*）的书而作。⑤ 简言之，海军部在两个月内共印发了 20 篇文章和 1 份手册，这些都是由驻柏林海

---

① 'Naval Notes from Germany. (By the British Naval Attaché.)', RNM；Ad. Lib. MSS 252/12. Robinson Papers vol. 1.

② 'Further Naval Notes from Germany. By the British Naval Attaché', Ibid.

③ 'German Views of the Home Fleet. (Report by the British Naval Attaché at Berlin.)', Ibid.

④ 'Germany—Naval Notes (By the British Naval Attaché at Berlin.)', Ibid.

⑤ 'Why the British Home Fleet is a Necessity', Ibid.

军武官发来的。而且我们必须注意，这些可能只是迪马发回的已付印材料的精选部分。如果这是一种典型情况，那么武官们广泛使用公开出版物作为情报来源就是很明显的了。

当然，也有一些问题困扰着这些情报来源。最显著的障碍是德国有严格的法律保护军事机密，有价值的技术情报是否曾出现在德国报纸上值得怀疑。因此，在发掘这些公开出版物以搜集情报时，武官们总会面临只不过是在报告德国政府以往和现在想让英国人知道的东西的风险。不仅如此，还很容易出现这样的意见，即没有必要每年花费超过 800 英镑向柏林派驻一名只是简单地每天读德国报纸的军官。毕竟，英国海军情报局和陆军作战部都订阅了多份德国报刊，他们可以自己在伦敦看报纸并将其翻译成英文。武官们来做这些事情被认为是重复劳动，毫无必要。这一观点至少向一名驻柏林武官传达了。"谨记，"海军情报局局长奥特利在迪马启程前往德国之前告诫他，"你不是一个付薪的报纸译员。"① 迪马可能像他的每个前任和继任者一样，起初将这一指示铭记于心，但在抵达柏林后，他会很快发现自己很难兼顾这一指令和所需完成的任务，因为实际上对武官而言，他有充分的理由需要仔细审读公开出版的报纸期刊等。

首先，有很多英国政府无法买到的出版物，尤其是报纸，但在德国却可以看到。报纸是报道每日新闻和当时的社会百态的主要阵地，这是其他形式的媒体所无法比拟的，德国报刊（全国性的、地区性的、当地的）当然多如牛毛。英国海军部和陆军部订阅的德国报刊，只是让英国官方对德国媒体有一个表面印象，但如果没有人深入剖析这些用意隐晦的报道和文章，那么一些值得留意的重要情报则难免会被遗漏。因此，迪马在 1907 年 7 月发回了一份长达 9 页的原刊于慕尼黑《汇报》（*Allgemeine Zeitung*）上的文章的摘要，这篇文章的主题是英法与西班牙签订的关于摩洛

---

① 　Dumas Diary, 2 Feb. 1906.

哥未来地位的条约。正如他在报告的开篇所说的那样，这篇文章是值得留意的，是因为"它点明了我坚信几乎每个海军军官和在德国大多数受过良好教育的人对该条约内涵的判断，但一直没人愿意就此主题进行长篇大论的阐释"①。虽然迪马不遗余力地突出这篇文章的意义所在，强调它是"一篇翔实而极为重要的文章"，② 但既然它的来源是英国海军部并未订阅的报纸，那么在迪马发现其价值之前，海军部自然不可能看过这篇文章。

其次，武官们往往会幸运地发现出版物的情报价值所在。迪马日记就证实，他不时会被幸运女神所眷顾。1908 年 5 月，他"当天向德国政府代理商索要一份因过于老旧而可向公众出售的政府出版物手册"。让他喜出望外的是，他"得到的答复是以前那份手册已经绝版了，但他们发给了我一份新版手册，我立即将其转发给伦敦，以免他们日后后悔而向我要回这份手册"。③ 这一事件只是一个个案，但它清楚地说明了为什么武官紧盯公开的资料是非常值得的。

驻柏林英国武官并非间谍。他们避免从事间谍活动，不寻求通过隐蔽、非法或不正当的方式来搜集情报。他们掌握的所有情报都是通过公开、合法的渠道搜集而来的，其中大多数情报是以外交报告的形式反馈的，来源于为数众多的各色人等提供的消息；武官们借由所见、所闻、所读而掌握的材料则是对人力情报的重要补充。这就是武官情报来源的范围，它们为武官的书信往来和撰写报告提供了原始材料。

当然，弄清楚了武官的情报来源，只会让历史学家们提出别的问题。武官们具体能通过上述方式得到怎样的情报？这些情报的重点是什么？它们究竟能有多详细？这些情报可靠吗？这些问题将在下面两章中得到阐述。

---

① Dumas, NA 41/07, 27 July 1907, FO 371/364.

② Dumas Diary, 27 July 1907.

③ Dumas Diary, 6 May 1908.

第三章

刺探军情：英国武官的终极目标

1910 年 9 月，新任英国驻柏林海军武官沃特森上校记录了一段他与德皇的海军内阁首脑冯·穆勒海军上将之间令人称奇的谈话，穿插其间的是关于技术发展与保密重要性的问题。沃特森显然简要地记录了以下问题：

> 我认为……对军备保密并没有太大的意义，这类秘密几乎总会流出，而决定战争胜负的是人而非武器……
>
> 在和平年代过分严格的保密将在很大程度上导致不信任，这样的保密措施在最终的考验——战争到来时并没有什么价值，却无益于国家之间保持良好关系。①

沃特森的这番见解不出意料地遭到了英国外交部的质疑，艾尔·克劳讽刺道："按照沃特森上校的观点，海军机密是不值得保

---

① Watson，NA 40/10，17 Sept. 1910，FO 371/901.

护的，相信海军部也会赞赏这一点。"① 海军部对此不予置评，而是四平八稳地称沃特森的个人意见并不代表海军部的官方立场。所有的证据都显示，英国海军在高度强调严格保密的重要性的同时，无疑也对德国的技术发展有着浓厚的兴趣。②

这一点当然也传达给了沃特森，因为一年后他对关注德国技术发展的价值有了根本不同的看法。正如沃特森对飞艇教官默里·F. 休特所说的那样，现在他相信，掌握德国在军事装备和技术上的进步的情报，不仅本身很重要，更是他作为武官的职责所在："在我看来，海军武官应尽可能地广泛调查，涉足方方面面……我已经完成了对德国枪炮和潜艇情况的调查，现在我将注意力转向你所在的飞艇领域，在这方面你可以助我一臂之力。"③

沃特森在 1911 年将武官的职责确定为技术情报的搜集者，这种说法无疑是正确的。根据发给海军武官的指示，汇报技术和军备发展情况是武官的基本工作之一。④ 这同样也是陆军武官的中心工作。因此，武官们被普遍认为要成为外国陆海军科技进步的情报的搜集者。这也是本章将要探讨的武官的工作职责之一。

需要弄清楚的问题是武官们在搜集德国军备发展情报上的成效。为此，有必要提出一系列关键问题。什么类型的技术数据是武官们可以搜集到的？这些情报的代表性和准确性如何？英国武官的报告与其他国家武官就此提交的报告相比，有什么区别？无须讳言，这些都是很宏大的问题。驻柏林英国武官要面对一大堆技术问题，它们涵盖了从新型金属合金到无线电报装备，从陀螺仪到移动餐厅的多个领域。既然涉及的范围是如此之广，那么就不可能在一章之内对每个在武官报告中出现的技术问题都详加论

---

① Minute by Crowe, 17 Oct. 1910, FO 371/901.

② 有诸多记事录可以表明英国海军部希望严格保守其机密。例如，1908 年 11 月 28 日的海军部规定"未经海军部批准任何外国人不得访问造船厂"，见 ADM 1/7995。

③ Watson to Sueter, 9 Dec. 1911, AIR 1/2471.

④ 参见附于宣布迪马担任海军武官的任命书后的备忘录，见 FO 371/75。

述，对此我们必须有所取舍。因此，本章将只讨论那些武官们时常提及并详细记述了的军备发展的情报。另一个选择的标准是报告撰写的方式。有一些技术问题只是让一个军种感兴趣，而另一些问题则同时让陆军和海军都有兴趣。因此，陆海军武官会就某些问题联合提交报告，他们相互协作以求能最犀利地剖析技术发展情况。当然，也有一些问题只由一名武官单独进行分析。我们将就所有可能组合的联合报告和单独报告举出例证。因此，本章将从德国航空技术这个一直由陆海军武官联合展开调查分析的领域开始。接下来，我们将分析海军武官对诸如德国驱逐舰和潜艇的技术发展等纯粹的海军问题的报告。最后，我们将以考察作为陆军专属问题的德国在机动车辆上的试验结尾。

118　　　武官们不仅要成为技术情报的提供者，还要掌握德国军人和平民使用这些装备的具体情况。上文所引的沃特森关于"决定战争胜负的是人而非武器"的观点，也许是对技术发展重要性的独特见解，但高度重视人的因素在现代战争中的作用是很有道理的。英国陆军部和海军部都认为，一国军队及其指挥官的能力、精神和训练水平是最为重要的。因此，他们也希望武官们能定期提供这方面的详细情报。武官们对此责无旁贷。有鉴于此，本章将以驻柏林武官对德国陆海军官兵素质的评价收尾。

德国航空装备的情报

　　英国人对德国航空装备的兴趣可以追溯到它创立伊始，以及费迪南德·格拉夫·冯·齐柏林（Ferdinand Graf von Zeppelin）开展先驱性工作的年代。齐柏林是符滕堡陆军的高级军官，他在与德皇的一次冲突之后被迫辞去军职，此后便致力于开展轻于空气的飞行器技术的试验。1898 年 5 月，齐柏林创立了自己的飞艇公司，随即开始建造他的第一艘飞艇"齐柏林飞艇一号"（Luftschiff

Zeppelin 1 或缩写为 LZ. 1）。这一项目在 1900 年夏正式完工。尽管这艘极富创意的飞艇动力不足，但还是在 1900 年 7 月 2 日进行了首航。① 大约 3 周后，沃特斯上校就齐柏林的发明撰写了第一份武官报告。很可惜，这份报告已经杳无踪影。② 同样令人遗憾的是，他此后未对这一问题进行进一步研究。之所以会出现这种情况，也许是因为 LZ. 1 在 1900 年 10 月就停止了飞行，最后被拆卸。也可能是因为这一问题已由英国驻斯图加特领事弗雷德里克·罗斯博士（Dr. Frederick Rose）进行了充分论述，他住的地方离齐柏林伯爵在博登湖（Bodensee）畔腓特烈港的基地更近，更方便监视齐柏林的试验。③ 不过，不管是出于什么原因，沃特斯未就齐柏林飞艇试验提供更多的报告并不意味着武官们对飞艇的兴趣就此终结。到 1904 年 2 月，齐柏林筹集到了足够的资金建造第二艘飞艇，沃特斯的继任者格莱钦随后就这一问题发回了新的报告。他建议从陆军部预算中拨款 20 英镑给罗斯，并盛赞后者作为"一名科学调查员"对可能开展的试验编撰了一份特别报告。格莱钦认为，这份报告"可能对陆军部有巨大价值"。④ 显然，这一建议并未被陆军部迅速采纳，因为在 1904 年 10 月初，为了回应上级的要求，格莱钦曾发回一份关于齐柏林飞艇研制进展的简短摘要。⑤ 在自己的努力下，格莱钦似乎在对齐柏林飞艇的研究方面取得了成效。而沃特斯之所以虎头蛇尾，也许是因为罗斯的研究珠玉在前，他没有必要再拾人牙慧。自那以后，这一工作又再次由外交部开展起来。⑥

119

---

① Robert Jackson, *Airships in Peace and War* (London, 1971), pp. 52 – 53.

② 我们在此提到的报告是沃特斯的 MA 3/00 报告，该报告已无副本留存于世，但资料显示这份报告是 1900 年 7 月 27 日从柏林发出的，见 FO 64/1494.

③ 罗斯报告的备忘录附于收录在外交部文件中的编号为 MA 3/00 的沃特斯报告后，出处同上。

④ Gleichen MA 10/04, 18 Feb. 1904, FO 64/1593.

⑤ Gleichen to DAQMG, 3 Oct. 1904, AIR 1/728/176/3/20.

⑥ Robin Higham, *The British Rigid Airship*, *1908 – 1931*: *A Study in Weapons Policy* (London, 1961), p. 36.

　　格莱钦的继任者特兰奇上校在考察德国航空业发展的问题上则有点特立独行。特兰奇的前任们充分相信罗斯的判断，但特兰奇则不同，他坚持要就德国航空业的发展直抒己见。相较于前任，特兰奇为何这般乐此不疲？个中缘由我们不得而知，只能提出一些猜想。一种可能性在于，作为炮兵军官的特兰奇要远比禁卫军出身的格莱钦对这类科技问题感兴趣。不过，更有可能的原因是，特兰奇对航空问题的长篇大论只是反映出时代大潮，因为他在担任武官期间，恰逢飞艇技术取得了一系列重大突破，德国也随之掀起了一股"齐柏林飞艇热"。特兰奇就此问题撰写的武官报告，正好见证了那个年代航空业日新月异的发展。不管怎样，特兰奇在报告中介绍了帕塞伐尔、格罗斯（Gross）、齐柏林等各型飞艇，以及随之建立起来的各种辅助设施的情况。

　　特兰奇关于德国航空装备的第一份报告聚焦奥古斯特·冯·帕塞伐尔少校（Major August von Parseval）的工作。如果说齐柏林是德国硬式飞艇的主要倡导者的话，帕塞伐尔则是德国非硬式飞艇的领军人物。所谓硬式飞艇，是指用坚硬的骨架来塑造气囊外形的飞船，而非硬式飞艇则是用气压来保持其结构完整。帕塞伐尔的工作起步于1906年，他早在当年5月就对试验设计进行了初步的飞行测试。特兰奇报告了这一情况，他也详细介绍了构成帕塞伐尔设计理念的主要原则。他认为，这是一种"与众不同"的新型飞艇，因为"硬壳部件已减少到最低限度"。它的工作原理是："两个小型气囊被安放在长条形主热气球的尾端，当热气球工作时，由风扇不停地将空气注入气囊之中。"不可否认的是，特兰奇记载说甚至帕塞伐尔本人都告诫"他的发明在真正投入使用之前还有许多工作要做"[1]。不过，最后的报告显示，试验很快就取得了显著进展。1908年12月，特兰奇向英国陆军作战部汇报称，

---

① Trench, MA 6, 27 June 1906, AIR 2/196.

德国陆军部已经正式订购了帕塞伐尔飞艇以装备德国陆军。[1] 在意识到飞艇现在已经是一种可投入使用的真正战争武器后，武官们对飞艇的技术参数和作战能力展开了更为详尽的调查。据特兰奇报告，帕塞伐尔的非硬式飞艇的主要优点是易于运输和部署：

> 帕塞伐尔的热气球是一种灵活（非硬式）的飞艇，它的设计思路是在有限的尺寸内产生尽可能大的浮力，少数几辆车就能运走，在空旷地带就可以很方便地充气，由 3~4 名船员操作，一次能在空中航行 10 个小时，在任何地点都能很方便地着陆。

特兰奇证实，帕塞伐尔飞艇的这些设计特点都确有其事。它的优点还不止这些。在目睹了帕塞伐尔 2 号飞艇的航速试验后，特兰奇指出，这种飞艇不仅具备上述所有优点，它还能达到每小时 54 公里的可观航速。帕塞伐尔飞艇随后的飞行证实，它不仅能长时间滞空还能持续运行。[2]

另一个引起武官关注的飞艇发明者是德国陆军气球营指挥官汉斯·格罗斯少校（Major Hans Gross），他与天才工程师尼古拉·贝森巴赫（Nikolas Basenbach）合作，设计并建造了一系列"格罗斯"型或称"军用"型飞艇。这是一种"半硬式"飞艇，特兰奇介绍说，"它不仅有气囊，还用安装在硬式龙骨上的浮空器保持其外形"。这种设计显然是成功的，因为据特兰奇报告，从1908 年 6 月到 1909 年 1 月，"格罗斯"型飞艇进行了多次飞行测试，最后一次测试还搭载了德皇的弟弟普鲁士的亨利亲王和总参谋长冯·毛奇将军（General von Moltke）飞越柏林。[3] 1909 年 5月 10 日，不仅有多位权贵政要观看了"格罗斯 2 号"的飞行表

---

[1] Trench, Memorandum No. 659, 7 Dec. 1908, AIR 2/196.

[2] Trench, MA 6/09, 30 Jan. 1909, FO 371/672.

[3] Trench, MA 7/09, 3 Feb. 1909, FO 371/672.

演，它还在 300 名帝国国会议员面前出尽了风头。五天后，这艘飞艇对参谋学院的精英学员进行了展示。①

特兰奇对飞艇在德国军事演习中的表现印象更为深刻。他首次提及此事，是谈到 1909 年 5 月 25 日，"格罗斯 2 号"和"帕塞伐尔 2 号"飞艇"在德贝里茨（Doberitz）举行，德皇亲临的禁卫军战术演习中的出场"。② 不过，意义更重大的是 1909 年 10 月和 11 月举行的"军用飞艇演习"。这一演习旨在"确认飞艇在战时可以发挥什么作用"，以及"测试无线电装置等各种改进的和新型的仪器设备"，这些演练进一步为帕塞伐尔和格罗斯飞艇与德国军事文化融为一体提供了机会。齐柏林伯爵同样在这些演习上测试了他的飞艇。③

特兰奇第一次报道齐柏林的工作是在 1907 年 11 月，当时他撰写了一份报告，指出 1908 年的德国陆军预算编列了购买两艘齐柏林飞艇的专款。④ 他随后又就这一问题发回了多份报告。1909 年 4 月，特兰奇报告了齐柏林 LZ.5 型飞艇的技术细节，德国陆军已接收了这种飞艇，并将其命名为 Z.II 型飞艇。根据特兰奇的描述，这种飞艇"每边有 16 个舱室，同 Z.1 型飞艇长度相同。直径为 13 米，而 Z.1 型直径为 11.7 米。Z.II 型飞艇容积为 1.5 万立方米。铝制容器内装有 17 个内胆气球，其中 16 个为棉质的，另一个试验用气球则是用金龟子皮制成的"。其他技术细节还有：飞艇装备了两台戴姆勒发动机，每台发动机功率为 110 马力、重 300 公斤；飞艇还配有早期悬浮装置。特兰奇还透露，飞艇"在降落时用印度橡胶垫做缓冲，以免直接撞击地面！"⑤ 这种橡胶减震器实际上能发挥多大用处，特兰奇在报告中并未提及，但他毫不怀

① Trench, MA 20/09, 4 June 1909, FO 371/673.
② Trench, MA 20/09, 4 June 1909, FO 371/673.
③ Trench, MA 1/10, 3 Jan. 1910, FO 371/902.
④ Trench, MA 72, 29 Nov. 1907, FO 371/263.
⑤ Trench, MA 18/09, 16 Apr. 1909, FO 371/673.

疑飞艇本身的可靠性。他后来又汇报说，Z. II 型飞艇在 5 月成功进行了飞行测试，并于 7 月在腓特烈港、法兰克福和科隆（Cologne）之间进行了多次长途飞行。① 这一时期，齐柏林的另一款飞艇 LZ. 6——特兰奇一直称其为 Z. III——也进行了一系列长途飞行，其中就包括从腓特烈港到柏林的艰苦航程，目的是接受德皇的检阅。尽管 LZ. 6 型飞艇并未完全做好长途跋涉的准备，但仍然仅用了三次计划外的降落就完成了这一壮举。一言概之，各种型号的齐柏林飞艇都已证明其能承担持久的长途飞行重任。

特兰奇也提交了多份关于保障飞艇舰队运行所必需的支援技术和辅助设备发展的报告，其中首要的是供飞艇容身的机库。飞艇是非常精密的装备，在大风中很容易遭到损坏，因此修建可对其进行有效保护的专用机库是非常重要的。特兰奇指出，关于机库建设方案存在多种不同意见。比如，齐柏林喜欢圆形机库，帕塞伐尔则偏爱矩形机库，其结果就是建成的机库五花八门。其中最为人们所熟知的是齐柏林在博登湖上修建的浮动机库"帝国堡垒"（Reichshalle）。特兰奇曾到访该地，他向其上级这样形容这一建筑：

> 这个机库由 3～5 英尺厚的铁制框架大梁构成，上覆螺纹铁薄板，整个机库用四排密闭铁制浮筒支撑。机库的一端完全封闭，另一端则有 13 英尺高。在框架的半截处安装了 13 英尺宽的铰链平台以方便在气球上工作……我估计机库侧边高约 50 英尺……从底层到屋脊总高度约 70 英尺，内层宽约 85 英尺。

122

对梅斯（Metz）、科隆和柏林的军用机库同样详尽的描述也都发回了英国。② 同样备受关注的西门子 - 舒科特公司的机库还在建

---

① Trench, MA 1/10, 3 Jan. 1910, FO 371/902.
② Trench, MA 19/09, 22 May 1909, FO 371/673.

设之中，其设计理念是确保机库完工后"可以轻易转换朝向"。①

　　另一个同飞艇有关的技术进步就是防空炮的出现。尽管特兰奇早在 1907 年 3 月就汇报过德军正规野战炮台对俘获的敌军气球进行射击训练的情况，② 但他第一次提到针对航空器的专用武器是在 1909 年 4 月提交的报告中，主题是"机动车辆"。在德国汽车公司生产的型号众多的新型卡车中，有一种装备两英寸速射火炮的装甲车很明显是"用来对付'空中巡洋舰'"的。③ 接下来的报告进一步深入探讨了这一问题。其中，特兰奇提到克虏伯和埃尔哈茨两家公司已着手生产可有效"对付气球的火炮"，它们同时还在设计可将速射火炮安装在轻型装甲车上的基座。上述提及的火炮口径从 50 毫米到 105 毫米不等，无论射高、射界还是炮口初速都能保证其足以击中 5000 米高的目标。至于炮弹，特兰奇提到，弹头、飞行时间、引信等因素都被充分考虑到了，此前从未有过如此周密的设计。④

　　将上述各式各样的报告汇总，我们就能清楚地看到特兰奇发回了关于飞艇的大量情报。他的报告涵盖了众多不同的生产厂家，深入分析了它们产品的设计理念和技术规格，并详细介绍了飞艇的飞行测试情况以及它在测试中的表现。不仅如此，特兰奇还阐述了诸如机库和防空炮等飞艇相关领域的技术发展情况。在关于航空装备的最后一份报告中，他也分享了自己对航空装备未来前景的看法。他认为，德国人在飞艇上倾注时间和资源，"是因为他们笃信飞艇会成为有用的辅助装备"。可以预见，未来德国飞艇和战略基地的数量还会继续增长。⑤

　　如果说特兰奇在任内反馈了关于飞艇发展情况的大量情报，

①　Trench, MA 7/09, 3 Feb. 1909, FO 371/672.

②　Trench, MA 45, 28 Mar. 1907, FO 244/682.

③　Trench, MA 15/09, 7 Apr. 1909, FO 371/671.

④　Trench, MA 21/09, 10 June 1909, FO 371/674.

⑤　Trench, NA 1/10, 3 Jan. 1910, FO 371/902.

那么他在很大程度上是完全靠自己取得了如此成就这一点则更值得称道。如我们所见，到 1910 年，从柏林发出的大部分飞艇情报都是特兰奇搜集的，极少数情报是来自海军武官。海军武官迪马上校在其日记中披露了造成这一现象的原因。迪马是一个对动力飞行极为痴迷的人。他回忆起自己第一次目睹飞艇飞过柏林上空时的激动之情："我情不自禁地好奇未来的飞艇会是什么样，有人相信飞艇的出现在人类文明史上写下了光辉灿烂的一页，确实如此，而且我为自己成为最早一批见证飞艇时代到来的外国人而深感骄傲。"虽然迪马对飞艇是如此着魔，但耐人寻味的是，他却并未向海军部汇报关于飞艇的情报，而是"做了很多特兰奇发回的报告的笔记"。① 很显然，迪马将航空器更多地看作陆军的事，而认为其与海军关系不大。既然秉持这种观念，那就不难理解他为何从未单独提交关于飞艇的报告了。迪马的继任者希斯在这一问题上似乎也无意走得更远。在他所提交的全部报告中，关于航空装备情况的介绍不过是附于常规报告末尾的寥寥数语。例如，希斯在 1910 年 8 月提到航空事务时，仅用"一名海军军官被派到齐柏林公司学习操作方法"就一笔带过了。② 即便是这种稍加留意也不过是偶尔为之。总的来说，希斯也很乐意看到大部分关于航空问题的情报由陆军武官负责搜集。希斯请求特兰奇在向伦敦发回其关于德国航空装备的报告时，由陆军部将相关情报之海军情报局局长，实际上他深知自己这么做是在推卸责任。③ 但希斯认为没必要自己亲自报告这类问题。这又如何解释呢？

　　海军武官们对德国航空装备的发展情况不感兴趣，这基本上也反映出蒂尔皮茨海军上将领导下的德国海军对航空器的冷淡态度。蒂尔皮茨宁愿将每一分钱都花在战列舰的建造上，而坚决反

① Dumas Diary, 27 Aug. 1907.

② Heath, NA 27/10, 6 Aug. 1910, *BD*, vi. 510.

③ 因此，特兰奇在 1907 年 12 月 7 日的 659 号备忘录的附言中称："海军武官希望海军情报局局长能够看到这份备忘录"，见 AIR 2/196。

对为飞艇试验投入资金，唯恐这么做会摊薄德国政府在他视若珍宝的"无畏"舰上的投入。① 在认识到德国海军部对飞艇视如草芥的态度后，英国海军武官们自然不会再在这方面留意蒂尔皮茨的一举一动，并判断德国海军近期内不会发展空中力量，他们也不需要紧盯这个问题。这个推论在若干年内都是正确的。不过，到1911年，蒂尔皮茨在与日俱增的压力面前终于妥协，同意为发展海军航空力量分配资金。新任英国海军武官沃特森是一名航空爱好者，他对蒂尔皮茨态度的转变欣喜若狂。结果就是，从1911年开始，德国航空装备的发展动态成为英国陆海军武官都非常关注的问题，他们经常在这一问题上共享资源、携手合作，并共同向国内发回报告。

英国陆海军武官合作撰写的首份关于德国航空装备的报告诞生于1911年10月，可惜没有副本留存于世。不过，我们仍可以从其他档案与之相关的众多片段中，探知这份联合报告的主题是德国人已经意识到飞艇的时代已结束，它在实用性上正在被飞机所取代。罗素和沃特森写道："保留硬式飞艇（齐柏林飞艇）只是为了对年迈的齐柏林伯爵的卓越贡献表示敬意，他故去之后，这种飞艇肯定将会停建。"② 这段话阐明了两人在1911年10月的观点，随后几个月发生的一系列事件将促使两人迅速、彻底地转变其立场。这种转变始于11月，当时海军武官沃特森参观了齐柏林的新型"施瓦本"（Schwaben）飞艇。他受邀搭乘飞艇，身处船头或曰驾驶舱，用时两个钟头飞越柏林。这段旅程让沃特森颇有启发，最新型齐柏林飞艇的优异表现完全出乎其意料，特别是迈巴赫发动机平稳流畅的运作和身躯庞大的飞艇操作起来却十分灵活方便，让他印象尤为深刻。沃特森写道："在试航中，能如此轻松地转动方向盘实在是不可思议，水平飞行的飞艇上下移动起来

①　H. H. Herwig, 'Luxury' Fleet (London, 1991), pp. 83 – 84.
②　此处我们所谈论的报告是 NA 27/12, MA 24/12, 6 Oct. 1912。部分内容引自 NA 37/12, MA 35/12, 9 Dec. 1912, FO 371/1127。

也很灵活。"① 同样地，参观全新的帕塞伐尔 6 型飞艇带来的收获也是发人深省的。武官们再次将对飞行体验感受的重点放在了飞艇的可靠表现上："这种飞艇很容易操作。上升或下降平稳而迅速，起飞、降落或进入机库都很顺利。"他们也强调了这一交通工具的使用价值，特别指出其可用于军事侦察："即便现在是冬季，但从我们所处的高度观察地面目标也相当容易。虽然从高空看上去，部队这个目标很小，但除非它隐藏在树林中，否则无法逃离我们的视线。"②

不过，如果说武官们对最新型号的齐柏林和帕塞伐尔飞艇"卓越的速度、可靠性和机动性"印象深刻的话，那么他们在看到最新出现的西门子 - 舒科特飞艇的表现之后则会深感震撼。③ 1909 年 2 月，特兰奇首次披露了这种飞艇的存在。然而，由于"严格保密"，飞艇的技术详情鲜为人知。④ 这一情况并未随着时间的流逝而改变。罗素只知道西门子 - 舒科特飞艇在 1910 年 4 月完工，但由于"飞艇建造的详情依然是高度机密"，他无法就此汇报更多情况。⑤ 正因为一直遮遮掩掩、神秘莫测，所以当西门子 - 舒科特飞艇最终在公众面前亮相的时候，引起了包括英国武官在内的德国社会各界的轰动。1911 年 12 月 5 日午后，英国武官第一次看到这种飞艇飞越柏林并由此燃起了对它的极大兴趣。对西门子 - 舒科特飞艇的表现极为震惊的武官们立即就此撰写了一份报告，尤其让他们感到震撼的是飞艇在"极端不利条件"下依然表现出色。两位武官解释说，飞艇不仅要抗住波弗特风级所定义的四级大风，而且"当时的天气状况是在一个昏暗的冬日下午，

125

---

① 《海军武官搭乘"施瓦本"飞艇的旅程纪实，1911 年 11 月 10 日》，见沃特森和罗素的报告附件，Watson and Russell, NA 40/11, MA 37/11, 11 Dec. 1911, AIR 1/2311/221/3。

② 'Notes on a Flight in Parseval VI', Ibid.

③ Watson and Russell, NA 37/12, MA 35/12, 9 Dec. 1912, FO 371/1127.

④ Trench, MA 7/09, 3 Feb. 1909, FO 371/672.

⑤ Russell, Memorandum No. 913, 7 Apr. 1910, AIR 2/196.

刮着东南风，在黄昏到来之前很可能还会伴随着雨雪"。尽管面对这样糟糕的天气，飞艇的速度依然"在逆风时达到了26英里/小时，顺风时达到了58英里/小时，一般情况下速度为42英里/小时……"此外，西门子－舒科特飞艇还显得格外灵活："飞艇在狂风中的确有一定倾斜，但它的机动性并未因此受到影响，令人叹为观止。它各方面的表现都无可挑剔，即便是我们这样最近有过登上其他德国飞艇经历的人也不得不为之拍手叫好。"正因如此，武官们相信"西门子－舒科特飞艇即便是在极端不利条件下都展现出的无与伦比的速度和机动性，让我们必须立即对其予以特别关注"。①

　　总之，英国武官们都目睹了齐柏林的"施瓦本"飞艇、帕塞伐尔6型飞艇和西门子－舒科特飞艇所取得的显而易见的成就，他们明确指出"近来德国飞艇行业得到了惊人的快速发展"。② 既然认识到了这一点，武官们很快就转而探究德国飞速发展的飞艇技术所带来的应用价值。由此推之，飞艇投入应用将极大地增强德国的战争实力。他们首次阐述这一点是在1912年1月，武官们在报告中严肃探讨了飞艇可能被德国政府用来进行空中轰炸的问题。"德国政府，"报告认为，"现在已着手研究飞艇是否能从空中对船舶、城镇和造船厂等目标投掷炸弹。"虽然言辞谨慎，但武官们相信这种可能性是存在的："对那些在德国曾亲眼见到飞艇从头顶上飞过，深知其技术性能正在不断提高且精通飞艇的人来说，飞艇用于战争的可能性是显而易见的。"③ 这一观点在3月得到了更为坚定的重申，武官们不仅强调德国当局会考虑用攻击性武器武装飞艇，而且认为德方正在为飞艇修建必要的基础设施，以便出动这些庞然大物进攻英国：

① Watson and Russell, NA 36/11, MA 33/11, 5 Dec. 1911, AIR 1/1607/204/85/4.
② Watson to Sueter, 9 Dec. 1911, AIR 1/2471.
③ Watson and Russell, NA 1/12, MA 2/12, 13 Jan. 1912, FO 371/1370.

很明显，飞艇若要进行长途跋涉，就必须在德国西北边境附近的合适地点为其修建基地。由此我们要注意，汉堡的新基地可以容纳两艘最大尺寸的飞艇。据信，德国人还计划在邻近英国的北海海岸修建更多的飞艇基地。在韦泽尔（Wesel）或克里夫（Cleve）的飞艇基地甚至离我们更近。

126

武官们由此推断：

如果战争不幸发生，德国最大的飞艇也许会……竭尽全力攻击英国脆弱的造船厂或其他地方……以求对我们在物质和精神上造成沉重打击。这些飞艇会在黑夜中悄然来袭，还是会在某个大热天里突然而至，取决于它们的空气动力状况和其他因素。飞行员们承认，除非我们装备比那些已在德国试验过的著名型号更为有效的防空炮，否则光凭飞机升空迎战并不能有效应对来袭的德国飞艇……①

很多德国飞艇都能横跨北海做往返飞行，这是武官们此后反馈的新问题。1912 年 12 月，武官们在一份题为《战时飞艇》（*Dirigible Airships in Time of War*）的联合报告中披露，德国政府可动用 21～23 艘现代化飞艇用于对英作战，其中许多飞艇"可以从德国飞到希尔内斯（Sheerness）、伍利奇（Woolwich）或其他它们想去的英国目标，然后不需要任何中转就能返回德国"。这类行动的意义何在？对此，武官们引述了德国海军军官冯·普斯托上校（Captain von Pustau）的授课内容来说明这个问题：

让我们想象在与英国的战争中……如果只有我们能成功地将炸弹扔到他们的船坞中，他们就会不得不对我们低声下气……有了飞艇，我们在某些情况下就能将战争推到英国境内。英国人一听到齐柏林飞艇的螺旋桨声就会发自内心地感

---

①　Watson and Russell, NA 11/12, MA 12/12, 12 Mar. 1912, AIR 1/2311/221/3.

到恐惧。①

武官们想要表达的观点已经非常清楚了：德国人将他们的飞艇视为有效的进攻武器；而武官们认为，迄今为止飞艇的优异表现让德国人对此充满信心。偶尔出现的事故既不会打击德国人对发展飞艇的热情，也不会影响武官们对飞艇价值和作战能力的判断。在海军飞艇 L.1 失事后，沃特森报告说：

> 我同海军高级军官们的谈话……表明，他们认为这类事故在一种新武器诞生初期是不可避免的；而且他们主张应继续研发海军型飞艇，并要从 L.1 飞艇的事故中吸取教训。②

因此，直到 1914 年 8 月被迫离开柏林，英国武官们都持续向国内详尽地反馈德国飞艇的发展情况。他们坚信，随着航程、机动性和作战能力的进一步扩大和增强，飞艇在战争到来时将成为德国军事机器的重要组成部分。

我们在看到英国武官们不厌其烦地向上级汇报德国飞艇进展的同时，也要认识到飞艇并非德国航空装备发展的唯一亮点。德国同样在大力发展重于空气的航空器，即飞机，这同样引起了武官们的莫大兴趣。

特兰奇在 1909 年发回了第一份关于飞机的报告。大体上，这份报告并未对德国在这一领域的进展有太深刻的印象。首先，在德国的飞行员和绝大部分航空器都是来自外国。因此，1909 年 1 月末 2 月初，特兰奇报告了法国制造的"沃伊津"型（Voisin）飞机在坦佩尔霍夫（Tempelhof）机场举行的一次示范飞行。③ 他在当年 10 月还提交了一份关于法国"莱瑟姆"型（Latham）飞

---

① Watson and Russell, NA 84/12, MA 41/12, 7 Dec. 1912, AIR 1/657/17/122/563.
② Watson, NA 38/13, 18 Sept. 1913, FO 371/1652.
③ Trench, Memoranda No. 636, 29 Jan. 1909, and No. 686, 4 Feb. 1909, AIR 1/685/21/12/2243.

机进行的类似展示飞行的报告。[1] 不仅如此，他还介绍了美国航空先驱奥维尔·莱特（Orville Wright）的柏林之行。莱特也在坦佩尔霍夫菲尔德（Tempelhoferfeld）驾驶美国制造的飞机进行了一系列飞行表演。[2] 事实上，特兰奇报道的唯一一次在飞机领域真正由德国人取得成功的事例，是格雷德工程师（Engineer Grade）在1909年10月完成的飞行。他在驾驶德国制造的飞机完成了8次，总计3公里的飞行后，顺理成章地荣获了兰茨奖（Lanz prize）。不过，同外国飞行员取得的成绩相比，格雷德的成功飞行实在不值一提。之所以会出现这种情况，在特兰奇看来，是因为德国公众普遍将飞机看作"体育运动"而非真正值得大力发展的产业。[3]

虽然特兰奇认为德国人对飞机并不重视，而且缺乏航空领域的专业知识，但他的继任者则观察到德国人对飞机的重视程度正在显著提高。沃特森和罗素在1911年10月的报告中指出，德国上下对飞艇的时代已经结束而飞机的时代正在来临的呼声日渐高涨。他们认为："德国陆军新一代青年军官们对飞艇嗤之以鼻而对飞机情有独钟。"[4] 当然，正如我们所知，沃特森和罗素后来收回了关于飞艇即将过时的言论。不过，尽管对飞艇的认识发生了转变，但他们依然认为德国更青睐飞机。我们从罗素的一份写于1911年10月底的报告中可寻得个中缘由。在对德国陆军秋季演习的评论中，罗素指出，飞机在演习中闪耀全场，特别是能在对敌侦察上大展拳脚。随后发生的一件大事更加深了罗素的这一印象：

> 蓝军伪造了一份布防图，并派出一名参谋军官有意要让这一假情报落入敌人之手。这名意图不轨的军官很快被敌人的巡逻队团团包围……假的布防图随即被顺利地摆到了红军 128

---

[1] Trench, Memorandum No. 800, 2 Oct. 1909, AIR 1/685/21/12/2243.

[2] Trench, Memorandum No. 801, 10 Sept. 1909, Ibid.

[3] Trench, MA 1/10, 3 Jan. 1910, FO 371/902.

[4] 出自已遗失的报告 NA 27/11, MA 24/11, 6 Oct. 1911 的摘要内容，可见陆军部总参谋部《1911年外国航空事务报告》，p. 24, AIR 1/7/6/77/3.

指挥官案前。不过，红军指挥官想确认一下情报的真伪，于是派出一架飞机进行空中侦察。很快就返回的飞行员证实，俘获的情报完全是假的。

这并不是飞机所能发挥的全部功效："据说一架'信天翁'型（Albatross）双翼飞机在演习第一天飞越了敌方整个前沿阵地，并在 35 分钟内带回了骑兵至少需要 4 小时才能侦察到的情报。"① 显然，武官们对德国人手中的少量飞机所能起到的作用感触颇深。

罗素认为德国人具备有效使用飞机的专业素养，他和沃特森也确信他们能制造出符合作战要求的飞机。事实上，他们的报告中充斥着对德国飞机优异的技术性能的溢美之词。其中一份报告就坦言："德国拥有不逊于任何国家的飞机，无论是伊特里希-伦普勒型（Etrich-Rumpler）单翼机，还是其他型号的单翼机和双翼机都是如此，尤其是装备了立式四缸戴姆勒发动机的伊特里希-伦普勒单翼机更是目前最先进的飞机之一。"② 不过，即便武官们对伊特里希-伦普勒单翼机赞不绝口，它所带来的冲击也无法同武官们在 1912 年初偶然看到的一架飞机相提并论。

1912 年 3 月 13 日，英国陆军作战部欧洲处德国、荷兰和斯堪的纳维亚事务办公室（MO2c）主任萨克维尔-韦斯特中校（Lieutenant Colonel Sackville-West）致信罗素，告诉他阿道夫·林德纳（Adolph Lindner）同陆军部接洽，寻求向他们出售"带有自动稳定器的飞行器"。他问罗素是否愿意去乔尼瑟尔（Johannisthal）飞行场观看林德纳所提到的飞机的展示飞行。③ 罗素一周后回复称，他已经与沃特森去过乔尼瑟尔了，在那里"没有听说有一个叫阿道夫·林德纳的人"。不过，罗素和沃特森并没有白跑一趟，因为他们在那里看到了"一架非常棒的飞机"，他强烈向陆军部推

---

① Russell, MA 27/11, 31 Oct. 1911, FO 371/1126.

② Watson and Russell, NA 40/11, MA 37/11, 11 Dec. 1911, AIR 1/2311/221/3.

③ Sackville-West to Russell, 13 Mar. 1912, WO 32/18985.

荐这款飞机。罗素所说的飞机是福克单翼机（Fokker-Eindecker），他的设计者和飞行员不是别人，正是颇具传奇色彩的安东·福克（Anton Fokker）。[①] 在同一天撰写的补充备忘录中，罗素大致描述了他对发明者及其飞机的印象。罗素对福克大加赞赏，他认为福克"似乎天生具有出类拔萃的才华，他不仅是一个技艺高超、勇于冒险的飞行员，也是一个最成功的建造师"。福克设计制造的飞机更是受到了高度好评，罗素尤其对飞机在飞行中的卓越表现赞不绝口：

> 当时正刮着时速35~40英里的大风，风力并不均匀，忽疾忽缓，危险重重。没有飞行员敢在这种恶劣天气下驾机升空，选择这一天来做飞行展示实在是太糟糕了。然而，福克这个年轻人坚持一飞冲天，向我们展示他发明的飞机无与伦比的稳定性……
>
> 他在众人面前进行了一场最为精彩的展示，包括顺风、越风和逆风飞行，转向轻松惬意，坚决果断……
>
> 这架飞机的性能可谓不同寻常，它在飞行过程中一次又一次地把握住平衡，能灵活调整以适应风向。

129

这一精彩的表现并不是单翼机唯一得到罗素盛赞的方面；他也提到这种飞机制造简便、易于运输："这种飞机化整为零，但组装起来很快，非常轻松。这自然成为其用作军用飞机的一大优势，而且运输极为方便。"在对福克飞机进行了全面评估后，罗素提请英国陆军部注意这名荷兰人的工作："我强烈建议我们不仅要密切关注这名年轻人所设计制造的飞机，也要在这方面采取进一步行动。"[②] 沃特森也同意这一点。他从英国海军的利益出发写道："福克先生和他的飞机在乔尼瑟尔得到众口称赞"，"陆军武官和

---

① Russell, Memorandum No. 1417, 20 Mar. 1912, WO 32/18985.

② Russell, Memorandum No. 1427, 20 Mar. 1912, WO 32/18984.

我亲眼见证他驾驶飞机在不利条件下依然进行了完美的飞行"。因此，他也建议尽力获取"关于这种飞机的特别报告"。①

虽然武官们显然越来越认可德国航空装备的发展，但在对德国飞行员的评价上他们却格外慎重，特别是罗素认为德国在航空领域缺少天才飞行员。在他看来，目前德国人所展现出的飞行技巧只是勤学苦练、坚持不懈的结果，而并非在航空驾驶上有什么过人天赋。例如，罗素在 1912 年 12 月声称："尽管很难说德国人在培养优秀飞行员上天赋异禀，但过往多年，他们在训练飞行员和从航空科学中收获经验等方面确实成就卓著。"② 他在一年后的表述也持相近观点："虽然难言德国人在这方面很有天分，但他们在努力掌握飞行技艺和航空科学知识上所展现出的热情和效率可圈可点，值得关注。"③ 罗素的这种说法是站不住脚的，事实上他也不得不承认，即便是德国人也能培养出上手很快的熟练飞行员。1914 年夏，德国举行了一场长途飞行比赛——亨利亲王巡回赛（Prince Henry Circuit），罗素与新任英国海军武官亨德森上校就此联合撰写了一份报告，他在报告中称："（参加比赛的）德国飞行员……同（此前）大家熟知的笨重的日耳曼人迥然不同。"不仅如此，两位武官在巡回赛中见到的是"精细、纤瘦、坚决果断的年轻人，朝气蓬勃"。之所以会出现这一转变，罗素认为是因为"德国军队生活千篇一律，单调乏味，热情开朗、精力充沛的军官很难有机会脱颖而出"，这种情况就促使那些卓尔不凡、积极上进的年轻人志愿投身飞行事业。因此，罗素得出了这样的结论：

> 虽然也许我们很难相信德意志民族能孕育出真正的一流飞行员群体，但事实却正好相反。去年，飞行员的技术和冲刺标准确实都显著提高了，飞行部队借此锻造出的精神据说

130

---

① Watson, NA 27/12, 12 Apr. 1912, FO 371/1370.
② Russell, MA 42/12, 10 Dec. 1912, Ibid.
③ Russell, MA 45/13, 11 Dec. 1913, FO 371/1647.

是完美无缺的……坚持不懈、精益求精地锤炼飞行艺术已蔚
然成风。①

　　亨利亲王巡回赛跨越了整个德国，为期 6 天，航程达上千英
里，飞行员们在这一比赛中展现出的韧劲无疑阐释了罗素的上述
见解，德国在发展早期航空装备上取得的卓越成就同样在比赛中
显露无遗。其中"一次精彩的飞行是由德国飞行员维克多·斯托
菲尔（Victor Stöffel）完成的"。1913 年 10 月，"在 24 小时又 36
分钟内"，斯托菲尔"飞行了 2200 公里（1375 英里）"。罗素情不
自禁地为其叫好："如果斯托菲尔是以直线行进的方式完成这一飞
行距离的话，那么他可以从柏林飞到葡萄牙的波尔图（Oporto），
或飞到阿尔及利亚的比斯克拉（Biskra）、白海上的阿尔汉格尔
（Archangel）、挪威北部的哈默菲斯特（Hammerfest），甚至是冰岛
海岸。"② 这种长途飞行的意义显而易见。

　　正如我们所见，虽然特兰奇对德国在发展飞机上的成就满腹
狐疑，但他的继任者们却不这么看。罗素、沃特森和亨德森都发
回了反映德国在飞机领域取得成功的报告。他们不但认识到德国
拥有先进的飞机，而且对德国飞行员的敬意也与日俱增，哪怕这
种敬意有点姗姗来迟。不仅如此，德国人期待飞机能在未来战争
中发挥重要作用，这也是心照不宣的。罗素列明了德国政府预期
飞机将大有可为的四个领域：侦察、射击观测、通信和发起攻击
性行动。③

　　然而，尽管已分门别类地指明了德国在航空装备上取得的成
就，但武官们仍然认为德国即便在飞艇领域已明显领先英国，但
在飞机领域还是稍逊一筹。不过，这种相对滞后的状态更多是机

---

① Henderson and Russell, NA 24/14, MA 19/14, 10 June 1914, AIR 1/626/17/32.

② Russell, Memorandum No. 1844, 2 Dec. 1913, AIR 1/787/204/4/598.

③ Russell, MA 42/12, 10 Dec. 1912, FO 371/1370.

制和政策的问题，而不是技术落后。武官们在 1914 年 6 月对此阐
述道：

> 在飞机领域，德国人显然已经达到了我们一两年前的水
> 平。他们正在不厌其烦地进行一系列试验，使飞机尽可能满
> 足其军事需求，但目前还未选定一种完美的型号。他们仍然
> 还在学习飞行之中，暂未认真考虑发展"战斗机"的问题。①

因此，虽然德国飞行员驾机在空中翱翔的英姿历历在目，福
克研发出的飞机确实出类拔萃，但武官们仍然有理由相信德国政
府对发展飞机还未有清晰而明确的全盘规划和部署。仅仅两个月
之后，这一论断就将接受检验。

德国舰艇装备的情报

20 世纪初，英国海军是技术革新的热情倡导者和一贯的受益
方。这是一个新旧交融的时代，混杂了顽固守旧的舰长们的陈词
滥调、过时传统、旧式航海术和老气横秋的水兵，它们与诸多领
域的革新与进步交织在一起。例如，在这个时期，在极富想象力
的第一海务大臣费希尔海军上将的领导下，英国设计建造了全重
型火炮战列舰"无畏"号。除此之外，这些年我们还见证了众多
技术革新被英国海军所采用。事实上，英国海军是如此开风气之
先，因而经常受到外国观察家的称赞。其中一位就是驻伦敦的美
国海军武官，他对英国海军锐意革新赞不绝口。他报告称，英国
在"涡轮机、液压炮座、电动炮座和燃油锅炉"等众多新技术领
域都取得了长足的进步。②

---

① Henderson and Russell, NA 24/14, MA 19/14, 10 June 1914, AIR 1/626/17/32.
② X (American Naval Attaché in London), 26 Feb. 1908, NARA: RG38, u - 1 -
e, 08/118.

英国海军部不仅热衷于对英国舰艇进行军备革新，还对其他国家海军的发展情况兴味盎然。出于显而易见的地缘政治因素考虑，特别是对北海沿岸国家海洋势力扩张的天然警惕，英国一直对德国舰队的技术进步保持密切关注。德国在诸多领域的技术发展引起了英国海军部的注意，他们希望掌握从减摇水仓到水下信号装置的方方面面的情报。当然，英国海军武官因此身负重任，他们的职责是获取尽可能多的情报。在本书有限的容量内，我们很难在描述武官的工作上做到面面俱到。不过，我们从调查他们反馈的鱼雷战舰，包括驱逐舰和潜艇的情况切入，足以阐释他们在搜集德国技术发展情报上所发挥的作用。

英国海军部对德国驱逐舰（德国人称为"鱼雷艇"）的兴趣由来已久，他们希望驻柏林海军武官能搜集这类舰艇的情报。1906 年 2 月迪马出发前往德国之前，海军军备总管（Controller of the Navy）亨利·杰克逊（Henry Jackson）应该告诉过他，搜集德国驱逐舰情报的重要性高于一切。[1] 这个例子并非巧合，它说明英国海军已将德国驱逐舰作为情报搜集的最优先目标。[2] 不仅是军备总管对德国驱逐舰兴趣浓厚，就连第一海务大臣费希尔海军上将也致信迪马，要求他反馈德国驱逐舰的情况，并指示其在这方面投入更多的精力。迪马写道："他（费希尔）希望了解德国驱逐舰的详情，特别是现状。"[3] 在收到明确指示后，驻柏林海军武官们绞尽脑汁搜集关于德国驱逐舰的情报自然就不足为怪了。他们反馈的详细情报大致可分为三类。

第一类是舰艇本身的技术情报。其中一些详情是通过同诸如德国海军部鱼雷部门主管里夫上校（Captain Rieve）这样的德国

132

---

[1] Dumas Diary, 2 Feb. 1906.

[2] 足以证明驱逐舰情报重要性的一例，是这一时期海军军备部门除两卷驱逐舰的资料外，几乎未保存任何外国舰艇的技术资料，见 NMM：Ships Covers 274 and 426。

[3] Dumas Diary, 6 and 16 Nov. 1907.

海军军官的谈话中获得的。1903 年 11 月，里夫告诉英国海军武官艾伦比，称德国现有鱼雷艇的排水量为 390 吨，可装载 130 吨煤，德国海军将来计划建造更大吨位的鱼雷艇。新型鱼雷艇实际上是443 吨的驱逐舰，可载更多煤并配备更重型的火炮，而且预计将比现有的鱼雷艇速度更快。① 三年后，英国海军武官根据与里夫的另一次谈话推断，设计中的德国新型鱼雷艇将装载更多燃料，从而保证其能远离燃煤仓库而更加独立地作战。②

尽管海军武官们同里夫的谈话总有收获，但大多数重要情报却是通过造访德国造船厂获得的。比如，在 1903 年 9 月的基尔之行中，艾伦比就查看了一艘日耳曼尼亚造船厂建造的鱼雷艇。除了对舰艇本身的观感外，他所描述的完全都是功能性的——"每一项都是实用而非装饰性的"——艾伦比详细记录了这款鱼雷艇的尺寸、马力、速度和船员编制等技术参数。③ 迪马在造访埃尔宾时同样也刺探到了以下情报：

> 他们目前正在建造 12 艘高速鱼雷艇……
>
> 规格如下：
>
> 600 吨；30 节；双螺旋桨；艏舵；4 台席肖 WT 型锅炉，载煤 150 吨；长 68 米；宽 7.8 米；吃水 2.2 米；武器装备主要有：4 门 8.8 厘米口径舰炮，2 挺马克沁重机枪，一部探照灯，3 根鱼雷发射管。
>
> 无装甲，仅用燃煤保护。船中部钢板厚 7.5 毫米，尾部钢板厚 6 毫米……④

英国海军武官们同样发回了关于德国驱逐舰船员配置情况

---

① Allenby, 21 Nov. 1903, 'Germany. Submerged Tubes, Wireless Telegraphy, Pontoon Target. Destroyers Notes on', NMM: Ships Cover 274.
② Allenby, 17 Feb. 1906, 'Germany. Naval Notes', Ibid.
③ Allenby, NA 27/03, 10 Oct. 1903, Ibid.
④ Dumas, NA 32/06, 12 July 1906, Ibid.

的报告。这些报告的质量总是令人非常满意。例如，艾伦比就指出，德国"鱼雷艇的船员精干高效"。① 之所以会如此，是因为驱逐舰的船员们是精英群体。沃特森上校解释说，德国海军当局竭力为驱逐舰配备熟练的老水手，"尽可能用北海的渔民来武装驱逐舰"。② 此外，沃特森告诉英国海军情报局，虽然德国海军主要由义务兵组成，但鱼雷艇船员中志愿兵和长期服役的老兵的比例远高于德国海军的平均值。③ 这两大特点使得德国驱逐舰船员有着很高的素质。沃特森对此详述道："驱逐舰部队的船员生猛干练……而且经常被提到他们深谙水性，精通海战。"④ 他最后甚至称赞德国船员"能干勇猛"，丝毫不逊于英国海军的水兵们。⑤

武官们关于驱逐舰的报告的最后一个方面，是德国将这种由精明强干的船员操纵的先进战舰投入使用，将导致英德摩擦显著上升的问题。艾伦比是最早评论德国鱼雷艇战术的人之一，他告诉海军情报局局长，他期待鱼雷艇采取的攻击性行动能在德国作战计划中占据主要地位：

> 在邮件中我转发了关于最近俄国战败的若干评论——我被告知该评论的作者是一名退役的海军上校，他对此并未思考太多——不过，我被这名上校另一番兴高采烈的见解所触动。他指出，日本在日俄战争大获全胜证明了"舰炮开火先行"和"鱼雷艇突袭跟进"的战术是成功的。我认为我们应该警惕，这种战术是德国舰队在行动中的主要作战方式之一（如果还有其他作战方式的话），即首先使用舰炮进行猛烈的轰击直到摧毁敌方的反鱼雷舰艇，然后"一大群"鱼雷艇展

① Allenby, NA 7/05, 11 May 1905, ADM 231/44.
② Watson, NA 28/11, 12 Oct. 1911, FO 371/1127.
③ NID Memorandum, May 1914, 'German Destroyer Organisation', ADM 137/3854.
④ Watson, NA 34/11, 11 Nov. 1911, FO 244/770.
⑤ Watson, NA 28/11, 12 Oct. 1911, FO 371/1127.

开第二波攻击。①

随后的报告描述了这种攻击方式的组织形式。德国鱼雷艇将埋伏在更大型的舰艇纵队身后，等时机一到就"突然杀出"，穿越防线与敌人短兵相接。在"冲出"防线之际，会有数量庞大的鱼雷艇因为误判距离而相互碰撞，在战斗结束后需要修理。艾伦比相信，如此之多的鱼雷艇需要修理就是德国经常演练这种战术的有力证明。②

艾伦比的推演在很大程度上被他的继任者们所接受。迪马也相信，德国鱼雷艇在任何海军行动中都将会扮演突出角色。他指出，德国人将在战争中"最大限度"，甚至是"莽撞"地使用鱼雷艇。③ 至于可能的进攻方式，迪马同意其前任所预测的"突袭"战术："在光天化日之下，由鱼雷艇冲出本方防线，进而在广阔的大洋上直面并攻击敌人的战列舰，这种作战方式在德国海军的战术演练中频频上演，并不断得到升级改进。"④ 据此，我们非常有理由推断，这种战术在战争真的到来时会被付诸实施。迪马对德国驱逐舰战术的其他评论，包含在他对德国驱逐舰编队的观察中：他注意到，德国驱逐舰以 V 形编队展开行动，在攻击开始前分散队形准备突袭，攻击结束后则重新编队。⑤ 他还认为，德国驱逐舰在开火前将竭力靠近其攻击目标，白天在距目标 1500 米内发射鱼雷，夜间则可以抵近至 600 米内展开攻击。⑥

艾伦比和迪马对德国驱逐舰战术的见解得到了沃特森的确认，他花了很大精力来详细阐述德国对鱼雷战舰的政策。在他看来，

---

① Allenby to Ottley, 14 June 1905, CAB 17/61. Emphasis in the original.

② Allenby, NA 14/05, 26 Oct. 1905, ADM 231/46.

③ Précis of Dumas, NA 49/06, 21 Sept. 1906, Cited in Watson, NARS 18/13, 8 July 1913, ADM 137/3869.

④ Dumas, NA 44/07, 11 Aug. 1907, FO 371/262.

⑤ Dumas, NA 66/07, 6 Dec. 1907, FO 371/263.

⑥ Extract from Dumas, NARS 60/08, 12 May 1908, Cited in Watson, NARS 18/13, 8 July 1913, ADM 137/3869.

德国海军当局已发展出三种驱逐舰攻击模式。第一种他称之为"通过式"突击，这一战术的基本情况已由其两位前任概述清楚。根据沃特森的描述，这种攻击模式的主要内容是"驱逐舰穿越本方战列舰阵列，在它们的掩护之下对敌人发起攻击"[①]。从演练这种战术而发生的多起事故当中我们可以发现，这种战术潜在的风险很高。沃特森就曾观察到，德国有两艘驱逐舰 G. 171 和 S. 178 就是在冲出战列舰阵列过程中沉没的。[②] 尽管如此，沃特森还是相信德国水兵们已非常精通这种战术。他甚至听说，驱逐舰的舰长们在可以移除悬挂在战列舰尾部的舷梯从而准备穿越战列舰纵队展开行动时，会有一种美妙的感觉。[③] 第二种模式被称为"直面式"攻击，即"夜战"。沃特森在 1910 年 11 月首次提到这种攻击模式，此后他显然又在其他场合描述了这种模式，但可惜相关言论没有文字记录留存下来。[④] 最后一种驱逐舰攻击模式是指驱逐舰在小型巡洋舰的掩护下展开攻击行动。沃特森指出，在演练这种战术时通常会出动半个驱逐舰分队（即 5 艘驱逐舰）加上 1 艘小型快速巡洋舰，"演练对敌人的一支战斗舰队展开进攻"。如此编组的目的，一方面是将巡洋舰作为驱逐舰的母舰使用，另一方面则是用巡洋舰支援驱逐舰的攻击行动。后者的效果显而易见：

> 当驱逐舰以全速从巡洋舰尾部冲向敌舰时，小型巡洋舰也被用来掩护并支援驱逐舰分队的行动，使其攻击尽可能做到出其不意；巡洋舰负责指挥驱逐舰高速机动，对其下达攻击命令，并用探照灯的"刺眼照射"来干扰敌人，协助驱逐

---

① Watson, NA Denmark 4/12, 30 May 1912, FO 371/1377.
② Watson, NA 74/12, 16 Oct. 1912, and NA 13/13, 8 Mar. 1913, FO 371/1378 and Admiralty Library：Ca2053.
③ Watson, NA Denmark 4/12, 30 May 1912, FO 371/1377.
④ 这种攻击模式在 1910 年 11 月 26 日的 NARS 94/10 的报告中得到概述。该报告已不复存在，但相关描述被收入海军部文件摘要，见 ADM 12/1478, Cut 52。

135　　　舰的行动。①

　　我们可以看到，英国海军武官们掌握了大量德国驱逐舰的情报。他们密切关注驱逐舰的建造情况，审视并评判德国驱逐舰官兵的专业水准，深入分析正在推广应用的战术构想。这清楚地表明，他们已将德国驱逐舰舰队视为令人敬畏的战争利器。

　　另一个得到海军武官们高度关注的海权技术革新领域是迅猛发展的德国潜艇。德国建造的第一艘潜艇是"鳟鱼"号（Forelle）试验潜艇，它在 1903 年 6 月 8 日下水。目前已知最早的关于德国潜艇的报告，是由海军武官尤尔特上校（Captain Ewart）在"鳟鱼"号下水四天后撰写。很可惜，该报告没有副本留存至今。②所幸的是，他的继任者后来依然发回了相关情报。艾伦比在 1903 年 8 月抵达柏林时，潜艇还处在鲜有人问津的惨淡境地。几乎没有哪个国家的海军愿意投资发展潜艇。艾伦比描述了他在 1903 年 9 月的首次威廉港之行，他注意到德国军官中无人对潜艇真正热心："一名身处高位可侃侃而谈的海军少将表示，他并不认为潜艇可堪大用，它们只能在天气晴好时才能派上用场……（一名）上校参谋也指出，'我们也许可以做几次试验，但试验费用太过高昂'。"③

　　艾伦比深知，他所观察到的德国海军界对潜艇的沉默寡言，很好地体现了蒂尔皮茨海军上将对在此类舰艇上投入资源的反对态度，德国潜艇政策也继续成为艾伦比在 1904 年报告中的主题。1904 年 9 月，艾伦比造访了克虏伯公司在基尔的日耳曼尼亚造船厂，在那里他和造船厂总经理布兰登将军（Admiral Brandon）有过一次坦率的交谈。后者告诉他的英国客人，不仅出于他本人对潜艇的认可，也基于造船厂正在进行中的项目的经验，他们致力

---

① Watson，NA 34/13，27 Aug. 1913，FO 371/1652.

② Ewart，NA 22/03，12 June 1903，The covering letter is in FO 64/1573.

③ Allenby，27/03，10 Oct. 1903，ADM 231/39.

于提升设计并建造这些舰艇的能力：

> 他声称自己对开展潜艇试验极有兴趣。该造船厂建造的第一艘潜艇长 98 英尺。作为试验艇，这艘潜艇是令人满意的，当时登艇的自亨利亲王以下的所有人开始认识到潜艇的重要性。建造中的新型潜艇也是在首艘潜艇基础上改进而来的试验艇，排水量在 150 吨～180 吨之间。试验还在进行中。

不过，布兰登也承认他所进行的这些试验尚未得到官方的支持："目前政府还没有站到我们这一边。"但他相信，德国政府"迟早"会改弦易辙，同他的所思所想不谋而合。[1] 布兰登对德国政府会转变态度的确信反映出他对潜艇发展前景的信心，他在随后的一次会议中私下表示，虽然"现在的潜艇还只是玩具……但它们前景远大，未来可期"。[2]

布兰登的主张在政府圈子中是否有广泛的支持者仍存疑问。有一次，英国海军武官因为英国海军稳步推进鱼雷战舰的建造而遭到德皇的斥责。威廉二世批评道："为什么你们要发展潜艇？只不过是因为有些国家已经在这么做了。"[3] 即便如此，1904 年蒂尔皮茨最终勉强同意订购一艘潜艇。1905 年 2 月，建造一艘 U1 型潜艇的合同被授予了日耳曼尼亚造船厂。鉴于德国最终作出了支持新技术发展的决定，英国海军武官报告的重点自然也从考察德国对潜艇的态度转向了德国潜艇建造的技术层面。因此，艾伦比在 1905 年 10 月访问基尔时，着重考察了他亲眼所见的试验性潜艇。他指出，这种潜艇排水量约 230 吨，水面速度达 11.5 节：

> 它在水下由电力驱动，在水面上则由燃油发动机提供动

136

---

[1]　Allenby, NA 10/04, 6 Oct. 1904, ADM 231/42.

[2]　Allenby, NA 14/05, 26 Oct. 1905, ADM 231/46.

[3]　Allenby to Ottley, 14 June 1905, CAB 17/61.

力。粗略观之，这种潜艇比我们的潜艇更呈雪茄状，近船尾处有一个倾角达 60°的大型漏斗……以方便携带气体，在船中部升起的指挥塔上安装有两具潜望镜，此外在船前部还配备了很长的通风设备。①

这份报告是艾伦比为这一问题作出的最后的贡献。在观察到德国海军当局最初对潜艇的敌意，以及注意到这种敌意逐渐消逝，进而分析了日耳曼尼亚造船厂出于自己的试验目的而建造的潜艇后，他将更为详尽地报告随后的潜艇建造情况这一工作留给了继任者们。

接力棒被交到了迪马手中。迪马于 1906 年 2 月抵达柏林，6 月就发回了第一份有关潜艇的情报。这一阶段他所反馈的情报，主要是德国造船厂为俄国建造的潜艇的特点和性能。迪马掌握的情报显示，这些潜艇所提供的信息不只是表面上这么简单，事实上我们可以由其窥测出德国海军订购的同类型潜艇的技术性能，而这对武官而言是极有诱惑力的。因此，迪马聚精会神地写道，带着他在日耳曼尼亚造船厂参观的经理"极力贬低这些潜艇，批评其设计，并称它们只能在水面上正常航行"。② 他也特别注意到在同俄国海军武官的谈话中，后者告诉他无论是为俄国建造的潜艇还是为德国建造的潜艇，都没有达到合同规定的速度。③ 这不是迪马搜集的关于潜艇的唯一负面评价。他还留意到，蒂尔皮茨在 1907 年 3 月与美国海军武官有一番长谈，他们谈话的内容是"德国如何运用潜艇，结论是德国的水域环境完全不适合部署潜艇"。④ 不过，迪马也汇报称德国媒体中出现了一些支持发展潜艇的声音，⑤ 而且从 1908 年的海军预算开始，德国海军的潜艇项目

---

① Allenby, NA 14/05, 26 Oct. 1905, ADM 231/46.

② Dumas, NA 29/06, 29 June 1906, ADM 231/46.

③ Dumas, NA 9/07, 13 Mar. 1907, FO 371/259.

④ Dumas, NA 9/07, 13 Mar. 1907, FO 371/259.

⑤ Dumas, NA 12/07, 21 Mar. 1907, *BD*, vi. 19.

也分配到了更多的资金。① 1908 年初，对潜艇的付出终于开花结果。1908 年 3 月初，迪马在穿越基尔时看到 "从外观形状看很像是潜艇的战舰……正在（日耳曼尼亚造船厂）的 1 号滑轨上建造"。② 两个月后重返基尔时，迪马已能确认早前的印象，判定 "两艘潜艇正在建造中……几乎已经可以下水了"。③

因此，当迪马同其继任者希斯上校交接之时，虽然德国海军当局依旧对发展潜艇勉强为之，他们也未能被早期型号的潜艇所打动，但德国的潜艇建造项目显然已启动。希斯所要做的是揭开潜艇项目的细节情况，弄清楚德国所建潜艇可能的技术参数，以及掌握能反映出德国使用潜艇的战术构想的相关线索。

在查明德国发展潜艇项目意欲何为的问题上，希斯只能从两个方向寻求突破：其一，他从德国海军预算和新闻报道中所能发现的蛛丝马迹；其二，他在对但泽的帝国造船厂和基尔的日耳曼尼亚造船厂这两大德国造船企业的访问中所能看到的情况，其中日耳曼尼亚造船厂是德国潜艇的主要生产基地。在第一个方向上，希斯发现德国人有意增加潜艇的建造数量。他分析了 1909～1910 年的德国海军预算，指出 "建造潜艇和开展试验的拨款达到 1000 万马克，而去年则只有 700 万马克"。他还注意到，但泽将建造一座 "新的潜艇用滑轨"。由此可见，潜艇将在德国海军中占据更重的分量。对德国造船厂的访问使希斯得出了相似的推论，促使其定期汇报德国潜艇建造项目的进度。例如，希斯在 1909 年 7 月造访了日耳曼尼亚造船厂，他观察到至少有 4 艘潜艇正在建造中："U5 到 U8 号潜艇正在建造中，这并不在我们已知的今年的造舰安排中。" 无独有偶，1910 年 4 月的但泽之行也使希斯有机会观察到那里的滑轨。虽然他的观察受到建筑材料和帆布遮挡的阻碍，但

---

① Dumas, NA 59/07, 23 Oct. 1907, and NA 64/07, 2 Dec. 1907, Ibid. 65 and 74.

② Dumas, NA 13/08, 2 Mar. 1908, FO 371/458.

③ Dumas, NA 23/08, 30 Apr. 1908, FO 371/459.

他还是估计"至少有 4 艘，很可能是 6 艘"潜艇在库中。① 这一
发现也证实了希斯从其他无名消息源打探到的情报，即"在但泽
的帝国造船厂内，有 6 艘潜艇正在滑轨上建造"②。这些积少成多
的情报表明，德国正在实施一个规模庞大的潜艇项目。因此，
希斯预测到 1909～1910 财年年底将会有 10 艘潜艇服役，就并
不出奇了。③

　　希斯不仅估算了德国潜艇项目的规模，还设法探知这些潜艇
的技术参数。他特别关注两个问题，其中之一是德国潜艇发动机
的性能。希斯掌握的情报显示，"U16 号潜艇的发动机合同"授予
了科尔丁公司（Körting Co.），他们制造出了高效的六缸两轮重油
（煤油）发动机，"明显优于戴姆勒发动机"。④ 另一个问题是潜艇
的排水量。希斯确信德国想建造更大吨位的潜艇。因此，他在
1908 年 8 月初的报告中称，U1 号潜艇排水量约 200 吨，而日耳曼
尼亚造船厂建造的后续型号潜艇将超过 300 吨。⑤ 他在 10 月重申
了这一判断。⑥ 然后，1909 年 8 月，他发回了最新消息："我得知
在日耳曼尼亚造船厂建造的 U5 到 U8 号潜艇将比 U1 到 U3 号潜艇
大得多，他们适航性更好，居住条件更佳，活动范围更大。"⑦

　　在搜集关于潜艇排水量的情报过程中，希斯逐渐认识到，德
国海军并未将潜艇看作用于保护海岸和港湾的防御性武器，而是
更希望将其作为公海上的进攻利器。他在不止一个场合清晰地表
明了这一观点。1908 年 10 月，履新不到三个月，希斯就报告称传
言德方获得了额外资金以建造更大型的潜艇。他对这一传闻的评
判是相当有启发性的："无须赘言，更大的排水量将带来更大的活

---

① Heath, NA 17/10, 22 Apr. 1910, FO 371/901.
② Heath, NA 11/10, 22 Mar. 1910, FO 371/901.
③ Heath, NA 15/09, 24 May 1909, FO 371/674.
④ Extract from NID 625, 2 June 1909, ADM 137/3905.
⑤ Heath, NA 38/08, c. 13 Aug. 1908, and NA 39/08, 25 Aug. 1908, FO 371/461.
⑥ Heath, NA 47/08, 21 Oct. 1908, FO 371/462.
⑦ Extract from NARS 89/09 [NID 911], 11 Aug. 1909, ADM 137/3905.

动范围，新型潜艇不太可能只是被设计用来进行防御作战。"① 直到任期尾声，他都一直在表达类似的看法。例如，希斯在 1910 年 4 月提到了"一个煞有介事的谣传"，称德国潜艇设计"将大幅提高排水量指标，据传新潜艇可能高达 1000 吨"。之所以会有这种说法流出，他认为，是因为"德国海军认为港口防御已固若金汤，应该充分发挥潜艇的特点，使其能够开展进攻性行动"②。一个月后，他又补充了从报纸上获得的信息，即指出"潜艇不再被局限于在海岸范围内活动，而应该在开阔的海洋上大展拳脚"③。

正如我们所见，希斯的核心观点是德国有一个规模庞大且仍在不断扩充的潜艇建造项目，他们正在生产更多、更大的潜艇，并且设想在远离德国海岸的水域部署这些潜艇，发挥其进攻性作用。希斯的继任者沃特森认可了希斯的这些发现，并继续完成他的未竟之业。因此，在技术领域，希斯提到德国潜艇使用了重油发动机，沃特森也注意到这一点，他发现这种发动机在实际使用中出现了一些问题。1910 年 9 月访问基尔后，沃特森报告称他看到 U1、U3 和 U4 号潜艇驶出港湾。"它们的浓烟遮天蔽日"，他写道，"足以让人追踪它们到湾口。"④ 在 1912 年 6 月的另一次基尔之行中，沃特森也进行了类似的观察。他谈到潜艇时说："它们冒出滚滚白烟……这些烟有时是青白色，有时又变成黑色。其中几艘潜艇发动机的噪声响彻海湾，另有相当一部分潜艇听起来发动机哑火了。"⑤ 不出所料，沃特森报告称，鉴于重油发动机表现不佳，德国人正在急切寻求新的动力系统以避免其成为阻碍潜艇开展隐蔽活动的拖累。按照沃特森的说法，德国人甚至病急乱投医，测试了包括"以优质粉状煤做燃料的发动机"在内的多种异想天

139

---

① Heath, NA 47/08, 21 Oct. 1908, FO 371/462.

② Heath, NA 16/10, 14 Apr. 1910, FO 371/901.

③ Extract from NID 472, 5 May 1910, ADM 137/3905.

④ Watson, NARS 85/10, 19 Oct. 1910, NMM: Ships Cover 274.

⑤ Extract from NID 442, 6 July 1912, ADM 137/3905.

开的解决方案。① 然而，解决问题的关键新技术是柴油发动机。沃特森在 1911 年 5 月告知英国海军情报局，多家生产商获邀参与德国潜艇用柴油发动机的竞标。② 他提到了一则新闻，显示"克虏伯公司内有观点认为，柴油发动机将成为未来德国潜艇的水下动力系统"③。这一报道随后得到沃特森的证实，他指出"未来所有的德国潜艇都将安装柴油发动机"。既然这一大的方向已经确定，那么剩下的就是要弄清楚具体采用什么型号的柴油发动机。根据沃特森掌握的情报，克虏伯和奥格斯堡公司（Augsburg）都推出了 850 马力的发动机产品，前者是两冲程型，后者是四冲程型。包括克虏伯的 1140 马力的发动机在内，更新、动力更强的改进型发动机显然也在研发之中。④

　　同希斯一样，沃特森也多次提到德国潜艇不断增长的吨位。1910 年 11 月，他向上级汇报称，德国有发展 1000 吨级潜艇的计划，这种潜艇已在德皇见证下开工建造。⑤ 沃特森随后指出，这种潜艇拥有"很强的自持力，可以环绕不列颠岛活动"。⑥ 1911 年 2 月，他又报告称"进一步确认最新型号的德国潜艇将达到1000 吨"。⑦

　　沃特森同希斯一样，也对德国海军建造中的潜艇的数量颇感兴趣。他同样估计德国拟建造的潜艇数量庞大，而且规模还会继续扩大。在上任驻柏林海军武官之初，沃特森就报告称德国人普遍希望看到"潜艇部队的壮大"。这一看法的提出首先要归因于海军专业人士。沃特森解释说："我接触到的相当一部分德国海军

① Watson, NA 49/10, 13 Dec. 1910, FO 244/745.

② Extract from NID 198, 11 May 1911, ADM 137/3905.

③ Extract from NID 253, 15 May 1911, ADM 137/3905.

④ Extract from an unidentified report by Watson, 18 Nov. 1912, Ibid.

⑤ Watson, NA 45/10, 10 Nov. 1910, FO 371/901.

⑥ Watson, NA 49/10, 13 Dec. 1910, FO 244/745.

⑦ Extract from NID 90, 10 Feb. 1911, ADM 137/3905.

军官显然渴望大力扩充潜艇部队，提高其作战效能。"① 他们也在报纸上表达了这一诉求："在扩建海军问题上，也涌现出大量更倾向于发展潜艇的媒体文章。现在德国在潜艇部队建设上已迈出了第一步，人们期待进一步加快发展这种新型武器。"② 就像沃特森在 9 个月后所阐释的那样，这种诉求就意味着新建潜艇数量将进一步增长。沃特森指出："我近来收到的关于扩建潜艇部队的情报表明，德国建成或在建的潜艇已达到 28 艘。"③ 1912 年 7 月，他估计这一数字已升至 32 艘。④ 到 1912 年 10 月，德国潜艇数量进一步增长。沃特森确信，其中 22 艘潜艇"已可投入使用"。在 1912 年度海军预算中，有 6 艘潜艇在基尔建造，"下一年度（1913 年）预算规定建造 11 艘潜艇，其中 5 艘潜艇已开工"。⑤ 简言之，沃特森认为德国人计划建造 39 艘潜艇，其中一部分潜艇已经提前开工建造。幸运的是，不同于 1908 年德国加速建造战列舰方案所引发的海军恐慌，沃特森的报告没有导致英德在潜艇领域出现类似"加速危机"那样全面对抗的紧张局面。

沃特森在潜艇问题上最后的关注点落脚到他对德国如何使用潜艇的预估上。同希斯一样，他也认为德国政府有意将潜艇作为进攻性武器使用。不过，与希斯不同的是，希斯是基于德国潜艇吨位不断上升这一点作出的判断；而沃特森是在考察了德国海军演习所采用的战术后得出的结论。他首次注意到潜艇的进攻性作用是在 1910 年 10 月。这份报告是海军事务综述的一部分，沃特森在报告中指出，德国公海舰队在从基尔到但泽的航程中，潜艇受命对过往战舰进行模拟攻击。不仅如此，他还提到潜艇的行动并不成功。"总的来说，"他写道，"潜艇表现不佳。"不过，他也

① Watson，NA 42/10，21 Oct. 1910，FO 371/901.

② Watson，NA 4/11，17 Feb. 1911，*BD*，vi. 589.

③ Watson，NA 33/11，30 Nov. 1911，FO 371/1125.

④ Extract from NID 442，6 July 1912，ADM 137/3905.

⑤ Watson，NA 77/12，18 Oct. 1912，FO 371/1378.

注意到之所以会出现这种情况，无疑是因为德国潜艇"在攻击方法上……缺乏经验，但随着潜艇数量的增加和潜艇学校的建立，德国潜艇的训练和演习将更为专业，这一情况也将随之发生改观"。① 此后，沃特森所提到的这些改进措施显然让德国潜艇的行动越来越顺风顺水。"我要补充值得注意的一点，"他在1913年德国海军演习的报告中写道，"1910年是德国潜艇第一次尝试对舰队进行攻击，尽管当时它们这种'不知天高地厚'的想法遭到了舰队的几分嘲笑，但我从德国海军军官团了解到，他们对潜艇在1912年和1913年的表现评价甚高。"② 潜艇的表现具体包括哪些方面，在沃特森的其他报告中得到明确阐释。沃特森确信，德国人打算"使用潜艇攻击敌方的战列舰"。他认为，在可能的海战中，"德国舰队的战术是引诱我们的舰队陷入潜艇的包围圈中"。③

总之，驻柏林英国海军武官无疑对德国潜艇的发展抱有浓厚的兴趣。虽然他们注意到德国海军部最初对潜艇态度冷淡，但当德国决定开始建造潜艇时，他们依然对德国潜艇的技术性能进行了详尽的分析，特别是对潜艇不断增大的吨位和发动机的改进尤为关注。在这些方面搜集到的情报，加上德国正在全力扩建潜艇部队的种种迹象，都使得多名武官认定德国海军将潜艇视为一种行之有效的进攻性武器。

德国机动车辆装备的情报

绝大多数观察家公认德国陆军是世界上最强大的军队，因此驻柏林英国陆军武官自然应该密切关注其武器装备的发展。他们提交的报告涉及方方面面。例如，沃特斯曾写过关于德国驻外人

---

① Watson, NARS 85/10, 21 Oct. 1910, NMM：Ships Cover 274.

② Watson, NA 40/13, 29 Sept. 1913, FO 371/1653.

③ Watson, NA 75/12, 16 Oct. 1912, and NA Denmark 4/12, 30 May 1912, FO 371/1378 and FO 371/1377.

员头盔的报告，格莱钦关注过德国的野战军服，特兰奇描述过德军的野战厨房，罗素则不厌其烦地阐释了德军如何运用其探照灯部队。① 此外还有关于无线电技术、新型炸药、燃料、照明、步枪、大炮等方面的报告。不过，本节要讨论的重点并非上述主题，而是机械化的问题。那么，英国陆军武官对德国将内燃机用作军事用途所做的努力进行过怎样的分析呢？

　　一如既往，记载这一问题最早的军事档案早已不复存在。因此，我们只知道沃特斯在 1901 年 10 月有一份关于"德国陆军汽车"的报告，格莱钦在 1905 年 2 月、特兰奇在 1906 年 12 月分别就此发表了自己的见解，但他们具体说了些什么则没有记录留下来。② 第一份幸存下来的相关资料是英国驻德大使馆的 1906 年度报告。在"军事政策与武器装备"部分，特兰奇指出德方已开始进行他称之为"公路火车"的试验。根据他的报告，这些试验"成功地证明"德国陆军非常可能已订购了大批车辆。③ 此后，他又报告了后续的"动力牵引车辆"试验的详情。1908 年 4 月，特兰奇报告称德军在波兹南的演习中动用了机动车辆，共有 29 辆汽油动力马车和 39 辆拖车接受了运输效能测试。根据地形条件和载货量的不同，这些车辆一天可行驶 30 ~ 100 公里。"这个结果"，特兰奇指出，"令人惊喜"。因此，他认为德国陆军会向这些车辆的私人所有者提供津贴，以确保更多的车辆在战时能为陆军所用。④ 这一推测在 1909 年 1 月得到证实，当时特兰奇报告称 1909 年的德国陆军预算为机动车辆分配了 135437 英镑专款。这表明

191

---

① 此处所提到的报告是 Waters, MA 10/00, c. 10 Nov. 1900; Gleichen, MA 19/05, c. 27 Apr. 1905; Trench MA 5/09, 22 Jan. 1909; and Russell, MA 18/12, 3 May 1912, 见 FO 64/1495; FO 64/1616; FO 371/671; and FO 371/1375。

② Waters, MA 23/01, 11 Oct. 1901, FO 64/1522. Gleichen, MA 5/05, 8 Feb. 1905, FO 64/1616. Trench MA 28, 28 Dec. 1906, FO 371/80. 上述报告都没有留存下来，仅有附信尚存。

③ Section on 'Military Policy and Armaments' in 'General Report on Germany for 1906', 24 May 1907, FO 371/260.

④ Trench, MA 92, 16 Apr. 1908, FO 371/459.

"德国陆军当局已认识到机动车辆的重要性，战时德国将为其陆军配备大批符合其需要的机动车辆"。① 另一个体现机械化运输重大意义的例子是"载重机动车"竞赛，这个活动是由"德意志帝国汽车俱乐部（German Imperial Automobile Club）和德国汽车工业协会（Verein deutscher Motorfahrzeug-Industrieller）"组织，并得到"德军运输部队总监的支持"。举行这一比赛的目的是确定哪些车辆可做军用，哪些可以在战时被征用而需要向其提供补助。② 因此，这个比赛实际上是特兰奇一年前所预测的政策的延伸。

特兰奇坚信德国军方储备了大量机械化运输工具，这使得他不仅要阐明德方所采取的促进机动车辆发展的措施，也要探讨其可行的使用方法。机动车辆的用途可谓多种多样。据特兰奇所知，有些地方的驻军医院已装备了"快速运送伤病员的机动车"。他还听说有卡车被用作"机动肉类运输车"。"梅斯的边远要塞，"他写道，"长期饱受肉类供应拖延之苦，为解决这一问题而为他们配备了装有冷藏库的加格瑙（Gaggenau）货车。"不过，特兰奇也指出了机动车辆更为确切的军事用途。他提到许多陆军单位都订购了摩托车，它们的用途非常广泛，其中显而易见的一个就是用作"初步侦察"的工具。特兰奇称，在最近的帝国军事演习中，摩托车就已被用来开展侦察行动。它的另一项用途是充当"传令兵"，驾驶摩托车而不是骑马传递命令和消息，可"节省马力"。最后，特兰奇还注意到德国陆军正在试验"装甲车"。在关于这一问题的首份报告中，他举了两个例子：将2英寸速射炮安装在卡车上的自行防空炮，以及在梅赛德斯（Mercedes）汽车上安上装甲和机关炮的装甲汽车样车。③ 四个月后，特兰奇报告称这些车辆在演习中进行了测试，但他没有提到测试结果。④ 不过，我们显

143

---

① Trench，MA 3/09，12 Jan. 1909，FO 371/671.
② Trench，MA 15/09，7 Apr. 1909，Ibid.
③ Trench，MA 15/09，7 Apr. 1909，Ibid.
④ Trench，MA 31/09，5 Aug. 1909，FO 371/675.

然可以确认，德国陆军已经在演习中对机动车辆开展了一系列测试。两周后，特兰奇透露，在第九军团的演习中，摩托兵已经取代骑兵执行侦察任务。①

特兰奇显然对德国推广使用"动力牵引车辆"和德国陆军部鼓励公众购买机动车的计划印象深刻。根据他的统计，1909 年初，德国共有 41727 辆"各种类型的机动车"，这是一个极有价值的军事资源宝库。② 特兰奇不厌其烦地描述了德国测试机动车的多种情况，而他的继任者罗素对这一问题的记录则要简洁得多。在武官任内的头两年，罗素只提交了一份关于机动车的报告，而且只是在英国陆军部的要求下撰写的"德国在军用运输工具上的开支"概览，以及关于这一问题的报刊文章摘要。虽然罗素对这一问题并不热心，但他也明确指出德国在大力发展内燃机。他提到，德方在 1903 年已投入 30 万马克来研发机动车，1911 年这方面的拨款则超过了 200 万马克。③ 德国人对机动车的热情终于打动了罗素，特别是当他考察了德国军队的后勤系统后更是感慨不已。罗素同特兰奇一样注意到德国陆军向机动车车主提供补贴，而后者在战时则同意陆军征用这些车辆，他还观察到其中有 960 辆机动车可作为快速补给车使用以发挥功效："通过这一明智的在平时向机动交通车提供补助的制度，德国政府不仅扶植了汽车这一方兴未艾的重要产业，而且还为陆军整军备战提供了强大助力。"④ 罗素在 1914 年 4 月再次思考陆军运输问题时重申了这一观点。他提出，"资助机械化运输车辆发展的优良制度"将确保德国陆军补给链在开展战争动员时得以有效、顺畅地运作。⑤ 仅仅四个月后，德国的战争动员就变成了现实。

144

---

① Trench, MA 36/09, 13 Aug. 1909, FO 371/675.

② Trench, MA 15/09, 7 Apr. 1909, FO 371/671.

③ Russell, MA 9/11, 28 Apr. 1911, and MA 12/11, 4 May 1911, FO 371/1125.

④ Russell, MA 9/11, 28 Apr. 1911, and MA 12/11, 4 May 1911, FO 371/1125.

⑤ Russell, MA 15/14, 4 Apr. 1914, FO 371/1989.

因此，在反馈德国武装力量取得的技术进步方面，驻柏林的英国武官们可谓殚精竭虑。他们就德国竭力完善和改进其武器装备所提交的报告数不胜数，阐述了各种重要革新项目的技术性能、用途和部署等方面的详情。不仅如此，这些报告往往都经过深谋远虑，极有先见之明。值得注意的是，英国武官们将情报搜集的重点放在了航空装备、潜艇和机械化运输等关键领域，而这些领域的技术革新将显著地改变现代战争的方式。他们挑选备受称赞的福克单翼机和柴油动力潜艇进行深入剖析，也体现出其敏锐识别上述重大军事革新领域最佳例证的非凡眼光。不过这只是一个笼统的看法。要对英国武官们搜集技术情报的工作作出恰如其分的评价，也需要对一些细枝末节进行考察。有鉴于此，我们有必要评判其发回的情报的准确性。

一般来说，武官们搜集关于德国技术进步的可靠情报的工作卓有成效。当然，他们无疑也犯过一些错误。例如，沃特森就一直夸大了德国潜艇的吨位和在建潜艇的数量；有意思的是，虽然沃特森有点夸大其词，但他的继任者亨德森却一直在这两个问题上寻求获得更为准确的数据。无独有偶，沃特森和罗素都高估了德国飞艇的速度和表现，有一次甚至夸大了超过 50%。① 罗素最初认为，后来又多次重复的关于德国人从遗传学角度看天生不适合成为飞行员的观点，也是极为离谱的。在后来冯·里希特霍芬男爵（Baron von Richthofen）和其他德国王牌飞行员所取得的赫赫战绩面前，这样的结论更是显得有点滑稽可笑。

但另一方面我们必须承认，面对德国陆海军圈子内就航空装备的重要性和不同种类飞行器的优劣长短而展开的跌宕起伏的辩论，武官们的把握和判断是相当精准的。他们所提供的德国飞艇舰队的情报，以及大多数关于齐柏林飞艇的武装及其不断增强的作战能力的判断基本上都是一针见血的。虽然飞艇的战斗力完全

① Higham, *British Rigid Airship*, p. 57.

是另外一回事，但不应忘记这些庞然大物在第一次世界大战中对英伦三岛进行了狂轰滥炸。以此类推，特兰奇在1910年之前轻视德国在飞机上的成就也是有理可循的。在此之前，德国政府确实对飞机的投入极为吝啬，导致德国在这一领域乏善可陈。只是在这一年受到法国人在飞机领域大出风头的刺激，德国陆军才开始对飞机重视起来。当然，这时特兰奇已经离开了柏林，但他的继任者们一直紧盯德国的动作，并事无巨细地汇报德国在飞机上的进展。从飞机在演习中的运用情况到熟练飞行员队伍的扩大，英国武官们发回的大多数情报都是翔实准确的。[①]

武官们不仅在航空装备方面掌握了准确的情报，特兰奇和罗素对德国陆军投入重金发展机动运输车辆的判断也是无误的。德国军方认为机械化是提高陆军机动性的有益途径，因此对机动车车主提供补助以增加适用的汽车备用量。大多数车辆在1914年战争爆发后都得到充分征用，它们被用来支援德军对比利时和法国的进攻。尽管这些汽车备受故障困扰，但依然派上了大用场。[②]

海军武官同样也反馈了德国鱼雷艇的建造、战术运用、船员素质等方面的可靠情报。此外，他们还分析了德国鱼雷艇的技术性能，大致准确地对其吨位和战斗力作出了评估。当然，在搜集潜艇的情报方面他们并非没有失误。不过，即便有个别武官高估了德国潜艇的吨位，但他们对其他技术细节的判断仍然是正确的，包括重油发动机的运用及其缺陷、后续改用柴油发动机等情报都准确而及时地反馈给了其上级。在德国如何运用潜艇的问题上，英国武官们，特别是希斯和沃特森似乎都相当肯定潜艇的价值，并假定德国官方同他们的看法相似。不过，蒂尔皮茨是否真的热衷于发展潜艇则很值得怀疑。他骨子里认为战列舰舰队才是海军

---

① E. D. Brose, *The Kaiser's Army* (Oxford, 2001), pp. 159 – 165; D. G. Herrmann, *The Arming of Europe and the Making of the First World War* (Princeton, 1996), pp. 138 –145.

② Ibid, p. 75.

首屈一指的核心，最多将潜艇视为牵制敌方、分散其注意力的次要武器。因此，希斯和沃特森认为蒂尔皮茨大力推动发展潜艇，实在是同他的真实想法相去甚远。实际上，武官们的误判虽然令人遗憾，但它更表明他们对德国潜艇价值的认识要远比蒂尔皮茨深刻。不管怎样，一旦战争爆发，潜艇至少将展现出武官们所预测的最低限度的作用。如果说同武官们的判断有什么不同的话，那就是德国对潜艇的使用更加有侵略性。

如果说英国武官搜集的情报大体上是准确可靠的话，那么较之其他国家驻柏林武官，他们在情报搜集工作中的表现则同样有启发意义。既然所有国家都对了解最新防务技术有兴趣，那么身处柏林的外国陆海军武官们的所思所想自然大同小异。因此，我们不难发现，法国与美国陆军武官同特兰奇和罗素一样都对德国发展机械化运输深感兴趣。① 积极同德国人展开"空中竞赛"的法国人，也对德国在航空领域的进展高度关注。美国人同样如此。最后，总体而言，外国武官们也未忽视德国军舰的发展，而且尤为关注德国在鱼雷战舰上取得的成就。②

同其他国家武官相比，英国武官们搜集的情报处于何种水平？以航空情报为例，英国武官们的工作绝不逊于他们的外国同行。例如，法国驻柏林陆军武官向巴黎发回了同英国武官相似的分析报告。在飞艇方面，法国陆军武官德·拉吉什上校（Colonel de Laguiche）最初报告了格罗斯和帕塞伐尔的工作，指出了他们的试验性飞艇的潜在运输价值。随后，他从德国陆军获得的一艘齐柏林飞艇上看出了德国人对这种飞艇的狂热，同时还概述了早期飞艇轰炸试验的结果。③ 拉吉什的继任者佩莱上校（Colonel Pellé）

---

① 美国陆军武官在这一问题上的报告可见 file 7132. NARA：RG165，M1024，rolls 121-3。法国陆军武官的兴趣，见 Herrmann, *Arming of Europe*, 75 and 253 n. 68。

② 详见美国海军武官报告，NARA：RG38，P-11-a，05-162 and P-11-d，1931。

③ Herrmann, *Arming of Europe*, pp. 77-79.

也密切关注德国在飞艇领域的进展，但他对德国的飞机试验更感兴趣。同特兰奇一样，他最初也对德国在飞机领域的表现反应冷淡，指出德国本土飞行员寥寥无几，而德国制造的飞机为数更少。不过，他对德国随后发展飞机的努力和取得的成就都予以充分肯定。① 按照佩莱的继任者塞雷特中校（Lieutenant-Colonel Serret）的说法，1914 年德国人在飞机领域实现了跨越式的迅猛发展。② 亨德森和罗素无疑会同意这种判断。

如果说法国陆军武官报告的大致观点与英国武官们的结论只是相近的话，那么美国驻柏林陆军武官所掌握的情报则与英国人几乎如出一辙。例如，特兰奇在 1909 年 6 月评估了德国防空炮的情况，他的美国同行塞缪尔·沙特尔上尉（Captain Samuel Shartle）在约 6 个月后也做了同样的工作。他的这份关于车载速射炮的报告，包含了许多特兰奇在早些时候得出的相同结论。③ 值得一提的是，沙特尔发给沃特森和罗素的西门子 - 舒科特飞艇的情报同他们自己掌握的情报也十分相近。④ 无独有偶，沙特尔的后任之一乔治·兰霍恩上尉（Captain George Langhorne）于 1914 年曾撰文称赞安东·福克的飞行技巧，当时他清晰地回想起罗素在 1912 年得出的结论。⑤ 与此同时，美国海军武官沃尔特·格哈尔迪少校（Lieutenant-Commander Walter Gherhardi）向其国内反馈了关于齐柏林飞艇的表现和德国尝试武装飞艇的情报，⑥ 他的报告也同英国武官们的报告大同小异。

因此，我们可以得出这样的结论，无论是纵向还是横向比较，英国驻柏林武官的技术情报搜集工作都可谓成绩卓著，他们不辱

147

① Herrmann, *Arming of Europe*, pp. 138 - 142.
② D. Stevenson, *Armaments and the Coming of War* (Oxford, 1996), p. 330.
③ Shartle No. 1868, 1 Dec. 1909, file 5796 - 1, NARA：RG165, M1024, roll 44.
④ Shartle, No. 2435, 23 March 1912, file 6552 - 5, Ibid., roll 91.
⑤ Langhorne, No. 2967, 7 June 1914, file 6552 - 51, Ibid.
⑥ Z (American Naval Attaché in Berlin) to ONI, 12 Aug. 1913 and 28 Nov. 1913, NARA：RG 38, A - 1 - F, p. 3181.

使命。武官们所提供的情报即便不是完美无缺的，总体上也是可靠而准确的，有时甚至是有先见之明的。与此同时，英国武官们的报告涉及几乎所有关键性问题，洞察力和意识的敏锐程度丝毫不逊于其他国家驻柏林武官。因此，他们足以胜任作为军备发展观察员的工作，这一点是毫无疑问的。

德国军事人员的情报

驻柏林武官们不仅要让其上级对技术发展情况洞若观火，也要让其对德国陆海军的人员状况了如指掌。的确如此，无论是陆军还是海军武官都得到明确指示，要求他们将搜集技术和人员方面的情报置于优先地位。给陆军武官的指令列出了他们需要关注的多个问题，在这些问题中有如下方面是需要"特别关注"的：

> 人员素质——军官、士官和士兵
>
> 德军及其装备较其他国家陆军的优劣长短……
>
> 纪律情况；耐力、体力和精神力；在不利环境下的作战决心；战斗意志方面的长处和不足。[①]

海军武官也接到了类似的命令。在他们的情报搜集任务名单上，"人员"情报堪称重中之重。为了避免过于明显地暴露出对掌握德国陆海军人员的业务能力和战斗力方面情报的要求，武官们会发回两份截然不同的报告，即总报告和专题报告。在总报告中，武官们会对这一问题进行框架式描述，对德国陆海军官兵的素质和造诣进行一个宽泛的总体评价。而专题报告则重点关注个别人的个性特征，而对象通常是那些战时可能手握大权的高级军官。我们将会对这两类报告进行深入分析。

---

① War Office, 'Instructions for Military Attachés', p. 12, WO 279/647.

陆军武官对德国士兵及指挥官的评价

由于英国陆军部在销毁档案上毫不手软，目前所见最早的关于德国陆军人员情况的英国陆军武官报告只剩下特兰奇的部分。由于曾同德军在西南非洲与赫雷罗人（Herero）的战斗中并肩作战过，特兰奇自然在评价德军人员素质上很有发言权。因此，很有意思的是，正因为至少有殖民地作战的经验在先，他并不轻信所见所闻。他大胆指出，德军在很大程度上正是因为缺乏"在温和的文明世界之外"作战的经验，才会对在热带和亚热带地区的战斗准备不足。这一观点道出了真相，这番评价在卫生问题上尤为一针见血。"环境卫生的重要性"，特兰奇指出，"在德属西南非洲几乎完全被忽视了"。这方面一个极好的例子是公共厕所的使用。特兰奇转述称，德国人在这一点上有点漫不经心："士兵们不顾后果地到处随意小便，我甚至见过德军士官大中午在半永久性营地里便溺，此处距其住所仅几步之遥。"这一情况对环境卫生造成了恶劣影响，尽管"纪律严格的军队应该有着高标准的卫生要求……德国军队更是一支最为科学理性的文明国家的军队……然而，事实却是，他们在卫生方面的表现远不如祖鲁战争和布尔战争时的英军"①。这不是一个充满溢美之词的结论，而是特兰奇对德国军人在非洲战场上糟糕的卫生习惯直言不讳的揭露。②

当然，特兰奇质疑德国军队在殖民战争中的表现，并不意味着他对其在欧洲战场上的战斗力也有所保留，虽然他对此并非毫无微词。例如，特兰奇就认为德国军队的思维方式很不灵活，强调"僵化的普鲁士制度"存在很大的"不适应性"。他还指出，德国士兵训练严格，服从命令，忠于职守，但也因此而严重缺乏

①　Trench, MA 9, 18 July 1906, CO 417/430.

②　Trench, South West Africa, No. 14, 10 Oct. 1905, WO 106/269.

148

主动精神。1906 年的年度报告着重描述了这一负面作用：

> 铁的纪律……并不只想造就"会思考的刺刀"。"科佩尼克上校"在《轰动一时的大案》（*Cause Célèbre*）中用戏谑的口吻向公众调侃了这一点。文中提到一名实为惯犯的老修鞋匠穿上一件买来的禁卫军军官制服，就成功地骗过了一群迎面而来的休班士兵和巡逻的警察，还逮捕了一个繁华的柏林郊区小镇的镇长和书记官，并将保险箱洗劫一空。①

不过，即便如此，特兰奇依然第一个认识到德国陆军不仅是一部令人生畏的战争机器，同样也在不断改进和完善自己。例如，他曾对德国军队在年度演习上所展现出的日益精进的专业水平感佩不已。② 不仅如此，他认为德军的战斗精神和爱国主义情怀都是出类拔萃的。

在特兰奇看来，德国军人是白璧微瑕的优秀战士，他的继任者对此也深有同感。罗素在观看了波美拉尼亚掷弹兵团（Pomeranian Grenadiers）在年度演习上的表现后，对他们吃苦耐劳、甘于奉献的作风大加称赞：

> 对于德国步兵的优良品质无须多言……
>
> 他们所展现出的战斗精神堪称完美。我曾问一个其所在部队当天已行军超过 40 公里的波美拉尼亚掷弹兵累不累，他愤愤不平地回答道："波美拉尼亚人从不会感到累。"

在称赞德国军队惊人的耐力的同时，罗素也对他们的主动性表示了极大的敬意：

> 迄今为止，认为德国步兵只不过是战争机器的看法实在是有失公允。实际上，一大批士兵在他们的靴子里随身携带

---

① Section on ' Military Policy and Armaments ' in ' General Report on Germany for 1906 ', 24 May 1907, FO 371/260.

② Trench, MA 111, 5 Oct. 1908, FO 371/462.

地图，从而能判明行动方向，仅凭这个例子就足以说明对他们的指责是不公正的。

不过，罗素也意识到他们的训练中还是存在明显的不足。其中之一就是缺乏对现代火力打击效果的认识。在战场附近集结的步兵部队显然没有意识到他们已成为目标并随时可能会被敌方火力所覆盖。另一个问题是他们被武官们形容为"非常幼稚"的火控系统。火力打击通常只是"直击前沿"，而往往没有充分考虑到火力分布的问题。因此，罗素相信在这些领域，"德国步兵可以向我们拜师学艺"。① 不过，尽管存在上述不足，但罗素依然认为德国陆军是一部"令人望而生畏的战争机器"。"不惜代价也要取得胜利的坚定决心，"罗素写道，"……已经融入到了全体德国士兵的血肉之中。"因此，他相信"德意志帝国拥有数不胜数训练有素的士兵和后备力量，对这一战略资产再怎么高估都不过分"。②

除评估德国士兵的素质外，陆军武官们还要考察德军高级指挥官的"简历"。事实上，对"将军和有望晋升或已被提拔至高级职位的军官的个人素质"作出评估，是武官们"最重要的任务"。③ 可悲的是，这些评估报告所剩无几。遗失的这些报告中，有不少是极具历史价值的珍贵文献，如对赫尔穆特·冯·毛奇（Helmuth von Moltke）被任命为德军总参谋长一事的评价，以及对德国皇帝在陆军事务中作用的各种研究等。④ 尽管如此，我们根据现存的有限资料依然能感受得到，武官们对他们曾打过交道的德国军官作出了非常坦率的评价。其中一例就是特兰奇对科尔马·冯·德·格尔茨将军（General Colmar von der Goltz）的评语。1909

150

---

① Russell, MA 27/11, 31 Oct. 1911, FO 371/1126.

② Russell, MA 23/11, 22 Sept. 1911, FO 371/1127.

③ War Office, 'Instructions for Military Attachés', pp. 12, 17, WO 279/647.

④ 遗失的关于毛奇的报告由格莱钦撰写，见 MA 2/06, 6 Jan. 1906, FO 371/75。其中一份研究威廉二世的报告由沃特斯提交，见 MA 41/02, c. 18 Oct. 1902, FO 64/1552。

年6月，格尔茨受命重组奥斯曼帝国陆军，特兰奇偶然得到一个机会以详尽描绘其成就。特兰奇指出，格尔茨身兼多个要职，撰写了大量颇有深度的军事理论文章。他还以见解独到、直言不讳著称，甚至因此失去了出任德军总参谋长的机会。特兰奇对此解释说：

> 几年前冯·施里芬将军退休时……冯·德·格尔茨将军被认为会成为他的接班人，而且据说德国陆军上下对格尔茨最终未能出任总参谋长一职深感失望。不过，格尔茨个性独立，他不久前还以书面形式强烈批评了德皇的某些看法，以至于落得个被贬黜的下场，据说他差一点就被勒令从军中退休。

不过，虽然关于格尔茨的上述信息也很重要，但武官们最关注的还是他的军事—政治立场。"他极其厌恶英国和英国人"，特兰奇在进一步详述格尔茨的泛日耳曼主义思想倾向时宣称：

> 冯·德·格尔茨将军在很多方面都是一个典型的东普鲁士人，据信他的大多数观点都同其能干的同胞席曼教授（Professor Schiemann）的思想产生共鸣，后者则是特赖奇克（Treitschke）的忠实拥护者。格尔茨在战争学院（Kriegs-Akademie）的讲台上和《十字架报》（*Kreuz-Zeitung*）上，甚至在德皇游艇"霍亨索伦"号上也抓住一切机会宣扬他的观点。①

简言之，在特兰奇眼里，格尔茨这位战时可能统率波兰边境德军的指挥官是一个激进的民族主义者和极端主义者。他也将其出现在土耳其首都视为一大危险。

如果说特兰奇在点评德国指挥官的个性特征上毫无保留的话，罗素在这一点上则显得更为直率。1913年7月，他在一份报告中批评了德国陆军部长约西亚·冯·海林根的表现，甚至使用了

---

① Trench, MA 22/09, 15 June 1909, FO 881/9543.

"令人遗憾的表演"这样的措辞。[1] 他对德皇长子、普鲁士王储的军事能力同样予以苛责，后者在 1913 年 12 月被调往总参谋部工作。虽然罗素承认这位王储"在国内广受好评，所到之处无不是忠心耿耿的臣民和情深意长的热烈欢呼"，但他却认为王储的个人成就不值一提。"王储，"罗素指出，"给人留下的印象是年纪轻轻却身居高位。他天资聪颖但还不够机敏练达。"实际上，他并不是军事指挥岗位的合适人选。[2] 当然，罗素的评价并不都是负面的。同特兰奇一样，罗素相当尊敬"值得钦佩"且"令人敬畏"的冯·德·格尔茨，并形容他是"一个才华横溢、非凡干练的杰出军人"。罗素还对赫尔曼·冯·施泰因（Hermann von Stein）赞不绝口，称其为"公认的德国陆军最好的参谋军官之一"，未来有望成为德军总参谋长。[3] 从施泰因在 1914 年 9 月的表现来看，罗素首次对他的评价似乎过誉，但施泰因在战争结束时已升任德国陆军部长。由此观之，罗素对其前程的预判不差分毫。

海军武官对德国水兵及指挥官的评价

同陆军武官的情况相似，英国海军武官所提供的情报中既有对德国海军人员素质的总体评价，也有对个别人物的具体分析。同样地，由于档案被大批销毁，几乎没有 1906 年之前的武官报告留存下来。因此，我们对武官看法的考察无法追溯到 1900 年的尤尔特时期，而要从迪马时代开始。

不管个人看法如何，英国陆军武官们总体上无一例外地认为德国陆军是各国陆军的榜样，而海军武官们则截然不同，因为英国海军就是全球各国海军的标杆。它历史悠久，战功卓著，统御

①　Russell, MA 26/13, 5 July 1913, FO 371/1651.

②　Russell, MA 46/13, 16 Dec. 1913, FO 371/1654.

③　Russell, MA 27/11, 31 Oct. 1911, and MA 26/13, 5 July 1913, FO 371/1126, and FO 371/1651.

海洋，无人能敌，这也使得英国海军军官们有着强烈的优越感。因此，派驻柏林的英国海军武官们不是对德国海军心怀敬意而是有意挑刺，就不足为奇了。最初，这也的确是事实。

　　在对德国海军军官的评价方面，迪马自信地认为他们无疑是"冷静、吃苦耐劳、勤奋和热情的"[1]，但存在两个方面的不足。第一个方面是视野。根据"塞尔伯恩计划"（Selborne Scheme），英国海军候补军官不仅要具备指挥能力，掌握航海技术，而且还要学习海军工程学的基础知识。鱼雷军官出身的迪马对此完全赞同，并抓住一切机会坚定地捍卫这一原则，他特别强调"在学习阶段，每个军官都有必要首先成为一名工程师"。[2] 然而，他很快发现，德国海军高层对此却不以为然。事实上，由于工程师的社会地位不高，德国海军军官们显然并不欢迎他们什么都要做这种提法。迪马对此描述道：

　　　　在讨论过程中，这些军官们对工程学令人惊讶的无知也让我深受打击，而且在谈到这个问题时，不止一个人正告我："我不是工程师"，仿佛我期待他们能明智地对此燃起兴趣几乎是对他们的侮辱。

　　迪马只能认为，德国海军军官们的这种观念表明，他们并未认识到"工程专业的重要性及其在现代军舰上的应用价值"，这种思维误区成为影响德国海军军官素质提升的主要障碍："这种观念……很有意思，因为在当时，军官应该掌握工程学的基本知识以满足指挥军舰所需，但从德国军官的表现来看，他们似乎太容易受到那些瞧不起工程学的人的影响。"[3]

　　在迪马看来，德国海军军官团的第二个不足是他们等级森严，奴性十足。迪马解释说："人人都被教育成仆人而非主人。"这样

152

---

① Dumas, NA 3/07, 29 Jan. 1907, *BD*, vi. 777.

② Dumas Diary, 5 Mar. 1906.

③ Dumas, NA 12/06, 16 Mar. 1906. *Naval Necessities*, iv, Admiralty Library.

做的结果就是，德国海军军官习惯于按命令行事，缺乏主动性，迪马认为这一缺陷在战场上将产生严重的负面影响。他指出："如果在战斗中指挥层发生变动……那么德国舰艇因此而受到的影响要远比我们大。"[1] 他也确曾做过假设，认定德国低级军官几乎不可能有机会"暂时代行指挥权"，也难以在德国舰队面临"总指挥在决定胜负的关键战斗中顷刻阵亡而群龙无首"的困境下挺身而出。[2] 迪马认为，这种情况即便在和平时期也会产生消极作用。德国海军的指挥架构如此僵化，甚至在"良莠不齐"的军官队伍中"都是论资排辈"，而且军官们少有自由表达意见的机会。"在两名德国军官之间，"迪马指出，"从不存在英国海军军官之间的那种私人友谊。"[3] 在迪马看来，这就导致德国海军军官神经高度紧绷、焦躁不安，因而他们往往会变成"神经质"。战场环境下"需要格外的沉着冷静"，而德国海军军官的上述种种特质将导致其产生"阻碍他们取得胜利的异常兴奋感"。[4]

　　迪马对德国海军军官缺点的认定与他对德国海军水兵的评价相一致。虽然德国水兵无疑"品行端正、衣着得体"，但迪马认为他们"显然缺少英国水兵那样的'海味'，不知怎的，他们给人的感觉更像是海上的陆军大头兵而非驰骋海洋的水手"。之所以会出现这种情况，主要原因是德国水兵多为征召而来而非自愿入伍，他们在仅仅服役三年后就会退伍重归平民队伍。迪马认为这样的服役时间是不够的："他们的海军生涯太过短暂……在这么短的时间里，很难将一个普通人训练成合格的水兵，或者说当他终于达到水兵标准时，也到了服役期满离开海军之际。"[5] 结果就是，在任何时候，德国海军中都有三分之一的人是生疏的新兵。

---

①　Dumas, NA 3/07, 29 Jan. 1907, *BD*, vi. 778.

②　Dumas, NA 34/08, 30 July 1908, FO 371/461.

③　Dumas, NA 22/07, 30 Apr. 1907, FO 371/260.

④　Dumas, NA 3/07, 29 Jan. 1907, *BD*, vi. 778.

⑤　Admiralty, Naval Administration and Personnel—Germany（Dec. 1912），p. 16. 这份评述报告由迪马撰写，副本收藏于英国海军部图书馆。

153　虽然他们朝气蓬勃，但缺乏必要的经验使舰艇形成战斗力。[①] 因此，迪马总结道："我看不到那种认为德国海军官兵可能同英国水手们一样优秀的说法有何根据。"[②]

基于这种认识，迪马认为英国海军不必过度担心来自德国公海舰队（High Sea Fleet）的威胁："纵观世界各国海军，毕竟人员素质才是取得战争胜利的关键，因此我敢断言，德国人在这方面还有很多不足。"[③] 迪马的继任者希斯在很多方面也赞同迪马的观点。因此，他一方面承认德国海军军官"勤奋刻苦、聪明睿智"，但也指出他们"太容易激动"并且"不懂得张弛有度"。[④] 他也强调，德国人过于看重等级，因此挫伤了军官们的积极性。在希斯看来，德国军舰保养不力，他们对一些小问题视而不见。原因在于，"军官们一心忙于迎来送往而无暇顾及这些细枝末节"。[⑤] 最后，希斯认为德国海军军官对其事业并没有那么看重，他们并未常年待在海上。他显然不同意军官们倾情献身于海军发展的说法，"特别是结婚后，他们对岸上工作趋之若鹜，心并未真正在海上。他们极为向往坐在办公桌前对着文件若有所思、皓首穷经的生活，而不愿去海上乘风破浪、展翅翱翔，似乎无人对缺乏锻炼而大腹便便心存恐惧。"不过，尽管对德国人有所批评，但希斯却不像其前任那样对英国海军的固有优势那么乐观，因为他看到了德国海军明显的进步势头。首先，他认为德国海军任命专业军官指挥驱逐舰的做法对其整个舰队有着"积极的示范效应"。[⑥] 此外，希斯指出德国采取了多种措施以在海军中培养"海洋习性"。他认为，如果这一举措持续下去，"在数年间，德国在海军军官的人力储备和作战能力建设上将赶上英国"。可见，"保卫帝国的安全"这一

① Dumas, NA 6/07, 4 Mar. 1907, FO 371/259.
② Dumas, NA 3/07, 29 Jan. 1907, *BD*, vi. 778.
③ Dumas, NA 34/08, 30 July 1908, FO 371/461.
④ 'The German Navy' in 'Germany Annual Report 1908', 7 Aug. 1909, FO 371/675.
⑤ Heath, NA 40/08, 26 Aug. 1908, FO 371/461.
⑥ Heath, NA 27/10, 6 Aug. 1910, *BD*, vi. 507.

口号的影响是何等深远。①

沃特森也赞同希斯关于德国海军人员素质正在显著提高的说法。他还特别强调，迪马此前经常提起的征兵制导致德国水兵多不合格的说法站不住脚。虽然其中有些人也许刚开始饱受晕船之苦，对海军工作非常陌生，但沃特森认为德国海军官兵在服役前所接受的良好的公民教育和此前所从事工作的经验，都将有助于他们迅速掌握海军专业技能，甚至做到炉火纯青。比如，来自"众多德国电气公司"的义务兵就成为优秀的"电气水兵"。同样地，"德国海军在加煤上出类拔萃的表现"，正是他们征召了大批曾在运煤船和驳船上"当过矿工"的人入伍的结果。②

沃特森仍然对德国海军军官团的效率和活力深信不疑。虽然他并非无视其等级中的"弱点"，但仍然认为应对他们致以最高的敬意：

> 低级将官以下的海军军官……极为勤学上进，让人印象深刻，特别是驱逐舰军官的蓬勃朝气彻底颠覆了人们对德国海军军官疏于身心锻炼的旧有印象。年轻一代的德国海军军官，特别是驱逐舰军官与最聪明的同级别年轻英国海军军官一样表现出色，我对此已不惜溢美之词，但实在无法给出更高的赞誉了。

沃特森还提到，德国海军为了提高人员素质不惜淘汰"不合格的军官"。③ 因此，他在离开柏林时认定："到 1913 年时，德国海军军官的业务素质绝不逊于他们的英国同行。"④

不过，英国武官们对德国海军总体上的积极评价并不意味着他们对某些指挥官同样也持肯定态度。有时，对这些海军高层的评价反映出武官们的个人看法。英国海军武官们热衷于辨识德国

154

---

① Heath, NA 40/08, 26 Aug. 1908, FO 371/461.

② Watson, NA 88/12, 18 Dec. 1912, FO 371/1379.

③ Watson, NA 34/11, 30 Nov. 1911, FO 244/770.

④ Watson, NA 44/13, 13 Oct. 1913, *BD*, x2. 716.

海军中哪些人对英国心存敌意，哪些人可以成为朋友。自然，他们对那些被认定为反英分子的人也不会有好言好语。例如，退役德国海军少将阿尔弗雷德·布雷辛在赋闲岁月里积极投身极右分子的活动，沃特森对其难有好评。在他看来，布雷辛不仅是一个骗子、阴谋家，而且是一大威胁：

> 我深知布雷辛将军的为人，他表面上对我表示期待改善英德关系，但实际上却是口蜜腹剑，暗中对英国包藏祸心。说白了，我太了解布雷辛将军这类海军军官了，从骨子里不可能相信他们。德国人处心积虑地想要建设一支更大规模的海军，必要时不惜与英国为敌，这一真实用意隐藏在他们对我的虚与委蛇之下，我对此心知肚明。①

沃特森的继任者亨德森对此也持相同意见，并在报告中批评了布雷辛的"煽动性言论"。②

尽管如此，之所以要分析德国指挥官的个性特征，主要不是为了探究其政治立场，而是为了评估其指挥能力。为此，英国武官们对大批德国海军将官进行了抽丝剥茧式的分析，蒂尔皮茨和普鲁士的亨利亲王这样声名显赫的大人物当然也包括在其中。在这里，我们无意讨论所有的评估结果，但对一战中指挥德国战列舰舰队的三位著名将领的评估结论进行研讨，无疑是大有裨益的。

第一位是在 1913 年 4 月被任命为德国公海舰队司令的弗雷德里希·冯·英格诺尔海军中将（Vice-Admiral Friedrich von Ingenhohl），英国武官们显然对他评价不高。"冯·英格诺尔中将个性并不突出"，沃特森在得知他的任职消息后如此写道。沃特森自1912 年开始就一直密切关注英格诺尔是否会出任公海舰队司令这一要职，他认为这名将军更适合当一名溜须拍马的朝臣而不是舰

---

① Watson, NA 17/13, 28 Mar. 1913, FO 371/1650.
② Henderson, NA55/13, 19 Dec. 1913, ADM 137/4164.

队指挥官，如此负面评价完全在意料之中。不仅如此，沃特森还批评道："德皇的指手画脚严重干扰了海军的正常建设，任命冯·英格诺尔中将就是一个典型的例子。"① 英格诺尔作为指挥官在战争第一年的糟糕表现证明，这一评价所言不虚。

1913 年在同英格诺尔竞争公海舰队司令一职中落败，但在 1915 年卷土重来并取而代之的是雨果·冯·波尔（Hugo von Pohl），这是一个要远比英格诺尔值得尊敬的人物。沃特森对波尔的印象是"能力突出，处事果断，性格坚毅"，并且进一步指出他在海上持续服役超过 10 年，有着"丰富的海上经验"。1913 年波尔错失执掌公海舰队的机会转而任职海军部，沃特森批评这一决定是大错特错："在我看来让他留在舰队才是更明智的选择。"② 我们很难判断沃特森的这番评价正确与否。实际上，波尔并非期待中那般活跃的舰队指挥官。不过，在他于 1915 年最终执掌公海舰队之时已身患末期肝癌，病痛终结了他短暂的舰队指挥生涯。这也许解释了为何他在任内碌碌无为。

波尔的继任者是因在日德兰海战中统率德国舰队而声名大噪的赖因哈德·舍尔（Reinhard Scheer）。他早在 1911 年就被公认为明日之星，但有意思的是，较之海上指挥官他似乎更胜任海军官僚的角色。当时沃特森就认为，舍尔"不太可能成为有前途的前线指挥官，而是更可能追随蒂尔皮茨的脚步在海军行政管理上有所作为"。③ 沃特森此后又反复重申了这一观点，他在 1912 年 7 月的报告中指出：

> 舍尔颇有才干。此前我曾提到他有可能继承蒂尔皮茨海军上将的衣钵。我还得知，正如在海军部任上的所为一样，舍尔将军作为海军参谋长或公海舰队司令恐怕不会太成功。④

---

① Watson, NA 19/13, 12 Apr. 1913, FO 371/1650.
② Watson, NA 58/12, 11 July 1912, NA 61/12, 16 July 1912, NA 83/12, 29 Oct. 1912, NA 19/13, 12 Apr. 1913, FO 371/1377, FO 371/1379, FO 371/1650.
③ Watson, NA 24/11, 25 Sept. 1911, FO 244/770.
④ Watson, NA 61/12, 16 July 1912, FO 371/1377.

1913 年 1 月，舍尔受命指挥第二战列舰中队，沃特森在一封私人信件中对此评论道："我仍然认为他可能是蒂尔皮茨的接班人，现在他被派去指挥一支战列舰中队不过是下基层锻炼，以为将来担任更高一级海军行政工作积累经验。"① 三个月后，他又发表了相似的见解："这位无可置疑的能干的海军行政军官现在被派往海上升起其将旗，这被认为是他将接替蒂尔皮茨海军上将担任海军部国务秘书的前奏。他精力充沛，极为聪明。"② 当然，沃特森错判了舍尔的事业发展前景：他在海上漂泊的日子要远多于在海军部大楼工作的时间。不过，鉴于舍尔在日德兰海战中让人不明就里的谜一般的战术决策，许多人认为这一事实证明沃特森对舍尔指挥能力的判断是正确的。

在第一次世界大战爆发前夕，英国驻柏林武官们就德国陆海军的人员素质问题发回了大量的报告。德国士兵在殖民战争中的表现虽然遭到几分嘲讽，但他们仍然被公认为专注敬业、英勇无畏的优秀战士。他们纪律严明、秩序井然、吃苦耐劳，一直备受好评。不仅如此，虽然有声音质疑严密的普鲁士组织体系损害了士兵的主动性，但罗素称赞他们博闻睿智、昂扬上进的溢美之词表明，直到 1911 年这都不是什么问题。

罗素对德国陆军士兵的评价同样也适用于海军水兵。虽然迪马曾怀疑过德国水兵的能力，但他之后的英国海军武官们则日益肯定德国海军官兵展现出来的专业素养。其中，沃特森就认为德国老兵能与英国海军中最好的水兵一较高下，三年义务兵也能承受住考验，证明自己是合格的水兵。沃特森和希斯都相信，前程似锦的年轻一代德国海军军官天赋异禀，专业素质日益精进。

对更高级别军官的评价则显得更为多元化，这一点主要反映在对某些特定人物的看法上。极少数对德国重要将领的长篇大论

---

① Extract from a private letter by Watson, 31 Jan. 1913, ADM 137/4166.

② Watson, NA 19/13, 12 Apr. 1913, FO 371/1650.

式的评价保留了下来。不过，从中我们可以发现，英国陆军武官在需要时会直抒胸臆，毫不掩饰批评之词。例如，罗素对海林根就不屑一顾。相应地，他们也会在字里行间充分肯定所看到的优点。因此，冯·德·格尔茨就得到罗素和特兰奇的高度评价，尽管后者也不惜笔墨地描述了他的反英倾向和极端主义政治立场。同样地，海军武官们在表达对德国海军高官的看法时也非常直率。在他们看来，并非所有的德国海军将官都值得尊敬。在三位战时指挥过公海舰队的将军中，就有一位被斥责为只会阿谀奉承而不像个海军军人，对其他两位，武官们还算口下留情。此外，应该指出还有很多德国海军高级军官——因本章篇幅所限而未能提及——受到英国海军武官们的高度评价，因为他们才堪此大任，敬业乐群，表现专业，如巴赫曼（Bachmann）、兰斯（Lans）、舒尔茨（Schüz）、施密特（Schmidt）、汉高（Henkel）和希佩尔（Hipper）等。[①] 大体上，英国海军武官们认为德国公海舰队的领导层是称职的。

　　在英国武官们看来，德国军队由能干敬业的士兵组成，指挥他们的是素质高超且还在不断成长中的专业军官，再加上对德国　157　武器装备技术优势的渲染，综上所述，我们就能对德国军队的总体形象作出明确的判断——德国陆军和海军是高度专业、运转良好的战争机器。罗素用"令人生畏"这个极为贴切的词来形容它。当然，武官们在评价一些德国指挥官时也有所保留。罗素就不喜欢冯·海林根将军，沃特森对英格诺尔批评甚多。但他们更多是特例，很多高级军官都因为其出类拔萃的才干而受到好评。因此，英国武官们基本上对德国军队的官兵和装备都致以崇高敬意。当然，对德国陆海军力量的评估也有其现实意义。如果武官们认为德意志帝国尚武好战的话，那么无法回避的一大问题就是德国领导人是否打算动武。在下一章中，我们将讨论武官们对这个问题的看法。　158

---

① Watson，NA 61/12，16 July 1912，FO 371/1377.

第四章

预言家：英国武官精准研判德国威胁

虽然英国武官们留下来的文字作品寥寥无几，但有一点是公认的：每一位驻柏林武官最终都认识到德国是英国国家安全的主要威胁。牛顿勋爵（Lord Newton）在谈到英国海军武官时言简意赅："德国海军的发展是针对英国的……这一点为历任英国驻柏林大使馆海军武官所公认。"① 英国陆军武官与海军武官的观点相近。第一个系统研究这个问题的学者希尔伯特就曾描述过陆军武官们对"德国危险与日俱增的忧虑"，由此而形成"根本意义上的军事悲观主义情绪"。② 基于陆军武官们对德国的态度，希尔伯特总结道："陆军武官们几乎到处树敌。"③ 无独有偶，瓦茨在其经典著作《武官》中也指出，"武官是 1914 年之前最可恶的杞人

---

① Lord Newton, *Lord Lansdowne：A Biography*（London，1929），p. 248.

② L. W. Hilbert, "The Role of the Military and Naval Attachés in the British and German Service", p. 223.

③ L. W. Hilbert, "The Role of the Military and Naval Attachés in the British and German Service", p. 243.

忧天者之一"，他们倾向于认为"战争……即将到来"，并且"散播"风传的德军将登陆英伦三岛的危言耸听之词。[1] 如此看来，我们可以认定：武官们是德国威胁的预言者。如果在大量的档案资料解密之前，这一观点能做到不言而喻、不证自明的话，那么它是如何通过分析目前所能看到的资料做到这一点的呢？文献资料仍旧可以支撑这一解释吗？

陆军武官的看法（1900～1906）

早几任陆军武官对德国的看法已不可考。实际上，他们的观点有相当大的保留。不可否认，现存档案文献非常支离破碎，首任驻柏林陆军武官沃特斯上校的资料尤其如此。他发回来的报告几乎全部遗失。不仅如此，少数幸存的资料也纠缠于旁枝末节的小问题而无助于我们弄清楚其对德国威胁的判断。因此，虽然我们仍旧可以通过考察德国陆军军官的开支而了解沃特斯的思想，[2] 但我们并不掌握任何他所撰的关于英德关系更宽泛的问题和展望两国冲突可能性的报告。因此，唯一能揣摩沃特斯对这些问题看法的路径，是分析他散见于各种回忆录中的评论文章。依据这些回忆录，沃特斯至少曾提交过两份预测未来欧陆冲突前景的报告。第一份报告认为，欧洲战争是不可避免的。沃特斯在其首部著作中提到，他在职业生涯初期就曾指出，军备竞赛将导致欧洲陷入大战的深渊：

> 欧洲大陆上日益激烈的军备竞赛的后果，显然就是一场激烈的大厮杀……正如我当时向国内反馈的那样，陆海军力量无节制的扩张最终将导致非生产性的开支大增，财政濒临破产……国家要么选择战争，通过对外扩张和征服来转嫁危机，要么就坐等破产。每个国家都是如此心高气傲，以至于

159

①　A. Vagts, *The Military Attaché* (Princeton, 1967), pp. xi, 169, and 333.
②　Waters, MA 6/01, 15 Mar. 1901, WO 32/4927.

它们不可能选择不战而坐以待毙。①

除此之外，沃特斯还回忆起自己在 1902 年曾得到《军事周报》（*Militär-Wochenblatt*）上发表的一篇文章的作者的同意，向英国政府汇报称，未来可能的战争一定是从德军横扫比利时开始的。②

尽管这些回忆录并未得到文献资料的支撑，但我们仍应对其认真对待。首先，将沃特斯在书中的说法与其残存的原始报告进行对照后可以发现，这些说法一如既往总是准确的。不仅如此，应特别注意沃特斯对德国将入侵比利时的预测，因为在发表这一观点时，他已转而积极为德国辩护，极力否认德国犯有"战争罪行"，并强烈反对《凡尔赛条约》。沃特斯是如此坚信德国是无辜的，似乎不太可能声称自己曾警告过德国会进攻比利时，因为这一说法同其立场相左，除非他确曾预言过德国对比利时的入侵。

然而，虽然沃特斯相信战争无法避免而德国借道比利时发起进攻是可能的选项，但就此认为他在担任陆军武官期间就将德国视为对英国的直接威胁，仍然是缺乏根据的。现存沃特斯的报告没有提到德国可能会入侵英伦三岛，或阐明德国顽固敌视英国。他所散落的报告中，也没有任何一份报告的标题表明其考虑过上述问题。因此，可以合理推测，沃特斯相信德国在未来的冲突中会与英国为敌并侵犯比利时的中立国地位，但他不认为德国会是英国的威胁。有意思的是，在这一问题上，沃特斯并未比接替其出任陆军武官的格莱钦走得更远。

作为继任者的格莱钦在一定程度上继承了沃特斯对德国意图的判断。首先，他察觉到德国陆军中存在对英国的敌意。格莱钦在 1904 年初报告称："如果允许我以小喻大的话，我会将德国陆军比作一匹烈马，它从未有机会在原野中或马厩里展现其飒爽英

---

① W. H. – H. Waters, *Secret and Confidential*（London，1926），p. 253. Emphasis added.

② W. H. – H. Waters, *Potsdam and Doorn*（London，1935），pp. 124 – 125.

姿；实际上，德国陆军正因为无用武之地而逐渐‘腐烂’。”这种情绪让格莱钦深感焦虑。他注意到，这种“怀才不遇”的悲叹是“一种‘如果我们从未打算战斗的话，那么这种让人烦恼、花费高昂且压力重重的生活又有何意义呢？’的感受”。①

格莱钦还担心德军总参谋部已经制订了入侵英国的计划：

> 虽然我尚无法提供证明资料，但德国人已经起草了入侵英国的计划并确定了具体日期，是无可置疑的事实……他们的陆军和海军的参谋人员考虑周详，计算精确，对每种突发情况都有因应之策。由此可以确认，随着时间的推移，他们的计划将日臻完善。②

这种忧虑只是偶尔为之。为了平衡这种忧虑之情，格莱钦又从不同的角度对德国进行了观察。首先，他认为“军国主义在德国盛行多年”，但它现在对这个国家的影响力开始减弱。他评论说，“普通的德国民众”开始“意识到他在这个国家甚至也有权利发表意见”。当时的德国，在涉及“军队的话题时”，正兴起“一种不安的情结”。③ 这段话想表达的意思不言自明，那就是德国军国主义传统的消减将降低其好战性。格莱钦在 1904 年对此详加叙述：“新的一年我们可以期待和平……正如我已经报告的那样，迄今没有什么值得正视的好战思潮可以言说。”④

英国媒体不断渲染德国舰队将以摧毁英国为目标，格莱钦对这种陈词滥调也深表怀疑：

> 德国人从未想过与我们为敌，因为他们的舰队在我们面前不值一提。有一天，德国皇帝曾谈到……“既然英国人的

---

① Gleichen, MA 1/04, 2 Jan. 1904, FO 64/1593.
② Gleichen, MA 34/05, 9 Nov. 1905, CAB 17/61.
③ Gleichen, MA 5/03, 12 Nov. 1903, FO 64/1574.
④ Gleichen, MA 1/04, 2 Jan. 1904, FO 64/1593.

舰队远胜过我们，那我们就不得不在一切政治问题上向他们妥协让步；但如果我们的舰队能同他们并驾齐驱的话，则是另一回事了"。这番表态不能简单地被理解为德方流露出敌意：它仅仅意味着德国要求同英国更平等的地位。①

161　换言之，格莱钦与众多英国陆军、海军和外交部的头面人物不同，他准备接受德国真诚地追求平等地位的说法，认为德国的目标是建设一支与英国皇家海军等量齐观的强大舰队，而不是要摧毁英国的权势和世界地位。

更有启发意义的是，格莱钦通过对这一时期德国在西南非洲对当地土著展开的军事行动的观察，得出了比英国政府其他官员要乐观得多的结论。这场殖民战争之所以爆发，部分是因为1904年赫雷罗人奋起反抗德国在当地的殖民统治，而这个保护国的殖民政府对此懵然不知。赫雷罗人起义后，其他部落随即群起呼应，由此酿成了整整三年、横跨整个西南非洲的旷日持久的大冲突。德国随后从欧洲调兵前往该地"平叛"。

西南非洲战争引起了邻近的英属南非殖民地官员们的强烈不安，他们对德军的到来保持高度警惕。英属南非高级专员（High Commissioner）塞尔伯恩勋爵（Lord Selborne）是其中的典型代表，他告诉英国殖民大臣（Colonial Secretary）阿尔弗雷德·利特尔顿（Alfred Lyttelton）：

> 德国人从德兰士瓦（Transvaal）招募了3000~4000名全副武装的布尔人，将其部署在德属西南非洲……另外还有1.6万名德国正规军……我们在南非的驻军共有2万人……因此现在德国的兵力已经能同我们相抗衡了。
>
> 但是必须指出，还有超过1.4万人的德国增援部队正在赶来途中。

---

① Gleichen to Selborne, 16 Mar. 1906, Bodleian: MS Selborne 92.

　　如果德国的援军抵达，届时德国在整个南部非洲的军力将远远超过我们。

　　你认为德国出动如此规模的大军只是为了镇压两个黑人小部落的叛乱吗？

　　德国皇帝显然不会在西南非洲冒险与大英帝国发生摩擦，但他们大举增兵的举措难道不是为了在必要时挤压我们的生存空间而提前布局吗？①

塞尔伯恩认为，德国增兵西南非洲对英国在当地的利益构成了潜在威胁，这一观点得到了开普殖民地（Cape Colony）总督和英国在南非驻军指挥官的支持。②如果格莱钦也认同德国是一大威胁的话，那么他无疑会支持塞尔伯恩的观点，但他却没有这么做。格莱钦指出，德国人在殖民战争中"遇到当头一棒"。他们原以为会轻松取得对少数"土人"的胜利，对当地的自然气候状况毫无准备，硬要将其实并不适用的欧洲战争方式照搬到非洲战场上，结果是尴尬地惨遭失败。③ 因此，格莱钦指出，"高级专员的担忧毫无根据"。他对此解释说："德国人不仅要捉住敌人，而且还要解决在后勤供应和运输上面临的巨大困难；难以相信他们能有什么行之有效的办法来'挤压我们'。"④

格莱钦的意见引起了热议。塞尔伯恩对此予以有力回应。"格莱钦伯爵提出了如果德国人与我们开战的话，他们在南非可为和不可为的行动"，他写道，"我完全不同意这种看法"。不仅如此，塞尔伯恩还提出了自己的假想：

162

---

① Selborne to Lyttelton, 24 May 1905, BL, Add. Mss. 50317, p. 179.

② See Hely – Hutchinson to Lyttelton, 23 Aug. 1905. See also Hildyard, 'Memorandum on the Possibility of the Invasion of Cape Colony from German South – West Africa', 5 July 1905, enclosed in Selborne to Lyttelton, 21 Aug. 1905, WO 106/266.

③ Gleichen, MA 20/04, 8 Apr. 1904, CO 879/80.

④ Gleichen, MA 25/05, 15 June 1905, WO 106/266.

　　德国人可以用类似布尔突击队的形式，以相对较小的单位将上千名士兵一个接一个地运过边界……布尔人是否会卷土重来只是一个个人看法的问题。我认为他们会很快在开普殖民地重新崛起……如果开普殖民地的布尔人增多的话，那么很清楚，奥兰治河殖民地（Orange River Colony）和德瓦士兰的布尔人也将复兴。因此，对我来说一个不容置疑的假设就是，如果我们同德国开战，德国将会获得前所未有、千载难逢的机会将我们逐出南非……①

　　格莱钦再次表示异议。"带着应有的尊重"，格莱钦认为德国军队"不可能成建制地越过边界"：

　　　　自6月份撰写这份报告以来，我同曾在南非待过的德国军官谈过，他们告诉我德军的补给困难甚至比我之前指出这一问题的时候还要严重：数月之中，德军举步维艰，只是勉强度日，仓库中只剩一天的口粮：我无法想象他们如何能翻越奥兰治河开始远征。②

　　格莱钦关于西南非洲战争的言论，让批评他是不辨是非的"德国威胁论"的鼓吹者的观点不攻自破。面对塞尔伯恩和殖民地官方的看法，如果格莱钦愿意的话，他完全可以顺应开普殖民地、约翰内斯堡（Johannesburg）、比勒陀利亚（Pretoria）等地日渐一致的认知，描绘出一幅野心勃勃的德国正对英国在南非的利益虎视眈眈的全景图。他不仅没有这么做，而且明确反对这种看法。毫无疑问，一个认为德国是全面威胁的人是不会这么做的。

　　格莱钦反对塞尔伯恩的立场，而他的继任者、1906年3月底抵达柏林的特兰奇上校的观点则与之大相径庭。不同于格莱钦，特兰奇曾作为观察员在西南非洲战争中与德军并肩作战，因此他

① Selborne to Lyttelton, 21 Aug. 1905, WO 106/266.
② Gleichen to Selborne, 16 Mar. 1906, Bodleian：MS Selborne 92.

绝对相信德国增兵保护国对英国构成了威胁。在特兰奇看来，这是德国为了应对可能同英国的战争的有意之举。他在 1905 年随德军行动期间第一次提到了德国威胁的问题，并认为："德国人并不想马上扑灭叛乱——如果他们愿意的话，他们可以很快结束战斗——而是着眼于可能爆发的英德战争，以平叛为借口趁机在边境附近驻军。"① 特兰奇在一份给英国陆军部的备忘录中详细阐述了来自德国的威胁。他指出，德国部署在其保护国西南部的军队可以派游击队潜入开普殖民地，他们可以聚众起事、煽动内乱，从而打击英国在该地的统治。②

如果说特兰奇根据自己在西南非洲的亲身经历而形成了上述看法的话，那么他在柏林的所见所闻则让其进一步坚定了此前的判断。在从德国首都的整体情况出发研究了德国政府的种种举动后，特兰奇更加坚信德国在西南非洲的行动背后隐藏着不可告人的目的。四大论据支撑了他的这一判断。第一个理据是西南非洲战事进展缓慢。虽然特兰奇认同战事进展不利部分是因为德国缺乏在海外作战的经验的说法，但他仍然认为"德国政府之所以容忍缓慢的平叛行动，其原因之一是这为向殖民地投入更多的人力和金钱提供了理由"。③ 第二个理据是德国决定在其保护国南部修建一条通往基特曼斯胡普（Keetmanshoop）的铁路，对此英国不能掉以轻心。特兰奇认为，德国此举与其说是为了镇压叛乱，倒不如说是为了方便向同英属开普殖民地接壤的边境地区运兵。④ 第三个是德国在已成功镇压主要部落的叛乱后，仍然迟迟不从西南非洲撤走大部分军队。"这很难不让人相信，"特兰奇写道，"德国总理和总参谋部极想在西南非洲常驻 8000 人的部队（占到从基

163

---

① Minute by Langley about a conversation with Trench, 'Affairs of German South-West Africa', 24 Jan. 1906, FO 367/8.

② Trench, German South-West Africa No. 31, 15 Mar. 1906, FO 371/11.

③ Trench, MA 18, 5 Oct. 1906, CO 879/91.

④ Trench, MA 25, 13 Dec. 1906, CO 417/429.

特曼斯胡普到南部边境驻军总兵力的四分之三），而其理由显然同防止当地土著闹事无关。"① 最后一个是战后德国决定不再按实战要求重组保护国军队的指挥部。特兰奇透露，德国政府提出将用于殖民地的军事预算增加 2.75 倍，并挑选一名陆军少将指挥殖民地武装力量，还任命 5 名一线军官担任常任参谋。他认为，此举"是朝着建立殖民地军队迈出的第一步"，而且表明那句德国谚语"我们必须时刻做好应战准备"也适用于德国为进攻英属南非殖民地的备战工作：

> 德国也在紧锣密鼓地为南非作战做着准备……从他们在邻近南非的地区大量储备后勤物资就可见一斑；德军总参谋部热切期盼吕德里茨布赫（Lüderitzbucht）到基特曼斯胡普的铁路早日完工；德属保护国在战乱之后也在休养生息，德国在该地的驻军是现任和前任总督所需兵力的近两倍；最后是报告所见的保护国军队指挥部人员的急剧增加。②

我们可以看到，特兰奇对南部非洲局势的看法与格莱钦可谓背道而驰。这也印证了这样的观点，即其他驻柏林陆军武官通常给人们留下"下意识的预言家"印象，而格莱钦则与之截然不同，他并不是"德国威胁论"的支持者。尽管关于"条顿威胁"的各种证据纷至沓来，类似主张不绝于耳，但格莱钦始终坚持己见，甚至在面对渐成共识的反对意见时，他还是丝毫不为所动，宁愿成为孤家寡人。

反英主义与入侵：特兰奇上校在陆军武官任上（1906～1910）的看法

当然，特兰奇从西南非洲发回来的报告并不仅仅只是我们在

---

① Trench, MA 30, 4 Jan. 1907, FO 367/41.
② Trench, MA 51, 25 Apr. 1907, Ibid.

探究其思想时要注意的背景因素，它们也是特兰奇思想形成的重要根源。特兰奇显然怀疑德国对非洲大陆虎视眈眈。他在 1906 年抵达柏林，这预示着英国大使馆武官报告的基调将为之一变。这种转变并不仅仅体现在关于殖民地问题的备忘录上。如果特兰奇将他对非洲问题的疑虑带到对欧洲局势的判断中，这种转变将是显而易见的。事实也的确如此。虽然沃特斯和格莱钦能辨识出未来战争的理据和德国的计划，但并不认为它们是明确针对英国的。特兰奇的看法则截然不同。我们发现，特兰奇的继任者罗素中校也是如此。虽然原因各有不同，但特兰奇和罗素都坚持认为，德国是英国潜在的竞争对手和国家安全的实际威胁。

正如我们所看到的那样，特兰奇带着对德国对英属南非的地位造成威胁的疑虑抵达柏林。① 他在德国首都的经历很快让他增添了别的焦虑。他慢慢确信，德国对英国的敌意难以消解，一直处心积虑地要将英国拽下马。我们在对这一思想进行解读时要注意以下几个因素。

首先是特兰奇对德国人中反英分子数量的判断——假定这一分析视角构成了大多数特兰奇报告的基础。在特兰奇看来，"厌恶英国"的德国人是一个分布非常广泛的群体。在对德国中部和南部进行了数周的实地走访之后，特兰奇在 1908 年 8 月的报告称，德国存在的这种仇英情绪不只是存在于有沙文主义倾向的报刊、首都柏林和北部多个邦国之中，而且正如"他此前深信不疑"的那样，显然它们在整个德意志帝国都大行其道。② 特兰奇随后解释说，这种现象可以通过多种方式，在一系列意想不到的情况下显现出来。例如，特兰奇颇为关注德国大众对可转化为针对英国的

165

---

① 我对特兰奇这一忧虑的最早分析见 Matthew S. Seligmann, 'The View from Berlin: Colonel Frederic Trench and the Development of British Perceptions of German Aggressive Intent, 1906 – 1910', *Journal of Strategic Studies*, 23 (2000), pp. 114 – 47。本书在这篇文章的基础上，对原有观点进行了修正、拓展和进一步思考。

② Trench, MA 107, 17 Aug. 1908, FO 371/461.

军用装备"机动气球飞行器"技术的兴趣。1908 年 12 月,他参加了一场有关这一主题的公开会议,并记录道:"主讲人和他的听众们(一人除外)似乎都认为他们万众一心、众望所归的是……入侵英国。"这样的例子在整个会议期间比比皆是。例如,在谈到"没人想同英国开战"时,特兰奇哀叹道:"四周一片死寂。"相反,他惊恐地注意到,当有人提出德国可以凭借飞艇让英国屈服,并将英国逐出印度和埃及时,"掌声如雷"。然而,就特兰奇而言,这一会议,特别是它的"反英基调","道出了很多德国人的心声",这是意料之中的事情。①

不过,特兰奇所关注的这种构成"紧张不安的民族情绪"和"怒火中烧的社会思潮"的反英诉求虽然盛行且棘手,但最值得英国警惕的不是对其趋之若鹜的德国公众,而是有见地的德国决策者。"这种惴惴不安的情绪,"特兰奇指出,"并不……只是不起眼的各行各业中那些不负责任的人的心路写照,甚至那些有权有势者也深受触动。"② 特别让特兰奇感到忧虑的是,这种反英思潮在德国陆军军官团中颇为流行。他认为德国军方敌视英国,诸多事件都足以证实这种猜想。第一个记录在案的证据,是让特兰奇担忧的德国士兵对 1906 年 9 月访问柏林的英国陆军大臣理查德·哈尔丹(Richard Haldane)的态度。特兰奇告诉他的海军同事迪马,德国军人在面对来访的英国贵宾时非常失礼,让人震惊:"一些非常低级别的德国军官没有称呼哈尔丹为'阁下',他们甚至胆敢走在他的右边。"迪马对此也深感诧异:"如果德国军官果真如此,那么无疑极为粗鲁无礼。我认为此举如果发生在英国显然是不可理喻的,在德国它几乎同样是难以置信的。"③ 迪马从一个英国人的角度看这个问题无疑是有理有据的,但以现代眼光视之,德国军官的这些言行很难解释成是有意羞辱英方。毕竟,在

---

① Trench, MA 119, 14 Dec. 1908, FO 371/463.

② Trench, MA 107, 17 Aug. 1908, FO 371/461.

③ Dumas Diary, 20 Oct. 1906.

哈尔丹访德期间走在他的左边还是右边实在是无足轻重。不过，
19 世纪末的德语国家有着一套严格的礼仪规范。"为了对贵宾表
示恰当的尊重，"曾担任英国驻维也纳（Vienna）陆军武官的道格
拉斯·道森爵士（Sir Douglas Dawson）对礼仪惯例的重要性记忆
犹新，"接待人员不仅要在车厢或桌边坐在客人的左侧，甚至在步
行时也要让客人居于右侧"。① 在德国这样一个秩序意识深入骨髓
的国家，礼仪习俗应该是严谨恪守的基本规范，因此特兰奇所描
述的德国军官的言行显然是内心不敬的强烈表现。当然，特兰奇
也是这么看的。在他看来，这样的小动作表明了德国陆军的态度，
它也是英德关系走向紧张的不祥之兆。

　　特兰奇对德国军官团中反英主义思潮的认知还受到其他因素
的影响，其中最重要的就是他所遇到的德国军人传达给他的观念。
事实上，正如特兰奇向英国驻德大使爱德华·戈申爵士说明的那
样，这些谈话比其他任何因素都更为决定性地影响了他的判断。
戈申回忆称，特兰奇告诉他：

　　　　他在这里的两年间，通过近身观察完全形成了自己的看
　　法。他云游四方，耳濡目染，同数不胜数的德国各级军官交
　　谈过。他主要通过这些谈话得出了这样的结论：有朝一日，
　　战争必然会爆发。②

　　1908 年，德皇在接受英国《每日电讯报》采访时的不当言论
引发了英德两国关系的重大危机。此事发生不久后，特兰奇在与
一位他熟识的德国参谋军官的谈话中提到了他如何通过与德国军
官的谈话来判断德国社会的反英倾向：

　　　　我表示无法理解德国人民为何对《每日电讯报》的采访事
　　件争论不休。我的朋友回答道："我会坦率地告诉你原因……

---

①　Sir Douglas Dawson, *A Solider–Diplomat*（London, 1927）, p. 132.

②　Goschen to Hardinge, 4 Dec. 1908, CUL: Hardinge Papers, Vol. 11.

虽然我们同布尔人意气相投，利益与共，但皇帝陛下却被认为应该帮助英国人！"当然，他们会被很多事惹怒，但这件事却是最让他们抓狂的！

这个回答一针见血地指出，德皇的痛苦源自据说他本应给予英国帮助，特兰奇对此评论道：

> 德皇的这种忘恩负义之举突然出现，我个人感觉很难从公开报道的内容中找到其他原因；但一位资深参谋军官向我坦言，他们的真实感受深藏于心，这种感受是如此强烈，并同他们根深蒂固的忠诚和纪律观念激烈碰撞、斗争不断，这从另一个角度说明，德国人普遍相信同英国的冲突不仅是不可避免的，而且是令人向往的。①

特兰奇意识到德国人普遍对英国心存敌意这一点非常重要，因为他所坚信的看法都是在这一认识统摄下展开的。他坚持认为，德国人不顾一切地要进行海外扩张，他们之所以如此执着是因为相信"德国肩负着崇高的使命，有权向殖民地转移它日益增长的过剩人口，倾销其执世界贸易之牛耳的商品，以及掌握制海权——如果民众愿意牺牲必要的金钱来建设一支足够强大的海军的话"。不幸的是，正如特兰奇所言，"人生不如意事常十之八九"，"德国在推行世界政策（Weltpolitik）的过程中总会有一些事让其大失所望"。② 结果就是对德国未能达到"天命所归"的成就的深深挫败感，以及采取行动改变不如意的结果的强烈冲动。

特兰奇相信，在需要的时候，德国会为此诉诸武力。他在一份报告中将这一观点表露无遗，该报告认为德国"执意要扩大它在'阳光下的地盘'"，这一政策将坚定地推行下去，即便结果只能通过"采取'即便你不愿意，我也会使用武力'的方式"来获

---

① Trench, MA 116, 4 Dec. 1908, FO 371/463.
② Trench, MA 107, 17 Aug. 1908, FO 371/461.

得也在所不惜。① 但在当时，这只是德国人的一厢情愿。特兰奇随后报告称，德国人普遍相信"实力即权利，而德国二者皆有"，结果就是"这里没人……曾真正怀疑过德国拥有的权利和责任，并坚信德国能得到它想要的一切"。②

特兰奇认为，这种观念对英德关系有着重要影响，因为英国被很多德国人视为阻止德国崛起为一个伟大国家的拦路石之一。为了证明这一点，特兰奇发回了比喻为"显示风向的大片稻草"的一系列报告。其中之一是名为《入侵英国》（The Offensive Invasion of England）的小册子，特兰奇在这份小册子中明确阐释了"相当一部分人……的看法和期待"。它的核心观点是，德国人坚信"英国对德国的仇恨遍布全球，每一种可能的摩擦……都已变得是如此尖锐，以至于德国决策者不再对竭尽所能的忍耐克制可以推迟冲突抱有任何幻想"。特兰奇指出，这就是德国人眼中"典型"的英国形象。③

如果说特兰奇相信德国人将英国视为他们前进道路上的主要障碍的话，那么这一立场的后果是什么呢？1908 年 2 月，特兰奇在与英国陆军作战部部长尤尔特少将面对面的会晤中阐明了自己在这一问题上的看法。根据尤尔特的记录，特兰奇当时告诉他：

> 德国并没有马上想要袭击英国，目前也不打算与我们开战，但"它想要阳光下的地盘"，并且决心去实现这一目标。因此，德国正在建造规模巨大的海军以引起我们的恐慌，然后迫使我们对其让步。他形容德皇像一个对你的手表垂涎欲滴，但又想不通过武力而将其据为己有的人。不过，如果你并未准备"忍痛割爱"的话，他也不得不拂袖而去。④

168

---

① Trench, MA 55, 9 May 1907, FO 371/260. 此语引自歌德（Goethe）的《魔王》（ErlKönig），翻译过来就是"即便你不愿意，我也会使用武力"。

② Trench, MA 119, 14 Dec. 1908, FO 371/463.

③ Trench, MA 95, 27 Apr. 1908, BD, vi. 147–148.

④ Ewart Diary, 19 Feb. 1908.

　　特兰奇在其他一系列报告中阐明了"拂袖而去"这种隐喻性的说法，他提出德国正在有计划地研究袭击英伦三岛的方案。在他看来，德方的第一步就是赢得德国公众对与英国为敌的支持，目前已存在的反英主义思潮凸显了这种准备的必要性，而采取的方式是宣传同英国的战争是不可避免且无需畏惧的。在某种程度上，德国采取了诸如推出爱国主义出版物之类的宣传手段来达到这一目的。例如，1908 年 6 月，特兰奇提请英国政府注意一个名为《大国财政》（*Die Finanzen der Grossmächte*）的小册子，这个小册子提出了这样的观点，即"备战是最安全且收益性最高的国家消费形式"。它的理由是，如果一国取得战争胜利的话，它的军费开支基本上将由战败国承担。军费开支与其说是沉重的负担，不如说是必要的投资。虽然这本小册子是作者以私人身份撰写的，但特兰奇还是要强调其作者弗雷德里希·赞恩（Friedrich Zahn）的官方身份是慕尼黑的皇家统计局局长。因此，特兰奇认为，赞恩提出的这一观点，让我们"完全有理由认为其代表了德国政府的财政观念"。①

　　不过，特兰奇认为，尽管这类小册子颇有价值，但培养民众积极看待未来英德冲突的最重要力量，是遍布德国、直言不讳的大型爱国主义压力集团。在这之中，最重要的首推海军联盟（Flotten Verein），特兰奇称其为"德国国家机器动员机制中最重要的齿轮之一"。之所以这么说，是因为海军联盟吸纳了德国各个阶层的人。"（海军联盟）自称有近 100 万名会员、4000 个分支机构，年收入达 5 万英镑。截至本周，这个组织已经成为一个德国法人团体，其成员遍布各大宗教、各个社会阶层、各大政党和帝国的各个邦国。"结果就是，特兰奇认为海军联盟是一个极端反英的组织和有很强煽动性的宣传媒介：

　　　　海军联盟组织严密，它将社会各阶层群体悉数收入囊中，

---

① Trench，MA 103，7 June 1908，FO 368/194.

触角已经伸到德意志帝国权势所及的每一个乡镇和村落，并以不可思议的速度发展成为妇孺皆知、全民参与的社会运动……一般而言，在同德国的战争爆发之前，将有一段外交关系高度紧张的时期，特别是在面对德意志帝国的一兵一卒都将投身其中的生死之战时更是如此。但我认为，在海军联盟看来，"外交战"这个阶段毫无必要。通常在公众舆论层面会进行的前期斗争是多此一举，海军联盟——当政府认为发出最后通牒的时机已成熟时——会代表已然成型的公众舆论，而（战争突然爆发时）德国上下将万众一心。①

169

在特兰奇看来，海军联盟所从事的是"对人民进行'帝国主义'和/或反英主义教育"的工作，② 他认为相当一部分德国人热衷于诉诸武力。特兰奇表示："随着对战争的思想准备日臻充分，整个德国已被动员起来了，因此，它决心扩军备战……一切必要的工作都将展开。"③

除战争的思想准备外，特兰奇也对德国为准备进攻英国而正在采取的实际举措兴趣浓厚。首先，他认为德军总参谋部正在加紧对英国进行侦察，以便为入侵英伦三岛的计划搜集情报。特兰奇在1907年4月的报告中称，德国军方认识到，英国国防建立在英国海军"当前压倒性的海上优势"的基础之上，他写道：

> 不过，从德军总参谋部可能持有的这种观点的相关表述中，我们无法推导出目前他们已暂停为可能的海上作战行动而进行的准备工作，这种工作不慌不忙但从未间断。相反，我认为……德方正在有条不紊、全面细致地研究可能在英国国土上开展的行动。④

---

① Trench, MA 77, 20 Dec. 1907, FO 371/260.
② Trench, MA 95, 27 Apr. 1908, *BD*, vi. 147.
③ Trench, MA 107, 17 Aug. 1908, FO 371/461.
④ Trench, MA 46, 9 Apr. 1907, FO 371/259.

在此之后，特兰奇又两次进一步阐述了这一问题。1907 年 6 月，特兰奇报告称有一大批德国预备役军官正被派往英国。他写道，据信"他们发回和带回的军事情报颇受重视，这有助于他们的晋升和受勋等"。类似的规定也用在了现役军官身上。"很多人，"特兰奇解释道，"每年奉命前往英国服役，服役时间从数天到数月不等。"① 随后在 1907 年 12 月，他针对这一问题又提交了一份报告。报告提出要注意"大批德国军官明显有组织地访问英国的现象……由此可知，他们的目的无疑是刺探军情"。为了说明这一点，特兰奇提到了德军总参谋部某部负责人朔尔茨少将（Major-General Sholtz）的例子，他曾在苏格兰待了三周。朔尔茨的行程中没有"游客们通常会访问的景点"，反而包括了让其得以深入了解克莱德（Clyde）的风土人情的安排。以这个例子为证，特兰奇认为"大批德国军官前往英国是为了执行机密任务"。②

在特兰奇看来，这种缜密的侦察和参谋工作表明，德国军方准备对英伦三岛发动突袭。他在报告中阐明了这一观点。特兰奇

170　在 1907 年初的报告中首次提出，德国军方认为英国对这类突袭毫无招架之力，由此他主张修建英吉利海峡隧道。在明确支持英吉利海峡隧道这一存在广泛争议的工程项目的同时，特兰奇还提醒应注意"德国陆军军官们所广泛认同，更重要的是德军总参谋部所信奉"的两类主张，即"没必要事先宣战或先经历一段紧张的外交摩擦期，以及英国陆军并未准备好保家卫国、抵抗入侵"。③ 特兰奇之所以在当时提出上述观点，是认为修建英吉利海峡隧道可行，或是以应对德国威胁为契机提出构建英国与欧洲大陆的地下交通纽带。不过，他对德军总参谋部的立场和观点的探讨并不只是以英吉利海峡隧道为背景，他也提出了德国突袭的前景问题。

① Trench, MA 60, 20 June 1907, FO 371/261.

② Trench, MA 76, 18 Dec. 1907, FO 371/263.

③ Trench, MA 33, 4 Feb. 1907, ADM 116/1223.

1908 年 4 月，特兰奇在一份直率的题为《战争爆发前会有预警吗?》(*Should Warning Precede Hostilities*?) 的报告中指出，德国一旦对英国发动袭击，无疑将是晴天霹雳之举。[1] 他宣称，"有一种观点认为……如果英国和德国之间不幸爆发战争，这种敌意早在两国外交走向摊牌的阶段就会显露出来，因此我们至少有三天甚至有可能是三个月的预警时间"。特兰奇认为这种认识"大错特错"：

> 当德国认为其海军已足够强大，或英国舰队分身乏术、应接不暇时，他们就有理由期待对英国的突袭取得成功……德国的第一波打击将毫无预兆地从天而降……谨小慎微、不敢越雷池一步不是普鲁士的风格，否则他们将一无所获。我以一个军人的身份可以预见，当德国公海舰队携大批运输船经过福斯桥（Forth Bridge）或诺尔灯船（Nore Light Ship）后，举行海牙会议也无法阻止威廉街（或伦敦）"庄严宣战"。[2]

如果说特兰奇坚信德军总参谋部一心想对英国发动突袭的话，那么他自然也毫不怀疑他们有办法做到这一点。在此，我们要特别注意两个问题。首先，特兰奇判断，德国训练和部署陆军预备役部队，征召预备役人员进行训练的举措，表明德国能在英国发出预警之前组织起入侵部队：

> 每年被征召参加秋季训练的预备役军官和士兵的人数都在以 10% 的速度递增，1908 年参加训练的预备役官兵总数已达到现役陆军总兵力的四分之三。因此，德军在每年秋天都

---

[1] 关于这一问题的论述，见 John Gooch, 'The Bolt from the Blue', in idem, *The Prospect of War*: *Studies in British Defence Policy*, *1847 - 1942* (London, 1981), pp. 9 - 14.

[2] Trench, MA 95, 27 Apr. 1908, *BD*, vi. 147.

会膨胀至几近战时规模，由此可以在无须动员的情况下对一个只拥有小规模陆军的国家开战，他们希望借此避免对军队做初步动员，以达到发起出其不意的攻击，让敌人措手不及的效果。在征召预备役人员之外，德国人还"化整为零"，这一举措实际上就是以超出对外宣称的规模组织人员训练，比如用一晚上准备好调动 4 ~ 5 个军团而几乎不让局外人发觉，并且不对公众媒体透露任何消息。[1]

特兰奇对此忧心忡忡，在接下来的 18 个月中，他又举出了至少四个例子来反复强调德国的狼子野心。有一次，他警告说"德国可以最早在每年 9 月底，在不用通过动员或特别征召预备役人员的情况下，不给我们任何发出警报的机会……着手对英国发起进攻"。[2]

不仅如此，特兰奇担心德军总参谋部正在处心积虑地在德意志帝国内营造一种保密文化，这种文化也有助于德国在当年的其他时间内集结一支部队。特兰奇焦虑的根源，是那些对希望观看德国军事演习或查访可能用于跨北海运兵的军事设施的武官们与日俱增的种种限制。特兰奇称，"自从冯·毛奇担任总参谋长后，德方有计划地采取了多种措施，以求防止人员和诸如铁路机车、汽车、船舶等移动运输方式的情报外泄"，具体措施包括：

1. 取消穿便装上班的军官的通行证。

2. 没有通行证的军事人员一概禁止在（帝国？）军事演习附近地区出现。

3. 有计划地减少对外国武官等开放的军事设施，可以参观的军事设施也越来越多地让人只见其表，难寻其里。

4. 无论是在军事演习场地还是在其附近区域，警察都更

---

① Trench, MA 93, 20 Apr. 1908, CAB 17/61.

② Trench, MA 41/09, 25 Sept. 1909, FO 371/676.

为严密地监视陌生人的一举一动。

最让特兰奇感到不安的是他发现的这些举措背后的动机。在他看来，这些规定的最终目的是形成"总体计划的一部分"，为对英国发起无法预测的突袭做好前期准备：

> 他们的最终目标，是不管什么时候都以正在进行军事演习为借口，迫使外国军事人员尽可能地远离德方打算秘密集结和调动部队的区域。它所牵涉的部队和作战物资规模之大实属罕见。换言之，这些举措正是为不宣而战而做的准备工作的一部分。[①]

如我们所见，特兰奇坚信德国国内普遍存在反英主义倾向，而德国陆军更是敌视英国。他也认为，德国政府和民众渴望拓展 172 德国的全球影响力，并且德国人也做好了打仗的思想准备。最后，特兰奇确信，德军总参谋部已经制订了入侵英国的作战计划，并已为之完成了一切必要的实际准备工作。现在唯一的问题就是德国什么时候会对英国发动突袭？特兰奇并不认为战争已迫在眉睫，一触即发。正如他所指出的那样，他告诉尤尔特"德国并不打算立刻进攻英国，目前他们也不想要战争"。[②] 特兰奇同样也对爱德华·戈申爵士表示，德国计划进攻英国"已是板上钉钉的事"，但它"只会在它认为时机成熟时才会与英国开战"。[③] 所以，德国的时间表到底是怎样设计的？按照特兰奇的设想，危机点将会出现在 1915 年。他在一份关于德国修建莱茵—黑尔讷运河（Rhine - Herne Canal）的报告中首次阐发了这一设想："有意思的是，德国政府计划修建大批可以给邻国或竞争者带来各种各样压力的军事设

① Trench, MA 25/09, 24 June 1909, KV 3/1.
② Ewart Diary, 19 Feb. 1908. Emphasis added.
③ Goschen to Hardinge, 4 Dec. 1908, CUL: Hardinge Papers, Vol. 11. Emphasis added.

施，这些计划差不多会在 1915 年完成。"① 在这一认识的基础上，特兰奇在三个月后进一步坦言："大量准备工作现在已经在进行中……其中大部分都是精心组织的，正如德国在 1815 年最终推翻了其不共戴天之敌拿破仑的统治，100 年后它又迎来了战胜其'世仇'英国的天赐良机。"② 如此一来，我们就很清楚了：特兰奇预测战争会在 1915 年爆发。这一观点在他分析德国意图的报告中屡屡被提及，可谓直言不讳。包括 1910 年 3 月新上任的陆军武官罗素在内，读过特兰奇报告的人无不对其赞赏有加。

不安全感与战争：罗素上校在陆军武官任上（1910～1914）的看法

特兰奇的继任者是罗素中校。③ 罗素作为一个"德国通"抵达柏林，他曾在英国陆军作战部下属的德国、荷兰和斯堪的纳维亚事务办公室担任过参谋军官，这一机构专门负责监视德国境内的各种活动。这意味着罗素可以从英军总参谋部得知关于德国军事动态的大量情报，当然，其中很多是由特兰奇搜集的情报。事实上，就此我们要指出，罗素曾在英国陆军部档案中仅存的一份特兰奇的报告上留下过批注，这有力地证明了他曾看过特兰奇的备忘录。④

不过，即便罗素看过很多特兰奇的报告，这也并不意味着他完全赞同报告中的观点。相反，罗素在英国陆军作战部专注于德

173

---

① Trench, MA 101, 20 May 1908, FO 371/460.

② Trench, MA 107, 17 Aug. 1908, FO 371/461.

③ 详细论证这一观点的成果见 Matthew S. Seligmann, '"A Barometer of National Confidence": A British Assessment of the Role of Insecurity in the Formulation of German Military Policy before the First World War', *English Historical Review*, 117 (2002), pp. 333 - 355. 基于新的资料证据，这一观点已得到修正和补充。

④ See the Minutes to Trench, Memorandum No. 530, 20 Mar. 1908, which include Russell's marginalia from 26 Mar. 1908, WO 106/267.

国事务的两年工作经历，使得他在看待德国问题时形成了自己独到的视角。虽然罗素同意特兰奇关于德国陆军是令人生畏的军事机器的说法，但他难以认同特兰奇对德国充斥着反英主义思潮并处心积虑地要对英国发动进攻的判断。事实上，罗素虽然也赞同德国陆军是一支强大的陆上作战力量，但这一判断最初让他得出了与特兰奇完全相反的结论，即认为目前德国并不想要战争。在罗素看来，没有任何一国有把握进攻德国并战而胜之，因此德国人也没有任何理由穷兵黩武并挑起战争。

虽然罗素提出了这种设想，但并不意味着他对德国流露出的勃勃野心、装腔作势和其国内甚嚣尘上的民族主义情绪视而不见。这些野心与民族主义情绪也让德国民众相信他们的国家正处于心生妒忌、不怀好意的邻国的威胁之中。罗素在 1910 年 4 月的报告中指出，受人尊敬的德国军事理论家弗雷德里希·冯·伯恩哈迪将军最近出版了一本新书，这本书对德国所处的战略态势的评估相当悲观；该书还竭力让德国人相信，战争已迫在眉睫：

> 在结论部分，作者提到了民众同军队的关系，不惜任何代价也要维护和平的做法是不可取的，培养儿童尚武精神的重要性，以及其他相关问题。将军断定，德国不久之后将会再次面对腓特烈大帝（Frederick the Great）时代曾出现的态势，即欧洲各国将联合起来围堵新崛起的普鲁士。①

特兰奇往往视这种危言耸听之言为德国社会中普遍存在的冲动易怒情绪的折射，同时也认为这有力地证明了德国的战争宣传无处不在；但罗素不这么看，他倾向于淡化处理类似这样的挑衅言论。如果罗素认为情势所需，他也会有意贬低这些悖言乱辞。罗素的这种回应方式，从某次午餐时他与一名年轻的德国禁卫军军官的谈话中可见一斑。这名军官告诉罗素"他特别喜欢同英国人打仗"。当

---

① Russell, MA 13/10, 12 Apr. 1910, FO 371/904.

看到罗素为此愕然时,这名德国军官意识到自己失态了,他随即话锋一转"因为你们都是绅士,哪怕兵戎相见也是光明磊落的"。罗素后来简短回忆称:"我承认这种表述有点奇怪,但在友好的氛围中这无疑是有点轻佻的言论。"① 很难想象特兰奇会作出同样的举动。然而,重要的是,在面对来自德国高层的挑衅言论时,罗素也保持了同样的克制。例如,德皇有一次在阅兵式上检阅新兵后告诉罗素:"是的,有了这样的精兵强将,让人感觉仿佛可以天下无敌,横扫一切了。"罗素对此轻描淡写道:"这种孩子气的三分钟热度据说听起来相当激动人心。但在我看来,这样的豪言壮语不过是过眼云烟罢了,不要太当真。"② 这是典型的罗素式评论风格。总体而言,罗素的报告并非要强调这些出版物和言论体现了德国人的好战性格,而是刚好相反,他认为这一类文章和谈话恰好表明德国人对其军事实力高度自信,并对其现有的地缘战略环境相当满意。比如说,罗素曾注意到《柏林日报》(*Berliner Tageblatt*)军事通讯员加德克上校(Colonel Gädke)的一篇新闻报道,报道的主题是德国在法德军事平衡中的优势地位。"加德克上校,"罗素在充分阐述了他的观点之后评论道,"认为情况对德国极为有利。"③ 同样的,他详细描述了德皇当面向其表达的对法国陆军军备质量的轻蔑态度,德皇称法国陆军衰朽不堪、肮脏腐败、疾病缠身。罗素证实,德皇曾扬言,这样一支屡弱无能的法军不可能进攻德国,因为"如果他们胆敢冒犯德国,必将以远超其想象的惨败收场"。④ 在罗素看来,不只是德皇一人持这种观点。他明确指出,这种看法在德国军队中深入人心,大行其道。"德军上下士气高涨,信心爆棚,认为自身实力远胜于其他强国,特别是法国。"⑤

---

① A. V. F. V. Russell, 'Reminiscences of the German Court', *The Fighting Forces*, 1 (1924), p. 68.

② Russell to Wade, 4 Feb. 1911, FO 371/1123.

③ Russell, MA 30/10, 15 Dec. 1910, FO 371/907.

④ Russell, MA 4/11, 3 Mar. 1911, *BD* vi. 594.

⑤ Russell, MA 23/11, 22 Sept. 1911, FO 371/1127.

　　由此可见，罗素抵达柏林时，他对德国的所见所思和德国战略意图的认知同特兰奇截然不同。罗素认为，德国对其军事优势高度自信，这种优越感使得它有理由安于现状、维护和平。遗憾的是，后续事件表明，罗素的这一认识深受他所处时代的欧洲大环境的影响。罗素在 1910 年 3 月到任柏林，当时欧洲大陆正处于一片祥和之中，这也使得罗素的报告中洋溢着乐观情绪。可惜，这种和平安宁的好日子转瞬即逝。1911 年 7 月，在罗素上任驻柏林陆军武官不到16 个月后，第二次摩洛哥危机（Second Moroccan Crisis）的突然爆发戏剧性地打破了欧洲的宁静。从严重尖锐的法德争执开始，欧洲外交摩擦陡然升级，这也在德国国内造成了新的不祥情绪。在这样一个忧患骤起的环境中，罗素感到有必要对自己此前认定德国一心追求和平的乐观判断及德国未来可能的动向重新作出评估。

175

　　以第二次摩洛哥危机为契机，罗素开始重新审视德国。这一事件绝不是德国政府的胜利，尤其是在公共关系上更是一大败笔。德国误以为将"豹"号（Panther）炮艇派往阿加迪尔（Agadir），就能让德国民众相信德国在危机中占尽上风，最终就能在殖民地问题上有所斩获。德国民众很快就醒悟过来。德国政府为了满足其建立殖民帝国的迷梦而挑起危机，而最终换来的不过是法属刚果地区的几块不毛之地，已经被吊起胃口的德国民众显然不会对这一结果感到满意，因此认为德国在这场风波中最后还是一败涂地。事实上，危机的处理结果让很多德国人大失所望，他们不仅认为德国的最终所得不过是食之无味的鸡肋，而且普遍沮丧地将这次危机视为德国在全世界面前颜面扫地的奇耻大辱。

　　在罗素看来，这一情绪对德国安全观有着深远的影响。如果说罗素此前认为德国人对他们的军事实力充满自信，因而有助于维护欧洲和平的话；那么他现在则认为，由于笃定德国在第二次摩洛哥危机中蒙羞，德国人对本国军事实力的信心开始动摇：

　　　　从最近媒体报道的语调和内容，以及从其他方面流露出的迹象看，我倾向于认为德国民众对他们完美无缺、天下无敌的军队的信心，特别是对其面对法国军队的显著优势的信心在最近几周内已开始动摇。

虽然罗素并不想断言德国国内出现了"类似恐慌情绪"，但他确信德国民众中存在"某种紧张骚动"。罗素特别强调，这种情绪并未影响到德国陆军，而是跟第二次摩洛哥危机时的情况一样，影响了德国大众对均势的认识。很多德国人对德国政府在危机中的让步不解，他们想知道为什么政府没有作出更为强硬的回应。"为什么，"他们问，"德意志帝国没有坚定地立刻决定开战，或威胁通过战争来解决我们同法国之间的分歧？"他们一如既往地认定，德国决策者之所以最终忍气吞声，是因为法国的军事实力远强于德国此前的预计。"法国在摩洛哥谈判中所表现出的无所畏惧和信心满满的态度，"罗素断定，"让德国深感不安地相信法国军队是一支强大高效的作战力量。"①

这一对军事态势的初步重估只是感知德国人忧虑的开始。很快，最初担心法国之所以出人意料地如此强硬，是因为其背后有隐藏力量支持的判断产生了一系列连锁反应。德国民众更是如临大敌，他们唯恐此前法国人的尚武好战精神在许多方面都被低估了。罗素在报告当年11月的一次关于"所谓'黑色危机'"招致非议的议会辩论时阐述了这一问题。他指出，德国人担心，在未来的欧洲战争中，法国会从其殖民地调来大批非洲部队与德国作战。这种可能性不仅激起了德国公众的愤慨②——这无疑是出于种族主义歧视——也让他们忧心忡忡，用国会代表们的话说，"绝不能对非洲当地人的军事素质掉以轻心"，由此一来，就不得不正视法国军力增长的后果。德国政府试图将这种察觉到的威胁轻描淡写，其以印度兵变为例力证"对有色人种进行军事训练"存在潜

---

① Russell, MA, No. 26, 27 Oct. 1911, *BD*, vii. 643.
② Russell, MA, No. 26, 27 Oct. 1911, *BD*, vii. 644.

在的危险，因此，从殖民地调兵的做法既不会增强法国人的信心也无助于他们取得战争的胜利，而在效果不明显的情况下征调殖民地部队的做法最后自然也会终止。① 不过，这并非辩论的结果，而是证明了它所谈论问题的重要性。整件事表明，欧洲的军事平衡要重新洗牌，德国人对这一点心知肚明。而德国民众直接表达了对德国的相对军事地位可能下降的深深不安。

因此，罗素所关心的是第二次摩洛哥危机显著改变了德国公众对局势的看法。在此之前，不分地域，大多数德国人都对国家的军事安全充满信心。在此之后，这种高度自信被新生的对德国权势和威望的忧虑所取代。罗素估计，这种"不安"的存在将会产生一系列严重后果，其中大多数都将危及欧洲的长治久安。

首先，这种新的不安全感导致了德国国内对那些被认为应该对德国的外交窘境负责的国家的敌视浪潮，英国则首当其冲。罗素在1911年9月初同德皇的一次会面中首次明确地感受到了这一点。当时，德皇威廉二世当面向罗素表达了对英国介入法德之争的愤怒之情，他尤其对英国财政大臣劳合·乔治在官邸发表的演讲大为恼火。"德国人民，"威廉二世告诉罗素，"早已对摩洛哥问题气愤不已，而劳合·乔治的演讲无助于缓和当前的紧张局面。"② 更耐人寻味的是，罗素深切地感受到德国陆军同德皇一样的挫败感。"虽然他们怒火中烧，对法国人恨得咬牙切齿，"罗素在1911年9月晚些时候报告称，"但我认为，他们对英国的怨气更甚。"③ 五周后，罗素更为强烈地表达了这一观点：

> 我认为，目前在德国陆军中占主导地位的情绪——这种情绪不仅限于陆军——是对我们的深深敌意。一些德国军官的言论很好地解释了造成这种情绪的主要缘由，他们最近向其法 177

---

① Russell, MA 30/11, 21 Nov. 1911, FO 371/1120.

② Russell, MA 20/11, 1 Sept. 1911, *BD*, vii. 493.

③ Russell, MA 23/11, 22 Sept. 1911, FO 371/1127.

国同行保证，如果没有遭到来自英国人的干涉的话，德国将不费吹灰之力地迅速解决同法国在摩洛哥问题上的纷争。①

因此，在罗素看来，英国在摩洛哥乱局中扮演的角色导致了新的声势浩大的反英主义浪潮，它将久久难以平息。罗素随后报告称，虽然很多德国军官依然对他盛情相待，但他相信"这个国家内心真实的感受"是"仇视"英国的。事实上，他一直为"来自整个德国而非个人的深深敌意"而深受打击。②

罗素也警惕地注意到，德国的这种不安全感使得新一波要求重整军备的声浪高涨。他在 1911 年 11 月首次报告了这一情况，当时他提到最近的事件"让德国人民的心态发生了微妙变化"，"很多人无疑都要疾呼建立一支更强大的陆军，并准备好全心全意地支持（扩军）议案"。③ 1912 年 1 月成立的陆军联盟（Wehrverein）就是一个新的旨在鼓吹扩军备战的爱国主义压力团体，它直接证明了罗素论断的正确性。罗素报告称，这个新成立的组织着眼于要求扩充"步兵、骑兵、炮兵和运输部队"，由此"为扩建陆军发挥摇旗呐喊的作用，正如海军联盟成功地推动德国海军扩张一样"。不过，虽然罗素道出了陆军联盟这一组织的目标所指，但他还是被其思想学说所震撼。整个德国社会充斥着强烈的不安全感，而陆军联盟正是这一思潮下的产物。罗素指出，陆军联盟建立的思想基础是"德国在欧洲的战略处境趋于恶化"。④ 它的成立本身就说明了这一点，即在阿加迪尔受辱之后德国举国的挫败感日益强烈。因此，号召精武练兵就成为应对这种不安全感的最佳选择，它顺应了德国民众的新思潮。由此可见，不安全感有力地推动了军国主义的兴起。

---

① Russell, MA 26/11, 27 Oct. 1911, *BD*, vii. 644.
② Russell, MA 7/12, 16 Feb. 1912, FO 371/1374.
③ Russell, MA 36/11, 15 Dec. 1911, FO 371/1125.
④ Russell, MA 5/12, 31 Jan. 1912, FO 371/1372.

罗素对军国主义思潮在德国大行其道的论断，使得他能在德国推出新的实际举措之前就认识到德国"已经制订了扩建陆军的计划"。① 因此，当得知新的陆军法案在 1912 年 3 月被提交至帝国国会时，罗素内心毫无波澜。尽管如此，新法案的内容依然让他感到意外。罗素报告称，德国政府寻求"加强备战，扩大征兵规模，完善陆军组织建设"。② 此前的扩军方案还算温和，只是增加征兵 2.9 万人，而最新的扩军方案则要求新增两个军团，这引起了罗素的注意：

> 战时通过动员可轻而易举地增加两个陆军军团，但在和平时期就新增两个军团，并使之富有凝聚力，运转顺畅，工作高效，可谓意义非凡。因为只有常备军才具备这样的素质，而战争爆发后临时组织起来的军团显然在战斗力上无法与之相提并论。

因此，罗素认为新的德国陆军法案意味着"作战力量的大幅提升"，使得"动员准备工作能更有效展开"。③ 实际上，新举措赋予了德国更快速地打击其邻国的能力。

德国动员和打击能力的增强，使得罗素在描述德国新的国民心态时提出了警告。正如我们所见，罗素此前认为德国人对本国军事实力的高度自信有利于维护和平，现在他又相信德国人在第二次摩洛哥危机中深受打击，从而陷入了强烈的不安全感之中。因此，罗素在报告德国加速军备建设的同时也提出要对其保持高度警惕。德国现在占主导地位的情绪指向，是"从心底里不满德国陆军蒙受了厌战的不白之冤，对法国人的傲慢自大怒火中烧，以及对英国不可避免的露骨敌意"。将这些情绪置于新一轮扩军的背景之中考察后，罗素提出，"我们现在已经很清楚德国人的情绪

178

① Russell, MA 38/11, 21 Dec. 1911, FO 371/1129.
② Russell, MA 14/12, 16 Apr. 1912, FO 371/1374.
③ Russell, MA 21/12, 13 May 1912, FO 371/1374.

波动了，当战争或和平问题悬而未决时，这种情绪随时可能发生逆转"。① 简言之，罗素已在驻柏林陆军武官任上工作了两年，起初他认为德国无意诉诸武力，而随着新的陆军法案带来的德军战斗力的显著提升，他现在担心德国可能会在爆发危机时倾向于动武。罗素向英国驻德大使爱德华·戈申爵士祖露了心声。"罗素再一次告诉我，"戈申写道，"在军人圈子里他们畅所欲言，甚至令人惊讶地谈到德国同法国开战的可能性。"罗素告诉戈申，有一种可能是，"他们想同法国大打出手"。② 罗素的看法虽然发生了 180 度逆转，但这种转变并非到此为止。

　　罗素对德国未来动向的新认识，使得他密切关注并用怀疑的眼光审视德国陆军的一举一动。如我们所见，此前他对德国方面所有的好战迹象都予以轻描淡写或为之辩解，但现在他不会这么做了。1912 年 2 月，罗素报告了关于德国秘密备战的"令人不安的谣传"。这些迹象包括德军总参谋部的活动日益频繁，德国出人意料地大量进口外国燕麦和饲料，以及为国家铁路网购置新的机车，等等。虽然有很多合情合理的理由来解释这些举动，但在罗素看来，不能对它们掉以轻心：

　　　　总参谋部不同寻常的举动也许部分可以解释为是出于满足冬训需要……

　　　　比以往更多地进口外国燕麦可能是因为去年秋季军队没能完成收购任务……

　　　　或许可以认为，为普鲁士铁路系统购进更多机车是为了响应过去多年的呼声……

　　　　但另一方面，我们不能忘了德国民众正在大声疾呼要求扩充军备，欧洲政治局势在表面平静之下实则暗流涌动，德国上下对英国充满了愤慨和敌意，因此上述举动都可以有另

179

---

① Russell, MA 21/12, 13 May 1912, FO 371/1374.

② Goschen to Nicolson, 22 Mar. 1912, FO 800/554.

一种解释，即可以理解为德国正在为战争而紧锣密鼓地做着准备，我们不能对此无动于衷。[1]

1912 年 4 月，罗素更加直言不讳地表达了同样的观点，当时他提到了德国其他的"备战举动"，包括将智利政府的订单转让给奥地利工厂，这显然是德国军工厂商正在开足马力为本国军队生产武器装备的缘故。罗素的结论是，这些备战举动恐怕表明，德国无意化干戈为玉帛：

> 如果这些需求和准备工作……只是出于保家卫国的需要的话，那么很难解释它们为什么突然变成必不可少之物，而不到一年前它们还是可有可无的。
>
> 如果这些举措并不单纯是出于防御目的的话，那么只能有一种解释，那就是它们本就是为军事进攻甚至是大规模入侵做准备的。[2]

仅仅在 14 个月之前，罗素还在为德皇的好战言论辩解，当时德皇宣称"好的士兵要以一当百，粉碎一切"，罗素对此轻描淡写道："我相信这番言论没有什么言外之意。"由此可见，他的立场转变幅度之大。虽然巴尔干战争（Balkan Wars）的爆发让人们的注意力从摩洛哥之争上转移过去，但我们很快就有理由相信，罗素立场的转变将更加彻底。

1912 年 10 月爆发的巴尔干战争对德国而言并不是个好消息。在几轮恶战末尾，德国的主要盟友们元气大伤，声望扫地，而德国最可能的敌人们则在稳步拓展其影响力，扩张领土，增加人口，提升其军事潜力。从这个意义上讲，地缘战略平衡看来再次向不利于德国的方向倾斜。正因为如此，德国对巴尔干战争反应强烈，要求进一步增加军备的呼声高涨，最终促成了 1913 年初一份新的

---

[1] Russell, MA 6/12, 5 Feb. 1912, FO 371/1373.

[2] Russell, MA 16/12, 19 Apr. 1912, FO 371/1373.

180　陆军法案被提交到帝国国会。德国的这一最新举动应做何解释呢？

　　在罗素看来，巴尔干战争后德国新的军事举措再一次表明，其不安全感已深入骨髓，他在一系列重要报告中阐明了这一点。其中最重要的是 1913 年 1 月提交的题为《德国进一步扩建陆军的影响》（*Influences Working for Further Increases in the German Army*）的报告。这份报告的中心思想是"德国此前对其陆军优势的信心已大为削弱，德国陆军本身也在一定程度上受到盛行的不安情绪的影响"。这一变化始于第二次摩洛哥危机，而巴尔干战争则"为这种信心流失火上浇油"。巴尔干战争后，中欧的军事和政治格局发生了显著变化，这对德国而言更是雪上加霜。显然，"目前同奥地利的同盟关系（无法）使（德国）获得同等的军事支持，这同过去没什么分别"。罗素指出，德国人总是期待：

> 在欧洲大战爆发时，一个强大的土耳其可以抵消塞尔维亚的力量，但作为德国盟友的奥匈帝国现在已不能再指望从一个遭肢解的奥斯曼帝国那里及时得到援助。塞尔维亚不是孤军奋战，当奥匈帝国进攻俄国时，他们显然会从侧翼和背后对奥匈帝国捅刀子。

　　正因为如此，德国在东部战线上自然也不再指望能得到哈布斯堡帝国军队的全力支持。"没了后援……他们只有依靠自己。"在对局势作出一番评价之后，罗素指出，大规模扩军备战在德国得到广泛支持："我相信……德国人普遍认为，德国政府现在应集中精力扩建陆军，而这种共识要归因于人们热切期盼新的陆军法案获得通过，这是目前德国社会热议的话题。"①

　　这种情绪的最终产物就是 1913 年陆军法案。通过立法程序，德国得以在和平时期史无前例地大规模扩充其陆军部队，为其新增了 13.6 万人。与此同时，法案也扩大了现役部队的规模，由此

---

① 　Russell, MA 5/13, 23 Jan. 1913, FO 371/1649.

显著加快了德国进行动员和部署其令人生畏的军队的速度。德国军事力量的膨胀让罗素忧心忡忡，因为在他看来，完全有理由相信德国在盛怒之下会将其强大的军队投入战斗。

首先，罗素比以往都坚信，反英主义、社会达尔文主义和军国主义在德国陆军中极有市场，他认为这些思想倾向导致一些高级军官渴望战争：

> 在德国有一个好战者的小集团，这个集团主要由高级军官组成，他们认为战争对保持德国陆军的健康必不可少，并且在任何时候都试图说服德皇接受他们的观点。这些武夫的敌意……主要针对英国。我听说德国西部流传着一种说法，即这个小集团势力强大，极为好战，特别是迫切寻求与英国决一雌雄。①

181

不仅如此，罗素还相信，这种好战思想已在德国公众中蔓延开来。1913 年 12 月，罗素将弗雷德里希·冯·伯恩哈迪发表在《德·格雷夫》（*Der Greif*）杂志上的一篇题为《德国为战争所做的财政和经济准备》（*Germany's Financial and Economic Preparedness for War*）的文章翻译成英文并发回伦敦。在文章所谈论的众多问题中，有一个是德国是否会以及将如何走向战争。罗素指出，伯恩哈迪"特别强调"了培植战争的土壤。伯恩哈迪的观点是，"如果外交手段足够高明的话，应将德国被拖入战争的一切可能性都消弭殆尽。另一方面，如果战争无法避免，德国政治家要做到未雨绸缪，有条不紊地做好备战工作，抓住最有利的时机掌握主动权"。有意思的是，正如我们所见，伯恩哈迪在 1910 年发表的类似好战言论却并未引起罗素的特别关注，而现在他却如此严肃地看待这个问题。而且，罗素指出，伯恩哈迪的主张真正引起了德国民众的共鸣："对于俾斯麦（Bismarck）的同胞们来说，这样的政策并不是离经叛道的。"②

---

① Russell, MA 5/13, 23 Jan. 1913, FO 371/1649.
② Russell, MA 44/13, 11 Dec. 1913, FO 371/1654.

罗素相信德国存在一个鼓吹战争的反英主义战争集团，这一判断也得到了德国公共财政状况这一新的不安因素的佐证，它同样是促使德国走向战争的推手。之所以这么说，是因为新的军事项目花费甚巨。罗素在 1913 年 4 月报告称，按照扩军方案，每年的非经常性项目开支为 4420 万英镑，经常性项目开支为 915 万英镑。① 这笔钱不是个小数，为此势必要大幅增税。然而，在德国，增加政府财政收入是一个高度敏感的选举议题，比洛总理的辞职事件已证明，这一问题若处理不好将造成严重的政治后果。因此，高昂的军事项目开支将可能被政治化，成为棘手难题。罗素两次将其注意力转向了局势的影响上。

1913 年 7 月 4 日，罗素撰写了关于这一问题的首份报告。在详细描述了新的扩军方案对公众舆论的影响之后，罗素指出"扩军方案基本上得到了公众的认同和支持"。不过，我们不能就此认为"为这种变革而筹措资金的办法"也被公众所接受。他认为，这种办法"引起了诸多质疑，人们犹豫不决、满腹牢骚"。事实上，据罗素进一步观察，正因为陆军法案激起的反响，"德国这艘大船在财政政策的河流上几乎失控"。这就产生了新的问题，因为不能断定这些加强军备建设的举措足以恢复德国的安全感和自信心。"至于军队首脑们需要多长时间来评估满足帝国军事需求的新法案所带来的革新的效果，"罗素思索道，"还有待考证。"是否会出现一种情况，即必须赶在已增强的作战能力被削弱之前及时让其发挥用处，以及是否需要再次向公众索要金钱？罗素在其报告的最后一段暗示了他的解决方案：

> 就此断定整个国家为军队作出的牺牲未遭到任何质疑，社会各界一致热情地拥护政府的决定，显然是言之过早。德国陆军实力大增，这台军事机器对战争的准备更加充分，并

---

① Russell, MA 16/13, 2 Apr. 1913, FO 371/1648.

且比以往更有能力延续其根深蒂固的进攻主义传统，它随时可以拔剑出鞘，这一点不容置疑。①

这不是罗素第一次暗示军事项目花费会刺激德国先发制人。大约三周半后，他在另一份报告中又提出了相似的观点：

> 无论 1913 年陆军法案的真实目的是什么，我认为它是着眼于把法国这个老对手远远甩在后面，以及针对崛起的俄国而确保德国获得绝对安全，这些目的是否通过德方所计划的扩建陆军而早已实现尚未可知。不过，确凿无疑的是德国军力将大幅增强，而它取得这一成就的方式值得认真关注。但与此同时，增税是否造成了德国财政吃紧，以及德国工业是否在相当程度上因为被抽走了如此之多的青壮劳力而元气大伤……则是另一个更有争议的问题。②

因此，罗素到底所言何物？扩军政策的效果难以长久；它赋予了德国巨大的军事优势；同时也造成了德国公共财政的紧张。对上述观点进行深入剖析——罗素曾两次将它们相互联系起来看问题——我们可以得出不那么让人舒服的可能性结论：德国会越来越倾向于发挥它的新军事优势，与其让这一优势停留在纸面上无所用处，不如让其发挥实际效果，以便得到更多的资金支持。这显然不是什么好事。

如果说罗素相信德国陆军比以往更加积极地备战的话，那么德国军官们则更是带着强烈的反英主义倾向寻求与英国决一雌雄。德国国内有一个鼓吹冲突的战争集团，同时基于财政考虑也有人期盼战争以便进一步增加军事预算，只是有一个问题待解。罗素认为战争什么时候会爆发？他认为时间节点是 1913 年 2 月，并且得出了同特兰奇在 1908 年明确阐述的观点相近的结论。在罗素看来：

---

① Russell, MA 25/13, 4 July 1913, FO 371/1648.

② Russell, MA 28/13, 28 July 1913, FO 244/818.

此刻，战争并不是负责任的德国陆军首脑们想要的，因此，任何注定要导致整个欧洲陷入严重不安和敌意骤起的举措都要三思而后行。据说德皇在几天前曾表示，在他看来，至少直到他举行登基 25 周年庆典为止，德国都是一片祥和的。从德军总参谋长最近的表态看……几乎不用怀疑这位极有影响力的德军高层目前是不想打仗的。①

如我们所述，罗素同特兰奇一样，都相信德国陆军"现阶段"不想要战争，这意味着他们希望战争在其想要的时间里到来。那么会是什么时候呢？关于这一点，考察德皇登基 25 周年的庆典能给我们带来重要启示。庆典的举行时间为 1913 年，因此，罗素和特兰奇显然都认为，1913 年之后德国将准备好发动战争。

因此，罗素最终也对德国威胁深信不疑。这一认识的形成同其近距离观察德国社会的各种动向——他称之为"国家信心的晴雨表"——密不可分。罗素估计，"（德国人民）对帝国军事实力的信心"在"1911 年秋的一段重要时间里陷入了严重的低潮"。②由此而产生的焦虑之情因为巴尔干战争的爆发而愈加严重。其结果就是，德国推出了一系列陆军法案，德国民众和军方的心态发生了微妙变化，德国人对英国的敌意不断上升，德国战争集团的势力也进一步膨胀。再加上财政上的限制带来的推波助澜，罗素认定德国已具备发动战争的潜在动机。德国已增强了其进行快速打击的能力；它会在实力还在进一步增长的时候使用这种能力吗？罗素显然担心它会这么做。

通过分析沃特斯、格莱钦、特兰奇和罗素等人的立场，我们能清楚地发现，他们同为英国驻柏林陆军武官，但不是每个人都能被称为"德国威胁的预言者"，这一概念并不是普遍适用的。首先，沃特斯和格莱钦实际上对德国构成威胁深表怀疑，至少后

① Russell, MA 10/13, 9 Feb. 1913, FO 371/1648.
② Russell, MA 40/13, 18 Nov. 1913, FO 371/1654.

者时常对这一说法提出质疑。当然，特兰奇和罗素的感受也不尽相同，但有趣的是，他们的推论思路也迥然不同。特兰奇主要关注德国社会甚嚣尘上的反英主义思潮，以及鼓吹通过入侵英国，以为成功实现世界政策的宏伟目标而扫清障碍的言论。罗素则与之相反，他最初不仅怀疑德国有同英国为敌的想法，还认为德国是一个高枕无忧、极度自信的国家，并不愿意诉诸武力。1911 年底，罗素的想法悄然发生了改变，他同特兰奇一样，开始注意到弥漫在德国陆军和德国民众中的强烈的反英主义思潮意有所指。即便如此，这种观感虽然让罗素对德国扩充陆军忧心忡忡，但他并不认为德国人会进攻英伦三岛。罗素担心德国会挑起一场大战，而不认为德国会对英国发起两栖入侵行动。虽然如此，将这种分歧撇开不谈，罗素同特兰奇一样，都确信 1913 年之后战争随时可能会爆发。因此，特兰奇和罗素都可以被称为"德国威胁的预言者"。

184

海军武官的看法（1900 ~ 1906）

如果说，我们在考察陆军武官的看法时发现，他们对德国威胁的认识要远比之前人们所认为的要复杂的话，那么海军武官的看法又是怎样的呢？在对其立场进行深入剖析时，他们的设想又呈现出何种面貌呢？

虽然在 19 世纪末，英国流动武官已定期访问德国，但直到 1900 年 11 月，随着阿瑟·尤尔特上校抵达柏林，驻德英国海军武官才成为常驻岗位。遗憾的是，尤尔特留存下来的报告屈指可数，我们急切渴望但又无从得知他对德国的看法。不仅如此，他极少数留存下来的报告也无助于我们了解其地缘政治思想。这些报告主要谈的是水管锅炉，而完全未提到德国威胁的问题。① 所幸故事

---

① 关于水管锅炉问题见 Ewart, NA 6/01, 8 Feb. 1901, and Ewart, NA 7/01, 18 Feb. 1901, ADM 1/7550B.

到这里并没有结束，我们偶然发现，可以从其他途径探知尤尔特在这个问题上的看法。

1902 年 4 月，英国海军大臣塞尔伯恩勋爵通过外交大臣，向英国驻柏林大使弗兰克·拉塞尔斯爵士提出了一系列"难题"。其中有一个问题是："德国政府或人民打算发展的海军是针对英国的吗？"① 拉塞尔斯爵士在 4 月 25 日的回复对此断然否认："在我看来，德国政府发展海军不是为了与英国为敌。"不过，有趣的是，第二天他又在附言中修正了这一观点：

> 在表达了上述看法后，我又同尤尔特上校探讨了这个问题，他向我指出，德国发展海军就是针对英国的。这一点在帝国国会的辩论中被反复提及，而德国海军法案的前言就指出，制定此法的目的就是要建立一支同世界最强大的舰队并驾齐驱的海上力量。因此，我必须修正我对塞尔伯恩第二个问题的答复。尤尔特已经向海军情报局发回了完整情报，以供塞尔伯恩使用……②

令人遗憾的是，尤尔特给海军情报局的信未能留存下来，但他无疑已就德国海军问题发表了有力的见解，因为英国海军高层沃特尔·克尔勋爵（Lord Walter Kerr）在 4 月 28 日致信塞尔伯恩，在众多事项中谈到了德国威胁的问题。克尔显然看过尤尔特的报告，因为他对这位驻柏林海军武官的观点发表了看法："我不认为一些见解，特别是我们的海军武官认为德国正在建立一支同
185　我们针锋相对的海军的看法，让我耳目一新。"③

① Lansdowne to Lascelles, 22 Apr. 1902, FO 800/11.

② Lascelles to Lansdowne, 25 Apr. 1902 with Postscript of 26 Apr. 1902, FO 800/129.

③ Kerr to Selborne, 28 Apr. 1902, Quoted in D. George Boyce（ed.）, *The Crisis of British Power: The Imperial and Naval Papers of the Second Earl of Selborne, 1895 - 1910*（London, 1990）, p. 144.

这封信让人浮想联翩，但依然切中要害；综观这两封信，其中一点是无可置疑的，即虽然我们尚不清楚尤尔特具体在担忧什么，但无疑他已确信德国发展海军是针对英国的。他的继任者也这么认为吗？

1903 年的年中，雷金纳德·艾伦比上校接替尤尔特担任驻柏林海军武官。很遗憾，艾伦比留下来的报告并不比尤尔特的多，并且一如既往，少数幸存于世的报告也更多地谈及技术问题而非战略问题。因此，我们难以判断艾伦比对德国的看法。更令人沮丧的是，他的日记也没有太多帮助。尽管艾伦比如实记录了自己的工作情况，但他在日记中并未过多透露个人观点。幸运的是，仍有一大证据可以帮助我们洞察艾伦比对德国的看法。1906 年 5 月，在从驻柏林武官岗位上卸任一个月后，艾伦比在海军战争学院发表了一次题为《德国海军与德国海军资源》的演讲。演讲的文字记录保存至今，其中有一小段涉及我们现在所讨论的问题：

> 最后，在同数不胜数的德国海军军官接触之后，我个人认为他们是彬彬有礼、热情好客、亲切友善的。虽然我们不得不承认，在国家层面上，英国并不被德国人所喜，两国并不总是志同道合。但我仍然要指出，虽然没有太多理据支撑，但我依然不认为德国人对英国的厌恶之情像大多数人想象的那样强烈。[1]

如果这就是艾伦比的观点的话，那么我们就可以肯定他并不是坚定的"德国威胁论"的支持者。英德关系出现如今的紧张局面，两国都难辞其咎，没有人会承认这一点。艾伦比显然低估了英德摩擦的剧烈程度，事实也证明了这一点。

因此，同早期的陆军武官相似，看起来最初几任海军武官对

---

[1] Allenby, 'The German Navy and German Naval Resources', Lecture Given at the War College Portsmouth, 9 May 1906, NMM: Allenby Papers, MS86/050.

德国看法的分歧，实际上比保存至今的历史资料所描述的还要大。
虽然尤尔特在 1902 年无疑已将德国海军视作威胁，但他的继任者
艾伦比却并没有那么笃定。实际上，正如在海军战争学院面对英
国海军军官们的演讲中所指出的那样，艾伦比认为诸多流行的对
德国敌意的认知都是在夸大其词。不过，这种看法也并非一成不
变。1906 年 1 月，格莱钦上校从柏林离任，这预示着来自驻德国
首都的陆军武官报告的风向将发生转变。因此，艾伦比在 1906 年
2 月返回英国，这也标志着海军武官报告的基调也将为之一新。
正如我们将看到的那样，在艾伦比的四名继任者中至少有三人，
在对德国威胁的看法上同其大相径庭。

"挑战英国的海上霸权"：迪马上校在海军武官任上（1906 ~ 1908）的看法

继任英国驻柏林海军武官菲利普·迪马同其两位前任不同，
他的两位前任留下来足以判断其战略思想的线索极少，而迪马留
给历史学家们可推断其对德国看法的信息可谓浩如烟海。这在某
种程度上可归功于他的报告大多保存完好，在档案文献中可以找
到诸多相关副本。不过，这也反映出迪马编撰其呈递上去的五花
八门的文字材料的方式。迪马看来是有意识地在其报告中打破常
规，他的报告总是有意涉及颇有争议的政治议题。这一决定显然
在其进行武官培训期间就已作出。按照惯例，在赴柏林上任之前，
迪马被召到海军部以让其熟知他们所掌握的德国问题情报。在这
些文件中，有多份是迪马的前任撰写的"来自德国的报告"。迪
马对这些报告不以为然。他在日记中称，自己对这些报告最突出
的感受是"它们索然无味"。① 尽管迪马如此直言不讳无疑是多种
因素综合作用的结果，但其中一个最可能的原因是当时海军武官

---

① Dumas Diary, 9 Jan. 1906.

的工作主要是讨论技术问题，而将政治问题留给外交官去应对。然而，鉴于德国海军建设既是军事决策也是政治问题，迪马认为这只是一个人为区分的问题。因此，他毅然着手撰写了一系列着眼于"应对德国海军建设的高度政治意涵"的报告。[①] 结果就是，迪马的报告不仅比其前任的报告要有趣得多，而且更重要的是，他的报告广泛谈及了德国的目的和意图。在这一点上，迪马的态度非常明确。他想表达的意思清楚无疑，虽然迪马并未立即对德国将挑起战争而心存忧虑，但长远看来，他仍将德国视为对英国安全的严重威胁。

迪马的报告的中心思想，是确信德国人从骨子里是敌视英国的。他在到任后不到两个月的一份报告中首次完整地阐述了这一观点，以作为对德意志帝国国会通过 1906 年海军预算的回应。迪马指出，虽然德国海军要求拨款的数额巨大，但这一要求能轻松通过帝国国会审批则更令人吃惊。究其缘由，在迪马看来，部分是因为德国公共财政系统的漏洞所致。由于德国政府通过借贷而非征税的方式来筹措大部分海军经费，因此普通民众对花钱大手大脚给财政带来的长远隐患一无所知。不过，在迪马看来更重要的是，对英国的仇恨构成了促使德国海军预算迅速膨胀的另一大因素：

> 所有的秘密就是，海军联盟为满足德国民众贪婪的欲求而忙于宣传造势。总的来说，它的目的就是要夺取英国的贸易和殖民地。人们每天都在报纸上看到各种宣传口号，即要求在同西方邻国兵戎相见并战而胜之的时机到来时，一切都要准备就绪。

迪马的论点再清楚不过了：德国海军的诉求就是未来它可作为同英国一战的尖刀而发挥用处，英国已成为被德国人所普遍憎

---

① Dumas, *Unpublished Autobiography*, IWM: 65/23/1, p. 35.

恶的国家。

不过，即便迪马认为德国民众是仇视英国的，但至少在 1906 年，他并不确信这种情绪在德国海军军官团或其他军种内已大行其道。1906 年 8 月，当迪马将其注意力转向报告德国对英国在海牙会议举行前削减战列舰建造数量的看法时，他明确阐释了这一点："在我看来，德国人对英国大失所望，认为他们削减的造舰规模太小；德国人这么看不是出于希望削减军备或减少军备开支，而是因为很多人希望一劳永逸地战胜并摧毁英国。"① 不过，十天后，较之这番笼统的、不分青红皂白的言论，他的观点明显成熟了许多，因为他做了如下的修正：

> 在阅读 N. A. 40/06 报告后……我后悔自己在总结时有点口无遮拦，未加限定就宣称很多德国人都希望一劳永逸地战胜并摧毁英国。我祈盼修正这一说法，即将这部分好战之人的范围，限定为那些深受报纸和海军联盟的宣传材料影响而决定其政治立场的无知之辈。
>
> 总体上，我相信官方和上流阶层人士没有这种对英国的刻骨仇恨，并且他们认定这种煽动行为用心险恶，极为危险。②

因此，正因为对德国民众心存怀疑，迪马才相信德国领导层会更为温和。至少，他在 1906 年是这么认为的。而到了 1907 年，他改变了这种看法。

这方面的第一个迹象出现在 1907 年 4 月，当时迪马提交了一份报告，内容是他同多名德国海军军官之前会谈的记录。在报告中，迪马提到了一名德国海军军官对英德战争前景的看法。谈话人告诉迪马：

> 当然，现在你们的海军要远远强过我们，我们现在还只

---

① Dumas, NA 40/06, 10 Aug. 1906, FO 371/79.

② Dumas, NA 42/06, 20 Aug. 1906, FO 371/79.

能甘拜下风，但几年之后，你们会看到我们将让你们尝到另一场布尔战争之苦。在战争中，我们的海军也许会全军覆没，但你们也将会损失惨重并失去制海权，而当我们重建海军时，你们就不会再有现在这样的优势了。①

188

在日记中，迪马强烈指出，这番表态意义重大，他用引人入胜的文笔概括道：

> 这是当前德国感受的真实写照，德国人所有的希望不是建立在复仇的基础上，而是建立在未来将英国踩在脚下或激怒曾傲慢无比的英国人的愉悦感之上，他们甘愿为建造属于德国人的舰队而自我牺牲，因为总有一天，德国舰队会助他们一臂之力让英国臣服。这是一个暴发户国家可怜且可鄙的卑劣想法。②

相比之下，迪马的官方报告要委婉克制得多，但在某些方面却更有意思。为回应上述德国谈话人的言论，迪马观察并写道："当然，这些话都是以一种开玩笑的方式说出来的，但显然——事实上，我确信——他道出了德国海军的真实想法，事实上这也是整个德国的想法。"③ 一言概之，迪马在1906年提出的"官方和上流阶层"与"无知民众"立场截然不同的观点已被他自己所否定。现在他认为，德国海军与德国民众有着共同的目标，即要让德国的海军和德国取代英国的海军及其全球强国地位。

迪马关于反英主义已成为德国海军主流思潮的观点，并不是对某一孤立事件的过度反应，而是体现了迪马当时更充分的考虑，

---

① Dumas, NA 22/07, 30 Apr. 1907, FO 371/260.

② Dumas Diary, 27 Apr. 1908. 在日记中，迪马认为，这番言论与其说出自一名德国海军军官之口，倒不如说应归功于一名德国外交部官员的所思所想。不管怎样，这是一名"官方和上流阶层人士"的观点，而非"无知民众"的见解。

③ Dumas, NA 22/07, 30 Apr. 1907, FO 371/260.

两个月后，迪马用更强硬的措辞反复重申，使这种考虑变得更加明确。在访问基尔时，在谈到当地德国海军军官向他展示出的让人赞不绝口的礼仪风度时，迪马对他们表示了感谢，但也进行了很有价值的深入观察：

> 与此同时，并非徒劳无益，我基于职责所系，必须指出，我认为同样是这些军官，他们日复一日地会变得越来越坚定地相信，在不久的将来，英国和德国必然会为争夺制海权而战。因此，他们劲头十足的生活和工作都是按照设想的结局去构思和进行的。当然，我也要指出，他们将英德开战视为糟糕的未来，但依然为此而做着精心的准备，因为他们几乎都认为这种痛苦是必需的。①

确实如此。迪马估计，"无论公众或私人感受是怎样的，德国的整个目标和对象都是通过训练完善其军队，以同英国为敌"。"对我而言，"他指出，"这就是简单而实在的真相。"②

迪马认为德国社会普遍存在仇恨英国的民族情绪，不仅如此，他还意识到这种几乎已经按捺不住的怒火还被人有意识地进一步煽动。应对挑起对英国的憎恶之情负责、一手炮制反英主义思潮的幕后黑手就是海军联盟。这是一个迪马长期以来都极为怀疑的组织。1907 年 6 月，他告诉英国外交部次官查尔斯·哈丁爵士，海军联盟这个组织的目的和活动都极为险恶。迪马指出，海军联盟拥有 "90 万名会员……极力向普罗大众宣扬对英国的仇恨"。③它的宣传还颇有成效。迪马在 1907 年的年度报告中充分阐述了海军联盟的影响。在指出这个组织的作用是 "将英国描绘成为德国成长和扩张道路上的拦路石" 之后，他继续写道：

189

---

① Dumas, NA 36/07, 1 July 1907, FO 371/261.

② Dumas Diary, 1 July 1907.

③ Dumas Diary, 4 June 1907.

近来海军联盟竭尽所能地去争取儿童，我可以举例来证明这一点。两位定居在德国的英国女士告诉我，她们的孩子从学校回来后问，英国是不是真的想要摧毁德国？他们是否可以为保卫德意志帝国免遭邪恶国家的进攻而贡献绵薄之力？

在另一个例子中，一些学校孩童严肃地问我，为什么英国想要摧毁德国？他们还告诉我，他们的老师要求他们牢记英国是德国的敌人。

当然，这些故事本身是荒诞不经的，但它们揭示出一个严酷的事实，即孩子们在耳濡目染之下，内心开始渐渐升起对英国的质疑和愤懑。同时，这些事例也在营造着向英国复仇的永恒诉求。

我得指出，德国海军联盟的演说家们一直在德意志帝国的每一个村落都不遗余力地宣扬对英国的仇恨，这个组织的会员数量在迅速增长，现在可能已至少达到 60 万人。可以认为，如今在德国，英国的没落成为大家极想看到的画面。

虽然对英国的恐惧成为现阶段德国突出的情感倾向，但我还是要指出，不能因此就过于肯定整个德国都在仇视英国……①

既然迪马判断海军联盟已经成功地煽动了对英国的憎恶之风，那么他在离任前的最后一份报告中对英德关系的未来不做乐观估计就不足为奇了。在更详尽地描绘了德国人"普遍仇视英国"的现象后，他重申了自己对德国人的反英主义倾向的看法：

事实上，德国社会普遍仇视英国的现象还会持续多年，因为我已无数次有力地证明，这种仇恨思想每天都在学校里被灌输给孩子们，在他们最稚嫩的年纪里给其心灵打上深深的烙印；即便毫无理据可言，这种反英主义思想灌输也会在

---

① Dumas, NA 9/08, 12 Feb. 1908, *BD*, vi. 122.

孩子们一生的大部分时间里伴随其左右，还会荼毒他们的心灵（在最后几年里主要由海军联盟来培养）。今天，这种反英主义思潮已经席卷整个德国，虽然目前狂热的反英主义者们还难有作为，但他们将耐心等待时机，在将来的某一天会彻底从幕后走到台前，届时英国在他们眼里无疑会是倾泻怒火的对象……

不仅如此……我相信今天在每个德国人的心底正在浮现出微弱而又极为令人振奋的希望，如果能勇敢地打破环绕周身的锁链，德国将迎来光辉灿烂的时刻，它甚至可以从英国手中夺取制海权，由此通过陆地驰骋或海上搏击，跻身载入史册的最伟大的强国之列。①

因此，迪马的部分论点已非常清楚。同特兰奇一样，他确信德国人仇视英国，并且他们希望有一天能以武力方式取代大英帝国的世界地位。

尽管迪马明确阐释了德国反英主义思潮的影响范围和激烈程度，但仍有问题待解：在他看来，这种诉求在实践中将以何种方式表现出来？例如，他会像特兰奇一样认为德国人计划对英伦三岛发起突袭吗？在某种情况下，回答是否定的。

在抵达柏林之初，迪马显然相信德国可能会对英国发动突然袭击。1906 年 2 月，"对德国入侵的可能性不屑一顾"的帝国防务委员会秘书乔治·克拉克爵士（Sir George Clarke）告诉迪马，英国对这类袭击"只用提前 30 个小时稍加准备"即可。但迪马在其日记中表示，他"完全不赞同这一点"。② 此事或许给我们留下了这样的印象，即迪马坚持认为至少德国有可能发动不宣而战的海上攻击，实际上他在早期的多份报告中也提出了这种观点。1906 年 9 月，在访问埃姆登港后，迪马指出，"顺便一说"，"对英国的突

---

① Dumas, NA 34/08, 30 July 1908, FO 371/461.
② Dumas Diary, 1 Feb. 1906.

袭应该会单独从埃姆登发起，此地可以提供所需的全部交通便利，作战物资可以在河上装载……以确保绝对保密，然后在不引起怀疑的情况下在河口卸下"。① 随后在 1906 年 11 月，迪马又特别就这一问题撰写了一份完整的报告。报告开篇就指出，尽管"此类入侵行动已被认定不具备可能性"，但"我对这一问题的研究却让我得出了完全相反的结论"，他进一步详细描述了这样的入侵行动会如何展开。迪马周密考察了从航行距离到驳运的方方面面的情况，读过他的报告的外交部官员斯派塞称赞其"见解独到，言之成理"，由此证明德国对英国本土的入侵是具备现实可能性的。②

以这份报告为证，是否就可以断定迪马在 1906 年 11 月认为德国发动"晴天霹雳"般入侵的可能性虽然遥远，但依然是存在的呢？实际上并非如此。迪马的日记显示，他撰写这份报告并不是要为德国入侵结论的成立寻找理由，而只是出于一个完全不同的隐蔽动机："我的报告以我根本不相信的入侵问题开篇，只是为了以此为引子来谈论这样一个问题，即我们（在德国重要港口）没有设置英国领事或代表，这才是我想要表达的意思。"③ 事实上，迪马的报告确实大谈特谈在德国主要港口派驻在英国出生的职业领事的重要性。至于德国入侵英国的问题，正如迪马在日记中已阐明的那样，他实际上根本不认为存在这种可能性。

不仅是日记显示出迪马对德国入侵的可能性越来越怀疑，深入剖析上述报告后我们也能发现，尽管迪马确实强调了"入侵（invasion）英国的可能性"问题，但他笔下所指的实际上是"突袭"（raid）的可能性。如果说迪马在 1906 年 11 月的报告中有意模糊了"入侵"和"突袭"这两个概念的区别，以更有力地支撑其需要派驻更多领事的主张的话，那么他在后续的报告中则明确地将两者区分开来。例如，迪马在 1907 年的关于德国海军的年度

191

① Dumas, NA 47/06, 18 Sept. 1906, ADM 231/47.

② Dumas, NA 61/06, 25 Nov. 1906, FO 371/80.

③ Dumas Diary, 27 Nov. 1906.

报告中也谈到了入侵问题，他假定"3 万~4 万名德国士兵可能分成几支不同的远征队，从各大海港秘密登船"。不过，此后迪马认为"即便是对付英国陆军，入侵敌军至少也要 7.5 万人，否则就只能说是太儿戏了"，他的结论是："因此，总而言之，虽然不排除德国对英国进行长途奔袭的可能性，但要入侵英伦三岛则几乎毫无可能。同时，即便有敌军抵近英国本土，远在他们卸下物资和大炮之前，至少在其摆开架势之前，我们的舰队就早已抵达并将其彻底歼灭。"① 1908 年 4 月，迪马再次谈到这个问题时也得出了同样的结论：

> 我一直在研究这一问题，迄今已两年有余，我的结论是：任何尝试入侵英国的行动（我的意思是，入侵部队至少达 10 万人，配有相应的炮兵和后勤补给，但没有骑兵）因为不可能不走漏一丝风声而注定会是一场灾难性的失败，因此，入侵的可能性很小……②

如果说迪马不同于特兰奇，他对德国陆军出人意料地对英伦三岛发动突袭的可能性做了淡化处理的话，那么他又如何看待来自德国的威胁呢？迪马的日记和报告都显示，迪马担心的并非迫在眉睫的德国入侵威胁，而是德国长远的不轨企图。他估计，德国海军建设正在有条不紊地推进，而且其背后必然有着不可告人的目的。1907 年 10 月，迪马告诉新任英国海军情报局局长斯莱德：

> 我相信，除大商人之外的几乎每个德国人，现在都期望尽快建成一支同名闻天下的德国陆军相匹配的强大舰队。更为严重的是，一旦德国舰队建设的目标完成——只可能在未来的某一天，而非现在——德国人将会致力于夺走英国对海

---

① Dumas, NA 9/08, 12 Feb. 1908, *BD*, vi. 124.
② Dumas, NA 19/08, 9 Apr. 1908, FO 371/459.

洋的统治地位。①

迪马在日记中也是这么认为的，三个月后他在日记中明确简述道："现在已经很清楚了，德国人着眼于在不久的将来同英国为争夺制海权而战。"② 在他看来，德国为推翻并取代英国的海上霸权而制订的长远计划的具体内容会是什么样的呢？

迪马首要考虑的，是评估德国的造舰能力及推断它将如何使用这种能力。在造访了大多数相关设施后，迪马在 1906 年 10 月的报告中称，德国造船工业极为先进，效率惊人：

> 德国造船厂可以在两年零九个月的时间里建造一支作战舰队，其中包括 9 艘最大型的战列舰、3 艘大型装甲巡洋舰（战列巡洋舰）、34 艘小型巡洋舰或侦察舰，以及 99 艘驱逐舰。③

无论是造舰数量还是交付速度，这种生产能力都仅仅略微落后于英国，必须引起警惕，特别是考虑到迪马尤为关注这种恐怖的造船能力将做何用途，就更不能对德国人掉以轻心。迪马明确指出，他认为德国将充分利用其强大的造船能力以缩小"英国在海军力量方面远远凌驾于德国之上的优势"。如果德国真的这么做——迪马坚信此举是针对英国的，"我们自然对此极为关注，并会动用一切手段来证实德国人的这一雄心壮志"——至此英德关系将开启一个新的危机四伏的时代。④ 在以 1908 年德国海军预算为主题的报告中，迪马进一步详细阐述了这一观点。他强调，上述问题"极为重要，非同凡响"。不仅是因为德国人"在几乎每个方向上都获得了巨大进展"，"精打细算……已被抛诸脑后"，

---

① Dumas to Slade, 18 Oct. 1910, ADM 137/3858.

② Dumas Diary, 31 Jan. 1908.

③ Dumas, NA 52/06, 3 Oct. 1906, FO 244/666.

④ Dumas, NA 9/08, 12 Feb. 1908, *BD*, vi. 131.

而且在于这些动向暴露出了德国海军造舰项目的真实目的：

> 这些动向对英国而言非常重要，它们预示着德国正以极快的速度建造一支最强大的现代化作战舰队。与此同时，德国方面也在酝酿为有效使用这支舰队而修建合适的辅助设施。

> 这些举措的意义非比寻常，因为它们可以确保德国海岸的绝对安全，让德国舰队在五年内从海岸防卫的任务中解放出来。而一旦海岸防御已固若金汤而无须多虑的话，我们就能断言，赋予这样的德国舰队的使命那就只能是进攻。①

换言之，迪马认为德国正在试图削弱英国的海上优势，从而将其舰队置于对英国皇家海军的攻势地位。

迪马对德国意图的描述回避了一大问题，即德国什么时候会发起进攻？大体上，迪马不认为德国的威胁迫在眉睫。他确信，如果有一天均势突然发生逆转，他无法保证德国人会保持克制。迪马坦言："如果德国人顷刻之间认为他们已足够强大，我相信他们马上就会对我们动手，而且是直刺伦敦市中心。"② 不过，迪马认为这种情况不太可能发生，他将主要精力放在预测什么时候德国海军建设能达到满足其采取进攻性战略的程度上。

迪马认为德国发动进攻最可能的时间节点是 1913 年或其后。例如，正如我们所见，在概括分析 1908 年德国海军预算的基础上，迪马指出德国将在"五年内"，即 1913 年摆出进攻态势。③ 这不是迪马唯一一次作出类似预测。1908 年 2 月，他再次推测英德爆发冲突可能的时间，这一次他的依据主要是德国拓宽基尔运河（Kiel Canal）和扩建威廉港的海军基地所需的时间。迪马解释

---

① Dumas, NA 65/07, 5 Dec. 1907, ADM 137/3858.
② Dumas Diary, 15 Apr. 1907.
③ Dumas, NA 65/07, 5 Dec. 1907, ADM 137/3858.

说，直到威廉港建设工程完工，德国才第一次拥有了足以容纳和保养所有承担在北海进行海上决战任务的舰艇的设防港湾。同样的，只有当基尔运河拓宽工程完成后，德国波罗的海舰队和北海舰队才能安全地合兵一处，前者再也不用冒险绕道丹麦海岸。"因此考虑到这些因素，"迪马坚持认为，"我们再次看到德国完全有理由推迟发动战争的时间，直到威廉港和运河工程竣工。"虽然威廉港建设工程进展顺利，但要指出的是，运河工程最早在 1913 年才能完工。除此之外还有不少补充证据，我们从中也可以推测出德国的时间表，这些证据包括在布伦斯布特尔（Brunsbuttel）新建的干船坞，以及在赫尔戈兰岛正在建设中的港湾设施等。这些"规模巨大的德国工程项目将在下一个五年内完成"，迪马称其为"又一个和平的人质"。① 一旦这些工程完工，发动战争就会被德国列上议事日程，而时间节点就是 1913 年！

　　顺便一提的是，我们要注意，迪马在离开柏林后很长一段时间都继续坚信 1913 年将是关键的一年。当 1911 年 11 月被问到是否准备重返德国担任海军武官时，他回答说："大体而言，我愿意再赴柏林，甘冒风险创造历史，因为我坚信英德关系将在 1913 年出现危机，我为能替欧洲分忧而深感荣幸。"② 无独有偶，在 1912 年初的会谈中，迪马告诉新任英国海军大臣丘吉尔"他大可以放心，在 1913 年之前或基尔运河工程完工之前，没有什么能促使德国挑起战争"。③ 很显然，迪马对 1913 年这个时间节点深信不疑，他最早在 1907 年提出这一观点，此后又反复强调，足见其心。

　　总之，迪马断定德国普遍存在对英国的仇恨心理，但他与特兰奇不同，并不相信德国会对英国本土发动突然袭击，而是认为德国有条不紊地准备同英国一战，目的是挑战英国的海上霸权。

---

① Dumas, NA 9/08, 12 Feb. 1908, *BD*, vi. 125 and 130.

② Dumas Diary, 16 Nov. 1911.

③ Dumas Diary, 3 Jan. 1912.

为此，德国正在周密组织、精心推进其海军建设，以使其在 1913

194　年或之后的某个阶段能准备好发起进攻。既然有此假定，迪马对

未来的预测又是怎样的呢？迪马日记所记载的他与其好友兼同事

沃尔福德·塞尔比（Walford Selby）的谈话说明了一切：“我们漫

步沙滩，纵论天下大事。塞尔比宣称英德紧张关系难以缓和，除

非德国准备好放弃建设它的舰队，但这绝无可能。如果真是这样

的话，战争某一天必将爆发。我对此深信不疑，但我又害怕承认

这一点。”① 迪马类似的表述还有好几处，散见于他的日记。虽然

迪马极不情愿，但还是不得不承认，战争不可避免。

“加速危机”：希斯上校在海军武官任上（1908～1910）的看法

1908 年 8 月 1 日，赫伯特·希斯接替迪马担任英国驻柏林海

军武官。如果说希斯的早期报告并无特别关注点的话，那么此后

他的报告就明显流露出对海军联盟及其发自肺腑的宣传对德国公

众舆论影响的极大兴趣。② 有鉴于此，希斯倾注了大量时间和精力

去分析德国海军的发展情况，此后他本应继续对此保持密切关注，

并同其前任迪马一样仔细描述德国反英主义思潮的详情。但实际

情况并非如此。在希斯抵达柏林的两个半月里，爆发了一场新的

海军恐慌，即所谓的“加速危机”。为此，希斯不得不集中精力

弄清楚，德国海军是否正以远超其公开宣称的造舰计划的规模在

建造战列舰。正因为数月之间都全神贯注于这一主题，希斯由此

形成了自己的看法。据其长期观察所得，他坚定地主张德国对英

国构成了新的威胁，并认为德国海军正在暗中建造更多的战列舰，

以求取代英国皇家海军，成为北海首屈一指的海上作战力量。既

---

① 　Dumas Diary, 19 May 1907.

② 　Heath, NA 44/08, 30 Sept. 1908, FO 371/457.

然如此，我们对希斯观点的考察就应追本溯源，从"加速危机"的起源开始切入。这场海军恐慌是如何产生的？英国海军武官在其中又发挥了什么作用？

在英国看来，有两大因素导致了这场危机。首先，英国社会各界对德国造船能力之强一直深感忧虑，他们尤为关注德国新建战舰的数量和造船速度。英国议会、媒体和海军部都想知道，德国是否能在造舰竞赛中赶上并压倒英国？其次，英国特别担心德国正在暗中开足马力大造战舰，并秘密筹集物资以便其加快造舰进度。英国公众终有一天会醒悟过来，并普遍相信到1909年，英国会发现德国人已赶上了皇家海军，并拥有了可与我们匹敌甚至更多的"无畏"舰吗？

1909年，英国的公众恐慌集中爆发。不过，英国海军部并不认为德国暗中扩大造舰规模、加快造舰速度是什么新问题。英国海军情报局官员关注德国造舰问题已有多时，他们普遍通过英国海军武官报告来了解情况。例如，德国造舰能力长期以来都是驻柏林英国海军武官关注的问题。已发现的现存较早的例子之一是艾伦比在1905年9月的信函。这封信的重点是"德国造船厂应对俄国海军大规模重建计划的能力"，俄国海军在最近的日俄战争中元气大伤。艾伦比的结论是，以德国造船厂的生产能力，它可以轻松承担俄国海军的重建工程：

> 我们可以合理推测，4家最好的私营造船厂可以马上承担建造5艘最大型的战列舰的任务。在18个月内，它们还可以下水5艘战列舰，因此5年内至少有10艘战列舰可以交付。与此同时，这些造船厂还可以开工建造4艘装甲巡洋舰，并在5年内建成8艘舰艇。①

---

① Allenby, 'Rebuilding the Russian Navy: Will German Yards be Able to Construct Many Ships?', 5 Sept. 1905, FO 244/650.

当这种生产能力被用来额外为德国自己建造舰艇时,上述数字无疑非常可观,它们代表了巨大的潜在战舰生产规模。

艾伦比不是唯一一个对德国海军造船厂留下深刻印象的人。迪马也特别强调,德国造船业有着巨大的潜力。他在 1906 年 10 月 3 日的报告中指出,德国可以在不到 3 年的时间里建造 9 艘战列舰和 3 艘战列巡洋舰,这一观点前文已有引述。不过,这只是迪马对这一问题的贡献之一。除提供造船厂的情报外,他还汇报了正在不断扩充的德国海军武器装备的情况。这一情报的重要性不能被夸大,也不能单纯从舰艇建造的后勤角度去理解。同常见的看法相反,建造主要水面舰艇最复杂、最耗时的工序不是船体建造,而是生产重型火炮及其基座。原因在于,11 英寸或 12 英寸舰炮的炮塔是一种极为精密的机械装置,要求在承受巨大的物理性应力的情况下依然能运转流畅。因此,若要使炮塔在战斗中不发生故障,它的生产商就要保证其工程精度。有鉴于此,要生产一艘"无畏"舰上的 5~6 座炮塔需要很长时间,事实上,它所需要的时间常常比建造搭载这些炮塔的战舰的时间还要长。基于这个理由,任何一个想在尽可能短的时间内大批建造战舰的国家,不仅要具备强大的造船能力,还要具备相当高的火炮和基座制造水平。

迪马在关于克虏伯军火公司快速扩张的报告中指出,德国政府对军备建设中的技术问题一清二楚。迪马在担任驻柏林海军武官期间曾两次考察克虏伯公司在埃森的工厂,他所提供的情报由海军情报局局长在 1908 年 7 月汇总如下:

> 1906 年 9 月,海军武官在埃乌斯先生(Herr Eccius)的陪同下参观了克虏伯工厂,后者告诉海军武官持续增建设施和重建工厂,都是业务正常发展所需。但据海军武官报告,新建和重建项目在工厂内随处可见,这显然不只是普通的扩大工厂规模。

海军武官在 1907 年 8 月再次造访了这个工厂，陪同官员们在他面前三缄其口。海军武官未获准参观工厂更重要的区域。但据他报告，德方正在推进一项规模巨大的重建工程。两个面积达 2.2 万平方米的巨大车间和一些较小的设施正在修建之中，以专门为德国海军和德国订单生产武器装备。①

在这种情况下，难怪迪马坚称德国完全有能力建造大批战舰。他也相信德国造船厂能以比现在更快的速度建造战舰。迪马分析认为，1908 年的德国海军预算中有相当一部分增加的经费被分配给了当年的首批新建战舰，而不是那些前几年的造舰项目。由此可以得出两个可能的结论：新造战舰尺寸更大，而建造周期更短。在充分考虑了二者可能的结果后，迪马推测德国现在打算用 33 个月建造一艘战列舰，用 30 个月建造一艘战列巡洋舰。②

如我们所见，在希斯担任海军武官之前，英国就一直非常关注德国的军舰生产能力，并就此发出了警告。德国战列舰的产量和生产速度堪与英国比肩。这是一个极为重要的信号，由此英国担忧德国正在暗中加速建造战列舰。

在谈到德国造舰能力的问题时，对德国秘密推进造舰项目的担忧在 1908 年并不是什么新鲜话题。迪马在 1906 年 11 月的日记中记录了一件事，它体现出英国长期以来的不安之情："（海军情报局局长）奥特利在一封焦虑万分的信中称，他听到传言说德国准备在基尔建造新舰，我应该去看看。"1906 年，迪马向当局保证情况并非如此。③ 1908 年下半年，类似的传言再起。区别就是，这次新任海军武官明确证实了传言属实。

1908 年 7 月出现的第一个传言，内容是德国希望提前开始建造 1909 年计划中的战舰。最早记录这一问题的档案文献是美国驻 197

---

① Minute by Slade, 15 July 1908, on Docket G10073/1908, ADM 116/3340.
② Dumas, NA 65/07, 5 Dec. 1907, ADM 137/3858.
③ Dumas Diary, 5 Nov. 1906.

柏林海军武官写的一封信，他在信中称自己通过"两个不同的消息源"得知，德国海军部考虑"今年下水第四艘战列舰……尽管如此，目前预算中还没有为第四艘战列舰安排资金"。① 英国海军武官是否也得知这一传言目前已难以确认，因为相关海军部档案已不复存在。② 不过，有证据显示迪马确实听说并提到过这一传言，主要出处是他的日记。随着"加速危机"在 1909 年初发展成为恐慌，英国社会各界对本国海军部口诛笔伐，甚至对前任海军武官迪马也颇多批评。迪马为此在日记中愤愤不平地称，他早在 1908 年 4 月就报告了德国在推进计划外的造舰项目。③ 迪马在给同他交往密切的帝国宣传家查尔斯·博伊德（Charles Boyd）的信中谈到德国加快建造战列舰的问题时，也表达了类似的看法："两艘额外的德国战舰在去年 11 月和 12 月下水，这只是在经济大萧条时期为德国造船厂解燃眉之急的举措。我已经报告过，这一计划早在去年 8 月的第一周就已开始酝酿。"④ 对历史学家而言，遗憾的是，迪马在 1908 年 8 月的第一周已回到伦敦，他最后的观众是英国国王、英国海军部和外交部。因此，迪马此时所做的报告——此类报告甚多，其中一份是给第一海务大臣费希尔的，主题是"德国海军和造舰能力"⑤ ——更多是口头进行的，而没有留下文字记录。因此，迪马的判断已无法证实。尽管如此，迪马所言也绝非信口雌黄。首先，1908 年 8 月 14 日，费希尔致信海军大臣，告诉他"有一份报告提到，德国打算利用国内造船厂开工不足之机，另外再下水一艘'无畏'舰"。⑥ 这几乎可以说正是迪马告诉博伊德他向海军部汇报的内容。不仅如此，希斯刚一踏上

① Belknap to Rodgers, 23 July 1908, NARA: RG 38, Case 9485.

② 相关档案随着 4877 号文件"英德关系与造舰项目"的销毁而遗失。ADM 12/ 1442, Cut 52.

③ Dumas Diary, 29 Mar. 1909.

④ Dumas to Boyd, 12 Apr. 1909, Bodleian Library: Milner Papers, DEP 35.

⑤ Dumas Diary, 4 Aug. 1908.

⑥ Fisher to McKenna, 14 Aug. 1908. CCAC: MCKN 3/4.

德国国土的行为也证实了迪马所言不虚。在 1908 年 8 月的第二
周，即在迪马宣称的报告被递交之后，新任海军武官希斯不等搬
进新住处，就立马启程访问德国海军港口。如此马不停蹄地远行
表明，希斯急于寻找什么——也许是德国暗中扩建舰队的蛛丝马
迹？希斯的目标可以从他访问了基尔和汉堡之后随即提交的报告
中窥得一二。我们可以抽丝剥茧，追寻到希斯在报告末尾所提的
最后一句，内容完全出乎意料，他的评论是："在我看来，就造船
而言，（德国海军）项目可以加快进度。"① 由于这一判断没有任
何关于德国造舰速度的讨论做铺垫，此后在报告中也没有任何逻
辑分析，因此是非常奇怪的一番评论。不过，假设希斯在造访德
国造船厂之前已得到海军情报局的耳提面命，而这番评论又是对
海军情报局所设计问题的答复的话，那么一切就都能说得通了。

　　如果正如我们推测的那样，迪马已报告过德国正在加快战列
舰建造的进度，希斯也曾受命尽快去确认这一情况的话，他没有
花很多时间去寻找德国暗中建造战列舰的证据或许就不足为奇了。
1908 年 10 月 13 日，自由派媒体《柏林日报》报道称，本应在
1909 年 4 月 1 日后授出的 1909 年造舰计划规定的两艘战列舰的订
单，已经被分配给了两家私营造船厂。美国海军武官和《泰晤士
报》驻柏林记者都注意到了这则消息，英国驻但泽领事布鲁克菲
尔德同样也颇为留意。② 他告诉英国海军部："其中一艘计划在明
年开工的战列舰的合同据报道已被授予席肖造船厂……另一艘战
列舰的合同则被交给了斯德丁的伏尔铿造船厂。"希斯在给英国海
军情报局局长关于"造舰进度"的私人信件中也证实了这一点。③
尽管这封信已遗失，但保存至今的一周后的一份报告告诉我们希

198

① Heath, NA 39/08, c. 25 Aug. 1908, FO 371/461.
② Belknap to Rodgers, 17 Oct. 1908, NARA：RG 38, Case 9458. *The Times*, 15 Oct. 1908, p. 5, col. f.
③ Entry in the Admiralty Digest for the docket British Consul 14 Oct. 1908, ADM 12/1454, Cut 52. Also, Marder, *FDSF*, i. 153 – 154.

斯可能这么说："1909～1910 年海军预算尚未公布，但无疑列入当年造舰计划的两艘战列舰的合同已被授出。这比正常程序至少早了 6 个月，而且合同授出时所需资金还未编列。"① 这一新闻成为一系列此类汇报的开端。此后，希斯关于德国加速建造战列舰的报告如潮水般涌向英国海军部。

第一份报告标注的日期是 1908 年 10 月 20 日，内容是希斯访问威廉港的帝国造船厂的所见所闻。技术上，希斯前往该地是为了查验 1908 年造舰计划规定的一艘战列舰"奥尔登堡"号（后来的"东弗里斯兰"号，SMS *Ostfriesland*），该舰在 1908 年 4 月由德国海军订购。因此，希斯此行理论上与德国加快建造战列舰的问题无关，后者主要涉及 1909 年造舰计划中的舰艇。不过，希斯对 1908 年计划规定的舰艇建造工作的观察深刻影响了他对 1909 年战列舰建造计划的报告。他指出："德方为建造'奥尔登堡'号已做了大量准备工作，但我的向导告诉我正式开工建造这艘战舰的日期已被尽可能地推迟，以便做好记录。"② 这番此地无银三百两的言论可谓欲盖弥彰，它实际上承认造船厂已提前准备好了材料，一旦获得正式开工指令，就能更快地完成战舰的建造工作，这给希斯留下了深刻的印象。如果说这种机制可以被用来加快 1908 年造舰计划中战舰的建造工作的话，那么未来它同样可作为加快战舰建造进度的有效办法，还有什么能阻止德国这么做呢？这一问题在 10 月 20 日的报告中甚少被提及，但在随后的讨论中将被公开指出。

是年 11 月初，希斯与英国大使馆代办德·萨利斯有过一次谈话，内容是关于"传言……造舰计划规定的三艘战列舰将在 1909 年 4 月 1 日新的财年开始后下水，但据称它们现在已在建造中"。德·萨利斯回忆称，希斯告诉他，"据他所知，这一传言大部分属实；在他看来，耗时甚多的材料准备工作业已开始，尽管直到下

---

① Heath, NA 47/08, 21 Oct. 1908, FO 371/462.
② Heath, NA 46/08, 20 Oct. 1908, FO 371/462.

一个财年通常才会为这个项目分配资金"。① 两周后，在得到美国海军武官提供的情报后，希斯补充了这样的消息"造舰材料正在筹集，为在新财年之初开工而做的准备工作正在紧锣密鼓地进行之中"。② 此后在 1909 年 1 月，希斯在两个不同的场合指出，他从不同的消息源得知"席肖造船厂已开始为建造 1909～1910 财年造舰计划规定的一艘战列舰筹集材料。"③ 1909 年 3 月，他又提到自己与一名德国海军军官交谈过，后者告诉他"所有的私营造船厂没必要观望踌躇，如果它们认为自己'可能'获得战列舰订单，它们都可以按照这种'预期'提前做好准备工作"。④

　　希斯的一系列报告显示，他对两点深信不疑。首先，1909 年造舰计划的战舰订单已提前被授予两家或更多私营造船厂；其次，建造这些战舰所需的材料已提前准备好，以确保正式开工后能尽可能快地完成战舰建造工作。正如希斯进一步的讨论所表明的，除上述两点外，他也认为德国采取了特别措施以为上述安排提供财政支持。其中大部分措施，是寻求让国会为海军特别拨款。1909 年 1 月，希斯报告称"在一年内未用完的余款，可以在下一年度继续使用而不必审核"。⑤ 当然，这么做的结果就是可以积累一笔备用金，它可用于资助那些计划外的造舰项目。此举并非德国努力的全部内容。一年后，希斯向海军情报局发回一份报告，报告列明了 1904～1908 年的德国海军预算和实际支出。报告显示，这些年德国从结余中共拨出 62.7 万英镑"用于新建战舰"。⑥ 这些钱可能的用途包括加快建造已列入造舰计划的战舰。

　　德方阻止希斯获取关于建造中的战舰的情报，进一步加深了

① De Salis to Tyrell, 3 Nov. 1908, FO 800/61.

② Heath, NA 48/08, 16 Nov. 1908, FO 371/463.

③ Heath, NA 3/09, 14 Jan. 1909, and Heath NA 4/09, 21 Jan. 1909, FO 371/671.

④ Heath, NA 8/09, 17 Mar. 1909, FO 371/672.

⑤ Heath, NARS 10/09, 27 Jan. 1909, ADM 137/3859.

⑥ Admiralty 7 Feb. 1910, Ibid.

200 他的怀疑。听说建造 1909 年计划中的战列舰的准备工作已提前启动后，希斯自然希望实地考察那些传闻提及的承建这批战列舰的造船厂。以斯德丁的伏尔铿造船厂为例，希斯在 5 月初获准造访该厂，结果是他报告称"没有发现任何准备下水大型战舰的迹象，在我参观的工厂里也没看到什么前期工作"。① 德方的这种保密措施无疑产生了积极效果，它减轻了英方的疑虑之情，甚至让德皇嘲笑英国人的杯弓蛇影是多么的愚蠢。希斯在描述这次谈话时说："皇帝陛下随后暗讽我最近的伏尔铿造船厂之行。'我对你的一举一动都了如指掌。你想登上所有的在建船台，寻找计划外建造中的战列舰，但却一无所获！'"② 因此，可以说如果希斯同样也能造访其他相关造船厂的话，无疑将有助于给危机降温。遗憾的是，这些访问未能获得德方批准，他们拒绝了希斯造访但泽的席肖造船厂的申请。希斯由此在反驳中对德方此举做了最坏的推测，就不难理解了。德方宣称席肖造船厂承建的战列舰工程在 4 月 1 日后才会开工，但希斯对此讥讽道："要是能看到提前 7 周动工建造的战舰的进展情况，真是会让人兴味盎然。"③ 仅就这番话而言，我们就能明白希斯为何认定他的访问申请注定会被驳回了。

基于以上种种理由，希斯日益相信德国正在试图加快造舰进度。在他看来，德国海军部正尝试提前几个月分配订单，并鼓励造船企业预先准备好材料，以为更快地完成造舰计划创造条件。他不是唯一持这种观点的人。这很快就成为英国海军部、议会和媒体的共识，即认定德国加快战舰建造进度确有其事。遗憾的是，虽然希斯的报告属于高度机密，但政客们在议会下院的演说和媒体的报道却是公开进行的。因此，德国政府很快就了解到英国对其行为的态度。如本书第一章所述，他们对英方的指责大为光火，并将怒气都撒到了希斯身上。各种设施逐渐对希斯关上了大门，

---

① Heath, NA 13/09, 4 May 1909, FO 371/673.

② Heath, NA 16/09, 1 June 1909, Admiralty Library: Ca2053.

③ Heath, NA 15/09, 24 May 1909, FO 371/674.

他还遭到了蒂尔皮茨和德国海军部官员与日俱增的傲慢对待。不过，人的本性就是如此，希斯所受到的无礼对待越多，他就越发坚信自己的判断是正确的，并愈加渴望为自己辩护并证明其观点。因此，在武官任上的最后 9 个月中，希斯不遗余力地去论证德国已在执行加快战舰建造进度的计划，并强调德国海军当局为此还掩耳盗铃，欺骗世人。

　　为了戳穿德国人的谎言，希斯一再宣称德国官方统计的战舰建造时间不可信。关于这一问题的首份报告写于 1909 年 11 月。201在谈到德国首批服役的两艘"无畏"舰"拿骚"号（Nassau）和"威斯特法伦"号（Westfalen）时，希斯指出，"威斯特法伦"号服役的真正时间和官方宣称的时间明显不一致：

> 　　"威斯特法伦"号正式服役是在 11 月 16 日。有意思的是，"官方宣称"该舰的蒸汽动力装置试验要持续"大约 6 个月"，那么该舰在下水 6 个月后才能称得上是"正式"准备服役。而自"威斯特法伦"号离开威悉河造船厂迄今已有 6 周之久。[1]

　　这份报告的意思已经很清楚了：战列舰建造的进度表有 5 个月的弹性时间。不仅"威斯特法伦"号是如此，希斯也怀疑"莱茵兰"号给出的官方时间也不可信。[2] 因此，希斯极为怀疑德国提供的"官方"战舰建造数据的价值。1910 年 3 月底，他在一份冷嘲热讽的报告中充分表达了自己的质疑：

> 　　今天大多数柏林主流报纸都刊登了一篇文章（显然有过统一安排），内容是回应英国议会下院关于"拿骚"号战列舰及其同级战舰的建造速度的声明。
>
> 　　按照德国"官方"给出的时间表，每艘战舰需要 36 个月

---

① Heath, NA 26/09, 16 Nov. 1909, FO 371/676.

② Heath, NA 7/10, 3 Mar. 1910, FO 244/746.

及以上的时间建造。

这份时间表的价值究竟如何，可从以下事实中去判断。

"威斯特法伦"号在"拿骚"号下单 6 个月后"正式订购"

"威斯特法伦"号在"拿骚"号之后 6 周开始"正式服役测试"，然而它"正式"开工建造的时间却仅仅晚了 3 个月。

这不是希斯对官方数据提出的唯一质疑：

关于"威斯特法伦"号还有一些情况需要指出。这艘战舰首次尝试驶离造船厂是在 1909 年 9 月（结果是搁浅）。公开报道的第一次蒸汽动力装置试验是在 1909 年 10 月 12 日。但根据今天公开的进度表，它直到 1909 年 11 月 16 日才开始进行这一试验。

此外，尽管德方宣称在 1906 年 5 月 31 日正式下单订购"拿骚"号，但众所周知，威廉港直到 1907 年才有合适的船台以供使用。[①]

正是考虑到了以上诸多情况，希斯形成了这样的结论：首先，他确信德国可以比他们所宣称的更快的速度建造战舰："在我看来，德国主要造船厂无疑都有能力在 30 个月内建成一艘战列舰。这一工期是从战舰开工之日算起，不考虑前期准备工作的时间。我还认为，克虏伯公司能为建成的战列舰提供火炮和装甲。"[②] 其次，希斯相信，德国战舰的建造流程经过周密规划，以确保最大限度地提高效率。他指出，德国战舰建造的"惯常流程"都"显然经过精心安排，使得战舰在建造周期的头两年能快马加鞭，以准备好在情势所需时能迅速完工"。[③] 最后，他认为德国海军预算也对加快战舰建造进度的计划予以配合："各型舰艇的进度并不稳

202

---

① Heath, NA 13/10, 24 Mar. 1910, FO 371/901.

② Heath, NA 13/10, 24 Mar. 1910, FO 371/901.

③ Heath, NA 28/09, 17 Dec. 1909, FO 371/677.

定，因为（海军）法案明确规定要为一艘战舰提供资金，则势必要对另一艘战舰的开支有所限制。"因此，希斯相信所有在建的战舰都可以加快进度，他在一份报告中所列出的时间表同时显示了"舰艇应接受测试的官方日期"和"舰艇被认为时机成熟，已准备好服役的日期"。毫无疑问，后者要远早于前者。①

因此，如我们所见，希斯对德国威胁的本质有着独到见解。不同于前任全神贯注于德国的反英主义思潮的长远影响，希斯（可以理解）的注意力则集中在德国加快造舰进度的即时后果上。他分析指出，德国处心积虑地图谋通过暗中提前建造"无畏"舰来蚕食英国的海上优势，以求赶超英国海军。此举给英国安全带来的明显危险是，英国的海上优势可能会就此不复存在。希斯的担忧会传承下去吗？

大海军党：沃特森上校在海军武官任上（1910～1913）的看法

在一定程度上，希斯的继任者休·沃特森继承了他的看法。在抵达柏林后，沃特森提交了一系列报告以进一步证实德国在加快战舰建造进度。例如，他在 1910 年 11 月两次注意到，德国舰艇待在船坞中的时间要远远超过完成造舰工作所需的时间。为什么这么做？在某种层面上，这种灵活的安排也在情理之中，以便为意料之外的推迟完工提供时间上的缓冲。沃特森认为，正因为采取了这种内在的弹性安排机制，汉堡造船厂工人的罢工才"不会对按期完成已下单战舰的建造工程有影响"。② 另一方面，沃特森也意识到"巨大的造舰规模"也会产生其他后果。例如，它可以"在需要时"，"迅速加快"造舰进度。③ 这并非支撑沃特森判

① Heath, NA 27/09, 9 Dec. 1909, ADM 137/3859.

② Heath, NA 43/10, 4 Nov. 1910, FO 371/901.

③ Heath, NA 46/10, 29 Nov. 1910, *BD*, vi. 556.

断德方加快战舰建造进度的唯一证据。他也同意希斯的说法，即德国方面可调整预算安排以便"在必要时"，为海军暗中将资金分配从一艘战舰转移到另一艘战舰提供方便。[①] 沃特森也认为，此举是为了加快造舰进度。

如果说沃特森接受了希斯的观点，同意德国打算加快造舰进度的说法的话，那么他是否也相信这一计划已付诸实施了呢？答案是肯定的。确实，沃特森最后确认蒂尔皮茨在 1909 年声称的德国到 1912 年秋将拥有 13 艘主力舰的说法属实，此言已得到"证实"。[②] 不过，与此同时，他又指出德国人声称的造舰计划与这些计划实际执行的情况有着天壤之别。1911 年 9 月，沃特森报告称，"东弗里斯兰"号、"图林根"号和"赫尔戈兰"号（*Helgoland*）三艘战列舰的建造分别用时 33 个月、30 个月和 32 个月，尽管"遭遇了 1910 年 8~9 月的罢工"，但这些战舰都如期完工了。因此，沃特森断定，蒂尔皮茨声称德国主力舰建造需用时 36~40 个月的说法"现在已不符合事实"。不仅如此，在他看来，"我的前任在任期间形成的对德国造舰能力的判断完全是合情合理的"。[③]

不过，即便沃特森同意希斯关于德国可能加快战舰建造进度的说法，这也不意味着他在这一问题上有先入为主之见。同希斯一样，沃特森认为德国对英国构成了威胁，但他对德国威胁的分析却并未从战列舰建造速度和担心德国会加快造舰进度入手。在沃特森看来，真正的危险是以蒂尔皮茨和德国海军部高官为核心，囊括了德国军火公司、造船企业和舰队的狂热支持者等的小集团，他将这个小集团称为"大海军党"（the Large Navy Party），强调必须时刻警惕这个集团的思想毒瘤和阴谋诡计。[④] 沃特森将这个小圈

---

① Heath, NA 48/10, 11 Dec. 1910, FO 244/746.

② Watson, NA 44/13, 13 Oct. 1913, *BD*, x2. 711.

③ Watson, NA 22/11, 1 Sept. 1911, FO 371/1125.

④ 沃特森第一次提出这一概念的记录，见 NA 11/11, 30 Mar. 1911, *BD*, vi. 614。此后他经常使用这一概念。

子描述为"蒂尔皮茨—克虏伯—造船厂—海军联盟集团"，① 他认为这个具有高度凝聚力的小帮派不仅要推动德国海军扩张，也要处心积虑地引导德国的海军扩张向着直接挑战英国国家利益的方向发展。基于这种信念，沃特森自然要竭尽所能地去阐明在阴谋驱使下德国海军政策的危险指向，以及详述它的目标和运作方式。

沃特森一再重申的核心观点是，蒂尔皮茨及大海军党的最终目标是打造一支足以同英国皇家海军并驾齐驱的舰队，并挑战英国的海上优势。他们虽然在诸多公开和私下场合所言都刚好与之相反，但其实内心真实的想法从未改变过。1911 年 9 月，沃特森写道：

> 过去几年德国海军政治和活动的种种迹象，让人不得不相信，德皇麾下的德国有关部门正在以有效的连贯性政策和政治战略稳步推进舰队建设，以同英国舰队形成竞争之势。德国人并非孤军奋战，他们至少得到了地中海盟友的支持。②

204

需要指出的是，这不过是众多关于这一问题的意见表述中的一个。1912 年 2 月 8 日，沃特森"冒着被批啰唆的风险"决定再次表明自己不可动摇的判断，即"我们是时候要认识到，德国是在满腹狐疑的动机驱使下，并带着在同英国的竞争中永占上风的妄想推行其海军政策的"。③ 随后在 2 月 21 日，沃特森又指出："正如我所报呈的那样，冯·蒂尔皮茨海军上将职责所系的主要目标是让德国舰队同英国海军并驾齐驱，或几乎能平起平坐，对此我们必须清楚明白……即便不是所有人都深谙这一点，至少他的亲近下属对这一目标是心领神会、感同身受的。"④ 是年 3 月 28

① Watson to Marsh, 22 Mar. 1912. R. S. Churchill, *Winston S. Churchill：Companion*, ii3 （London, 1969）, p. 1531.

② Watson, NA 25/11, 27 Sept. 1911, *BD*, vi. 645.

③ Watson, NA 5/12, 8 Feb. 1912, FO 371/1372.

④ Watson, NA 6/12, 21 Feb. 1912, FO 371/1372.

日，沃特森再次表示，蒂尔皮茨只要在位，他就会施展"他强有力的个性并发挥其影响力去追求他近年来朝思暮想的这一目标，即要让德国舰队尽可能地缩小同英国海军的实力差距"。[①] 其他的报告在观点表述上同这份报告也是大同小异，它们都建立在一个前提基础之上，即沃特森在 1911 年 5 月首次阐发的那个观点——蒂尔皮茨"对英国心存偏见"。[②]

当然，想要与英国皇家海军一较高下和实际能这么做不是一回事。沃特森认为，为了在英国海军部眼皮底下打造这样一支庞大的舰队，同时为了说服德国民众情愿缴纳更多的税款，蒂尔皮茨及其同僚需要玩弄权术于股掌之间。特别是，他们应该从两大复杂和充满挑战性的方面入手去努力。

第一个方面是通过误导英国政府和民众对德国实际意图的认知，先发制人地阻止英国的反制措施。沃特森估计，蒂尔皮茨对这个问题早有准备，并为此制订了应对计划。首先，他会"小步快跑"，稳步推进德国的海上力量建设，在这个过程中逐渐削弱英国的海军优势。与此同时，他还会竭力"蒙蔽英国的双眼"，宣称德国海军并不会对英国构成威胁，由此希望掩盖自己的真实目的，麻痹可能的对手。[③] 沃特森解释说，如此这般双管齐下——在稳扎稳打增强海军力量的同时以言语安抚敌人——就构成了蒂尔皮茨的战略选择。他一方面领导德国海军全力缩小同英国的实力差距，另一方面又竭力麻痹英国，平息其警惕和不满之情。按照沃特森的分析，这一计划在实施过程中将分三步走：

（a）在第一个阶段，德国人将言之凿凿，宣称德国建设舰队并不是着眼于同英国一争高下。英国为海上霸主，德国

---

① Watson, NA 21/12, 28 Mar. 1912, FO 371/1374.

② Watson, Germany (Secret), 24 May 1911, FO 371/1123.

③ Watson, NA 5/12, 8 Feb. 1912, FO 371/1372.

不可能觊觎并挑战英国的权威……

（b）其次，为德国海军力量披上云山雾罩的面纱，让人难以探明真相。与此同时，在增加海军预算之前，又不厌其烦地广而告之，大肆宣传德国没有增加海军预算的想法……

（c）第三……在判定他们通过不懈努力已有效削弱了英国的海军优势之后，他们会同英国摊牌，扬言英国不能再像以往那样大言不惭地宣称其优势在握。[①]

沃特森坚持认为，在英国弄清楚发生了什么之前，德国通过这种方式就能造成一种局面，即它可以宣布"德国的海军力量已达到英国的三分之二，很快就将同英国并驾齐驱"。[②] 这至少是大海军党的逻辑。沃特森指出："鼓吹增加德国海军预算的那帮人极力主张，如果继续推行现有的海军扩张政策，英国舰队的相对战略和战术优势将逐步被削弱殆尽。"[③]

第二个方面是创立一支足以同英国皇家海军相匹敌的德国舰队，此举需要大量资金支持。蒂尔皮茨必须获得德国纳税人和帝国国会的同意，更重要的是争取到拨款。既然这一计划费用高昂，那么要使其得以落实绝非易事。因此，除误导英国外，蒂尔皮茨及其支持者也意识到，要实现这一目标，他们必须不遗余力地争取社会各界对德国舰队扩建计划的广泛支持。沃特森认为，大海军党有多种办法来影响、塑造德国的公众舆论。

在沃特森看来，最极端的情况是大海军党将操纵德国外交事务，甚至是制造重大国际危机，而这一切只不过是出于为推动造舰运动而制造借口。因此，1911 年年中第二次摩洛哥危机爆发后，沃特森向英国政府报告称，德国之所以作出向阿加迪尔派出炮艇的挑衅举动，一个可能的原因是旨在为"进一步扩建德国海

---

① Watson, Germany (Secret), 2 July 1912, Admiralty Library: Ca2053.

② Watson, NA 6/12, 21 Feb. 1912, FO 371/1372.

③ Watson, NA 50/12, 15 June 1912, FO 371/1377.

军"奠定基础:

> 德国海军部正苦于找不到扩大现有海军法规定的造舰规模的合理借口,帝国国会中多个党派已暗示不会再同意进一步扩建海军……

> 德国海军的政治处境现在已发生了翻天覆地的变化。国际政治的疾风骤雨袭来,使得德国海军部有了充分理由要求扩建舰队或加快海军更新换代的步伐。我认为,大海军党正在利用第二次摩洛哥危机推动其主张,摩洛哥危机在很大程度上从一开始就被用来为德国扩建海军制造借口。①

206　除制造重大外交危机外,沃特森还笃定大海军党为实现其目标而有意干涉英国内政。1912 年 3 月,他提到有一则情报引起了他的注意:德国驻伦敦海军武官威登曼上校会晤了《全球报》(*Globe*)编辑乔治·阿姆斯特朗爵士(Sir George Armstrong),他还同保守党领袖安德鲁·博纳·劳(Andrew Bonar Law)成为亲密的伙伴。虽然这类会晤本身并没有什么值得一提的内容,但威登曼却有意利用这个机会宣称,哈尔丹勋爵代表英国政府,出人意料地同意并接受了德国 1912 年的海军扩建方案。沃特森认为威登曼这一"轻率言行"实则是"极有心计"之举。他指出,威登曼"别有用心地在一位保守党高层面前如此言之凿凿,是希望保守党可借题发挥给自由党制造麻烦并从中获益,而德国或许可以通过挑拨英国两大党派的关系而渔翁得利"。沃特森作出这番推论的理据是,大海军党在激发公众对海军扩建计划的热情上存在重重困难。因此,他推断,大海军党非常欢迎获得"外部襄助以赢得更多的支持者",而没有什么比利用英国媒体更有可能号召到更多的拥护者了,它对德国推进其扩建海军大计至关重要,这显然正是德国人心中孜孜以求的来自

---

① Watson, NA 23/11, 15 Sept. 1911, FO 244/770.

外界的鼎力相助。① 威登曼通过英国保守派媒体之手将精心编造的故事公之于众，悄无声息地向英方发起骤然一击，可谓深得马基雅维利主义之真传。他妄图引发英国政治纷争，从而挑起德国公众的怒火，为扩建海军铺平道路。难怪沃特森通过官方渠道向国内发回上述报告之举被英国驻德大使叫停，② 他在几天后记下威登曼"是一面狡黠而又忠贞不贰的镜子，在形成我们可行的对策意见之前，我们从他身上可以还原并澄清德国海军部的所思所想"。③

当然，沃特森首先得承认，对大海军党而言，制造重大国际危机和干涉英国内政并非是仅有的推进其海军扩建主张的办法。除此之外，还有一个风险较小的方案是利用媒体营造一个包容德国造舰计划的社会舆论氛围。这方面值得注意的是，沃特森一直警告称德国海军扩张主义者掌握着巨大的宣传机器，它唯一的使命就是在海军问题上"教育"公众。海军宣传机构的核心是德国海军部新闻局。沃特森多次指出，这一机构"与其说是专门处理海军事务的组织，倒不如说是更侧重突出德国海军部的政治属性"的专门宣传机构，虽然它极力否认这一点。有大量的证据可以证 207 明，德国海军部新闻局的重要官员"在讨论海军事务时总会出现在帝国国会"，并且"在德国海军部各自的办公室内"定期"（接见）媒体代表"。他们也始终同海军联盟的领袖人物保持联系。

上述活动，特别是德国海军部新闻局与德国海军记者团所建立起来的密切联系，奠定了新闻局在引领海军事务的公众舆论方向上的主动地位。在沃特森看来，德方由此可以激励宣传文章，引导海军造势运动，必要时甚至可以掀起一场旨在推动扩建舰队的声势浩大的舆论浪潮。因此，沃特森坚信新闻局不仅是德国海军宣传的急先锋，而且实际上也是幕后推手和主导者。1912 年 4

---

① Watson, Germany（Secret），15 Mar. 1912, FO 800/354.

② 报告是通过私人渠道发回的。Goschen to Nicolson, 16 Mar. 1912, Ibid.

③ Watson, Germany, NA 13/13, 19 Mar. 1912, FO 371/1375.

月，他在一份报告中系统地介绍了新闻局的作用。在报告中，沃特森以冯·库尔威特上校（Captain von Kuhlwetter）为例，详细描述了表面上独立的海军记者实际上是如何听从新闻局及新闻局官员休曼上校（Captain Humann）指挥的：

> 我们要知道，德国设置了一批常任海军记者；其中之一就是库尔威特上校，他是唯一一个新近加入海军记者团的记者。
>
> 英国海军大臣就海军预算问题发表演讲后的第二天，库尔威特上校发表了他的处女作，称赞海军大臣的演讲公正合理，对此应多加揣摩思考。当时，德国海军部新闻局还未考虑与他亲密接触。
>
> 当天，一名受雇于外国媒体的先生恰好在休曼的办公室里。他亲眼见到休曼接到电话，称呼电话那头的人为上校先生，并对其毕恭毕敬。
>
> 我认为同休曼在电话中交谈的人可能是新闻局局长霍尔维格上校（Kapitän zur See Hollweg）。
>
> 休曼收到了霍尔维格的指令，他重复了指令并将其记录下来。指令的内容应该包括审视库尔威特上校站在错误立场上的文章产生的影响，以及丘吉尔先生关于海军预算问题的演讲代表了英国对德国的愤怒之情，休曼想知道这种已传开的说法的具体内容。[1]

正因为得知了上述情况，沃特森才会断定"无疑，德国海军部新闻局要对德国媒体上出现的大量关于海军问题报道的作者负责，至少与他们关系密切"。[2]

如果说沃特森确信德国海军部新闻局正在精心策划宣传攻势

---

① Watson, Germany NA 34/12, 29 Apr. 1912, FO 371/1374.

② Watson, NA 15/12, 22 Mar. 1912, FO 371/1371.

的话，他对他们进攻的角度也心知肚明。新闻局宣传手段的突出特征，是它通过激起德国民众对英国的疑虑而唤起他们对扩建舰队的支持。"我毫不怀疑，"沃特森强调，"针对英国的宣传攻势，更准确点说是海军宣传攻势或更大范围的攻势，德国海军部都一清二楚，而且正是其……实现扩军目标的政策的一部分。"① 沃特森多次指出了这一点。他在一系列报告中都强调，无论德国何时需要扩建海军，德国媒体都表现出"坚决敌视英国"的立场，而他"对这一政策的起源不抱丝毫幻想"：

> 根据我的经验，我毫不怀疑这是德国海军发起的一场运动，他们的目的如下：
>
> （a）为建立一支更庞大的海军在德国争取支持者。
>
> （b）在英国议会或媒体中煽动对德国的挑衅回应，由此德国大海军党就可以再次利用英国人的愤怒，去赢得更多支持德国海军建设的拥戴者……②

因此，沃特森指出：

> 无人仔细研究过过去几年德国海军当局的所作所为，他们狡黠地在幕后操纵着一切，将德国扮演成受害者从而欺骗德国公众舆论。过往多年，他们在回顾德国海军政治时，还抛出了一系列清晰可见的诡诈的借口，用各种方法消除英国的疑虑，唤醒德国民众。③

总之，在沃特森看来，大海军党是一个以蒂尔皮茨和德国海军部为中心的极有凝聚力的小团体，他们寻求稳扎稳打，一步步扩大海军规模，逐步建立起一支能同英国皇家海军一较高下的舰

---

① Watson, Germany NA 34/12, 29 Apr. 1912, FO 371/1374.

② Watson, NA 8/12, 26 Feb. 1912, and NA. 9/12, 29 Feb. 1912, FO 371/1371.

③ Watson, NA 25/11, 27 Sept. 1911, *BD*, vi. 646.

队。为此，大海军党在德国海军部建立了令人生畏的宣传机器，通过大肆进行反英报道来煽动德国民众，使其接受海军扩张主义者设计好的议程。按照沃特森的说法，大海军党也有意制造国际风波，甚至不惜挑起重大外交危机，其目的只是为增加海军预算提供更好的理由。他们也时刻准备干涉英国内政。所有这些都要求回答这样一个问题：这么做到底是为了什么？很遗憾，在这个问题上，一向喜欢长篇大论的沃特森却支支吾吾，且一反常态地惜墨如金。在很大程度上，这是因为相较于向英国海军部提出他认为应采取的应对之策，沃特森对解释为何德国人会有现在的举动兴味索然。因此，他的报告主要是各种关于英国如何有效应对德国的海军造舰计划的建议。沃特森认为，此前英国裁减海军让大海军党看到了希望，他们相信德国海军可以趁机奋起直追，迎头赶上英国海军。有鉴于此，沃特森明确主张英国应稳步加强海军建设，以彻底打破德国人的幻想。他在 1910 年 10 月首次阐发了这一观点，当时他到任柏林仅两个月。沃特森认为德国海军军官们有意"同英国海军达成谅解"，他强调："我要指出，如果英国海军在舰艇和人员上占据绝对优势，那么相应的，这种谅解将更为坦诚和持久。英国巨大的海军优势将阻止德国进一步扩充其舰队法案。"① 在剩下的任期中，沃特森间或阐发了同样的观点。例如，他在 1911 年 5 月提出："两国在海军问题上达成谅解的唯一办法，是英国每年都稳步推进海军建设或增强其海军力量，直到德国认识到它在海军方面绝无可能赶上英国。"② 1912 年 3 月，沃特森在谈到德国"欲在海军力量上追赶英国的雄心壮志"时表示，"英国应彻底断绝德国在这方面进一步的非分之想"。③ 沃特森在 1913 年 1 月也阐发了类似主张。

尽管如此，如果说沃特森用心最深的是主张英国推进更大规

---

① Watson, NA 42/10, 21 Oct. 1910, FO 244/745.

② Watson, Germany (Secret), 24 May 1911, FO 371/1123.

③ Watson, NA 20/12, 27 Mar. 1912, FO 371/1374.

模的海军造舰计划，以求未雨绸缪，在德国的海军野心变成现实危险之前将其彻底粉碎的话，那么如果德国成功地建立起一支足以同英国争霸的舰队后，它又将如何行事呢？沃特森在这个问题上的所思所想只留下残篇断句。他在 1910 年 11 月的一份报告中提到了这个问题，虽然言辞简短，但仍然指出如果英国不额外订购 4 艘"无畏"舰作为对"加速危机"的回应措施的话，德国海军实力由此将会在 1912 年赶上英国："我从一个可靠消息源处得知，在英国明确决定按照去年的预算计划下水 4 艘装甲舰之前，德国海军部就在夜以继日地展望同英国的战争了。"① 沃特森认定，德国正在加紧扩建其舰队，以求尽快能同英国皇家海军平起平坐，这支舰队将被用于对英国的战争。沃特森多次提到"德国民众……对英国怒目相向"，并且"他们现在只能将他们的舰队视为反对英国的一种武器"，这只能被解释成是为了推动海军扩建计划而被煽动起来的民族情绪。② 他在 1912 年初表示，德国新一波扩建海军的浪潮即将到来：

> 舰队法所带来的海军规模的进一步膨胀，使得德国的勃勃野心暴露无遗；但在我看来，此刻它所带来的却是紧张气氛和前期准备措施；当前有传言称，德国海军部的军官们为了完成额外的工作一直工作到凌晨一二点……另有很难明确说清楚的传言甚至称战争将在春季爆发，英国不出意料地成为传言间接暗示的德国对手；一般而言，据称很多德国人都认为同英国的战争不可避免。这种说法得到了生活在柏林的外国人的证实，他们告诉我德国一心想要和我们大干一场。③

210

这不是一个非常精准的预测，也缺乏有力的数据作支撑。不

---

① Watson, NA 44/10, 10 Nov. 1910, FO 371/901.
② Watson, NA 25/11, 27 Sept. 1911, *BD*, vi. 646. Watson, NA 6/12, 21 Feb. 1912, FO 371/1372.
③ Watson, NA 5/12, 8 Feb. 1912, FO 371/1372.

过，如果是发自肺腑地坚信这一点的话，那么就不难解释沃特森为什么要反复重申这一观点，即必须防范在"对年复一年针对英国的德国海军预算予以持续而强有力的回应"上可能面对的困难。[1] 无论如何，这构成了沃特森在驻柏林海军武官任上工作的主基调。

亨德森上校在海军武官任上（1913~1914）的看法

沃特森在1913年10月中旬离开柏林，并在10月15日正式与其继任者威尔弗雷德·亨德森交接。在第一次世界大战爆发前，亨德森在海军武官岗位上仅工作了九个半月。讽刺的是，尽管战争迫在眉睫，但相较于一再警告德国将成为心腹大患的三位前任，亨德森的报告却很少流露出对德国威胁的感知。虽然他的确谈到新一轮德国海军扩张已是蓄势待发，但对于未来可能的英德交恶他却只字不提。[2]

我们只能推测出现这种情况的原因。不过，既然亨德森是临危受命，他应该会有所思考。一个可能的解释是，亨德森之所以未提及德国威胁是因为他对此根本不相信。不过，即便亨德森的这一观点再不同寻常，但考虑到德国威胁已是英国政界的共识这一事实，他也应该撰写报告来阐发自己相关主张的理据，可是他却没有这么做。因此，这种解释显然站不住脚，看来无法成立。

另一个更有可能的解释是，在短暂的任期内，亨德森只是抽不出时间来研究英德关系。毕竟，他在驻柏林海军武官任上只工作了仅仅九个月，这么短的时间不足以让他洞悉英德海军关系的症结所在。不仅如此，倒霉的亨德森在德国首都还被个人问题所困扰，其中一些同其饱受紧张精神状态之苦的妻子有关，她病情严重以至于无法前往柏林，亨德森自然对妻子放心不下。为了同

---

① Watson, NA 5/12, 8 Feb. 1912, FO 371/1372.

② Henderson, NA 21/14, 5 May 1914, FO 371/1990.

妻子团聚，他不得不在 1913 年 12 月 17 日提出辞去武官之职。尽管亨德森后来撤回了辞职信，但对妻子健康状况的担忧还是影响了他在武官任上的表现，而且亨德森本人的身体也不好。[①] 约翰·戈弗雷（John Godfrey）曾是亨德森的下属，在亨德森担任驻德海军武官时他是第四驱逐舰分队司令。按照他的说法，亨德森患有胃病。"威尔弗雷德·亨德森，"戈弗雷回忆说，"饱受胃病之苦，这让他性情急躁，甚至是变得难以捉摸，蛮不讲理，狂暴易怒，有时还暴跳如雷……有一次他还口吐白沫。"[②] 要指出的是，在亨德森服务于英国驻柏林大使馆期间，并无任何关于戈弗雷所描述的病症的记录，也没有具体说明。不过，尽管缺少关于这一极端症状的记录，但戈弗雷提供的情况进一步证实，亨德森在柏林期间确实难以安心工作。

　　另一大因素也导致了亨德森迟迟不就德国威胁问题发回报告，即在九个月的任期内，他从未探访过德国港口或造船厂。颇为讽刺的是，之所以会出现这种情况，与其说是受到德国政府阻挠所致，倒不如说是伦敦严令亨德森不得轻举妄动的结果。1914 年 5 月 1 日，亨德森问蒂尔皮茨海军上将他是否可以访问德国军港，蒂尔皮茨不仅欣然应允，还告诉亨德森"无论你何时想去，只用告诉我的参谋长日期即可"。[③] 不过，在向伦敦汇报此事后，亨德森接到英国海军情报局局长的特别指令，要求他"不要听信德国人的花言巧语，等候我们下一步通知"。[④] 但是这个通知从未到来，访问计划也就不了了之了。因此，亨德森在发表对德国威胁的见解之前，一直在苦等机会以亲眼一睹德国造船厂的真实情况，但他自始至终都未盼来这个机会。结果就是，一直到亨德森离开

---

①　关于亨德森的妻子和他辞职的详情，参见 FO 371/1654。

②　J. H. Godfrey, 'The Naval Memoirs of Admiral J. H. Godfrey, Vol. I（1902－1915）'（unpublished manuscript, date unknown）, p. 87, Special Collections, UCI.

③　Henderson, NA 20/14, 1 May 1914, FO 371/1990.

④　Admiralty to Foreign Office, 15 May 1914, ADM 12/1527, Cut 52.

柏林加入对德作战，他都未能就英德冲突的可能性发表自己的
看法。

　　总而言之，我们可以肯定的是，1900～1914 年的 4 位驻柏林
陆军武官和 6 位海军武官并不像此前的历史著作所描述的那样观
点统一。沃特森、格莱钦和艾伦比三人并不认为德国是一大威胁，
亨德森在这一问题上没有表态。其他武官中有 5 人总体上都认同
德国在某种程度上构成了对英国的威胁，但他们在具体问题上的
看法却又各不相同。例如，特兰奇担心德军会在英伦三岛登陆，
但他的继任者罗素却从未这么想过，而海军武官们则认为这种可
能性微乎其微。同样的，希斯在任职柏林期间几乎将全部时间和
精力都倾注在研究德国加快造舰进度的问题上，而他的前任和继
任者对此却提不起什么兴趣。

　　尽管如此，有 5 位武官认定德国是英国的心腹大患，他们不
约而同地在德国发现了足以证明其观点的蛛丝马迹。其中之一就
是德国的反英主义思潮。特兰奇、罗素、迪马、希斯和沃特森都
212 注意到了德国国内存在的仇视英国的现象，并认为这一情绪在一
定程度上构成了我们理解德国陆海军举动的思想源头。大多数的
武官——希望希斯也是如此——也提出，未来德国极有可能发动
侵略战争。特兰奇、罗素和迪马都推测，灾难会在 1913～1915 年
的某个时刻降临。正因为如此，尽管武官们之间存在意见分歧，
213 但我们还是有理由将他们称为"德国威胁的预言者"。

第五章

不可替代：英国武官对政府决策的影响力

在此前几章中我们已看到，武官们撰写了大量关于德国的报告，并定期发表他们对德国问题的看法。这样纷繁复杂的声音表明，英国政府并不想马上对德国的陆海军情况作出评估。这些声音本身也不能证明，武官的报告对伦敦方面产生了什么影响。然而，在评价陆海军武官的作用时，深入理解他们的观点对英国决策者产生了何种影响是非常重要的。

我们将采用三大标准来衡量武官们的影响。首先，本章将审视武官们提供的情报的分布情况。很明显，武官报告的传播范围越广，这些报告影响决策者观点的机会就越大。这实际上是对影响的定量分析方法。其次，本章将重点考察英国决策者基于武官们所提供的情报而形成的观点。显然，决策者越重视情报，就越会对其认真对待，情报本身也就越有可能影响决策过程。这本质上是对影响的定性分析方法。最后，英方会采取直接行动以回应武官们提交的情报资料，我们将对这种行动的程度和范围作出分析。有证据显示，基于武官所提供情报作出的政府决策，自然有力地证明了武官的巨大影响力。无论是在起因还是在实际效果上，武官的影响堪比牛顿学说给物理学领域带来的巨大冲击。

武官报告的上呈和传阅

谁收到了武官的报告是一个相对容易回答的问题。我们此前提到，陆海军武官必须通过他们所在的外交使团首脑发回所有官方报告，后者则将这些报告转发给外交部，而外交部则进一步将其发给相关军种部。与此同时，为了及时传递重要情报，武官们会将报告副本直接发给陆海军情报机构。因此，武官们发回的所有正式报告都能被外交部及陆军部或海军部看到。

武官报告在不同政府部门之间流通的范围相当广。因此，除负责在报告送达后登记和编列索引的职员外，有很多人也读过报告并作出评注。以外交部为例，驻德陆海军武官的报告一般会被送到西方司（Western Department），在那里这些报告被初级文员、助理文员和高级文员——过目。分管西方司的助理次官也会对报告进行批注，然后将其上报给常务次官，最终报告会送到外交大臣手中。事实上，很有可能有 6 名甚至更多的官员研读过武官的报告。[①]

陆军部的情况同外交部颇为相似。陆军武官的报告在送到陆军作战部后，会首先被交给专门负责处理德国、荷兰和斯堪的纳维亚事务的办公室（MO2c），随后会被传阅到欧洲处（MO2）的处长手中，之后才会被呈递给陆军作战部部长。在完成这一流程后，报告会被正式上报给陆军部常务次官和帝国总参谋长，最后被放到陆军大臣案头。相应的，这些报告往往也会被发给堡垒与工程局、军事训练局等陆军部其他部门的主管。[②] 我们再一次可看

---

① 描述外交部工作流程的最佳研究成果是 Zara S. Steiner, *The Foreign Office and Foreign Office Policy*, *1898 - 1914*（Cambridge, 1969），pp. 76 - 81。

② 要了解陆军武官报告在陆军部内传阅的流程，可参阅记事录上的签名，参见 WO 32/18984 和 WO 32/18985。

到，一个由陆军高层组成的规模庞大的团队定期接收武官的报告。

海军武官的报告在海军部的传阅流程也大同小异。提前发回的海军武官报告副本会被送到海军情报局，在获标注后再被呈送给外事局局长。报告随即被交到专门负责核实关于德国的情报资料、活动、演习和预算等问题的分支机构 ID14，以及负责处理有关德国海军行政机构、海岸防御、造船厂、兵工厂和工厂等事务的 ID15 手中。如果情报涉及职责所在的相关问题，报告也会被发给负责军械和鱼雷事务的 ID16，以及负责处理工程问题的 ID17。[①]报告也将会被转发给海军情报局局长。除提前发回的报告副本外，海军部也会收到所有海军武官报告的原件，它们会晚一点由外交部发给海军部。这些原始报告通常会由海军大臣和第一海务大臣标注并分发给海军部高官。[②] 通常情况下，海军方面也会征求海军情报局局长，以及海军军备总管（Controller）、海军军械局局长（Director of Naval Ordnance，DNO）等负责海军军备事务的相关部门首脑的意见。关系到战略或战术问题的报告也将会发给朴次茅斯的海军战争学院领导。[③] 这再次意味着，海军武官的报告将会被海军部内至少 6 名或更多高级官员看到。

215

陆海军武官的报告除在特定部门内进行内部传阅外，它们通常还会在政府中某些特定人群中传阅。例如，外交部定期将包括武官报告在内的文件发给白金汉宫、唐宁街 10 号和内阁中的某些高官。沃特森关于蒂尔皮茨海军上将在帝国国会预算委员会中的谈话的报告 NA 10/13 就是其中一例。这份报告被转发给了英国国王、哈尔丹勋爵（Lord Haldane）、克鲁勋爵（Lord Crewe）、莫利勋爵（Lord Morley）和劳合·乔治。[④] 虽然没有必要每次都发

---

① 关于海军情报局内的职责划分情况，见 paper 811 in ADM 231/47。

② Admiralty 12 Nov. 1902, 'Procedure as to Marking of Certain Papers, Now Marked to Both Civil Lord and Financial Secretary', ADM 1/7601.

③ Watson, NA 36/13, 5 Sept. 1913, ADM 1/8356.

④ 关于沃特森的 NA 10/13 报告的内容，见 1 Mar. 1913, *BD* x2.684。

给同一批高官，但对其他报告的处理方式也大同小异。①

除挑出一批文件送给某些高官审阅外，外交部还将某些报告交给内部出版社，由其进行专业整理并刊印出来。按照此流程印制的机密文件，随后也将在一定范围内传阅。通常，某些特定的内阁成员会收到那些同其职责密切相关的文件，而那些一般意义上的文件会在伦敦政府各部门、英国驻外大使馆和公使馆等机构间广泛传阅，它们借此掌握英国外交的动向。既然有相当数量的武官报告被挑选出来印制成机密文件，而机密文件虽非唯一但通常十分多样化，因此它们的流传范围是相当广的，至少英国外交使团成员和政府高层人士都能看到这些文件。

即便武官报告没有被转发给某些特定的内阁成员或被列入刊印的机密文件之列，外交部也会向其他感兴趣的政府部门提供副本。例如，特兰奇关于德国修建莱茵—黑尔讷运河报告的副本就被发给了贸易部航海局。② 无独有偶，殖民部及英属开普和约翰内斯堡殖民地当局都收到了大多数关于西南非洲战争的武官报告的副本。③不仅是外交部向其他政府部门提供武官报告副本，陆军部和海军部也定期向帝国防务委员会递交武官报告副本。因此，在航空导航小组委员会提供相关情报之前，陆军委员会已掌握了大量武官撰写的关于德国飞艇情况的报告。④ 同样的，海军部也向帝国防务委员会提交了关于德国入侵问题和德国难以承受经济压力之苦的武官报告。⑤

---

① 例如，Henderson，NA 16/14，21 Mar. 1914，这份报告被呈送给了英王、首相、克鲁勋爵和莫利勋爵，Ibid. 740。

② Annotation on the docket containing Trench，MA 101，20 May 1908，FO 371/460.

③ 格莱钦和特兰奇关于西南非洲的报告，多收录于 CO 48，CO 417，以及 CO 879 号文件。

④ 例如，1912 年 5 月 21 日的陆军部信函就将四份关于飞艇的武官报告转发给了帝国防务委员会，见 CAB 17/20。

⑤ 这些报告包括：迪马在 1908 年 2 月 12 日的报告，编号 NA 9/08；希斯在 1910 年 2 月 10 日的报告，编号 NA 3/10；希斯、特兰奇和德·萨利斯在 1910 年 3 月 26 日的联合报告，报告主题是"战时德国对海外物资供应的依赖"，见 CAB 17/61。

如我们所见，武官的报告被广泛印刷、复制和分发给白厅的权贵，在一定程度上也惠及海外的英国外交使团。不过，这种在高层内部的传阅并不是武官报告传播流程的全部内容。武官报告也在更小的圈子内传阅，陆军部和海军部都积极向政界高官以外的人士通报武官们掌握的情报。他们这么做的主要原因，是希望提升陆海军的训练和战备水平。为了确保英国在未来的战争中取得胜利，陆军部和海军部都认识到，领导陆海军的军官们需要掌握翔实的知识，并深入了解英国潜在的敌人。为了确保军官们知己知彼，陆军部和海军部都印制了大量关于欧洲列强军事力量的资料，其中大多数都收录了武官们反馈的情报资料，这显然在情理之中。我们需要考察的是武官们为推出这些出版物做了多大的贡献。

以陆军部为例，陆军武官无疑在创制关于外国的重要文献资料上发挥了举足轻重的作用。陆军组织撰写了五卷本实时更新的文献汇编，其中两卷为年度报告，三卷为不定期报告。这一文献汇编致力于尽可能完整详尽地介绍世界顶尖陆军强国的最新动态信息。

第一份年度报告《外国陆军变革报告》文如所题，是介绍世界主要国家陆军在作战思想、武器装备和训练方面的最新发展动态的摘要。当然，这些变革主要是派驻海外的武官们的观察所得，因此武官们反馈来的情报在文献汇编中占据了相当大的分量。正如 1907 年版文献汇编的序言所示，这一系列文献汇编"主要由穿梭于各国宫廷中的英国陆军武官们搜集的情报构成"。① 这并非有意在轻描淡写。根据规定，陆军武官应提交报告，明确说明其协助编纂文献资料的目的。因此，他们也受到详细指示，应在报告中写明哪些具体内容，他们应如何按规定行事，这些指示甚至列出了从"1. 陆军单位的数量和构成"到"30. 当年出版的重要陆军文 217

---

① General Staff, *Report on Changes in Foreign Armies during 1906*, p. iii, WO 106/6183.

献"的 30 项具体题目，武官们报告的主题必须限定在这一范围内。①

另一个类似的出版物是年度《外国军事演习报告》。这份文献也采取了摘要的形式，它分门别类地记录了外国陆军的各种演习情况，同样受益于武官们所提供的资料。正如 1905 年版《外国军事演习报告》所描述的那样，"英国陆军武官和其他军官所撰写的报告"构成了它的基础。② 同《外国陆军变革报告》一样，为了更好地协助编纂这些文献资料，武官们收到了向他们说明需提供情报的类型和报告主题的详细指示。

比上述两个年度出版物更重要的文献资料是关于主要强国的"军力汇编"。每个国家的情况都用三卷本"汇编"加以介绍，分别是"某国军事资源"、"某国陆军手册"和"某国陆军战地笔记"等，每卷都发挥着不同的作用。"军事资源"卷旨在"研究一国的军力结构"。"手册"卷是要说明"一国实际运用军力的方式"，并作为"一般参考资料"。"战地笔记"卷是模拟战时工作，认为相关情况"将以手稿形式记录……唯有……当陆军考虑到战争可能到来，并认为可行时才会将其印制成册"。因此，该卷"以非常简略的形式撰写"。③ 这一点同长篇大论的"军事资源"卷截然不同。1911 年版的《德意志帝国的军事资源》至少由 342 页打印稿构成。④ 不仅如此，鲜为人知的是，它还附有"秘密增补本"，⑤ 即进一步阐述相关信息、页码达 173 页的《德意志帝国的特别军事资源》。⑥

---

① 'Memorandum for the Guidance of Military Attachés', Appendix B, 'Form for the Annual Report on Changes in Foreign Armies', FO 371/75.

② General Staff, *Report on Foreign Manoeuvres* 1905, p. iv, WO 106/6170.

③ *Instructions for Military Attachés*, WO 279/647.

④ General Staff, *Military Resources of the German Empire* (1911). A Copy is Held by the Army Historical Branch.

⑤ *Instructions for Military Attachés*, WO 33/579.

⑥ General Staff, *Special Military Resources of the German Empire* (Feb. 1912), WO 33/579.

现有证据表明，陆军武官在创作这些文献资料的过程中发挥了重要作用。首先，陆军部出台的《陆军武官指令》明确规定了他们在编纂这些文献资料中应扮演的角色，指令事无巨细地阐述了这些资料的篇章结构，以及需要陆军武官提供的情报类型。它也提出"陆军武官将协助……开展编纂工作"，并指出这些文献资料"由总参谋部根据从陆军武官处和其他来源获得的情报汇编而成"。① 除此之外，"军力汇编"中所列政府文件部分出现的少数参考文献也表明武官参与其中。因此，来自柏林大使馆的 1906 年德国情况年度报告在谈到"陆军部秘密出版物《德意志帝国的军事资源》"时指出，"最近到任大使馆的陆军武官撰写了其中相当一部分章节"。② 事实上，这个例子是通过留存至今的一份《德意志帝国的军事资源》中两章初稿的打印稿副本得以证实的，这两章均由格莱钦上校撰写并签名为证。③

如上所述，很显然，陆军武官总体上直接并密切地参与到获取驻在国的情报，并将其加工成文献资料以分发给陆军部和陆军高层的工作中。这些资料散发的范围究竟有多广，我们需要详加考证。以年度演习和陆军变革的报告为例，它们散发的范围颇为广泛。这在某种程度上是一种普遍现象。毕竟，如果这些文献资料不能为推进陆军的培训教育有所贡献的话，那么每年更新和印制这些资料就毫无意义。这些文献资料的数量、呈现出的面貌及在序言中对分发这些资料意义的评述，都诠释了它们的价值和作用。因此，我们发现，这些年度资料付印的数量都十分可观：陆军变革的报告印刷了 450 本，《外国军事演习报告》更是印刷了 550 本。④ 不仅如此，直到 1913 年它们才被列为涉密资料。在此之

---

① *Instructions for Military Attachés*，WO 279/647.

② Lascelles *et al.*，'General Report on Germany for 1906'，24 May 1907，FO 371/260.

③ Gleichen，MA 33/05，3 Nov. 1905，and MA 34/05，9 Nov. 1905，CAB 17/61.

④ 包括印刷和生产日期在内的出版信息，见陆军部和海军部印刷资料的插页首页。

前，这些资料只是被注明"仅供官方使用"，广大陆军官兵可以方便地阅览。直到 1913 年，这些文献资料才被最终确定为"机密材料"。不过，即便有所变动，总参谋部显然也不希望过度限制这些资料的读者范围。因此，1913 年 3 月版的《外国军事演习报告》在序言部分言明，为了促进有用情报的传播，报告的副本将存放于军事资料图书馆。同样的，经常收到此类报告的陆军将军们被告知，"他们的下属若能从阅读这些资料中受益，则有必要让其一睹为快"。① 显然，陆军部的意图是要广泛利用这些资料。

　　同样的逻辑也适用于"军事资源"指南和"手册"。相关论据再次支撑了这一论点。首先，1911 年版的《德意志帝国的军事资源》印刷了 750 本，这说明该书计划分发的范围相当广。事实上，这一点得到了《陆军武官指令》的证实，后者指出至少一些"军事文献汇编"得到广泛流通。例如，《德意志帝国的军事资源》的第一部分就被描述为"广泛散发"的文献资料，虽然也有记录称"秘密补充材料"的处理如其标题所示，"流通的范围有所限定"。② 不过，据称这种涉密性质的定位并未阻止关于德国的"秘密补充材料"被送交到陆军参谋学院。这份材料虽然被标注为"秘密"级，而且规定在未得到"校长的口头指令"的情况下不得出借，但它仍然被授课教员用来更新其课程内容，提高课程的精准度。不过，对教员使用上述"秘密补充材料"依然有着严格规定，即他们务必要小心谨慎，不得引用该材料，并且"在任何情况下都禁止学生与之接触"。③ 尽管如此，抛开这些规定不谈，即便如此我们仍然可以得出明确结论，即虽然读者没必要去了解大多数涉密材料的起源或出处，但它们确实因教学所需而得到了流传。

---

① General Staff, *Report on Foreign Manoeuvres in 1912*, WO 33/618.

② *Instructions for Military Attachés*, WO 279/647.

③ General Staff, *Special Military Resources of the German Empire*（Feb. 1912）. 这些注释出现在联合军种指挥与参谋学院图书馆收录的复印件上。我要感谢罗伯特·福利博士（Dr. Robert Foley）让我看到了这些资料。

正如陆军武官是陆军部推出的旨在增进陆军上下对外国军队认识的出版物的主要贡献者，海军武官在促进英国皇家海军深入洞察邻国的海军力量方面也发挥了类似的作用。为此，海军武官们为大批海军部出版物出力甚多。

其中之一是海军情报局推出的一年两期的《外国海军事务报告》（*Reports on Foreign Naval Affairs*）。这一系列报告介绍了外国海军军舰、造船厂和港口等情况，其中包含了大量海军武官提供的情报资料，直到它在 1909 年 4 月停刊。为了编纂该报告，海军情报局局长奥特利上校指定某些海军武官报告为介绍外国海军设施提供参考。例如，迪马撰写的 NA 32/06 报告详细描述了他查访但泽和埃尔宾的造船厂的情况，奥特利上校在备忘录中"建议在下一期《外国海军事务报告》中刊印这些报告"。他并未食言。下一期《外国海军事务报告》出版于 1906 年 9 月，迪马的这份报告果然包含其中。[1] 这种"截取"武官报告的事很常见。1907 年 7 月出版的关于德国海军事务的介绍中就有从 5 份迪马报告中精选出来的内容。[2] 海军情报局通常会印制 475 份《外国海军事务报告》，"所有分舰队的舰艇"都能获得一份报告，这就意味着武官的观点得到了广为流传。[3] 报告的读者们也获得了"酌情行事权"，以"在特定情况下，同其他现役海军人员交流"报告的相关内容，由此进一步扩大了报告的受众面。[4]

海军武官对海军情报局的其他出版物也颇有贡献。其中之一就是《海军问题文件集》（*Papers on Naval Subjects*）系列，它是一年两期、摘自专业期刊的关于海军问题的重要文章的辑录，它摘录的

220

---

[1]　Minute by Ottley, 21 July 1906, on Dumas, NA 32/06, 12 July 1906, NMM：Ships Cover 274. 这份报告最终出现在 1906 年的《外国海军事务报告》第一卷中，见 ADM 231/46。

[2]　ADM 231/47.

[3]　报告传阅情况，出自"现役英国海军军官最新名册"和由海军部多个部门发给舰队的信号手册，见 ADM 231/46。

[4]　*Report on Foreign Naval Affairs*（1904），Vol. 1，ADM 231/39.

文章来源非常多样化，但无疑相当一部分是海军武官提交给海军情报局的报告。① 《海军问题文件集》印制了多达 500 份，再次证明了武官反馈的情报信息得到广为流传。不仅如此，武官还是海军情报局更常见的流通材料《外国海军要点》（Foreign Naval Notes）的贡献者。《外国海军要点》是国外媒体刊载的有趣文章的摘要刊印合集，被定位为"必需品"。② 换言之，它刊发的是欧洲大陆媒体上经常出现的相关问题的文章，由此体现出这份出版物的重要价值。由这份材料的出版数量观之，它似乎是每十天就出版一期。显然，海军情报局已订阅有部分期刊，他们在摘录这些期刊的文章方面并不依赖武官。不过，对于那些未订阅的期刊杂志上的文章，海军情报局还是需要武官及时反馈相关信息。他们也靠武官搜集其无法订阅的报刊书籍，并时常从中选取某些篇章段落刊印成册。例如，1914 年 1 月，亨德森向海军部发来特勒尔奇法官（Judge Troeltsch）的著作《决战中的德国舰队》（Deutschlands Flotte in Entschiedungskampf）部分重要章节的译文。③ 这些摘要的内容很快就出现在 3 月初的《外国海军要点》上，该期印刷了 100 份以在海军内散发。④

由此可见，无论是在提供外国军舰、造船厂和港口的情报方面，还是在反馈欧洲大陆媒体对海军事务的看法上，海军武官的作用都是无可替代的。他们提交的情报资料定期刊印在重要的海军情报局出版物上，然后在海军内部被广泛传阅。不过，这并非海军武官在传播海军情报上的全部贡献所在。他们也负责更新一些海军更为机密的参考资料，如海军情报局关于海洋强国海岸防御的内部资料。不过，最重要且受限最多的资料恐怕

① 海军武官提供的情报资料被《海军问题文件集》收录的例子，可见 ADM 1/7522 和 ADM 1/7600。

② X1554/09, 'Appointment of Intelligence Officers to Home Fleet', ADM 1/8042.

③ Henderson, NA 2/14, 6 Jan. 1914, FO 371/1985.

④ *Foreign Naval Notes*, 4 Mar. 1914, No. 17. RN Submarine Museum, 'Foreign Submarines 1913', Flag Officer Submarines, Historical Section, Vol. N. 4.

是海军部的"人事丛书"（*Personnel Book*），它是一部对外国海军高级将领的性格特征的评估结论汇编。海军武官的主要职责是确保评估结论准确可靠。按照海军情报局的《海军武官指南说明》（*Notes for Guidance of Naval Attachés*）的说法，海军武官"应……将确保人事丛书内容绝对准确视作自己的职责所在，所有资料的修订都应尽快转发给海军情报局"。[①] 海军武官们对这一要求不敢怠慢，这一点可从曾在海军情报局工作的海军军官的日记中觅得踪影。他们在日记中记载，他们看到武官们前往海军情报局"极为认真地审阅军官性格记录丛书"。[②] 当评价驻柏林海军武官尤为勤勉的工作时，历史学家们是非常幸运的，因为五卷本关于德国海军的"人事丛书"依然保存完好。[③] 从中我们可以看出，英国海军武官是有关德国海军军官情报的主要来源。当然，他们并非唯一情报来源。英国还可以从报纸摘录中掌握德国海军人事任命和军衔职务晋升的详细情况。此外，海军人员也可通过在外国港口或社交场合同德国军官的会面来反馈他们的印象。尽管如此，"人事丛书"主要是大量从武官报告中摘录出的片段，武官们在报告中详细记录了他们对德国海军主要校官和将官的观察。武官们被认为是这个领域的专家。众所周知，一旦战争爆发，对德国海军领导层情报的需求就会非常急迫，英国海军高层为此会求助于前海军武官。例如，1915 年 2 月，英国大舰队（Grand Fleet）司令杰利科将军就从沃特森上校那里得到了新任德国公海舰队司令雨果·冯·波尔海军上将（Admiral Hugo von pohl）的情报。[④] 同样的，当得知战列巡洋舰舰队司令贝蒂海军中将（Vice-Admiral Beatty）寻求了解潜在对手的具体情况时，杰利科将沃特森早于任何档案材料记录的对德国将领的印

221

---

① *N. I. D. Notes for Guidance to Naval Attachés*，ADM 1/8204.

② Domville Diary，17 Feb. 1912，NMM：DOM/19.

③ ADM 137/4163 to ADM 137/4167.

④ Watson to Jellicoe，28 Feb. 1915. Quoted in Marder，*FDSF*，ii. 166.

象告诉给了他。① 这个例子再一次清楚地表明，武官们掌握的情报信息是如何在海军内共享的。

海军武官们提供的情报资料在付印成册的同时，有时也会被直接发给相应的舰队指挥官。例如，在迪马向海军部反映"由一名海军少将指挥的一个配备炮术和鱼雷训练舰艇的驱逐舰分队已投入现役，以备不时之需"这一消息三周后，相关情报就被传达给了英国海峡舰队（Channel Fleet）司令。② 无独有偶，一年后，迪马发给了海军部一篇刊登在《威廉港日报》（*Wilhelmshaven Tageblatt*）上的文章。文章提到一个德国战列舰中队已通过小贝尔特海峡（Little Belt）。小贝尔特海峡是连接北海和波罗的海最浅的海峡，像战列舰这样吃水深的大型舰艇一直被认为是无法通过该海峡的。这样的臆断显然不再成立。因此，迪马反映的这一情况被传达给了英国海峡舰队、本土舰队和大西洋舰队（Atlantic Fleet）指挥官，以及朴次茅斯海军基地司令。③ 正如一封出自海军部的信所言，他们希望英国的舰队指挥官"特别注意"这一事实，即"未来德国海军在大贝尔特海峡（Great Belt）和基尔运河外，还获得了第三条从基尔进入北海的通道"。④ 这方面的例子还有很多。1912 年 10 月，以及 1913 年 9 月和 10 月，沃特森发回关于德国海军演习的详细报告。海军部自然会对其仔细审阅，但同样也将其发给了本土舰队司令。⑤ 由此可见，将武官的报告转发给一线指挥官是常规程序，这再次证明武官们提供的情报传播范围之广。

上述种种事实告诉我们，海军武官同陆军武官一样，是大权

222

① Jellicoe to Beatty, 26 Apr. 1915. A. T. Patterson, *The Jellicoe Papers*（London，1966 – 8），i. 157.

② Thomas to C – in – C Channel Fleet, 23 May 1906, ADM 144/27.

③ Digest Entry for Docket Cap D52, 2 May 1907, ADM 12/1442, Cut 52。

④ Admiralty to C – in – C Atlantic Fleet, 15 June 1907, ADM 145/2.

⑤ See Digest Entries for Dockets, Foreign Office, 23 Oct. 1912 and 16 Oct. 1913, ADM 12/1502, Cut 52, and ADM 12/1515, Cut 52.

在握的高官和身处一线的作战人员所需专业情报的重要来源。海军武官的观点传播范围更广，影响更深，而这一切有时是通过不那么合规的方式实现的。

海军武官的报告得到更广泛流传的主要非常规渠道，是通过被纳入费希尔海军上将专门设置的海军部印制材料而广为传阅。按照苏密达教授（Professor Sumida）的说法，这些海军部印制材料总被误导性地标注为"秘密"或"机密"，随后被费希尔广泛散发给他在王室、议会和媒体中的朋友。费希尔之所以采取这种"广而告之"的策略，是要说服那些收到属于保密材料的海军部备忘录的人，由此影响他们的立场，促使其支持费希尔所主张的有争议的海军政策。[①] 在费希尔散发的这些材料中，就包括驻柏林海军武官的报告。个中原因不难理解。当时费希尔正致力于废弃老旧过时的舰艇并重组舰队，此举被指责为削弱了英国应对德国海军挑战的力量，危及国家安全。因此，来自驻柏林海军武官的文字材料可以证明德国人承认其海军力量远逊于英国，或表明德国政府深受费希尔推行的改革之苦，甚至暗示正是得益于费希尔改革，德国舰队在面对英国海上优势时才会显得那样孱弱无力，而这对费希尔的宣传运动极为有用。因此，费希尔要确保这些材料副本能送到阿诺德·怀特（Arnold White）、詹姆斯·瑟斯菲尔德（James Thursfield）、查尔斯·内皮尔·罗宾逊（Charles Napier Robinson）、阿奇博尔德·赫德（Archibald Hurd）等同他意气相投的海军记者手中。[②] 这类材料也被送给有影响力的政治人物，包括

---

① Jon Tetsuro Sumida, 'Sir John Fisher and the Dreadnought: The Source of Naval Mythology', *Journal of Military History*, 59 (1995), pp. 629 – 630.

② 收录迪马报告的海军部印制材料可见阿诺德·怀特和詹姆斯·瑟斯菲尔德的文件，NMM: WHI/14, WHI/141, THU/1, THU/2/2, THU/2/3, and THU/2/6。它们也可在查尔斯·内皮尔·罗宾逊的文件中找到，RNM: Ad. Lib. MSS 252/12, Robinson Papers, Vol. 1. 也可见"费希尔致赫德，1908 年 2 月 23 日"，这封信表明费希尔将迪马发回的材料发给了赫德，RNM: MSS 1998/35。

那些不亚于英王的权贵名流。① 之所以这么做，是为了确保英王爱德华七世继续支持费希尔的工作。而同费希尔意气相投的海军记者们收到此类材料，则可以促使他们发表为费希尔喝彩、支持其政策主张的宣传文章。这绝非巧合。例如，迪马在 1906 年 7 月 28 日发回编号为 NA 39/06 的报告，报告提到一篇刊登在《施莱辛格大众日报》（Schlesinger Volkeszeitung）上的文章，文章称德国海军在对英战争中无力采取进攻行动。② 迪马的这份报告本应在 8 月被收录进海军部印制材料中，然后广为散发，但最后它却被修改成一篇文章，刊登在 10 月出版的《季刊评论》（Quarterly Review）上。③ 这样积极的宣传构成了费希尔计划的一部分。

比费希尔"广而告之"的宣传策略更加剑走偏锋的一招是利用新闻媒体，至少有一名武官曾求助于这一办法，以确保他的见解能被更多的人注意到。1908 年 5 月，迪马最终还是对不露声色地悄悄影响媒体立场的策略失去了耐心。他随后以一名记者朋友的名义撰写了一篇文章刊登在《威斯敏斯特公报》（Westminster Gazette）上。迪马在日记中详细描述了这一做法：

> 巴什福德来看我……我突然说，你准备好写这篇文章并且保证我所说的能刊登在《威斯敏斯特公报》上吗？他说他可以，然后坐了下来。我口述了一篇文章，谈到了现在和将来我们的海军力量，并且就德国人建成他们的"无畏"舰给出了预估的具体日期。我引用了德国海军联盟的年度报告，这份报告显示他们确实在推进海军扩建计划。德国人还推断，明年我们将下水 6~7 艘装甲舰作为对德国扩建海军的迅速回

---

① 发给英王的记录武官报告的海军部印制材料可在皇家档案馆的 VIC/W57 系列档案中找到。例如，"为什么说建立英国'本土舰队'是必要的"，见 RA VIC/W57/106 – 107。

② Dumas NA 39/06, 28 July 1906, FO 371/78.

③ 'The Naval Situation', Quarterly Review, 205/409（Oct. 1906），pp. 320 – 321.

应，我们的海军预算将达到 4000 万英镑。①

这篇文章发表于 1908 年 5 月 18 日，很快就引起了巨大回响。费希尔将这篇文章裁剪下来以提请海军大臣注意，并告诉他鉴于巴什福德此前一直"坚定地反对夸大德国的造舰规模"，他在这篇文章中的态度转变显得非同小可。② 迪马也写道，"巴什福德的（实际上是我的）文章……让很多人感兴趣"，包括费希尔也对此非常兴奋。费希尔问过一名武官对这篇文章做何感想，这让后者乐不可支。③ 显然，这是一篇不同凡响的文章，但同那些支持费希尔的文章所引用的海军部印制材料如出一辙，只有作者才能接触到原始资料。尽管如此，这篇文章明确阐明了驻柏林英国海军武官的观点和见解可能达到的影响范围。

另一个可让武官提供的情报广为流传的非常规渠道，是在议会的大臣问答场合引用武官的情报。曾有一阵子，这样蓄意为之的轻率之举颇为常见，因为 1905～1908 年担任海军大臣的特威德茅斯勋爵（Lord Tweedmouth）并不反对引用驻柏林武官所汇报的绝密情报，来反击他的政治对手的批评。其中一例发生在 1906 年 7 月。此前，前海军大臣考德尔勋爵（Lord Cawdor）批评海军部造舰计划规定的造舰规模太小，特威德茅斯勋爵对此回应说，英 224 国削减造舰数量成功地促使其他海军强国推迟其造舰计划：

> 　德国第一次未能执行其造舰计划，推迟 4 个多月新建战舰；今天早上我得知，德国已将第一批两艘战列舰的下水时间推迟至明年 9 月。④

这一公之于众的消息只可能来自驻柏林武官，此举让迪马极

---

①　Dumas Diary, 9 May 1908.

②　Fisher to McKenna, 19 May 1908, CCAC：MCKN 3/4.

③　Dumas Diary, 20 and 21 May and 9 July 1908.

④　House of Lords, 30 July 1906, *The Parliamentary Debates*, 4 ser. 162, p. 302.

为不悦。他在日记中称，"特威德茅斯勋爵愚蠢的讲话"让自己的活动不得不首次面对来自德方诸多令人不快的审查，以及德国媒体随后纷至沓来的口诛笔伐。[①]因此，当半年后海军大臣特威德茅斯勋爵再次引用迪马的一份报告时，[②]他怒不可遏："再次在报纸上看到特威德茅斯勋爵在讲话中引用我的报告，实在是让人大为恼火。我就当他这么做是对我的称赞，但殊不知此举会严重妨碍我的工作，恼人的是他居然没有意识到我的报告不应被用于党派斗争。"[③]海军部高官们显然没有迪马那样激动。费希尔曾致信迪马，告诉他自己不赞成海军大臣的轻率之举，并承诺将尽己所能改变这一状况。[④]费希尔显然取得了成功。我们查阅海军行动处先例卷宗可以发现，1907 年 5 月底已有决定，涉及海军武官的议会质询回答记录不再公之于众。[⑤]此后，实际上也不再将武官报告广而告之。不过，在此之前，议会演讲仍旧是传播武官所反馈情报的另一大非正规途径。

因此，首先从影响方式的数量看，武官报告，或至少由他们提供的文字摘录和情报信息无疑都得到了广泛传播。不仅各个政府部门的众多重要决策者都深入研究了这些指导性材料，而且大批现役陆海军人员也对其进行了仔细研读。其次，我们知道有一批海军记者从费希尔提供的海军部印制材料中读到武官的报告。甚至大众都知道，要想了解英国海军武官的观点，可以直接拜读他们发表在《威斯敏斯特公报》上的文章。最后，特威德茅斯勋爵显然粗心大意地在议会下院的演讲中泄露了武官所提供的机密情报，即便英国媒体对此睁一只眼闭一只眼，德国报纸也会立刻抓住这一点大做文章。因此，从传播数量上考察，可以断言英国武官的报告令人意外地街知巷闻。

① Dumas Diary, 11, 13, and 21 Aug. 1906.

② House of Lords, 1 May 1907, *The Parliamentary Debates*, 4 ser. 173, p. 832.

③ Dumas Diary, 4 May 1907.

④ Dumas Diary, 30 May 1907.

⑤ Reference to File MO1358/07, NID 24 May 1907, in the 'M Branch Precedent Book, 1902-1918', ADM 198/4.

决策者对武官报告的倚重

如果说弄清哪些人收到了武官报告还相对容易的话，那么我们所考察的第二个问题，即这些人如何看待这些报告则较难探明，尽管在理论上找到这一问题的答案并没有那么难。陆军部、海军部和外交部收到的每份报告都被收入名为记事录（docket）的文件夹中，并且记录下各个收件方的意见及注明他们想要采取的行动。因此，要考察武官的报告是否被视为有价值的情报资料，只用查看记事录中对报告的评价是正面还是负面的，并探明所采取的行动是否是根据武官所提供的情报而展开的即可。令人遗憾的是，档案销毁制度让这种简便的办法变得几乎毫无可能。特别是陆军部和海军部大量销毁陆海军情报资料的做法，使得两大军种部门留存下来的记录在案的武官报告寥寥无几。因此，要洞悉陆海军对武官工作的意见，就有赖于挖掘偶然发现的残存档案——这实在是可遇而不可求——或考察当天在私人信件中记录武官报告内容的大人物的倾向性意见，这也是难得一见的。简言之，完成这一工作需要运气。遗憾的是，我们无法总指望能掌握这类情况，并且获得足够多的研究资料。

关于高级官员对武官报告的回应问题，陆军部尚存少量线索。不过，有些事实是确凿无疑的。首先是阿诺德－福斯特在担任陆军大臣时，驻柏林陆军武官格莱钦上校发回的大量情报都被一一存档，记录在案。其中有明确记载的第一例发生在 1904 年 6 月，即在阿诺德－福斯特担任陆军大臣 6 个月后，陆军部收到了格莱钦发来的一份关于西南非洲德军遭到灾难性打击的报告。阿诺德－福斯特在备忘录中写道："这是一份非常有意思的文件；我认为同一来源的文件均是如此。"① 他在其他场合也表达了类似的赞

---

① Minute by Arnold – Forster, 22 Apr. 1904, on Gleichen MA 20/04, 8 Apr. 1904, WO 106/265.

许之意。1905 年 6 月，阿诺德－福斯特收到了"塞尔伯恩提醒他注意德国向达马拉兰地区（Damaraland）大规模增兵的耸人听闻的电报"。[①] 他的回应是让总参谋长起草一份关于说明西南非洲局势的文件，以便在内阁中传阅。在此过程中，阿诺德－福斯特别提道"我们驻柏林武官在报告中所反馈的情报极有价值"，并认为武官的报告应包含在最终定稿的文件中。[②] 有意思的是，最后的备忘录虽然没有提到情报来源，但在看待西南非洲局势问题上基本采取了同格莱钦相同的立场。[③] 显然，备忘录接受了陆军大臣的建议。不过，在备忘录撰写前一周，阿诺德－福斯特曾与格莱钦共进午餐，并称赞格莱钦上校"很有趣"，而且"是目前为止我们最好的武官"。因此，备忘录在很大程度上体现出格莱钦的观点就不足为奇了。[④] 阿诺德－福斯特显然向格莱钦致以了最高的敬意。

如果说阿诺德－福斯特对格莱钦的态度表明，陆军部政治领导人有可能同驻柏林武官密切接触，并且高度重视其作为情报来源的价值的话，那么也有证据证明，至少有一位陆军作战部部长同样与驻德陆军武官来往频繁。我们所说的陆军作战部部长是亨利·威尔逊准将（Brigadier General Henry Wilson），而武官则是罗素中校。这两人是老相识。罗素早在参谋学院（Staff College）进修时就认识了威尔逊，当时威尔逊是参谋学院校长。年轻的禁卫军军官罗素对威尔逊非常仰慕，称赞这位上级是"一名人品和才干都极为出众的爱尔兰人，而且非常诙谐幽默"，而威尔逊同样十分欣赏罗素。[⑤] 这种关系日后是非常有用的。1910 年，罗素被派往柏林，威尔逊则被任命为陆军作战部部长。两位老朋友很快在情报问题上建立了良好的合作关系。可惜，两人之间大多数的交

---

① Arnold－Forster Diary, 19 June 1905, BL: Add Mss 50348.

② Minute by Arnold－Forster, 23 June 1905, BL: Add Mss 50317.

③ War Office, 'Memorandum on the Military Situation in German South－West Africa', Submitted to the Cabinet 5 July 1905, Ibid.

④ Arnold－Forster Diary, 29 June 1905, BL: Add Mss 50348.

⑤ Russell Manuscript, p. 50.

流都是通过私人通信和当面会晤形式进行的，留存下来的私人信件屈指可数，而当面会晤的内容则几乎没有任何记录。[①] 不过，相关记录并非完全是一片空白。我们从威尔逊的日记中可以确信，他分别于 1911 年 2 月和 1912 年 9 月，两次在柏林见过罗素。当时在场同他们一起讨论德国问题的，还有同样对此感兴趣的英国驻德大使和驻柏林海军武官，以及法国驻柏林陆军武官。[②] 不仅如此，两人似乎还在同一场合擦出了更多的火花。威尔逊不仅希望罗素在柏林能“如鱼得水”，显然也将他视为获取德国骑兵情报的一大可靠来源，一直向他询问德国骑兵在帝国军事演习中的表现。[③] 1911 年夏，威尔逊又召回罗素参加英国陆军武官会议。这是一次小型会议，与会者包括英国陆军驻罗马（Rome）、巴黎（Paris）、意大利、君士坦丁堡（Constantinople）、维也纳、低地国家和柏林的代表。[④] 由此可见，威尔逊总体上很重视武官们的意见，尤其是看重罗素的看法。

227

　　威尔逊的文件并非证明罗素的看法被陆军高层充分接纳的唯一证据。另一位记录重大活动的重要人物，是帝国防务委员会陆军助理秘书艾德里安·格兰特－达夫少校（Major Adrian Grant－Duff）。格兰特－达夫得以接触陆军武官的报告，不仅是因为他担任帝国防务委员会陆军助理秘书这一受人尊敬的要职，而且作为前陆军作战部成员，他也同现任陆军作战部的军官们关系良好，可以方便地获悉源源不断送来的情报，并了解陆军方面对情报质量的评价。在这一过程中，陆军作战部部长亨利·威尔逊和陆军

---

① 威尔逊的一封官方信函证明，他有过私人通信。在官方信函中，威尔逊称他会“私下……写信讨论这个问题”，见 Wilson to Russell, 1 Mar. 1911, WO 106/59。现存有一例私人通信则是另辟蹊径，见 Russell to Wilson, 30 Mar. 1913, SHC：Onslow Papers, G 173/21。

② See Wilson's Diary for 20－24 Feb. 1911 and 19－22 Sept. 1912, IWM：DS/MISC/80 reels 4 and 5.

③ Wilson to Russell, 7 Nov. 1910, WO 106/59.

④ Wilson Diary, 12 June 1911, IWM：DS/MISC/80 reel 4.

作战部欧洲处处长达拉斯上校（Colonel Dallas）都同格兰特－达夫充分交换了意见。我们从威尔逊等人透露给格兰特－达夫的内容中可以确认，陆军部极为重视罗素在 1912 年初反映的"德国境内大规模军事活动"的情报，帝国防务委员会对此也非常关注。①

　　尽管论据确实很有限，但我们仍然可以断定，格莱钦和罗素都是官方看重的搜集德国情报的专家，他们的观点和见解得到陆军大臣、陆军作战部部长和帝国防务委员会成员的高度重视。那么特兰奇上校又提出了什么样的看法呢？很遗憾，关于这一问题的直接资料极为有限。事实上，令人讽刺的是，现存有诸多关于海军部对特兰奇评价的档案资料，而记载特兰奇所在的陆军对其看法的资料相比之下却少得可怜。因此，现存有三份收录特兰奇报告的海军部记事录，此外还有现已被销毁的档案的详细内容留存于世，而陆军部对特兰奇工作的评价记录则未留下只言片语。② 唯一可确信的是，特兰奇的确曾与陆军作战部部长尤尔特少将会面过，后者称他们就德国问题"进行了一番长谈"。尤尔特的日记记载了这次会面，本书在前面的章节中引用了相关内容，尤尔特对特兰奇的看法没有异议，事实上他们一致同意德国构成了对英国的威胁。③ 他们达成一致意见并不出奇。现有史料早已有力地证明，尤尔特一向怀疑德国图谋不轨，倾向于将德国视为英国的主要军事对手。④ 他的日记中也有大量关于其仇德思想的记载。例如，尤尔特在 1907 年 5 月就写道：

---

① Grant – Duff Diary, 19 Feb. and 7 May 1912, CCAC：AGDF 2/2.

② 现存的三份特兰奇报告是 MA 33，4 Feb. 1907，MA 34，6 Feb. 1907，以及 MA 68，11 Nov. 1907。它们分别可在海军部文件 ADM 116/1223 和 ADM 1/7974 中找到。海军部现已销毁的记事录收录了特兰奇报告 MA 107，17 Aug. 1908，这份报告的详情可见 Marder, FDSF, i.148。这些材料表明，在大多数情况下（"突然袭击"的情况除外），特兰奇的看法都得到了认真对待。

③ Ewart Diary, 19 Feb. 1908. 相关内容的摘录见本书第四章。

④ Neil Summerton, 'The Development of British Military Planning for War Against Germany, 1904 – 1914' (University of London, 1970), pp. 161 – 163.

目前英德关系非常紧张。在我看来，未来几年两国爆发
战争即便不是绝对不可避免的，也是很有可能的。人口剧增
的德国在瓜分殖民地的浪潮中姗姗来迟，它认为自己如果不
去败英国就无法实现其目标和雄心壮志。①

228

有鉴于此，当特兰奇警告德国的"世界政策"用意深远且居
心叵测时，尤尔特赞同他的判断就不足为奇了。毕竟，尤尔特在
这一问题上同特兰奇意气相投，两人身处同一阵线。

更重要的是，英国陆军上下有很多人都赞同尤尔特对德国敌
视英国的判断。例如，陆军少将詹姆斯·格里尔森爵士（Major -
General Sir James Grierson）从 1897 年开始就坚信英德冲突会一触
即发。因此，格里尔森在 1904 年担任陆军作战部部长后，在 1905
年 12 月和 1906 年初花费了大量时间和精力来研究对德战争中英
国所需的军力。② 他在这一问题上并不是孤家寡人。陆军上将约
翰·弗兰奇爵士（General Sir John French）此时也忙于制订对德
作战计划，他在 1906 年初告诉尤尔特"他认为同德国的战争迟早
会不可避免"。③ 另一个认为"德国渴望获得更多生存空间，决心
不顾一切去实现这一目标"的关键人物是陆军上将道格拉斯·黑
格爵士（General Sir Douglas Haig）。这一观念让他得出了惊人的
结论。在担任驻印度英军总参谋长时，黑格就指出德国之所以热
衷于推行巴格达铁路计划，完全是德国领导人的野心使然，即图
谋"通过威胁印度边境安全来向大英帝国施压"。因此，他警告
称，"德国可能陈兵阿富汗边境地区的那一天已不遥远"。④

这种在英国陆军高层中盛行的对德国威胁的坚定认知，会让人
期望特兰奇关于德国勃勃野心的报告在陆军内得到广泛认同和尊敬。

---

① Ewart Diary, 11 May 1907.

② Macdiarmid, *Grierson*, p. 133 and pp. 213 - 217.

③ Ewart Diary, 15 Mar. 1906.

④ Memorandum by Haig, 2 Apr. 1911, NLS: Haig Papers, ACC 3155, No. 890.

然而，实际情况却完全不是这么一回事。迪马个人认为特兰奇"聪慧过人"。① 按照他的说法，特兰奇并没有得到他在陆军部门的直属上司的好评。1907 年 9 月，已担任陆军作战部欧洲处处长的格莱钦告诉迪马，称特兰奇"对我们毫无用处"。② 8 个月后，格莱钦再次在迪马面前对特兰奇作出了类似评价，这让迪马"啼笑皆非"。③

令人遗憾的是，没有任何档案资料留存下来以解释格莱钦为什么会这么想。一个可能的线索来自格莱钦对特兰奇作出那番评价的背景环境。1908 年 6 月，格莱钦是在同迪马谈到德国入侵风险时，斥责特兰奇"毫无用处"的。两人在谈话中提到特兰奇，特兰奇坚定地认为德国正在策划一场对英伦三岛的海上突袭，他断定德国必然会这么做。尽管特兰奇的观点得到前英国陆军总司令罗伯茨勋爵（Lord Roberts）的坚定支持，但特兰奇在陆军部的上司却对此嗤之以鼻。例如，格莱钦的看法就与特兰奇完全相反。1908 年 2 月，在回答帝国防务委员会第二次就入侵问题提出的质询时，格莱钦就指出德国发动突袭并在英国本土登陆是不可能的。④ 尤尔特也这么认为："罗伯茨勋爵的'晴天霹雳'理论完全是言过其实。"⑤ 这不只是尤尔特的个人看法。在他看来，特兰奇和罗伯茨的观点不仅是错误的，在政治上也是不恰当的。尤尔特之所以这么认为，是因为他同其他陆军部高层人士一样，对英国陆军未来所扮演的角色有着独到见解。按照尤尔特的设想，在即将到来的欧洲战争中，英国职业军人将被派往海外，在欧陆主要战场上同法国军队并肩作战。换言之，英国陆军将作为远征军同敌人短兵相接。他所有的计划都是基于这个假设而设计的。不过，尤尔特也很清楚，这样部署的前提是英国陆军不需要保卫本土。一旦德国真入侵英伦

① Dumas Diary, 8 Nov. 1907.

② Dumas Diary, 10 Sept. 1907.

③ Dumas Diary, 11 June 1908.

④ Minutes of the Fifth Meeting of the Invasion Inquiry, 4 Feb. 1908, CAB 16/3A.

⑤ Ewart Diary, 20 July 1908.

三岛，英国陆军不可避免地就要重新部署以应对德国入侵威胁，即变成本土防卫力量。这是尤尔特最大的担忧。1907 年 10 月，即在关于入侵问题的质询举行前一个月，尤尔特承认："我总是担心削减正规军的经费以建设本土防卫力量。我们想要的陆军是一支精锐之师，可以充分利用英国的海权优势助我们在欧洲大陆上可能的盟友一臂之力。这也符合一直以来的英国传统政策。"① 在质询结束后，尤尔特也表达了类似的观点："如果陆军只是坐等德国人击败我们的海军并在英伦三岛登陆后才能有所行动，那么陆军的作用到底是什么？我们想要的是将其打造成一支远征军。"②

　　在这种情况下，特兰奇没完没了地关于英伦三岛将遭到突然袭击的报告是尤尔特完全不想看到的。尽管他也许完全赞同特兰奇对德国敌意的判断，但实在无法认为特兰奇发出的众多关于入侵威胁的警告有什么用处。不仅如此，尤尔特还发现特兰奇的报告和海军武官的报告受到的待遇天差地别。在回答帝国防务委员会关于入侵问题的质询时，费希尔可以支持海军部的立场，引述迪马提交的两份最新报告来说明德国有很大可能入侵英国本土。陆军则完全不提驻柏林陆军武官的看法。③ 事实上，陆军方面对入侵问题是如此三缄其口，以至于主张正视入侵威胁的人都声称，陆军高层已禁止驻外陆军武官再发回关于这一问题的报告。罗伯茨勋爵断言，"我被告知陆军武官们不会再谈论这一问题。他们收到命令，指出他们一直以来所发回的关于入侵问题的情报不被接受也不需要，以后他们也不会再提交此类报告"。④ 陆军方面对罗伯茨的指责予以断然否认，但他们没有引证特兰奇的报告也是不争的事实。

　　因此，如果迪马在 1907 年和 1908 年所言不虚，并且特兰奇

230

---

① Ewart Diary，26 Oct. 1907.

② Ewart Diary，12 July 1909.

③ 关于入侵问题第十次质询会议的备忘录，见 26 Mar. 1908，CAB 16/3A。也可见 Dumas NA 7/08，3 Feb. 1908 最后报告的附录部分 CAB 16/3B。

④ 关于入侵问题第三次质询会议的备忘录，见 12 Dec. 1907，CAB 16/3A。

那段时间在陆军部的确备受冷遇的话，那么他在入侵问题上的立场主张很可能就是导致他这番遭遇的主要原因。同海军武官不同，特兰奇发给陆军部的报告没有可在回答入侵问题质询时能引述的。另一方面，尤尔特对特兰奇其他主题的报告又颇为重视。一份来自皇家航空部门的通信文件显示，尤尔特在 1909 年全年都不厌其烦地将特兰奇关于德国航空装备的报告发给有关部门，他在转发这些报告时还附上说明，以强调这些报告包含了重要情报。① 特兰奇对德国间谍活动的看法同样也得到了高度重视。因此，不仅特兰奇关于德国防止军事情报泄密的措施的报告被发给了新组建的秘密情报局，② 他认为生活在英国的德国军官据称也在从事间谍活动的意见也得到了反馈。特兰奇实际上被视为这方面的权威，以至于首任反间谍部门首脑弗农·凯尔都要求陆军作战部部长将他引见给特兰奇，以方便两人讨论德国在英国的间谍活动问题。③ 当然，并没有直接证据解释为什么特兰奇关于德国间谍活动的看法会如此受到重视。不过，如果仔细思考一番的话，我们很快就能找到答案，即特兰奇在间谍问题上的看法同尤尔特不谋而合。尤尔特认为，"我们在这方面悲哀地落后于其他国家，特别是德国。它通过秘密情报局安插了大批特工和间谍"。④ 特兰奇也是这么想的。由此可见，当特兰奇的观点同总参谋部的政策立场不仅不发生冲突而且对其是有力支持的时候，他的见解要受欢迎得多。

由此观之，陆军武官的报告至少对一名陆军大臣和多名陆军作战部高官产生了影响。不过，有一个重要的前提条件。武官的报告如果挑战了现有计划和构想的话，那么它显然不会像那些支持已形成共识的既定结论的报告一样受欢迎。因此，罗素关于德

① 'RAE Appendices 1909', AIR 1/729/176/4/4.

② Copies of Trench MA 25/09, 24 June 1909, and 44/09, 15 Dec. 1909, are in the Files of MI5, KV3/1.

③ Kell Diary, 29 Aug. 1910, KV1/10.

④ Ewart Diary, 31 Dec. 1908.

国在 1912 年的军事活动的报告让陆军作战部欧洲处长如获至宝，他就此问题与帝国防务委员会陆军助理秘书进行了讨论。无独有偶，陆军作战部部长也认为特兰奇关于德国航空装备的报告十分重要，他将这些报告与其他相关文件转发给了陆军部工事与工程局局长。特兰奇反馈的关于德国间谍活动的情报同样也发给了秘密情报局。尽管如此，特兰奇在同一时期在入侵问题上直率的意见却几乎让格莱钦大为恼火，以至于后者斥责特兰奇一无是处。别的不说，仅此一例就足以说明，陆军武官的影响力还不足以达到挑战陆军部的先入之见的程度。

　　如果我们可以就陆军武官的报告在陆军部得到的回应作出这番推论的话，是否能由此推断海军武官的报告在海军部受到的待遇也是大同小异呢？由于档案材料的缺失，这方面的记录残缺不全。不过，虽然很多海军部档案都已被销毁，但相较于陆军武官报告，描述海军武官报告得到的回应情况的线索要多得多。

　　之所以会出现这种情况，其中一个原因是海军部的档案管理方法与陆军部不同。陆军部档案管理员不会将累积的索引列入登记在案的档案文件中，而海军部则将文件摘要（digest）列入档案馆保存的档案文件之列。这些文件摘要所记录的是所有送往中央档案馆保存的文件的详情。大多数情况下，这些文件摘要所记录的信息都是最基础的，它们不过是描述文件主题罢了，有可能只是一段简短的概要，以及标明作者和收讫的日期等。不过，也有一些例外，应引起我们的重视。尤为重要的，是要厘清海军部对武官报告的反馈意见。基于一些不明原因，在某些年份，特别是 1906～1909 年，文件摘要的编纂者没有坚持记录他们登记在案的各种文件的基本情况，他们偶尔也会参考记事录中的内容。特别是海军部主要高官对某一文件所做的评论都会被记录下来。因此，在四年时间里，如果某份海军武官报告引起了高层的特别兴趣，这一情况都会被记录在文件摘要中。由此可见，查阅这些记录就能确切地弄清楚究竟有多少武官报告被认为是特别有价值的。这个数量是相当庞大的。例如，迪

231

马在 1907 年提交的 10 份报告就引起了海军部高层的特别注意。其中，有三份报告是关于德国造船业的，两份是关于德国海军演习的，两份是关于海军预算的，一份是关于海军法修正案的，一份是关于海岸防御工事的，一份是关于德国舰队通过丹麦周边水域的航道的。① 因此，迪马所提供的情报涉及的主题范围相当广泛，他被认为是可靠的情报来源而受到高度重视。希斯上校的报告也得到了相似的评价。②

我们根据年度文摘得出相应推论，但不仅仅是年度文摘，我们可以发现收藏于中央档案馆中的其他原始文件也是有用的。除了编纂常规年度文献外，档案馆职员还要负责编制为期 50 年的"文献汇编"（compendium）。"文献汇编"又被称为"超级文摘"，在这其中包含了"所有高层特别感兴趣的资料"，它实际上分门别类地列出了海军部文件中各个领域最重要的文献，包括关于德国的情报资料。③ 在这一主题下，"文献汇编"引用了大量海军武官的报告，特别是 1910～1913 年的报告。这一时期，出现在"文献汇编"中的不再是以往惯用的手写记录，而是采用特别设计好的印刷纸页。"文献汇编"中所列出的报告，特别是 1912～1913 年的绝大多数报告都是驻柏林海军武官发回的报告。④ 这一情况进一步强化了我们此前基于 1906～1909 年年度文献的推论，即海军部认为驻柏林武官是重要的情报来源。

另一个描述海军部高层对海军武官报告反馈意见的是阿瑟·马德的作品。1956 年 7 月，这位美国学者获准进入海军部档案馆查阅 1904～1919 年的档案文件。这一时段的文件有许多文献，其中就包含了几份英国驻柏林海军武官的报告，它们后来都被销毁了。在某些情况下，马德所引用报告中的摘要成为现存记录这些文件内容的

① ADM 12/1442, Cut 52.
② See Cut 52 in ADM 12/1454 and ADM 12/1466.
③ Letter to Davies, author unclear, 9 Feb. 1950, PRO 17/15.
④ *Compendium* 1885－1934：*Codes* 50－56, ADM 12/1899.

唯一资料。可以说，他摘自记事录的引文是现存唯一反映记事录内容的文字材料。正因为如此，马德的作品成为管中窥豹，了解海军部高层对海军武官报告反应的一扇独一无二的窗口。马德的引用确切地表明，海军情报局对反映德国海军人员素质的报告非常重视，着实很有启发性。1908 年 8 月，希斯到访基尔，在那里他"为德国海军缓慢但坚定的变革所深深震撼"，并记录下了他对德国海军官兵的印象。希斯的评价大部分都是积极正面的。"德国海军水兵，"他写道，"仅仅在几年前的表现还同现在大相径庭，如今他们看起来红光满面，健康快乐：他们的行动更加奔放自由，甚至可以来个所谓的'水兵步'。他们不再是身着水兵制服的陆军士兵。"德国海军军官也让希斯印象深刻："我相信要不了几年，德国海军军官在资源配备和行动能力上就可以与我们一较高下了。"虽然希斯承认他这番评价是"建立在仅仅对基尔 48 小时访问的基础之上"，因此远不是最终结论，但这一观点仍然被海军情报局所认真看待。① 按照马德的描述，海军情报局局长将希斯的报告列入备忘录："德国海军最近无疑取得了长足的进步，他们竭尽所能去完善自己。"②他显然对武官所提供情报的准确性深信不疑。

　　除了来自海军部摘要、文献汇编和马德的线索，从仅存的几份列入记事录的报告中，我们也可以了解到海军武官所提供的情报是如何被对待的。诚然，这样的报告是屈指可数的。可惜的是，要对销毁海军部档案负责的官僚们至少同样也对历史记录下了毒手，此举同负责筛选陆军部档案的官员如出一辙。结果就是，海军部文件集中只有稀少可怜的寥寥数份珍贵的武官报告。所幸，海军部的分权官僚体制使得海军部中央档案馆的销毁档案之举，并不像陆军部销毁登记在案的陆军档案那样毫无弥补的希望，因为在某些方面，海军部的机构设置较陆军部更为冗繁。各种下属

---

① 报告副本见外交部文件。Heath, NA 40/08, 26 Aug. 1908, FO 371/461。

② Marder, *FDSF*, i. 149.

部门负责保管各自的登记文档，因此一些我们以为已不存在的档案文件实际上仍然是存在的。例如，包括记事录副本在内的众多海军武官报告的复印件被发给了海军部军备部门，因为这些文件所包含的关于德国技术进步的情报同该部门的职责有关。这些报告随后被分配给舰艇部门管理，该部门保存了记录英国战舰建造理念的完整资料，武官们的报告今天仍旧可以在那里找到。无独有偶，海军情报局常常保存有本部门关于外国海军发展的资料文件集，其中也有少量记事录文件，包括若干份海军武官报告。第一次世界大战后，海军情报局档案选编被纳入海军部历史部门（后来的海军史料部）名下管理，一些记事录也在其中。它们也留存至今。

因此，很大程度上是出于官僚主义原因，只有极少数包含海军武官报告的完整的海军部记事录逃脱了被销毁的命运。尽管这类文件资料屈指可数，但它们仍然极有启发性。从相关评论来看，我们完全可以确信，海军武官至少在某些问题上被认为是重要可靠的情报来源。

德国主要海军港口和造船厂的活动和发展就是这类问题。我们此前已讲过，驻德海军人员的一项重要任务是监视德国主要港湾和海岸地区的活动，这是他们的日常工作。因此，迪马在1906年7月初访问了波罗的海沿岸港口城市但泽和埃尔宾。记录迪马随后提交的报告的记事录显示，他的观察引起了海军情报局局长奥特利极大的兴趣，其中有两点尤为让其关注。第一个是"席肖造船厂的两个工厂的造船能力之强"，超出了此前的预估。因此，奥特利强调："在但泽，德国人准备同时下水6艘战列舰，并在25个月内建成第一艘战列舰……在埃尔宾（驱逐舰工厂），他们打算同时下水24艘驱逐舰并在6个月内建成首舰……"奥特利同样也非常关注迪马报告中提到的德国驱逐舰建造的进展情况，这一情况再次超出了预期："今年造舰计划所规定的12艘驱逐舰的建造进度已经大大超出了我们此前的判断；4艘已经完工了一半；

4 艘刚刚下水；剩下的驱逐舰的造舰材料正在源源不断地运来。"①
由此可见，迪马的报告不仅提供了重要的细节情况，也表明他所
提供的情报让奥特利饶有兴趣地欣然接受。

迪马不是唯一一位因对德国港口活动的细致观察而深受倚重
的海军武官。就海军情报局所关注的问题而言，沃特森于 1910 年
9 月的基尔之行也形成了有益的结果。沃特森报告了德国战列巡
洋舰"冯·德坦恩"号（Von der Tann）搁浅、"赫尔戈兰"号的
炮塔设置、战列舰"黑根"号（Ersatz Hagen）［后来的"皇后"
号（Kaiserin）］的下水、德国潜艇冒出的浓烟、德国驱逐舰的试
航，以及拓宽基尔运河等事项。记事录中的评语清楚地表明，沃
特森所提供的情报让海军情报局局长如获至宝。例如，关于
"冯·德坦恩"号搁浅一事的文字记录就不仅证实了沃特森确曾
就此事提交过报告，也为海军情报局根据吃水深度估计德国战舰
的额外载煤量提供了补充情报。同样的，沃特森关于德国潜艇排
出黑烟的报告也得到了高度评价，因为这一报告证实了现有关于
科廷发动机性能的情报数据。此外，沃特森所汇报的德国驱逐舰
的情况不仅可以用来证实现有对其抗暴风试验的预估结果，也为
评判德国驱逐舰人员的素质提供了新的参考。在这一问题上，沃
特森提到"德国渔民在驱逐舰上服役三年，以确保培养出合格的
水兵"。海军情报局局长特别强调，这一情况"很有意思"。②

如果说有记事录可以清楚地表明关于海岸勘察的武官报告被
欣然接受的话，那么也有记事录可以证明海军武官们因为他们所
反馈的技术情报而颇受重视。其中一例发生在 1903 年，所涉及的
是德国驱逐舰的设计问题。1903 年 5 月，在时任驻海军部议会秘
书阿诺德－福斯特的督促下，海军部将一份清单发给驻柏林海军

234

---

① Minute by Ottley, 21 July 1906, on Dumas NA 32/06, 12 July 1906, NMM:
Ships Cover 274.

② Watson, NARS 85/10, 19 Oct. 1910, and Accompanying Minutes by Bethell, 2
Nov. 1910, NMM: Ships Cover 274.

武官尤尔特上校，要求他"采取一切可行办法"以获取关于德国
鱼雷艇①某些方面的情报，特别是掌握重量、可居住性、速度、船
型，以及相关战斗力等方面的具体技术参数。②

这一要求的起源可以追溯到几年前。早在 1901 年 3 月，阿诺
德－福斯特就指出英国驱逐舰设计很糟糕，而德国鱼雷艇的设计
水平相比之下则要高得多。③ 后来的经历证实了他的这一判断。特
别是在 1902 年 8 月访问基尔期间，阿诺德－福斯特对他亲眼所见
的德国驱逐舰的印象极为深刻。④ 不仅如此，他碰巧有机会同负责
北德意志劳埃德公司船模试验池的德国工程师约翰·舒特（Jo-
hann Schütte）进行一番交谈，这让他进一步坚定了对德国在这一
级别舰艇上优势的看法。因此，阿诺德－福斯特一回到英国，就
决心致力于弥补英国舰艇的劣势，而加深对德国驱逐舰的了解则
是一个不错的开头。有鉴于此，阿诺德－福斯特指示将前文提到
的一系列问题发给英国驻柏林海军武官。⑤ 尤尔特在 1903 年 6 月
16 日回复称，德国以低于预计的排水量生产出速度快、居住性好
的驱逐舰，登上德国驱逐舰出海的人都认为它们优于英国驱逐舰。

尤尔特反馈的这一情报被英国海军造舰局助理局长亨利·戴
德曼（Henry Deadman）认为"非常有趣"，虽然他并不认为相关
数据是真实可靠的，因为这些数据显示德国在小吨位舰艇上的造
舰水平超过了英国。海军造舰局局长（Director of Naval Construc-
tion，DNC）菲利普·沃茨爵士（Sir Philip Watts）同样在一份备
忘录中对此持否定态度："我们收到的数据恐怕并不准确。"没有
人认为尤尔特比较德国和英国舰艇战斗力后得出的结论值得一提。

---

① 即驱逐舰。——译者注
② Nicholson to Ewart, 1 May 1903, NMM：Ships Cover 184A.
③ Arnold－Forster to Selborne, 30 Mar. 1901, BL：Add Mss 50296.
④ Arnold－Forster, "Notes on a Visit to Kiel and Wilhelmshaven, August 1902 and
General Remarks on the German Navy and Naval Establishments", pp. 12 – 13,
ADM 116/940B.
⑤ Arnold－Forster to Controller, 29 Apr. 1903, BL：Add Mss 50296.

但耐人寻味的是，阿诺德－福斯特却无法接受这种自欺欺人的论断，他心急如焚，奔走呼号，要求重视尤尔特反映的这一情况：

> 我恐怕不能同意海军造舰局局长的备忘录最后一段的结论。他说："武官目前的判断看来不值一提。"……我认为我们的海军武官提请我们注意的，据称是众多德国军官的言论是值得重视的，并且，初步看来，我倾向于认为如果德国军官"对他们战舰的战斗力、宜居性和适航性都非常满意的话"，并且倘若他们认为德国战舰在所有方面"都优于英国舰艇"的话，他们如此自信一定是有着相当充分的理由。①

因此，阿诺德－福斯特坚持认为尤尔特反映的情况是一个需要进一步关注的重大问题。

为了回应阿诺德－福斯特的主张，英国海军部向驻德武官发去了一系列问题。② 很遗憾，这方面的文字记录无迹可寻。不过，仅就我们当前所讨论的问题而言，记事录上记载的信息是清楚明白的。在英德驱逐舰的相对优点这一问题上，在高官们表达他们不屑一顾的态度之前，阿诺德－福斯特就倾向于认同英国海军武官所反馈的情报信息。至少在某种程度上，武官所反映的问题值得进一步研究。

尤尔特不是唯一一位点评德国技术进步的英国海军武官。沃特森同样如此，他在 1911 年 11 月发回了一份篇幅 4 页，题为《德国舰队的战斗力》（*The Capabilities of the German Fleet*）的报告。报告聚焦德国卓越的军备和人员表现的诸多闪光点。沃特森尤其关注德国人对其重炮优势的自信，以及他们对其驱逐舰、装甲、战列巡洋舰、潜艇人员和鱼雷的优异表现的自豪。"他们也许

---

① Minutes by Deadman, 4 July 1903, Sir Philip Watts, 7 July 1903, and Arnold-Forster, 14 July 1903, on 'Germany. Particulars re Schichau and Germania Torpedo Boat Destroyers', 16 June 1903, NMM: Ships Cover 184A.

② Arnold-Forster to Schutte, 18 Aug. 1903, BL: Add Mss 50296.

习惯于将条顿民族的热情加之于军备生产之上，"沃特森指出，
"我建议英国应仔细剖析德国人的这种狂热自信，无论是否合理都
要对其认真对待。"①

　　海军部极为重视沃特森的报告，海军情报局局长和海军军械
局局长都对其颇为关注。海军情报局局长赞成沃特森关于德国驱
逐舰速度奇快的说法，以及德国人正在竭尽全力改进他们的鱼雷
的判断，并且相信"鱼雷部门据说是德国海军下属机构中最受追
捧并且招募了最聪慧过人的军官的部门"。不过，研究得最仔细的
问题不是鱼雷而是德国海军的舰炮。海军情报局局长发现，在讨
论德国军备情况时，他不得不承受英国对德劣势尽显之苦："德国
人无疑更善于在同我们的比较中准确估计其军备的优长，他们对
我们的军备及其战斗力的了解要远远超过我们对他们的了解。"尽
管如此，他仍然认同沃特森关于"克虏伯大炮的使用寿命很长，
精度极高"的说法。海军军械局局长在这一问题上虽未作出反驳，
但提出了截然相反的看法。在远程火炮的比较上，他认为德国的
11 英寸舰炮虽然是一大利器，但英国的 13.5 英寸舰炮却更胜一
筹。② 这个结论在意料之中。虽然如此，海军军械局局长依然赞成
要重视海军武官的意见。

　　另一个在现存记事录中可以找到的，足以反映海军部对武官
报告态度的有用信息的话题，是德国海军年度预算问题。根据海
军部摘要，传统上，海军武官是这类情报的重要提供者。确实如
此，在 1900 ~ 1904 年，海军部所掌握的这一问题的情报绝大多数
都是由海军武官提供的。③ 令人遗憾的是，由于这一时期的武官报
告多已不复存在，要证明这一点难度不小。所幸此后情况有了根

---

① Watson, NA 34/11, 30 Nov. 1911, FO 244/770.

② Minute by Bethell, 14 Dec. 1911, and Moore, 28 Dec. 1911, NMM: Ships Cover 426.

③ See Entries for Cut 52 Germany in ADM 12/1354, ADM 12/1367, ADM 12/1379, ADM 12/1391, and ADM 12/1404.

本性改变。究其缘由，是因为 1905～1911 年陆续推出的 5 卷本"海军情报局文件汇编"，描述了海军情报局在德国海军预算问题上的主要情报来源，以及随之而来的海军情报局对德国海军扩建计划的思考。"海军情报局文件汇编"向我们阐明了海军武官在这一问题上所发挥的作用是如何一步步增大的。

关于这一问题的首份保存完好的报告，是艾伦比在 1905 年12 月 6 日撰写的报告。如果说摘要表明，海军武官是 1901～1905 年德国海军预算情报的重要来源的话，艾伦比的这份报告则证实了海军武官同样能提供关于 1906～1907 年德国造舰计划的情报。在 26 页的报告中，艾伦比首先翻译然后详细描述了德国海军预算情况。海军情报局局长奥特利的 2 页回复，不仅证实了这份报告是他在这一问题上的主要情报来源，而且也表明他接受了艾伦比对德国海军预算的范围和意义的推论。奥特利的回复呼应了艾伦比的报告，他强调德国海军预算在上一年度基础上增加了 975183 英镑以及"计划建造舰艇的巨大开支"。奥特利指出：

> 1906～1907 年的德国海军预算约为 1250 万英镑，较今年几乎增加了近 100 万英镑。
>
> 1906～1907 年新开工的舰艇有：
>
> 2 艘战列舰（每艘造价 1785714 英镑）
>
> 1 艘装甲巡洋舰（造价 1345401 英镑）
>
> 2 艘二等巡洋舰
>
> 12 艘鱼雷艇
>
> 1 艘蒸汽布雷舰
>
> 1～2 艘潜艇
>
> 相较于今年开工建造的同类舰艇，新造战列舰和装甲巡洋舰的造价显著上升。
>
> 尚无关于这些战舰尺寸或装备的详细情报，但我们确信

237

战列舰排水量约为 1.77 万吨，航速可达 19.5 节，装备 8 ~ 28 厘米（11 英寸）和 12 ~ 19 厘米（7.6 英寸）口径的火炮。

简言之，奥特利赞同艾伦比的全部结论。艾伦比的报告连同奥特利的评论一起被发给了特威德茅斯和费希尔，他们两人显然对此也深表赞同，未加评论就在记事录上签下了自己的大名。[1]

1906 年 2 月离任后，艾伦比刺探德国海军预算情报的工作由其继任者迪马继续进行。海军情报局文件汇编《海军预算第二卷》中几乎别无其他，主要是迪马从 1906 年 4 月到 1907 年 8 月所提交的报告。可惜的是，文件汇编中列出的这些报告中没有一份能找到与之对应的海军部摘要原件。因此，除证明迪马是关于德国海军预算情报的来源这个中心主题外，这些档案资料无法澄清迪马的观点究竟得到了何种回应。不过，此后一卷《海军预算》阐明了迪马对编制 1908 ~ 1909 年德国造舰计划的海军法案的判断的价值。

1907 年 12 月初，迪马连续提交了两份关于当时在帝国国会中讨论的海军问题的报告，这些问题包括拟议的海军法修正案和由此而通过的预算。有意思的是，这两份报告的内容都在海军情报局的预料之中，这似乎是一个新情况。因此，在收到关于德国海军法修正案的 NA 64/07 报告后，海军情报局在备忘录中指出这一情报"早已记录在 NID 951 号文件中"。[2] 同样的，记录迪马关于德国海军预算问题报告的记事录也指明，这一问题已在海军部 NID958 号

---

[1] Allenby NA 18/05, 6 Dec. 1905, and Minutes by Ottley, 15 Dec. 1905. 特威德茅斯在 1905 年 12 月 22 日的记事录上签上了自己的名字，费希尔签名的记事录未标注日期。NHB: Naval Estimates, Vol. II, T20895.

[2] Minutes by Slade, 18 Dec. 1907, on Dumas NA 64/07, 2 Dec. 1907, ADM 137/3857.

文件中得到充分阐释。① NID951 号和 NID958 号文件都是海军情报局自己推出的分析性资料，它们分析的对象是刊登在德国政府半官方报纸《北德意志汇报》（*Norddeutsche Allgemeine Zeitung*）上的文章。② 换言之，海军情报局在武官撰写报告的前两周，就已通过公开资料掌握了德国舰队法修正案和海军预算的内容详情。

238

　　如果说海军情报局已经掌握了有关情报的话，那么是否意味着海军武官的报告是多余的呢？答案是否定的。首先，海军情报局的官员们不会如此天真地对德国媒体的报道完全笃信无疑。由驻德海军武官对这些报告的内容做进一步确认势所必然。其次，武官的报告中并没有关于这一问题无足轻重的细节内容。有几篇概述即将公布的预算的总体特征的新闻报道只是浮光掠影，它们无法取代对这一问题进行全面深入分析的武官报告。这再一次表明，武官的报告是极有价值的。最后，以上述事件为例，海军武官可就相关问题及时提供有用的分析，这种分析在《北德意志汇报》之类的媒体上是不可能找到的。因此，迪马在其关于 1908 ～ 1909 年德国海军预算的报告中提出了多个重要推论，包括他预测德国人未来会加速建造他们的主要水面舰艇，德国将会装备尺寸更大、威力更强的鱼雷，以及德国人正在紧锣密鼓地准备与英国一战。海军情报局局长斯莱德在备忘录中提到了迪马的上述全部观点，并对此无不赞同。斯莱德在附文中仔细剖析了迪马关于德国舰艇建造时间的判断，并认为迪马所言不虚：

　　　　下列图表展示了 1908 年度造舰计划规定的第一批新建舰艇的总数，以及它们同 1907 年计划舰艇的对比。我们由此可以发现，下一年度的造舰时间表要大大早于今年的安排，步

---

① Minutes by Slade, 18 Dec. 1907, on Dumas NA 65/07, 5 Dec. 1907, ADM 137/3858.

② NID 951, 20 Nov. 1907, ADM 137/3857, NID 958, 23 Nov. 1907, ADM 137/3858.

伐之大甚至让新一年战舰吨位的大幅增加给人留下的印象都望尘莫及。由此可见，未来德国舰艇的建造时间还会进一步缩短，战列舰和装甲巡洋舰的建造时间可能将缩短至 30～33 个月，防护巡洋舰的建造工时不到两年，建造一艘驱逐舰则只需要 9～12 个月。

一份类似的文件也证实了迪马对德国可能部署 20 英寸鱼雷的推论。不过，最有意思的是迪马断定德国未来进攻意图的备忘录。在这份备忘录中，斯莱德接受了迪马的观点，并几乎逐字逐句地对其加以复述：

> 最后，迪马上校指出，德国海军预算情况对英国的意义非同凡响，它预示着德国将以极快的速度加紧建造一支最强大的现代化舰队，并同时致力于打造一支与之相适应的高效的辅助舰队。
>
> 德国辅助舰队同样不可小觑，因为它进一步确保了德国海岸安全，从而在五年内得以将德国主力舰队解放出来，使后者可以出海履行作为一支进攻性舰队的使命。①

斯莱德显然对迪马的意见深表赞同。

尽管斯莱德愿意接受迪马分析 1908～1909 年德国海军预算后得出的结论，但他之后的海军情报局局长是否也会赞同迪马的继任者们在相关问题上的观点呢？这个问题很难回答，因为目前仅存一个由迪马的继任者所撰写的关于德国海军预算问题的武官报告记录在案。1911 年 2 月，沃特森撰写了一份关于帝国国会预算委员会通过的 1911～1912 年德国海军预算内容的报告。在众多出人意料的观察结论中，他预估，根据海军法，下一年度德国海军造舰计划将有所缩减。沃特森认为，这种情况不太可能会发生："我认为，1912 年

---

① Minutes by Slade, 18 Dec. 1907, on Dumas, NA 65/07, 5 Dec. 1907, Ibid.

及此后年度的德国海军预算将保证每年建造 3 艘装甲舰，而不是目前海军法规定的每年 2 艘的规模。"诚然，贝瑟尔将军也同意这个不是很有争议的判断："我认为海军武官所做的预判是正确的，德国在今年以后只会少建一艘大型装甲舰。"海军大臣麦肯纳和第一海务大臣威尔逊海军上将（Admiral Wilson）也在记事录上签了名，表明了他们赞同此结论的态度。① 因此，从我们目前所见的档案资料来看，海军武官在德国海军预算问题上的观点和看法得到了高度重视。

因此，我们根据摘要、文献汇编、马德看到的文件、少数保存完好的记事录等资料可以得出这样的结论，即海军部热诚地接纳了海军武官的报告。这些报告为海军情报局提供了诸多方面的情报，涵盖了造船厂、驱逐舰、火炮、海军人员和年度预算等多个主题。诚然，有一些情报难以得到确证——虽然它们并非无关紧要——但武官们因为他们所提供的情报之新和能在第一时间对德国海军的发展动态作出解析而备受重视。

除陆军部和海军部外，外交部也会密切地接触到武官的工作。虽然我们对陆军部和海军部如何看待武官报告的认识还很有限，但外交部的情况则截然不同。究其原因有两点：首先，外交部在 1906 年建立了新的文档管理制度，这一制度催生了对收到的文件所做的大量的评论意见。由此，档案所存之处也可见到这些评论，它们通常能提供丰富的信息。其次，不同于陆军部和海军部，外交部的档案管理人员执行了更为开明的档案销毁政策。他们保存了几乎所有重要政策方面的档案。因此，虽然我们无法得知英国外交部门在 1905 年年底之前——在新的档案管理制度建立之前——是如何看待武官报告的，但之后他们在这一问题上的看法和意见则被完整地记录下来。从中我们可以发现，白厅的外交官们对武官相当看重。

---

① Minute by Bethell, 13 Mar. 1911, on Watson NA 4/11, 17 Feb. 1911, 威尔逊在 1911 年 3 月 17 日的记事录上签了名，麦肯纳在 1911 年 3 月 20 日的记事录上签了名，见 ADM 137/3860。

1906 年，外交部建立了新的档案管理制度，同年新任海军武官迪马走马上任。从外交部备忘录中我们可以清楚地得知，迪马很快在外交官圈子内赢得了崇高的声誉。例如，外交大臣爱德华·格雷爵士在同一名武官的某次通信中就指出："迪马上校的报告写得很有意思。我希望海军部能认识到他的工作有多出色。"[①]很多人对格雷爵士的这番话都感同身受。外交部西方司书记员杰拉德·维利尔斯（Gerald Villiers）对一份迪马撰写的德国军事演习的报告赞不绝口："我希望我们能将迪马上校的这番真知灼见……发给马克西先生（Mr. Maxse）和《军旗》（Standard）杂志的海军记者。"[②] 无独有偶，艾尔·克劳也经常称赞迪马的工作。他就迪马在 1907 年 3 月提交的一份报告写道："迪马上校一向能力突出，考虑周到。"[③] 他对另一份报告点评称："迪马上校总是以有趣的方式阐发他的观点。"[④] 并非他一人认为迪马的工作有趣。包括杰拉尔德·斯派塞和罗纳德·坎贝尔（Ronald Campbell）在内的其他外交部官员也多次表达了相同的感受。[⑤] 事实上，值得注意的是，即便有时不同意迪马的看法，大多数外交部官员们也仍然对他的报告毕恭毕敬。维利尔斯开风气之先，他在一份表达不同意见的备忘录中这样写道："同这样一位声名卓著的专家意见相左，我实在是有点大言不惭……"[⑥]克劳也是如此。虽然他就迪马的一份报告指出，"如果海军部毫无质疑地接受了这一意见的话，我认为海务大臣们会被误导的"，但他缓和了语气，收敛了批评之词，强调"迪马上校出色的报告，以及他所奉献出的

---

① Minute by Grey on Dumas, Denmark NA 1/07, 25 Sept. 1907, FO 371/243.

② Minute by Villiers, 29 June 1908, on Dumas NA 27/08, 22 June 1908, FO 371/460.

③ Minute by Crowe, 11 Mar. 1907, on Dumas, NA 7/07, 6 Mar. 1907, *BD*, viii. 128.

④ Minute by Crowe, 6 May 1907, on Dumas NA 22/07, 30 Apr. 1907, FO 371/260.

⑤ See Spicer's Minute on Dumas NA 71/07, 19 Dec. 1907, and Campbell's Minute on Dumas NA 73/07, 27 Dec. 1907, FO 371/260.

⑥ Minute by Villiers, 30 Mar. 1908, on Dumas NA 17/08, 27 Mar. 1908, FO 371/447.

精力和对大使馆的鼎力相助依然是值得赞赏的"。① 不过，最清楚地阐明外交部高度重视迪马报告的文件是附在他最后一份报告之后的备忘录。外交部助理次官沃尔特·兰利代表多人表示：

> 迪马上校撰写了多份非常有意思的报告。在这份封笔之作中，他不辞辛苦地审视德国公众舆论并剖析德国对英国的意图，让我们印象深刻……
>
> 迪马上校……向我们提供了如此之多具有准政治特征的宝贵情报，我们想无所顾忌地表达……对他勤勤恳恳地辛劳工作，并清晰揭示所面对的诸多问题的政治内涵的由衷敬意。

格雷对此深表赞同：

> 我认为迪马上校能见微知著，但又目光如炬，明察秋毫，见解独到。他的观察习惯，以及对其驻在国心态和观点的反思都值得称赞和鼓励。②

如果说这些备忘录表明迪马无疑赢得了外交部的高度敬重的话，它们同样也毫不含糊地表达了对在迪马上任数月后到来的陆军武官特兰奇上校的敬意。特兰奇发回的报告涉及的问题范围很广，包括海军联盟在塑造德国公众舆论上的作用、驻英德国军官的间谍活动、公开场合的反英演说、德国保密法背后的用意等。资料显示，特兰奇在所有这些问题上的看法都得到了外交部的尊重。因此，特兰奇曾在一份报告中指出，德国海军联盟已成为煽动德国公众舆论支持从事一场对英战争的工具，这一观点得到了外交部毫无保留的赞同。"无可置疑，"一位身份不明的官员写道，"德国海军联盟的影响力是如此之大……由其全部言论我们可以断定，它的动机就是对英国的仇恨，它一直致力于朝着培养对英国敌意的方向影响和塑

241

---

① Minute by Crowe, 4 Feb. 1907, on Dumas NA 3/07, 29 Jan. 1907, *BD* vi. 13.

② Minutes by Langley and Grey on Dumas NA 34/08, 30 July 1908, FO 371/461.

造德国公众舆论。"① 特兰奇关于德国军官定期前往英国"侦察"，以为未来的两栖突袭做准备的看法也为外交部所认同："德国人显然正在紧锣密鼓地做着大量准备工作，他们这么做只能被解释成是为可能的入侵行动做准备……德军总参谋部无论如何都不会排除在某一天发起对英国的入侵行动的可能性。"② 另一份备忘录同样对特兰奇报告持赞许态度。在这份报告中，特兰奇详细描述了德国机动热气球旅行协会的一次公开聚会的情况。在这个聚会上，一名演讲者公然提出利用飞艇入侵英国。"由此可以看出，长期以来，德国国内的仇英主义思潮是何等的狂热，"维利尔斯感叹道，"但在英国仍有人拒不相信这一点。呈现在我们面前的这份报告不能大量印发并刊登在大英帝国的每家报纸上，实在是一大憾事。"③ 特兰奇断定德国在军演中施行新的保密法，是为了掩盖它集结入侵兵力的预演，斯派塞对此也表示赞同：

> 正如德国人坚信他们的国家是不可战胜的，深知不可能会有国家打算入侵德国一样，目前所采取的这些预防措施显然是为了当进攻时机到来时，德国可以在神不知鬼不觉的情况下对敌人发起突袭。④

简言之，外交部饶有兴趣地收到了特兰奇主题广泛的一系列报告，外交部官员们毫不质疑地认可了他的诸多判断和看法。

迪马和特兰奇的观点为何会得到如此的尊重？我们对此需要详加阐释。除了他们两位显然都是才堪大任、能力出众的军界翘楚，其卓越的专业素质理应让人们敬重有加外，还有什么原因确保他们的看法会如此被欣然接受呢？有两点理由有助于澄清我们的疑问。

首先是迪马和特兰奇报告的内容非常吸引人。正如我们在第

---

① Minute on Trench, MA 77, 20 Dec. 1907, FO 371/260.
② Minute by Langley on Trench, MA 76, 15 Dec. 1907, FO 371/263.
③ Minute by Villiers on Trench, MA 119, 14 Dec. 1908, FO 371/463.
④ Minute by Spicer on Trench, MA 25/09, 24 June 1909, FO 371/674.

四章所述，迪马和特兰奇尽管风格各异，但他们都坚信"德国威 242
胁"是真实存在、清晰可感的，并且他们经常在报告中强调这一
点。这种认定德国对英国构成威胁的主张也被外交部关键人物广
泛接受。诸如哈丁和克劳这样的外交部高官虽然并非天生的反德
主义者，但依然对德国政府的意图充满疑虑，并一直在搜集足以
证明德国敌视英国的证据。因此，外交部高官们当然非常欢迎英
国驻海外陆海军武官提供的意见，后者的报告从专业的军事角度
证实了外交官们通过其他方式得出的结论。特兰奇和迪马经常在
报告中对德国的野心所带来的危险发出警告，他们的观点自然会
得到外交官们的共鸣。

足以证明以上判断的论据不仅来自赢得赞誉的武官报告——如
我们所见，这些报告经常反映充满敌意的德国人的险恶用心——从
外交部收到的少数它不太认同的武官报告中，我们也能找到相关
证据。耐人寻味的是，几乎总是有一些对英德关系前景过分乐观的
声音。例如，特兰奇在一份关于德皇向他示好的报告中指出，这一
友善之举旨在"表达对'消除两国间所有不快'的热切盼望"，但
这种友善却引起了伦敦方面的怀疑。克劳在备忘录中指出：

> 我认为特兰奇上校从德皇亲切和蔼的言辞中得出了意义
> 深远的结论。去年德皇同样对观摩德国军演的法国武官温言
> 相对，而当时法德正因摩洛哥危机而剑拔弩张，战争大有一
> 触即发之势。如果因为当时德皇彬彬有礼就认定他是想向法
> 国方面示好的话，那显然就大错特错了。①

在争论特兰奇提出的德皇偶尔展示对英友好的背后另有所图
这一点上，克劳并非孤家寡人。1907 年 9 月，特兰奇再次在报告
中阐述了这种感受："我已冒险提到了德国王室在对待英国军官态
度上的一系列显然琐碎的小事，这些小事似乎表明德国存在对英

---

① Minute by Crowe, 5 June 1906, on Trench MA 3, 1 June 1906, FO 371/78.

国非常友好的情愫。"斯派塞不同意特兰奇的说法，他将德方的这一举动归因于为德皇即将开始的英伦之行营造友好氛围："特兰奇上校注意到的这种'非常友好'的情绪至少将持续到德皇对英国的访问结束，但不要认为它有什么特别含义。"[①] 对迪马更加乐观的论断也有着类似的不同意见。迪马在一份关于德国舆情的报告中指出，德国中产阶级愈来愈意识到，为了维护和平他们的舰队规模不应再进一步扩大。克劳在一篇长文中对此予以驳斥：

> 我十分怀疑"受过良好教育的德国商人群体"的想法是否真如迪马上校所描述的那样广泛或重要。我的印象是……有必要建立一支强大的海军是包括众多社会主义者在内的全体德国人的共识。[②]

从这些备忘录中我们可以明确断定，特兰奇和迪马主要是因为他们那些证实"德国威胁"的报告而备受重视。与之相反的是，讨论外交部那些存有异议的问题的报告则不太可能被接受。由于两位武官发回的报告几乎都是关于"德国威胁"这一外交部所认同的主题的，因此这就解释了为什么引述武官报告但持否定意见的备忘录难得一见了。这也让我们明白两位武官为何如此受人尊重了。

另一个促使外交部对特兰奇和迪马的报告如此欣赏的原因，是英国驻德国大使弗兰克·拉塞尔斯爵士的意见不再与白厅的外交官们合拍。这一分歧在一定程度上反映出时代的变迁。拉塞尔斯爵士在1895年被任命为驻柏林大使，当时的英德关系与现在迥然不同。他一直认为英国与德国有着共同利益，两国具有开展合作的可能。然而一旦这种主张变成令人乏味的老生常谈，那么自然就会应者寥寥了。因此，拉塞尔斯的报告经常包含一些在外交

----

① Minute by Spicer on Trench MA 64, 5 Sept. 1907, FO 371/262.

② Minute by Crowe, 13 Jan. 1908, on Dumas NA 2/08, 9 Jan. 1908, FO 371/457.

部内得不到支持的构想，外交部官员们也都不太把他的分析当一回事。伦敦的外交官们和柏林的拉塞尔斯爵士的分歧早已载入史册，这一分歧通常还会被伦敦外交部的备忘录引为示例。这些备忘录附于拉塞尔斯的报告后，批评措辞更为尖锐。[①] 不过，要弄清拉塞尔斯与外交部之间裂痕的真实性质和发展到何种程度，最好是查阅相关私人信件。1907 年 2 月，当时担任柏林大使馆代理三等秘书的沃尔福德·塞尔比致信其父母，他在信中描述了拉塞尔斯同其上司们之间的嫌隙：

> 我被我们的外交部和大使之间在对德政策上的些许摩擦逗乐了。大使是亲德的，希望避免向国内汇报任何可能刺激外交部的新闻。在我看来，他总的来说过分担心会戳到德皇和德国政府的痛处。外交部则与之相反，在多年来莫名其妙地对德国提心吊胆之后，突然意识到我们要远远强过德国，事实上在我们所关心的问题上，我们随时可以对德国施压。过去我们对德国以礼相待是必要的。我们也希望德国明白，英国已经完全意识到无论面对任何麻烦，它都掌握着显著优势。

塞尔比的这番话说明，拉塞尔斯和伦敦之间有着不可调和的观点分歧。

244

这一分歧的结果是，外交部官员们不愿也无法依靠驻德大使来获取让他们相信的报告，转而通过其他渠道来搜集关于德国的情报。其中之一就是塞尔比这个渠道。秉着"外交部政策是正确的"的信念，塞尔比将许多拉塞尔斯想隐瞒不报或轻描淡写的情况转发给了外交部：

> 我私下将我能找到的充满敌意的剪报或文章发给我在外

---

① G. Monger, *The End of Isolation* (London, 1963), p. 315.

交部的朋友，我知道它们将会受到热烈欢迎……据我所知，外交部尤其想知道关于德国方面的一切言行举动。如果因为这些情况会引起不快而将它们隐瞒不报，那并不合适。①

塞尔比并不是唯一向外交部提供情报的人。在搜集这类情报方面更为知名的是英国驻慕尼黑公使费尔法克斯·卡特赖特爵士（Sir Fairfax Cartwright），他的报告特别为伦敦所钟爱，很大程度上是因为这些报告的观点同外交部对德国问题的所思所想很合拍。② 不过，更为重要的情报来源还是驻外武官。不同于不得不通过私人渠道反馈情报的塞尔比和常驻慕尼黑的卡特赖特，陆海军武官可以在拉塞尔斯想回避的所有问题上，通过官方渠道和从柏林发回情报。

武官们享有的向伦敦发回报告的自由并不总是会取悦大使。迪马报告中对一次事件的记录足以说明这一点。他在报告中强调在英德战争中确保德国无法封锁波罗的海的重要性："我同拉塞尔斯爵士就我的波罗的海信函进行了交谈，我个人认为这封信深思熟虑、自信满满，但我却失望地听到拉塞尔斯爵士说他应该写一封附信表明安于当前现状即可。当然这只是一名老外交官的个人意见，但它依然让人大失所望。"颇有启发意味的是，迪马的失望之情由于认识到拉塞尔斯的反对意见可能无足轻重而大为释然："不过，我的目的不至于此，但我相信我的意见在外交部和现政府心中的分量要远远超过拉塞尔斯爵士。"③ 这是非常精明的判断。不同于身为大使的拉塞尔斯，武官们在"德国威胁"问题上的看法与外交部所持立场颇为接近，自然也更容易被后者接受。结果就是外交部经常会优先考虑武官们的意见，而不是拉塞尔斯的看法。这就很好地解释了特兰奇《战争爆发前会有预警吗？》的报告所面对的境遇。这份报告力证一旦导火索被点燃，德国会对英

---

①　Selby to His Father, 8 Feb. 1907, Bodleian：Mss Eng. C. 6615.

②　Monger, *End of Isolation*, p. 316.

③　Dumas Diary, 5 Mar. 1907.

国不宣而战，这是德国仇英主义者中的极端派所极力主张的。拉
塞尔斯难以接受这一说法，他在转发这份报告时附上了自己的否
定意见。"特兰奇上校的观点，"他写道，"对我来说是过分危言
耸听了，对此我无法苟同。"尽管遭到大使的强烈反对，但特兰奇
的这份报告在送达外交部后，其主张比拉塞尔斯的意见更受到青
睐。克劳在备忘录中对此毫不掩饰：

> 特兰奇上校指出，如果德国一旦认为它的海军力量已壮
> 大到足以有机会击败英国海军的地步，无论它是否会遭到优
> 势兵力的围攻或其分散的舰队被我们集中兵力各个击破，德
> 国都有可能发动突然袭击。
>
> 弗兰克·拉塞尔斯爵士显然不这么认为，但不管如何，
> 特兰奇的观点都很有可能道出了真相。①

因此，如我们所见，迪马和特兰奇都被伦敦的英国外交部所
器重。两人都是能力出类拔萃之辈，值得获得外交部门的高度信
任。不过，这无疑并非他们受到如此礼遇的唯一原因。一个重要
的原因是他们在德国威胁问题上与白厅的外交官们不谋而合，惺
惺相惜。也正因为如此，他们的报告呼应了外交部的主流思潮。
从这个意义上来说，拉塞尔斯并不认同外交部的主流意见并拒绝
汇报相关情况，也抬高了迪马和特兰奇两位武官的地位。拉塞尔
斯不问世事正中伦敦的外交家们的下怀，来自他名义上的下属、
包含真知灼见的报告由此更受欢迎。迪马和特兰奇都是这种情况
下的主要受益者。

然而，迪马和特兰奇的继任者都没有享受到这种待遇。1908
年底，爱德华·戈申爵士取代拉塞尔斯成为新任驻柏林大使。戈
申虽然并不是反德主义者，但他较前任更倾向于怀疑德国政府的

---

① Lascelles to Grey, 1 May 1908, Enclosing Trench MA 95, 27 Apr. 1908; and Mi-
nute by Crowe, 4 May 1908, *BD*, vi. 146 – 149.

意图，因此，他的到来预示着英国驻德外交使团的立场有了重大转变。此后，柏林大使馆的看法愈益向外交部靠拢，这种转变使得此前两者之间的嫌隙烟消云散。鉴于大使馆和外交部是促使武官脱颖而出的主要推动力之一，那么时移世易，现在正是讨论伦敦的外交部门是否会降低对武官的高度敬意的合适时机。

在这方面，拉塞尔斯离职的一大后果，是不会再有陆海军武官的意见比大使本人的主张更受青睐的情况出现。可以确信的是，戈申的到来使得武官的影响力开始减弱。不过，我们必须认识到这只是从一种特殊情况回归正常状态而已，并不意味着武官从此不再受重视或泯然众人矣。事实上，从对他们报告的回复看，他们依然享有殊荣。当然，从某一角度而言，这种情况并不会让人感到意外。迪马和特兰奇的大部分继任者都对德国的威胁感到忧心忡忡，因此，他们所持的观点与外交部官员们的立场相当接近。不仅如此，武官们继续向国内反馈关于德国威胁的情报，也让伦敦的外交官们对他们的报告始终抱有浓厚兴趣。

对武官报告的点评再次证实了我们之前得出的结论。在罗素发回关于德国动员速度加快和由此造成的危险后果的报告后，外交部常务次官阿瑟·尼克尔森爵士（Sir Arthur Nicolson）私下致信戈申，向他表达了自己对这一问题的兴趣。[1] 其他人对武官工作的感受也与之大同小异。例如，克劳对罗素提交的关于德国演练进攻重兵布防的海岸要塞的军演的报告印象深刻，这一演练显然是德国陆军着眼于改进对英作战准备而进行的。"无论如何都毫无疑问，"克劳写道，"德国政府为同英国开战而一直做着周密且长远的准备。"[2]

新任陆军武官罗素受到的待遇同样也发生在迪马的继任者希斯身上。备忘录清晰地显示，外交部毫不犹豫地接受了希斯关于

---

① Nicolson to Goschen, 16 Apr. 1913, FO 800/365.

② Minute by Crowe on Russell, MA 26/12, 14 June 1912, FO 371/1374.

德国在 1908 ~ 1909 年加快建造战舰的报告。当希斯反馈"下一年度计划的两艘战列舰的合同已经授出"的情报时，克劳回应道："德意志帝国国会尚未为这两艘战舰拨款，但德方仍在推进这一工作。"① 同样，希斯在几周后报告至少有一艘战列舰的材料已经在筹备中，斯派塞认为希斯反映的这一情况极为重要：

> 德国政府已经授出了 1909 ~ 1910 年造舰计划规定的战列舰的合同，这些战舰的材料在它们开工建造前就已开始筹集。这是德国决心在新型战列舰方面至少与我们并驾齐驱的雄心壮志的又一大证据。②

如果说希斯关于德国加快建造战舰的报告得到外交部尊重的话，沃特森所提交的一系列关于蒂尔皮茨海军上将采取"两面派"手段，以削弱英国海军优势的报告也同样受到了外交部的高度重视。例如，我们发现关于这一主题的一系列报告都得到了克劳这样的赞许："这些报告都很值得一读，34 号报告尤其如此。它们将德国海军部处心积虑地用虚假演习来误导帝国国会和德国公众的真相暴露得淋漓尽致。"③ 这并不是希斯的报告受到的唯一溢美之词。埃里克·德拉蒙德（Eric Drummond）也将希斯的另一份报告写进备忘录中："这是一份极为有趣的报告，我认为它精辟地阐明了当前情况。"④ 同样的，维利尔斯也毫不掩饰地认可了一份揭露蒂尔皮茨的一次演讲背后的敌意的报告："很有意思。沃特森上校指出，蒂尔皮茨海军上将的如意算盘是将英国限定在某一范围内，并阻挠它从殖民地航运中获益——这是典型的马基雅维

247

---

① Minute by Crowe on Heath, NA 47/08, 21 Oct. 1908, FO 371/462.

② Minute by Spicer, 23 Nov. 1908, on Heath NA 48/08, 16 Nov. 1908, FO 371/463.

③ Minute by Crowe, 7 May 1912, on Watson NA 33/12, 34/12, and 35/12, 27, 29, and 30 Apr. 1912, FO 371/1374.

④ Minute by Drummond, 11 Dec. 1911, on Watson NA 35/11, 6 Dec. 1911, FO 371/1125.

利式诡计，无法见容于这里的和平主义力量。"①

如果说外交部乐意接受沃特森关于德国耍阴谋诡计的报告的话，那么他对英德海军关系持乐观态度的少数评论则基本上都被外交官们所拒绝。1912 年 3 月 26 日，沃特森在一份报告中指出，德国国内认为不可能同英国爆发海军竞赛的声音持续上升。第二天，他又在另一份报告中进一步论述了这一问题。这些报告在外交部受到质疑，甚至是冷遇。"这也许是某种新情况出现的征兆，"乔治·罗素·克拉克（George Russell Clerk）对沃特森的第一份报告点评道，"但我在抱有任何期望之前更愿意看到一些有说服力的证据。"② 克劳在这一问题上甚至更为不屑。他在备忘录中谈到沃特森的第二份报告时说："我认为，这份报告空洞无物，不值得刊印。"③ 因此，沃特森面对的情况同特兰奇和迪马一样：那些同外交官们的设想一致的报告将更受欢迎，而那些同他们意见相左的报告则往往会受到冷遇。

因此，外交部的备忘录足以证明，武官们的报告总体上受到外交部的热烈欢迎，武官们被外交官们视为重要的情报来源。特别是在驻德大使弗兰克·拉塞尔斯爵士不为外交部所喜的岁月里尤为如此，但这一现象在拉塞尔斯退休后仍旧持续下去。由此可见，外交部同陆军部和海军部一样，总体上都对武官们礼遇有加，颇为重视。

综上所述，在第二项测试，即对影响力的定性分析上，定期收到武官报告的陆军部、海军部和外交部三大部门对其均高度重视。由现存记事录观之，武官们所提供的情报和分析意见总体上都会得到肯定。即便没有记事录佐证，我们查阅私人信件和日记也能得出相似结论。诚然，有证据表明某些报告较其他报告获得了更高的评价。陆军部显然对那些质疑甚至驳斥德国有入侵英国

---

① Minute by Villiers, 17 Feb. 1913, on Watson NA 7/13, 13 Feb. 1913, FO 371/1649.

② Minute by Clerk on Watson, NA 19/12 of 26 Mar. 1912, FO 371/1374.

③ Minute by Crowe, 2 Apr. 1912, On Watson NA 20/12, 27 Mar. 1912, Ibid.

图谋的报告冷眼相待，而最欣赏那些证实这一说法的报告，例如，详述德国在英国的间谍活动之猖獗的报告就颇受青睐。无独有偶，外交部对那些支持其基本意见的报告给予了充分信任，而对那些挑战其既定的先入之见的报告则不屑一顾。不过，正如韦斯利·沃克所展现的英国对纳粹德国的情报工作的情况一样，这样的反应在政府机构中十分普遍。[①] 重要的是，大多数武官报告都受到陆军部、海军部和外交部的欢迎。

武官报告是决策的重要依据

如果说按照前两个标准，武官的作用从他们对部分军政要员举足轻重的影响力上可见一斑的话，那么在第三项测试中，我们需要考察有什么政府决策是受到了武官报告的影响而作出的。由于现存资料的匮乏，这个问题并不容易回答。陆军部、海军部和外交部诸多决定都是在经过深思熟虑后才作出的，而作出这些决定前的讨论很多都只是在走廊上非正式的闲谈罢了。因此，通常没有就这些非正式交谈起草过相关备忘录和意见书。即便有一些文件，也往往未能流传后世。尽管如此，虽然存在证据缺失的问题，但在一些地方我们依然能寻觅到足以判断武官报告在决策中所起作用的蛛丝马迹，仅以以下两例为证。

首先是英国的飞艇政策。正如本书第三章所揭示的那样，从最早的成功的动力飞行开始，武官们就已向国内反馈了大量关于德国在轻于空气飞行试验中取得的进展的情报。英国政府是如何使用这些情报的呢？我们对这一问题的回答是，在 1908 年前，这些情报几乎都被束之高阁。在此之后，情况发生了改变。1908 年 10 月，为应对全球范围内出现的"航空飞行器"快速发展的局

248

---

① Wesley Wark, *The Ultimate Enemy: British Intelligence and Nazi Germany, 1933 - 1939* (London, 1985).

面，英国政府建立了一个隶属于帝国防务委员会的技术委员会，以研究英国是否应发展自己的航空装备。1909 年 1 月，在该委员会举行的首次会议上，德国在飞艇领域的进展问题尤为引人关注。委员会成员们接到通知称，可靠情报有力地证明了德国正在发展军用飞艇，特别是情报显示德国海军军官正在接受飞艇驾驶训练，因此"有理由推测，德国政府打算使用硬壳齐柏林飞艇执行海军任务"。① 部分是出于这个原因，技术委员会在其报告中建议拨款发展英国自己的飞艇项目。

　　技术委员会的报告没有提及关于德国飞艇的情报出自何处。不过，这份报告在一个月后被摆到了出席帝国防务委员会全体会议的各位成员面前，同时还附上了德国在航空领域活动的最新情报，以支持业已提出的建议。这一次，情报来源为众人所知晓。罗宾·海厄姆教授（Professor Robin Higham）有幸在档案被销毁前查阅了收藏在航空历史档案馆和空军部的数份文件。按照他的说法，这一关于德国航空的情报出自英国驻德武官发回的报告：

　　　　在 2 月底举行的帝国防务委员会全体会议上，摆在大家面前的是驻柏林陆海军武官的急件，这些报告详细介绍了德国军用帕塞伐尔软壳飞艇的情况以及它所进行的 11 小时 15 分钟的飞行试验。报告还提到德国海军部和陆军部打算在赫尔戈兰岛 - 威廉港地区建立一支联合飞艇部队。②

　　当然，展示情报和接受情报不是一回事。不过，值得注意的是，在帝国防务委员会全体会议尾声，技术委员会的建议悉数获得批准，会议还授权开展一个试验性的英国飞艇项目。武官们提供的情报对做

---

① 'Report of the Committee of Imperial Defence Sub - Committee on Aerial Navigation', 28 Jan. 1909, CID 106 - B, CAB 16/7.

② Robin Higham, *The British Rigid Airship*, *1908 - 1931*: *A Study in Weapon's Policy* (London, 1961), p. 38. 罗宾·海厄姆教授所见档案已不复存在。

出这一决定起到作用了吗？罗宾·海厄姆教授的回答是肯定的。他在谈到"谁制定了飞艇政策"这一问题时指出："最初的动力来自陆海军武官所反馈的德国人的动向……"① 倘若这一说法是可信的，那么1909年的英国飞艇项目在一定程度上始于武官报告。

根据历史档案记载，在一个光明的开端之后，刚刚起步的英国飞艇项目很快就开始分崩离析。1911年9月，"蜉蝣"号（Mayfly）飞艇在一次事故中坠毁。在这一悲剧性且损失惨重的灾难发生后，整个飞艇项目被取消，所有寻求恢复飞艇试验的努力都以失败告终。而最后让项目重启的推动因素，则是关于欧陆飞艇技术最新进展的新闻。武官在这一过程中再次发挥了主要作用。

1911年12月，驻柏林陆海军武官得知德国在飞艇研究上取得了重大进展。这一消息让他们震惊不已。就在是年10月，两位武官还在一份联合报告中大胆断定德国人"倾向于冷落飞艇而仅相信飞机"。② 现在，仅仅两个月后，他们就不得不为此而深感羞愧，试图纠正自己对德国航空装备现状的错误看法。有鉴于此，沃特森和罗素随即着手说服其上司，让他们相信德国飞艇技术先进且德国人技艺高超，足以操纵这种复杂的飞行器。因此，沃特森除了向海军方面的高官政要发去一系列私人信件外，③ 还同罗素一道撰写了大量关于航空问题的联合报告。此后几个月，他们坚持不懈地定期向国内发回这些报告。至少有三份完整的报告在1911年12月就送到了伦敦。另有一份报告在1912年1月发回，武官们在3月又发回了至少两份报告，4月有一份报告，5月又有一份报告发至国内。事实上，两位武官一直不厌其烦地向其上司

250

<hr />

① Robin Higham, *The British Rigid Airship, 1908 – 1931: A Study in Weapon's Policy*, p. 328.

② 引自已遗失的1911年10月6日的武官报告NA 27/11和MA 24/11，出自总参谋部文件《1911年外国航空问题报告》，见AIR 1/7/6/77/3。

③ 沃特森在1911年12月9日致信休特，见AIR 1/2471。他也曾致信丘吉尔的私人秘书爱德华·马什（Edward Marsh），见Watson to Marsh, 22 and 23 Mar. 1912, CCAC: CHAR3/8/109。

发出警告，让他们警惕德国在轻于空气飞行的航空器研制和应用上的卓越表现。

这一切努力的结果，是英国政府高层终于认识到英国在飞艇领域已经落后于其他强国，而现成的一系列情报可被用来帮助制订政策。然而，风云突变。虽然技术委员会在 1912 年 2 月 28 日认定"成功部署硬式飞艇前景可期，但这并不足以掩盖其费用高昂的缺点"，因此，"海军试验应限定为发展飞机"，这一结论是在重重压力之下匆忙得出的。[①] 1912 年 3 月，在拜读了沃特森描述他在 1911 年 12 月搭乘德国最新型飞艇进行空中之旅的报告后，温斯顿·丘吉尔开始相信英国需要研发自己的齐柏林和帕塞伐尔飞艇。[②] 1912 年 4 月，他在帝国防务委员会全体会议上表示"德国在航空热气球领域取得了巨大进展"，他建议重新召集技术委员会来研究这个问题。[③] 这一建议在 1912 年 5 月 14 日变成了现实，并很快与武官的工作挂上了钩。热气球工厂厂长、英国陆军最顶尖的航空专家之一的默文·奥格曼（Mervyn O'Gorman）带着一份 1911 年 12 月以来的陆海军武官联合报告走马上任。这份报告深深地打动了陆军大臣兼技术委员会新任主席约翰·西利（John Seely），他决定将这份报告印发传阅。[④] 这是新趋向的开端。一周后，陆军部将三份新的武官报告发给了帝国防务委员会。[⑤] 6 月 4 日，陆军部又发过去另一份联合报告。[⑥] 6 月 17 日，陆军武官的一份备忘录也被发给了帝国防务委员会。[⑦] 大多数这类文件都被刊印成册，广为传阅。这么做的结果就是，当技术委员会在 7 月 30 日重新组织起

---

① 'Report by the Technical Sub – Committee of the Standing Sub – Committee of the Committee of Imperial Defence on Aerial Navigation', 28 Feb. 1912, CID 139 – B, CAB 38/20/1.

② Memorandum on 'Dirigibles', [possibly 19] Mar. 1912, AIR 1/2306/215/15.

③ Minutes of the 116th Meeting of the CID, 25 Apr. 1912, CID 139 – B, CAB 38/20/9.

④ Hankey to Moncrieff, 14 May 1912, CAB 17/20.

⑤ War Office Letter, 21 May 1912, Ibid.

⑥ Domville to the Assistant Secretary of the War Office, 5 June 1912, Ibid.

⑦ Brade to the Secretary of the CID, 17 July 1912, AIR 1/2311/221/3.

来时，摆在他们面前的是由陆海军武官撰写的完整系列报告。这些报告产生了重要影响。在经过深入研究之后，技术委员会建议重新上马英国飞艇项目，并从德国购买一艘帕塞伐尔型飞艇。根据技术委员会的报告，这一彻底颠覆1909年2月所提议内容的决定是建立在"引起海军部、陆军部和帝国防务委员会注意的关于飞艇的最新情报"的基础之上的。那么"最新情报"源自何处呢？报告对此明确指出：

> 从一开始就引起技术委员会注意的关于飞艇发展的最新情况，是由一份标记为1911年12月11日的驻柏林陆海军武官联合撰写的报告所反映的……更近的关于帕塞伐尔、齐柏林、西门子－舒科特等各型德国飞艇和意大利飞艇的杂项报告也阐明了飞艇发展情况。①

虽然这并不是技术委员会注意到的唯一佐证，但它无疑是很有说服力的。因此，我们可以断定，武官们对技术委员会在1909年2月所作出的发展英国飞艇项目的最初决定发挥了重要影响，他们同样有力地促成了1912年7月关于恢复中断的飞艇项目的决定。

武官们的作用不限于此。最初，在技术委员会等待它的建议被帝国防务委员会全体会议批准的间隙，武官报告就继续被用来支持飞艇试验。因此，我们知道在帝国防务委员会全体会议作出决定之前，至少有一次丘吉尔曾将一份关于德国在飞艇领域取得的成功的陆海军武官联合报告直接转发给了首相阿斯奎斯。② 不

---

① 'Report and Proceedings of the Technical Sub–Committee of the Committee of Imperial Defence on Aerial Navigation', 30 July 1912, CID 159–B, AIR 1/2311/221/3.

② 见1912年10月2日外交部记事录摘要。该摘要包含了一份沃特森和罗素联合撰写，标记为1912年9月24日的报告（NA 71/12，MA 33/12）。根据丘吉尔在1912年10月10日的指示，这份报告被发给了阿斯奎斯，见ADM 12/1502，Cut 52。

过，如果说丘吉尔自信通过这种方式，他可以确保技术委员会的建议被接受的话，他显然是没有估计到会面对来自海军元帅阿瑟·威尔逊爵士（Admiral of the Fleet Sir Arthur Wilson）的反对意见。1912年12月6日，帝国防务委员会举行第120次会议，技术委员会的报告也被摆到了会议桌上。出席会议的格兰特－达夫少校精彩地描述了当时发生的一幕：

> 我们再次讨论了飞艇问题……阿瑟·威尔逊出人意料地开始对飞艇发难，他坚持认为飞艇所携带炸弹的威力太小且极易被12英寸的舰炮火力击落！威尔逊的批评意见让委员会印象非常深刻。我无法核实他的第一点意见的真假，但只需简单计算就可以判定其第二点意见几乎称得上是幼稚愚蠢。不过，尽管温斯顿和西利竭力为飞艇项目辩解，但这一议题依然被束之高阁。①

这绝非大家所期待的结果，应对之策随即开启。在这一过程中，武官们再次扮演了先锋角色，他们的报告被用来驳斥威尔逊的反对意见。1912年12月7日，对帝国防务委员会上的争论一无所知的罗素和沃特森发回了一份题为《战时飞艇》（Dirigible Airships in Time of War）的报告。报告指出，在未来的英德战争中，德国将拥有大批可攻击英国的飞艇。从不错过任何机会的丘吉尔指示将这份报告发给威尔逊。"报告不会动摇他的判断，"丘吉尔坦言，"但报告显示德国空中力量在持续发展之中，德国政府和公众对其十分信赖。"② 威尔逊对这一报告不以为然。1913年2月，丘吉尔发给威尔逊一封包含了相关主题摘要的长信，但威尔逊依旧不为所动。③ 到最后，只是因为遭到了所有技术专家的一致反

---

① Grant – Duff Diary, 8 Feb. 1913（discussing 6 Dec. 1912），CCAC：AGDF 2/2.

② Minute by Churchill, 26 Jan. 1913, on Watson NA 84/12, Russell MA 41/12, 7 Dec. 1912，AIR 1/657/17/122/563.

③ 'Letter from Mr Churchill to Admiral of the Fleet Sir A. K. Wilson', 3 Feb. 1913, CID 172 – B，AIR 1/2311/221/26.

对，威尔逊的反对声音才偃旗息鼓。杰利科将军身处反对威尔逊意见的阵营之中，他对飞艇的价值信心十足。1911 年 11 月，海军武官沃特森带着杰利科搭乘齐柏林的"施瓦本"飞艇进行了一次飞行，这次经历让他对飞艇的信心更足了。这是体现武官影响力的另一个例子。

因此，1909 年 2 月至 1913 年 2 月，驻柏林陆海军武官在英国飞艇政策的争论中扮演了关键性角色。他们提供了据此作出重要决策的大量情报，他们的报告广为流传，成为决策过程的一部分。事实上，武官们反馈的情报对英国飞艇项目的上马和重启都至关重要。然而，武官报告的影响力还不止于此。1913 年 2 月 7 日，帝国防务委员会第 122 次会议决定重启飞艇试验，那么无法回避的问题就是该项目将获得多少拨款。陆军部和海军部显然希望能获得大量资金，并开始为此而多方游说。它们已起草了各类备忘录以说明自己提出的开支项目是合理的。例如，西利在 1913 年 6 月 17 日向内阁提交了一份由陆军顶尖航空专家戴维·亨德森草拟的备忘录。这份备忘录强调，英国在航空领域，特别是在飞艇研制上已经远远落后于法国和德国。[1] 亨德森的备忘录很详细且信息量很大，但仅此还不够。为了说明这个问题，我们还可以举出海军部的例子。海军部决定在将从德国获取的情报提交到内阁之前，就先行采信这些情报。为此，海军大臣丘吉尔决定刊印一名武官的报告。1913 年 6 月 12 日，罗素报告称来年德国人打算投入令人难以置信的 300 万英镑巨资用于发展航空装备。因此，德国本就规模庞大、训练有素的飞艇舰队将"可能在当年得到迅猛发展"。这是一个极有说服力的信号，因此，待丘吉尔与西利商议后，罗素的报告在 1913 年 7 月 14 日就在内阁中传阅开来。[2] 因此，这是一个武官对飞艇政策的辩论持续不断地施加影响力的典型案例。

---

[1] Henderson, 'Military Aeronautics', 2 June 1913, Nuffield College: Mottistone papers, box 15.

[2] Russell, MA 23/13, 12 June 1913, ADM 116/1278.

另一个足以说明武官在决策过程中作用的议题，是在所谓的
1908～1909年"德国加快战舰建造速度"背景下的英国海军政策问
题。一如既往，档案文献的缺失导致我们在判断武官的影响力上困
难重重。主要问题在于海军部档案。1938年8月19日，关于
1906～1911年德国造舰和英德关系的主要海军武官报告被从常规文
档序列中移出，然后整理成两卷，标注为4877号文件。[①] 不幸的
是，这份文件已被销毁。这使得关于这一主题的大多数海军武官报
告，以及更重要的记录这些报告的珍贵记事录都不复存在了。不过，
虽然档案资料方面存在莫大缺憾，但我们依然可以找到关于"加速
危机"的起源和发展变化，以及武官在其中所扮演角色的线索。

正如我们在本书第四章所看到的那样，尽管有证据显示英国
海军当局首次听到关于德国在秘密加快造舰进度的传闻是在1908
年8月初，但加速问题真正引起白厅的重视只是在当年10月中旬
这一事实得到确认之后。点燃导火索的是一份英国驻但泽领事的报
告，该报告由英国驻柏林海军武官希斯在一封信中予以确认。报告
指出，德国已经提前开始为建造1909～1910年造舰计划所规定的两
艘战列舰做准备工作。这份报告让英国海军情报局大惊失色，海军
情报局局长斯莱德指出德方此举将严重破坏海军力量平衡：

> 德国在新财年到来前6个月、拨款前8个月、对应年份
> 的英国舰艇开工前14个月就着手建造新舰艇，此举若继续为
> 之的话，德国将在从计划完成年度的4月开始的两年多的时
> 间里就完成它的全部舰艇建造工作。[②]

德国能在如此之短的时间里完成主要装甲舰艇的建造工作，这
显然事关重大，因此，英国渴望从海军武官那里获得关于这一问题

---

① 关于4877号文件的情况摘自海军部摘要，见 ADM 12/1442, Cut 52. 关于该文
件创立日期的情况来自 ADM 1/7963 号文件中的两张文件转移凭单。

② Minute by Slade, 21 Oct. 1908, （遗失的）记事录中含有英国驻但泽领事布鲁
克菲尔德的报告和希斯的信。Quoted in Marder, *FDSF*, i. 154.

的进一步情报。武官发回国内的情报得到最大程度的重视。从海军部摘要中，我们可以明显感受到希斯报告的重大意义。我们能回想起，每份海军武官报告都是一式两份发往伦敦：原件通过外交部转发，先行有一份报告副本由武官本人直接发给海军情报局局长。通常的程序是海军情报局职员将他们想用到的报告副本的内容挑选出来。海务大臣们和高级官员通常不太关注报告副本，直到外交部正式将原件发给他们。不过，也有例外，比如，在需要第一时间给予回复的问题上，先行发过来的报告副本将会呈送给海军部相关高官。根据海军部摘要的记录，这样的情况只有 6 次，且都发生在来自柏林的报告身上，其中有 3 次都事关"加速危机"。

　　1908 年 10 月 20 日，希斯撰写了一份描述他访问威廉港和不来梅的造船厂的报告。在他传递的众多情报中，其中有一个是德国已在前期准备造舰材料，这意味着其中一艘正在帝国造船厂建造的战列舰将很快完工。这一情报被直接发给了海军部。1908 年 11 月 16 日的报告也被直接发给了海军部，希斯在这份报告中汇报了美国海军武官向他透露的情报，即但泽的席肖造船厂正在提前筹集建造一艘新的"无畏"舰的材料。提前发回的这份报告的副本再次被呈报上级审阅，而不用等待原件送到。① 希斯的另一份报告也同样得到了紧急情况下"特事特办"的待遇。在这份报告中，希斯概述了他同蒂尔皮茨海军上将的一次谈话的情况，后者在谈话中极力否认德国加快造舰速度背后的真实用意，并对外界对他的举动的解释大为光火。一如既往，不等外交部将报告原件发过来，这份先行发回的报告副本就被摆到了海军部高官们的面前。②

254

---

①　Digest entries for Heath NA 46/08, 20 Oct. 1908, and NA 48/08, 16 Nov. 1908, The Record Office titles for these files are Cap H109, 20 Oct. 1908, and Cap H112, 16 Nov. 1908, ADM 12/1454, Cut 52.

②　Digest entry for Heath NA 10/09, 30 Mar. 1909, The Record Office title for this docket is Foreign Office 3 Apr. 1909, ADM 12/1466, Cut 52.

　　希斯关于德国加快建造战舰的报告不同寻常地被紧急呈送给海军部高官，这一举动有力地揭示了这一问题的重要性。它也表明，希斯在危机初期作为关键情报的提供者所发挥的重要作用。其他的证据也支撑了这一对武官作用的解释。例如，我们知道希斯在 1908 年末至少两次返回伦敦，以当面汇报德国在相关领域的进展。1908 年 11 月 5 日，海军情报局局长斯莱德在日记中记录了希斯到海军情报局拜访他的情况。"他谈了很多关于德国战争准备的情报。"斯莱德简明扼要、颇为沮丧地写道。① 1908 年 12 月 22 日，他在海军部又记录道，这次希斯见到了海军大臣麦肯纳和第一海务大臣费希尔。② 很可惜，没有留下关于这次谈话的记录。不过，在随后的两周内，麦肯纳打算撰写一系列给内阁同事的信件，以警告德国加快建造战舰的危险。由此我们可以断定，德国加快建造战舰的问题是内阁讨论过的问题之一。③

　　希斯的报告被认为重要到需要立即呈送给海军部高层，以及希斯本人有机会向他们当面阐述个人观点都表明，他的看法被海军部所看重。很遗憾，证明这一点的真材实料相当匮乏。现存资料中最有力的是斯莱德的文献档案。

　　我们有实实在在的理由认定斯莱德十分看重希斯的报告。首先，希斯是斯莱德挑选出来担任海军武官的。事实上，斯莱德不得不劝说勉为其难的费希尔认可这一人事任命。④ 此外，斯莱德和希斯对德国事务的看法也很相近。正如我们在最后一章中所见，希斯担心德国致力于持续（秘密地）挑战英国的海上优势。我们从希斯的官方和私人文件中可以看出，斯莱德也对德国深表怀疑。例如，1908 年 9 月，他收到陆军武官特兰奇关于德国公众中存在极端反英主义思潮的报告副本。他对特兰奇的评估结论印象非常

255

---

① Slade Diary, 5 Nov. 1908, NMM：MRF/39/3.

② Fisher to McKenna, 22 Dec. 1908, CCAC：MCKN3/4.

③ S. McKenna, *Reginald McKenna* (London, 1948), pp. 70 - 79.

④ Slade Diary, 28 May 1908, NMM：MRF/39/3.

深刻，也同样担心德国这种对英国的深刻敌意会导致战争。斯莱德在备忘录中写道，当前情况"极为严重"，将导致"（德国人）可能会恼羞成怒，以至于不惜快刀斩乱麻"。他的结论是，英国需要在造舰问题上保持高度警惕，以免"我们维持海上优势的意愿减弱只会鼓励德国人铤而走险，届时两国最终都会追悔莫及"。①同一天他在日记中也作了相似的评论：

> 欧陆局势总体上日益恶化，因为德国的所作所为总体上给人以动荡和不信任感。我不认为德国会直接进攻英国，尽管它会竭尽所能摆脱目前的孤立状态。如果我们想保持欧洲和平的话，我们不得不尽快武装自己。我们的备战工作不能减少一兵一卒，然后我们或许才能让德国人清醒。②

当然，这本日记是私人文件，但斯莱德并不避讳在官方备忘录中表达他的这种感受。1908 年底的一份文件形容"德国挑起的军备竞赛"只是"另一种形式的战争"。他进一步用生动的社会达尔文主义的语言解释道："如果我们在竞赛中放松喘口气，我们立刻就会变成猎物。"③ 鉴于对德国意图的这些判断，以及需要用积极推进的海军造舰计划去回应这种意图，斯莱德自然很有可能重视希斯就德国正在加快建造战舰、英国需要对此采取应对措施而发出的警告。他的日记证实了这一点。斯莱德在日记中记录了希斯在 1908 年 11 月 5 日同他的会面，称希斯"滔滔不绝地纵论德国的战争准备，这同我的看法不谋而合"。④ 既然两人观点一致，就不难理解为何斯莱德会急着将海军武官提前发回的报告副

---

① Minute by Slade, 9 Sept. 1908, on Trench MA 107, 17 Aug. 1908. Quoted in Marder, *FDSF*, i. 149.

② Slade Diary, 9 Sept. 1908, NMM: MRF/39/3.

③ Slade, 'The Estimated Progress of Great Britain, France, Germany, and United States in Shipbuilding According to the Latest Information', 1908, NMM: MRF/39/3.

④ Slade Diary, 5 Nov. 1908, Ibid.

本呈送给海军部高层。

不过，我们在论证希斯的影响力的同时，也必须认识到他并非海军部掌握"加速危机"相关情报的唯一途径。海军部同样可以从其他各种渠道获得情报，特别是从德国扩大作为主力战舰关键部件的重炮支架和装甲板的产量这一动向中掌握相关情报。其中一个重要情报来源是英国驻君士坦丁堡陆军武官科尼尔斯·瑟蒂斯上校（Colonel Conyers Surtees）。1908 年 12 月，瑟蒂斯同德国埃尔哈茨军火公司驻当地代表有过一番长谈，后者在谈话中宣泄了对德国政府偏爱埃尔哈茨公司的主要竞争对手克虏伯公司的沮丧和挫败感。在他大声抱怨的过程中，这位埃尔哈茨的代表透露出了一些引人关注的信息。谈话一开始，这名代表就告诉瑟蒂斯，称克虏伯近期购置了"大批重型机械……用于……生产重炮和大型舰炮炮架"。随后，他指出这些设备使得克虏伯具备了"远超德国现有海军造舰计划需要"的生产能力。最后，他解释了克虏伯进行这一投资的原因，他认为此举使得德国能"在克虏伯公司秘密准备好所需的全部炮架、军舰甲板、弹药等物资后，突然开始大批建造战列舰。这些新建战舰数量之多足以满足德国海军的需要，至少可以使德国在海军力量上同英国并驾齐驱"。[1]这是一个令人震惊的消息。不过，这是一个从不同的独立情报源中获得的消息。其中，某些情报得到了英国工业界的证实。例如，海军情报局早在 1908 年 1 月就得知克虏伯公司从谢菲尔德的戴维兄弟公司（Davy Brothers of Sheffield）订购了一台 4000 吨的锻压机。[2] 随后，在 1909 年 4 月，曾造访过埃森的克虏伯工厂的阿克兰先生（Mr. H. A. D. Acland）证实锻压机已安装到位，这引起了海军情报局助理局长的极大兴趣。[3] 其他情报源也证实了克虏伯提高工业生产能力这一消息。1909 年初，一个阿根廷政府委员会

---

① Surtees, MA Constantinople 66/08, 18 Dec. 1908, FO 371/561.

② Minute by Slade, 15 July 1908, on file G10073/1908, ADM 116/3340.

③ Digest entry for docket PRO A51, 19 Apr. 1909, ADM 12/1466, Cut. 52.

派往欧洲访问造船企业的代表加西亚将军（Admiral Garcia）和弗莱斯上校（Captain Fliess）考察了克虏伯公司在埃森的工厂。抵达英国后，他们同英国海军部分享了他们的见闻，其中提到近100门重型海军舰炮——这是一个令人难以置信的数字——在埃森工厂已"接近完工"。[①] 最后一个情报来源是维克斯公司总经理特雷弗·道森爵士（Sir Trevor Dawson）。他的公司定期向海军部提供从他们在德国的关系网获得的工业情报。在"加速危机"的背景下，这些情报包含了战舰开工一类的消息，也包括德国不同寻常地购买关键原材料，特别是作为"生产装甲和大炮至关重要的原料"镍的情报。[②] 从中我们可以推断，德国军工企业打算扩大这类产品的生产规模。对此合乎逻辑的推测就是，这么做是为了以更快的速度建造更多的战舰。[③]

　　因此，我们可以看到，海军部从不同人群那里获取关于德国海军军工企业生产能力的情报资料。在众多情报源中，在文献资料中最常被提及的是考文垂军械厂的经理马林纳。马林纳定期前往德国谈生意，在德国军工界人脉很广。他在1906年5月首次向英国政府反映，克虏伯公司正在致力于扩大重型军事装备的生产规模。在此之后，马林纳又多次提供了这一问题的补充情报，他也曾同若干名关键决策者面对面会谈过。1908年7月9日，他同海军军械局局长雷金纳德·培根（Reginald Bacon）进行了会面。1909年2月19日，他见到了首相赫伯特·阿斯奎斯。1909年2月24日，他又与帝国防务委员会秘书查尔斯·奥特利爵士进行了面谈。[④] 在所有这些场合中，马林纳都竭力让他的听众们相信，德

257

① Fisher to McKenna, 2 Mar. 1909, CCAC: FISR 1/7.

② McKenna, 'Battleship Building Programmes of Great Britain, Germany, France, United States, Italy and Austria (June 1909)', 14 July 1909, CAB 37/100/97.

③ Note by Baddeley [of a conversation with Bacon], 3 July 1935, ADM 116/3340.

④ 1908年7月9日的会面记录见 ADM 116/3340。1909年2月19日会面的详情见阿斯奎斯文件，藏于博德利图书馆，Asquith MS 21。1909年2月24日会面的情况见 Ottley to McKenna, 25 Feb. 1909, CCAC: MCKN 3/14。

国正在大力扩充在重型军备和装甲板上的生产能力，克虏伯公司更是如此。

不过，尽管情报来源数不胜数，但可供海军部依赖的却寥寥无几。实事求是地说，马林纳提供的情报并没有那么重要。可说明这一点的是海军情报局局长斯莱德在1908年7月撰写的一份备忘录。在备忘录中，斯莱德对几天前培根与马林纳的会面进行了点评，并指出后者反馈的情报并没有什么特别之处。马林纳的情报几乎无法"证实"，他写道，"我们当前不时收到的关于德国造船业的报告"，特别是马林纳提到的克虏伯公司扩大生产能力的消息，实际上我们早已通过迪马的两次埃森之行所知晓。① 简言之，海军武官已向海军部简要介绍了这个问题的基本情况。

斯莱德在备忘录中提出了这样的观点，即海军部在制订对德国在1908~1909年的造舰计划的应对策略时所依赖的情报，多数是由海军武官提供的。这一观点也由海军部官员们在从20世纪30年代中期开始披露的私人信件中予以证实。当时他们正在讨论25年前发生的"加速危机"，因为一个皇家委员会彼时正在调查私营军备生产情况。发起这场调查的起因之一，是军火公司——特别是马林纳公司——涉嫌通过提供关于德国意图的虚假情报，欺骗政府在1909年推出一项大规模海军造舰计划。海军方面断然否认了对其轻信所谓"死亡商人"的指控。愤愤不平的奥斯温·默里爵士（Sir Oswyn Murray）写道："海军部掌握的关于德国人已在着手搜集造舰材料和提前开工建造战舰的情报，并非源于马林纳或军火公司，而是来自其他情报源。"② 其他情报源是什么，默里没有明言，但他的前同事文森特·巴德利却道出了实情："我的回忆告诉我，我们从海军武官和特雷弗·道森那里获得了关于克虏伯公司的充足情报，其他情报源可能也作出了贡献。"③

---

① Minute by Slade, 15 July 1908, on file G10073/1908, ADM 116/3340.
② Murray to Hankey, 8 May 1936, Ibid.
③ Baddeley to Barnes, 12 July 1935, Ibid.

我们从英国角度竭力去理解"加速危机"的起源和初期情 258
况，显然需要着力关注海军武官在这其中所发挥的作用。虽然海
军部掌握的大量情报是从不同渠道获得的，但海军武官是其中最
为稳定和重要的情报来源。斯莱德通过迪马对克虏伯公司的发展
情况了如指掌；希斯同样提供了德国为 1909 年造舰计划所规定的
战列舰筹集前期造舰材料的情报。在前一例中，我们知道，相较
于声名狼藉、不可轻信的马林纳，海军部对迪马所提供的克虏伯
情报要看重得多，马林纳的情报最多只是被海军情报局用来确证
已掌握的情况而已。在后一例中，我们知道希斯的观点与斯莱德
高度一致，或许是出于这个原因，也可能是由于事出紧急，斯莱
德将希斯首份关于德国加速建造战舰的报告提前发回的副本直接
呈送给了海军部高层。我们也很清楚，希斯在 1908 年 11 月和 12
月返回伦敦并前往海军部当面汇报工作。海军部随后迅速用扩大
英国造舰规模的方式来回应新的德国威胁。我们就此得出的推断
是，希斯的报告对海军部作出这一决定发挥了主要作用。诚然，
这一结论在某种程度上是推测出来的，但其他证据足以证实希斯
的警告与海军部的决定确有某种关系。尤其是外交大臣格雷爵士
的私人文件证实，希斯提供的情报与海军部旨在查明德国造舰计
划真实性质的初步行动密切相关。1908 年 11 月 3 日，英国驻柏林
大使馆一等秘书德·萨利斯伯爵致信外交部，报告了关于德国已
开工建造更多战列舰的传言，并提到希斯认为这一传言并非空穴
来风。德·萨利斯随信附上了一份备忘录。"无论是已在新建战列
舰或计划这么做，"希斯写道，"按照权威人士的说法，这都表明
这些舰艇的合同已经授出：两艘战舰由伏尔铿造船厂建造……一
艘由但泽的席肖造船厂建造。"① 11 月 18 日，伦敦方面对此作出
了回应："海军大臣希望尽一切可能去核实德·萨利斯伯爵提到的

① De Salis to Tyrell, 3 Nov. 1908, FO 800/61.

这份报告。"① 这是首份记录在案的官方回应，它清楚地显示了希斯反馈的情报是如何抛砖引玉的。

　　最后，我们需要指出，随着危机的持续发酵，希斯一直发挥着他的作用。例如，从反对英国实施大规模造舰计划人士的信件中我们可以看到，海军部要求增加预算的理由在很大程度上是建立在海军武官所提供的情报基础之上。其中一个反对声音来自财政大臣劳合·乔治，他气愤地抱怨海军部采信了在他看来不可靠的情报来源。劳合·乔治在一封致其主要政治盟友温斯顿·丘吉尔的信中坦言，"海军部从驻德海军武官那里获得了非常骇人听闻的情报"，并谋求借此要求"在下一年度建造 8 艘'无畏'舰"。"我们不能确保掌握可靠的情报吗！"他愤愤不平道。② 丘吉尔对此也深表赞同。他告诉首相阿斯奎斯，在他看来，海军部提出的增建战列舰的要求不过是"对海军武官听到的流言蜚语和克虏伯造船厂的私下耳语的回应"罢了。③ 丘吉尔对海军部的反应深感怀疑。虽然丘吉尔的这种态度在意料之中，但他和劳合·乔治的满腹牢骚却表明，海军部正是依据海军武官反馈的情报提出了增建战列舰的要求，由此可进一步推断海军武官在加速危机中发挥了举足轻重的作用。

　　上述两个例子显示，武官们各显神通，可以通过不同方式对英国政府的政策施加影响。在英国研制飞艇这一问题上，显然武官们提供的大量情报推动了决策进程。武官报告不仅在帝国防务委员会、首相和内阁之间传阅，同样也传到了阿瑟·威尔逊等空气飞行器的坚定反对者那里，而且它们在政策争论的关键时刻成为至关重要的依据。同样，迪马发回了关于克虏伯公司扩建工厂

---

① Grey to Goschen, 18 Nov. 1908, FO 800/61.

② Lloyd George to Churchill, 3 Jan. 1909, R. S. Churchill, *Winston S. Churchill*: *Companion*, ii2（London, 1969）, p. 938.

③ Churchill to Asquith, 3 Feb. 1909, R. S. Churchill, *Winston S. Churchill*: *Companion*, ii2, p. 942.

的报告，希斯提交了关于德国战列舰建造合同的初步分配情况和提前为战舰筹集造舰材料的报告，两人正因为如此而在 1909 年"加速危机"的初始阶段成为不可或缺的人物。回顾前文，我们知道，海军情报局局长斯莱德首先收到了希斯的报告，报告证实了他对德国问题的看法。斯莱德随后将希斯的报告摆到了海军部高层案前。此后，海军部根据这一情报提出了扩大英国海军造舰规模的要求。因此，同英国飞艇政策一样，武官报告在"加速危机"中对政府决策产生了不可忽视的影响。因此，在我们的第三项测试，即在对政府的影响力这一点上，武官无疑是顺利通过考验并大放异彩的。

　　总而言之，我们可以自信地断定，英国驻柏林武官是受人尊敬的情报提供者，他们的观点和报告广为流传并得到了高度重视。况且，迄今为止我们所能看到的现存档案资料也显示，武官对某些政策辩论和政府决策都产生了重要影响。当然，我们不能夸大武官们的作用，不能忘记他们只是庞大的官僚机器中的一颗颗螺丝钉，但与此同时我们也可以非常肯定地说，他们绝不是微不足道的一群人。虽然极少有人像杰拉德·斯派塞那样道出一番肺腑之言，他毫不隐讳地告诉迪马"驻柏林海军武官同驻德大使一样重要"，很明显，武官们确实身负重任。①

260

---

①　Dumas Diary, 10 Aug. 1908.

结 论 ▋▋

英国为什么会在 1914 年参战一直是一个有争议的问题。诚然，今天研究者们几乎公认：诸如"英勇的比利时""小国的权利"之类的口号不过是掩盖背后更大的政治用意罢了。不过，对于这些政治用意究竟是什么依然存有争论。英国是要阻止猖獗的德国统治整个欧洲大陆，还是愚蠢的外交大臣让英国误入绥靖政策的歧途，从而被迫投入法国和俄国的怀抱，以取悦这两个最能威胁到不列颠殖民帝国的劲敌？在持第二种观点的人看来，英国在 1914 年的参战决定大错特错。尼尔·弗格森就认为，不管怎样，德国统治欧洲对英国而言并不是一件坏事。① 这种假设实际上是认为根本不存在所谓来自德国的威胁，至少在弗格森看来是这样的。他指出，对德国优势的忧虑——他称之为"拿破仑恐惧症"——纯粹是一种幻想，没有任何基于英国政府实际掌握的情报

① Niall Ferguson, 'The Kaiser's European Union: What if Britain had Stood Aside in August 1914?', in idem (ed.), *Virtual History: Alternatives and Counterfactuals* (London, 1997).

为依据，它反映出英国外交部门先入为主的偏见。弗格森进一步论述道："杞人忧天者声称德国是拿破仑帝国再世，这种危言耸听之见同大多数反馈来的德国情报格格不入，实在是令人震惊。"据此，他一再强调所谓"拿破仑式的德意志帝国"只是夸大其词，最多不过是矫揉造作的虚构概念罢了。[①] 在这一问题上，弗格森并非孤军奋战。约翰·查姆利也持相近观点，他认为"德国威胁到欧洲的均势只不过是英国的错觉而已"。[②] 无独有偶，基思·威尔逊也指出，将威廉德国与拿破仑法国相提并论是"颠倒是非，歪曲事实，病态反常"的，担心德国会统治欧洲纯属"异想天开"。他强调，认定德国构成威胁的看法"缺乏根据，罔顾事实"。[③]

然而，由本书所引航空装备用的材料视之，却得出了迥然不同的结论。英国驻柏林武官们显然不会同意弗格森等人的观点。不仅如此，大多数英国武官认为——事实上，在 1906 年后是全体一致地认为——德国军队装备精良，训练有素，它绝不只是用于自卫的，而是为了在德国怒火中烧时化作利剑出鞘而击。德军咄咄逼人的战略部署显然不是为了应对在遥远的将来所假定的危险，而是为了在清晰可见的不久之后能随时出战。历任英国陆海军武官都将 1913～1915 年视为德国最有可能发动进攻的时间点。不过，除此之外，英国政府并未收到任何关于德国威胁的警告。

当然，如果没人看过英国武官的报告的话，则很难说这些报告是有意义的，但正如我们所见，这些报告在英国政府各部门和各军种之间广泛传阅，因此武官们在相关问题上有很大的发言权。从大使馆层面开始，武官就是备受欢迎和尊敬的外交人员。英国

261

① Niall Ferguson, *The Pity of War* (London, 1998), p. 75.

② John Charmley, *Splendid Isolation? Britain and the Balance of Power 1874 – 1914* (London, 1999), p. 358.

③ Keith M. Wilson, *The Policy of the Entente: Essays on the Determinants of British Foreign Policy, 1904 – 1914* (Cambridge, 1985), p. 116. 当然，对威尔逊的观点也存有批评意见，参见 Keith Neilson, *Britain and the Last Tsar: British Policy and Russia 1894 – 1917* (Oxford, 1995)。

驻柏林大使馆三等秘书沃尔福德·塞尔比尤为热情地称赞海军武官迪马"是我见过的最聪明、最有趣的人。他对德国及其舰队的情报了如指掌，我聆听他就此问题发表高见时从不知疲倦"。① 不过，看过英国大使撰写的热情洋溢的年度述评后，我们就会发现，塞尔比并非英国大使馆中唯一欣赏武官及其见解之人。不仅驻柏林外交官们对武官交口称赞，外交系统的其他人对武官也信任有加并将其对德国威胁的认知广为传播。例如，1908 年 6 月，塞西尔·斯普林·莱斯（Cecil Spring Rice）告诉报业老板里奥·马克西（Leo Maxse），虽然取证的方式不同，但英国陆海军武官一致认为德意志帝国是英国安全的一大威胁。② 在更高层面，这样的声音也不断发散出去。在斯普林·莱斯致信马克西数月后，外交大臣格雷将特兰奇发回的一份关于德国人普遍"憎恶英国"的报告转发给首相阿斯奎斯。只是由于英国显著的海军优势，阿斯奎斯才未过分忧虑。"德国社会的仇英思潮也许已被'发动起来'，"阿斯奎斯告诉格雷，"但德国人很清楚，进攻英国这个目标并非易事，他们在很长时间内都无法渡海与我们短兵相接。"不过，问题的关键不是德国当前的能力，而是其未来的意图。阿斯奎斯对此心知肚明，因此非常重视武官们对这一问题的看法。他认为，"看过这些报告后，我对缓和英德关系并不乐观"。③ 在 6 个月里，英德两国政府一直在争吵德国加速建造"无畏"舰的问题，聚焦于武官报告的争论无疑对阿斯奎斯保持上述看法产生了重要影响。

毫无疑问，这些例子都表明，武官们的观点不乏受众，也产生了不可忽视的影响。因此，不管怎么说，英国内阁成员、外交部高官、陆海军高级将领这样的头面人物即便怀疑德国是否真的有侵略英国的意图，他们也不会排斥武官们反馈回的意见。相反，

262

---

① Selby to His Mother, 11 Mar. 1907, Bodleian：Mss. Eng. C. 6615.

② Spring Rice to Maxse, 3 June 1908, West Sussex Record Office：L. J. Maxse papers, p. 458.

③ Asquith to Grey, 28 Aug. 1908, FO 800/100.

英国政府的陆海军顾问们不断对德国的威胁发出警告，而政府——至少是相关大臣——也一直对此照单全收。就目前我们所看到的档案而言，政府显然也听取了关于德国威胁的意见。

1951 年，功成名就已退休的沃尔福德·塞尔比爵士在回顾英国外交时曾感叹一战前的英国外交和防务政策是如此完美地协调一致。他解释说，英国的"国防准备工作"，"随着欧洲局势的发展而及时调整，恰到好处"。塞尔比将这一成就归功于诸如哈尔丹、麦肯纳、丘吉尔、格雷这样能干的大臣们兢兢业业的工作，认为他们的勤勉务实和深谋远虑确保了"外交政策和国防备战工作……密切配合，相得益彰"。① 本书并不是要诋毁这些伟大的政治家们的丰功伟绩，而是希望唤起人们对那些在高官政要手下默默工作、远离政治聚光灯的小人物作用的重视。英国驻柏林陆海军武官们就是这样一群小人物，正如塞尔比所描述的那样，他们勤勤恳恳地致力于将防务和外交问题无缝衔接。如果说英国防务和外交政策如塞尔比所说的步调一致、合作无间的话，那么英国武官们所提供的情报、警告和数据等无疑功不可没。确实，综观武官们上报的情报内容和他们阐述其观点的频率，我们无法断言英国政治决策者们对德国陆海军的作战能力，以及德国在必要时动武的可能性浑然不觉。因此，英国在 1914 年作出参战的决定前，显然对德国的威胁进行了充分的评估，而这一评估并不缺少情报依据，也并非对反对参战者所提供的理据视而不见。英国在2003 年杜撰了关于伊拉克拥有大规模杀伤性武器的虚假情报，而第一次世界大战前并不存在与之类似的"误判"，英国武官们提供的情报证明了来自德国的危险是真实存在的。英国决策者们多年来一直在阅读这些报告，并在 1914 年 8 月作出了参战决定，这一决定绝对是合情合理的。

263

---

① Walford Selby, *Diplomatic Twilight 1930 – 1940* (London, 1953), pp. 180 – 181.

BD   G. P. 古奇、哈罗德·坦帕利编《关于大战起源的英国文件集，1898~1914 年》，11 卷本，（伦敦，1926~1938）。

DDF   法国外交部：《法国外交文件集》，41 卷本，（巴黎，1929~1959）。

FDSF   阿瑟·J. 马德：《从"无畏"舰到斯卡帕湾》（牛津，1961）。

GP   约翰尼斯·莱普修斯等编《欧洲内阁大政策，1871~1914 年》，40 卷本，（柏林，1922~1927）。

1. ARCHIVAL SOURCES

Admiralty Library

Admiralty Printed Pamphlets
Admiralty Printed Books
Pre-War Despatches from Naval Attaché Berlin (1903–1914) (Ca2053)

Bodleian Library, Oxford

Herbert Henry Asquith Papers
Alfred Milner Papers
Earl of Selborne Papers
Walford Selby Papers

British Library (BL)

H. O. Arnold-Forster Papers
Arthur James Balfour Papers
John Rushworth Jellicoe Papers
Roger Keyes Papers
Marquis of Lansdowne Papers

Cambridge University Library (CUL)

Hardinge of Penshurst Papers

Churchill College Archive Centre (CCAC)

Winston Churchill (Chartwell Trust) Papers (CHAR)
Reginald Plunkett-Ernle-Erle-Drax Papers (DRAX)
John Arbuthnot Fisher Papers (FISR)
Adrian Grant-Duff Papers (AGDF)
Reginald McKenna Papers (MCKN)

House of Lords Record Office (HLRO)

Andrew Bonar Law Papers

Imperial War Museum (IWM)

Louis of Battenberg Papers
Philip Wylie Dumas Papers
Vernon Kell Papers
Henry Wilson Papers

Liddell Hart Centre for Military Archives, King's College, London (LHCMA)
James Edmonds Papers

National Archives, Kew
Admiralty Papers (ADM)
Air Ministry Papers (AIR)
Colonial Office Papers (CO)
Committee of Imperial Defence Papers (CAB)
Foreign Office Papers (FO)
Obsolete Lists and Indexes (OBS)
Public Record Office Papers (PRO)
Secret Intelligence Service Papers (KV)
Treasury Papers (T)
War Office Papers (WO)

National Archives, Washington DC (NARA)
Office of Naval Intelligence (RG 38)
Naval Records Collection, Area Files (RG45)
War College Division (RG 165)

National Library of Scotland (NLS)
Douglas Haig Papers
Richard Burdon Haldane Papers

National Maritime Museum (NMM)
Reginald Arthur Allenby Papers
Barry Domville Papers
Henry Oliver Papers
Herbert Richmond Papers
Royal Navy Controller's Department Ships Covers
Edmund Ware Slade Papers
James Thursfield Papers
Arnold White Papers

Naval Historical Branch (NHB)
Captured German Naval Papers (GFM)
M Branch Library
Miscellaneous NID Volumes

News International Archive (NIA)
James Thursfield Papers

Nuffield College, Oxford
John Seely (Baron Mottistone) Papers

Private Collections

John Spencer Ewart Papers
Alexander 'Alick' Russell Autobiographical Manuscript

Royal Archives, Windsor Castle (RA)

Papers of King Edward VII
Papers of King George V

Royal Navy Museum (RNM)

Archibald Hurd Papers
Charles Napier Robinson Papers
Tweedmouth Papers

Royal Navy Submarine Museum

Duff Dunbar Papers
Miscellaneous Collection of Flag Officer Submarines

Surrey History Centre (SHC)

Earl of Onslow Papers

Special Collections and Archives, the UC Irvine Libraries

John Godfrey Autobiography
Arthur J. Marder Papers

West Sussex Record Office

L. J. Maxse Papers

2. PRINTED PRIMARY SOURCES

Boyce, D. George, *The Crisis of British Power: The Imperial and Naval Papers of the Second Earl of Selborne, 1895–1910* (London, 1990).
Churchill, Randolph S., *Winston S. Churchill: Companion Volume*, ii (London, 1969).
Gooch, G. P., and Temperley, Harold, *British Documents on the Origins of the War, 1898–1914*, 11 vols. (London, 1926–38).
Howard, Christopher, H. D., *The Diary of Edward Goschen 1900–1914* (London, 1980).
Kemp, Peter, *The Fisher Papers*, 2 vols. (London, 1960–4).
Lepsius, J. et al., *Die Grosse Politik der Europäischen Kabinette, 1871–1914*, 40 vols. (Berlin, 1922–7).
Marder, Arthur J., *Fear God and Dread Nought: The Correspondence of Admiral of the Fleet Lord Fisher of Kilverstone*, 3 vols. (London, 1952–9).
Patterson, A. Temple, *The Jellicoe Papers*, 2 vols. (London, 1966–8).

3. DOCTORAL THESES

Hilbert, Lothar Wilfred, 'The Role of Military and Naval Attachés in the British and German Service with Particular Reference to Those in Berlin and London and their Effect on Anglo-German Relations, 1871–1914', University of Cambridge, 1954.

Moon, Howard Roy, 'The Invasion of the United Kingdom: Public Controversy and Official Planning 1888–1918', University of London, 1968.

Summerton, Neil, 'The Development of British Military Planning for a War Against Germany, 1904–1914', University of London, 1970.

4. MEMOIRS AND CONTEMPORARY ACCOUNTS

Dawson, Douglas, *A Soldier-Diplomat* (London, 1927).

Gleichen, Edward, *A Guardsman's Memories: A Book of Recollections* (London, 1932).

Russell, A. V. F. V., 'Reminiscences of the German Court', *The Fighting Forces*, I (1924), 58–71.

Selby, Walford, *Diplomatic Twilight 1930–1940* (London, 1953).

Waters, W. H.-H., *'Secret and Confidential': The Experiences of a Military Attaché.* (London, 1926).

—— *'Private and Personal': Further Experiences of a Military Attaché* (London, 1928).

—— *Potsdam and Doorn* (London, 1935).

Widenmann, Wilhelm, *Marine-Attaché an der Kaiserlich-deutschen Botschaft in London, 1907–1912* (Göttingen, 1952).

5. SELECT SECONDARY SOURCES

Andrew, Christopher, *Her Majesty's Secret Service: The Making of the British Intelligence Community* (London, 1986).

Berghahn, Volker R., *Germany and the Approach of War in 1914* (London, 1973).

Brose, Eric Dorn, *The Kaiser's Army: The Politics of Military Technology in Germany during the Machine Age, 1870–1918* (Oxford, 2001).

Ferguson, Niall, *The Pity of War* (London, 1998).

Fergusson, Thomas G., *British Military Intelligence, 1870–1914: The Development of a Modern Intelligence Organization* (London, 1984).

French, David, 'Spy Fever in Britain, 1900–1915', *Historical Journal*, 21 (1978), 355–70.

—— *British Economic and Strategic Planning, 1905–1915* (London, 1982).

Gooch, John, *The Plans of War: The General Staff and British Military Strategy, 1900–1916* (London, 1974).

Herrmann, David G., *The Arming of Europe and the Making of the First World War* (Princeton, 1996).

Halpern, Paul G., *The Mediterranean Naval Situation, 1908–1914* (Cambridge, Mass., 1971).

Herwig, Holger H., *'Luxury' Fleet: The Imperial German Navy 1888–1918* (London, 1991).

Higham, Robin, *The British Rigid Airship, 1908–1931: A Study in Weapons Policy* (London, 1961).

Hiley, Nicholas P., 'The Failure of British Espionage Against Germany, 1907–1914', *Historical Journal*, 26 (1983), 867–89.

Hough, Richard, *First Sea Lord: An Authorised Biography of Admiral Lord Fisher* (London, 1969).

Hull, Isabel V., *The Entourage of Kaiser Wilhelm II 1888–1918* (Cambridge, 1982).

Jackson, Robert, *Airships in Peace and War* (London, 1971).

Judd, Alan, *The Quest for C: Mansfield Cumming and the Founding of the Secret Service* (London, 1999).

Kennedy, Paul M., *The Rise of the Anglo-German Antagonism, 1860–1914* (London, 1980).

Lambert, Nicholas A., *Sir John Fisher's Naval Revolution* (Columbia, SC, 2002).

Lambi, Ivo N., *The Navy and German Power Politics, 1862–1914* (London, 1984).

Mackay, Ruddock F., *Fisher of Kilverstone* (Oxford, 1973).

McKenna, Stephen, *Reginald McKenna 1863–1943* (London, 1948).

Marder, Arthur J., *From the Dreadnought to Scapa Flow*, 5 vols. (Oxford, 1961–70).

—— *The Anatomy of Sea Power: A History of British Naval Policy in the Pre-Dreadnought Era, 1880–1905* (Reprint, London, 1964).

May, Ernest R. (ed.), *Knowing One's Enemies: Intelligence Before the Two World Wars* (Princeton, 1984).

Mombauer, Annika, *Helmuth von Moltke and the Origins of the First World War* (Cambridge, 2001).

Monger, George, *The End of Isolation: British Foreign Policy 1900–1907* (London, 1963).

Morris, A. J. A., *The Scaremongers: The Advocacy of War and Rearmament, 1896–1914* (London, 1984).

Neilson, Keith, *Britain and the Last Tsar: British Policy and Russia 1894–1917* (Oxford, 1995).

Newton, Lord, *Lord Lansdowne: A Biography* (London, 1929).

O'Brien, Phillips Payson, *British and American Naval Power: Politics and Policy, 1900–1936* (Westport, Conn., 1998).

Padfield, Peter, *The Great Naval Race: The Anglo-German Rivalry 1900–1914* (London, 1974).

Röhl, John C. G., *The Kaiser and his Court: Wilhelm II and the Government of Germany* (Cambridge, 1996).

Steinberg, Jonathan, *Yesterday's Deterrent: Tirpitz and the Birth of the German Battle Fleet* (New York, 1965).

Steiner, Zara, *Britain and the Origins of the First World War* (London, 1977).

—— *The Foreign Office and Foreign Office Policy, 1898–1914* (Reprint, London, 1985).

Stevenson, David, *Armaments and the Coming of War: Europe 1904–1914* (Oxford, 1996).

Sumida, Jon T., *In Defence of Naval Supremacy: Finance, Technology and Naval Policy, 1889–1914* (London, 1989).

Vagts, Alfred, *The Military Attaché* (Princeton, 1967).

Wark, Wesley, *The Ultimate Enemy: British Intelligence and Nazi Germany 1933–1939* (London, 1995).

Williamson, Jr., Samuel R., *The Politics of Grand Strategy: Britain and France Prepare for War, 1904–1914* (Cambridge, Mass., 1969).

Woodward, E. L., *Great Britain and the German Navy* (Oxford, 1935).

索 引 ▐▌

2017 年圣诞节前夕，正在伦敦访学的我在布鲁内尔大学图书馆的咖啡厅同马修·塞利格曼教授和几个英国朋友小聚，席间我向塞利格曼教授提议将他关于一战前英德关系和海军竞赛的著述翻译成中文，介绍给中国学术界。塞利格曼教授欣然应允，并推荐了这本《戎装间谍——一战前英国武官对德国的情报战》。

作为一个历久弥新的课题，自格雷厄姆·艾利森提出"修昔底德陷阱"这一术语以来，关于新崛起大国是否必然会与既有霸权国一战的争论持续了多年。不少西方学者将"修昔底德陷阱"奉为铁律，认为新崛起大国与既有霸权国的冲突无法避免，并且将历史上英德海军竞赛和殖民争夺等竞争导致矛盾不断激化，最终在第一次世界大战中兵戎相见的案例视为对这一铁律最好的注解。在他们看来，当前的中美关系与一战前的英德关系存在诸多相似性，因此对中美竞争的前景持悲观态度。对于这种基于"历史的必然"而作出的推断，我们只能从对历史的解读中去检视其真伪。历史的发展固然有其规律性，但历史的演进却往往是由众多偶然性因素推动的，每一个历史案例都有其特殊性，这是我们在总结历史经验和规律时需要特别注意的。因此，纵然一战前的英德海军竞赛可以为当前的国际局势提供历史注解，即便可以用历史上的英德之争来类比今天的中美博弈，我们对结论的把握仍要慎之又慎，要始终警惕模式化、脸谱化、表象化的先入为主之见，更要坚决抵制对历史问题的过分政治化解读。

德国的崛起是 19 世纪下半叶以来欧洲政治舞台上最突出的话题，它的崛起诚然引起了英国的警觉，但是否必然会引起两个国家的对抗和冲突？正本清源，我们要回答这个萦绕在众多学者、政治家和思想家心头许久的问题，就要回到英国对德国崛起的观察和反应这一层面上来，即分析英国是如何搜集、整理和判断来自德国的情报信息的，特别是怎样解读德国的军备建设活动，尤其是高度敏感的海军建设项目。在一个缺乏现代通信手段的年代里，情报搜集的重任在很大程度上落在了武官的肩上。在某种意义上，武官是戎装间谍，但体面的身份又不允许他们从事任何可能有损英国荣誉的非法活动，其情报搜集工作同时还要面对来自英国官僚系统和德国方面的重重阻力，这种戴着镣铐跳舞、在刀尖上行走的生活既凸显了武官同时作为外交官和军官的"双面人"特点，更生动地折射出一战前英国对德国的微妙心态。

英国陆海军武官不仅仅是情报的搜集者，还是情报的加工者，更是影响英国政府对德决策的重要因素。在从事情报工作的过程中，不同的出身、不同的境遇、不同的性格又为他们的言行举止掺入了复杂的个人因素，而这种差异性和偶然性，甚至是夹杂个人好恶的主观性往往正是历史的魅力所在。塞利格曼教授的著作以一战前的英德关系为背景，从英国武官对德国的情报工作视角切入，阐释了英国陆军、海军和外交部对德国问题各自的观察，特别是细致地审视了英德两国在政府和军方层面的互动博弈，为我们打开了一扇洞察那个波诡云谲的年代的窗户。如果说海军问题是一战前英德矛盾的症结所在的话，那么通过分析武官们的亲眼所见和亲耳所闻，或许我们会发现，英德海军关系并不如我们之前想象的那般深受两国权势消长的影响，我们常常笃定的某些结论可能只是决策者反复摇摆后的不经意之举。从这个意义上说，对情报活动的深入分析能更有效地增进我们对备受关注的海军问题复杂性的理解。

衷心感谢塞利格曼教授及其家人为我的翻译工作提供的诸多建议，在讨论相关问题的过程中，我对该书立意的认识不断加深。罗伯特·梅特卡夫先生是我的忘年交，他对潜艇问题的精深研究对我颇有启发。无论是在阿克斯布里奇、伍利奇还是在邱园，我们都相谈甚欢。在推敲部分德语译文的措辞时，我请教了著名德国史专家邢来顺教授，他的真知灼见让我茅塞顿开，受益匪浅。这本译著是武汉大学胡德坤教授主持的教育部哲学社会科学研究重大课题攻关项目"世界海洋大国的海洋发展战略研究"（16JZD029）的阶段性成果之一，该书得以同读者见面离不开胡德坤教授的大力支持。社会科学文献出版社高明秀编辑和邓翊编辑为本书的立项和顺利出版付出了大量心血，在此一并致谢。

从攻读博士学位算起，我从事英国海军史和英国海洋战略研究已逾十年，但翻译相关著作还是头一次，特别是本书所讨论的主题已经超越了一般的海军史研究范畴，因此让我常有如履薄冰、诚惶诚恐之感。书中若有错漏，均由我本人负责，还望各位方家不吝指正。

胡　杰

2019 年 9 月 1 日于南湖寓所

图书在版编目（CIP）数据

戎装间谍：一战前英国武官对德国的情报战／（英）
马修·塞利格曼（Matthew S. Seligmann）著；胡杰译
. -- 北京：社会科学文献出版社，2021.5
　书名原文：Spies in Uniform：British Military
and Naval Intelligence on the Eve of the First
World War
　ISBN 978 - 7 - 5201 - 8242 - 3

　Ⅰ. ①戎… 　Ⅱ. ①马… ②胡… 　Ⅲ. ①情报活动 - 史
料 - 英国 　Ⅳ. ①D756. 136

　中国版本图书馆 CIP 数据核字（2021）第 067217 号

戎装间谍
——一战前英国武官对德国的情报战

著　　者／〔英〕马修·塞利格曼（Matthew S. Seligmann）
译　　者／胡 杰

出 版 人／王利民
组稿编辑／高明秀
责任编辑／邓 翱　许玉燕

出　　版／社会科学文献出版社·国别区域分社（010）59367078
　　　　　　地址：北京市北三环中路甲 29 号院华龙大厦　邮编：100029
　　　　　　网址：www. ssap. com. cn
发　　行／市场营销中心（010）59367081　59367083
印　　装／三河市尚艺印装有限公司

规　　格／开 本：787mm × 1092mm　1/16
　　　　　　印 张：24　字 数：320 千字
版　　次／2021 年 5 月第 1 版　2021 年 5 月第 1 次印刷
书　　号／ISBN 978 - 7 - 5201 - 8242 - 3
著作权合同
登 记 号 ／图字 01 - 2019 - 1375 号
定　　价／99.00 元